●中央民族大学国家「十一五」「211工程」建设项目

回顾与创新

——多元文化视野下的中国少数民族哲学

宝贵贞／主编

中央民族大学出版社
China Minzu University Press

图书在版编目（CIP）数据

回顾与创新：多元文化视野下的中国少数民族哲学/宝贵贞主编．—北京：中央民族大学出版社，2012.11

ISBN 978-7-5660-0315-7

Ⅰ.①回… Ⅱ.①宝… Ⅲ.①少数民族—哲学思想—中国—文集 Ⅳ.①B2-53

中国版本图书馆 CIP 数据核字（2012）第 261239 号

回顾与创新：多元文化视野下的中国少数民族哲学

主　　编　宝贵贞
责任编辑　吴　云
封面设计　严　兮
出 版 者　中央民族大学出版社
　　　　　北京市海淀区中关村南大街 27 号　邮编：100081
　　　　　电话：68472815（发行部）传真：68932751（发行部）
　　　　　　　　68932218（总编室）　　　68932447（办公室）
发 行 者　全国各地新华书店
印 刷 厂　北京宏伟双华印刷有限公司
开　　本　880×1230（毫米）　1/32　印张：16.5
字　　数　400 千字
版　　次　2013 年 4 月第 1 版　2013 年 4 月第 1 次印刷
书　　号　ISBN 978-7-5660-0315-7
定　　价　50.00 元

“回顾与创新——多元文化视野下的少数民族哲学”会议综述（代序）

2011 年 8 月 8 日至 11 日，“中国少数民族哲学及社会思想史学会成立 30 年纪念暨 2011 年年会”在云南省腾冲举行，我们把此次会议的主题确立为“回顾与创新——多元文化视野下的少数民族哲学”。大会经过主题报告、专题发言、分组讨论，圆满地完成了会议议程。

首先，王天玺理事长在开幕式上作了关于民族文化与文化力的主题报告，从哲学理论上阐释了民族文化的价值，提升了民族文化及文化力的层次，加深了我们对文化问题的理解和认识。

（1）从国内形势看，少数民族文化是中华民族文化的重要组成部分，也是我们重要的财富源泉，而文化产业是未来我国社会经济体系中重要的组成部分，具有巨大的发展潜力和提升空间。为加快国民经济发展，实现中华民族伟大复兴，要大力提倡文化创新，大力发展文化产业，大力打造文化经济。

（2）从国际形势看，文化的本质是“阴阳协调”。他认为马克思主义哲学思想具有前瞻性、创造性和先进性，是极其先进和完备的无产阶级文化体系，社会主义在体制上有优越于资本主义的先天因素，资本主义固有的矛盾冲突必将导致它的灭亡。所谓的先进文化就是以马克思列宁主义、毛泽东思想、邓小平理论为主体的文化，是属于大众的、民族的、科学的文化，是符合社会发展需要和人民根本利益的文化。我们要建设的文化，也是我们在思想上的精神旗帜。当今世界局部的动荡和战争，都与缺乏先进的文化指导有一定的关系。

(3) 从政治角度看文化，文化建设一直是我们党自身建设的一个内容，重视自身文化建设有利于加强党的执政能力。促进先进文化建设和繁荣是我党保持先进性、提高执政能力的重要课题。文化复兴和文化建设在当今国际形势下，具有极其重要的意识形态价值。

(4) 文化创新问题。理论创新是当今经济发展和社会和谐的一项艰巨任务。理论创新主要是由于随着世界局势、国内形势的变化，我们党内的情况也发生了深刻变化。这三大变化给我们提出了许多重大的理论问题和实际问题，亟须从理论与实际的结合上予以解决。要进行理论创新，关键是要把马克思主义与中国的实际结合起来，把马克思主义文化同中国的传统文化结合起来。结合得好，理论创新就能够成功，反之，就会失败。因此，我们要把马克思主义与中国社会主义经济发展、社会发展的实际，与我们社会主义现代化建设的实际很好地结合起来，去深入研究和探索，这才是我们理论创新的方向。

其次，本次会议以主题发言的形式展开议题，分别对民族哲学学会成立 30 年纪念与回顾、研究范式与方法论研究、价值观、民族文化保护与传承、生态文明与生态哲学、民族哲学的实践与应用、原生文化研究等主题进行了深入交流。

1. 学会成立 30 周年纪念与回顾专题

纪念与回顾是我们学会 2011 年年会的重要议题之一。30 年，在人类文明史、文化思想史上不过是短暂的一瞬，但对于中国少数民族哲学学科而言，却是一个从无到有、从弱小到不断壮大的重要阶段，填补了中国哲学史关于中国民族哲学的缺失，取得了一系列重要学术成果，甚至影响了一代学者的学术风格和学术道路。

回顾与展望也是本次会议的主题。会议安排了专场发言。伍雄武先生的《中国少数民族哲学史研究 30 年述评》一文，从“少数民族哲学”概念的提出与论争、丰富多彩的专题研究、填补空白之作——各民族通史与专著、发展趋势几个方面，全面总结了 30 年来中国民族哲学的研究历程。赵智奎的《关于中国少数民族哲学研究的再认识》一文，理性地对中国少数民族哲学研究进行再认识，认为中国少数民族哲学研究是时代的呼唤，它与中国改革开放同呼吸、共命运，填补了中国哲学史的“空白”；不仅进一步证明了“中华民族多元一体”理论，而且深刻地揭示了哲学与宗教的关系。对于学界同仁来说，深入研究中国少数民族哲学依然任重道远。中国少数民族哲学学科建设的不断完善和发展，是我们的现实目标。我们将以更加辉煌的学术成果，迎接民族哲学研究新的春天。佟德富的《中国少数民族哲学研究 30 年回顾与展望》一文，深情回忆了中国少数民族哲学及社会思想史学会成立的过程，认为学界前辈恩和巴图、肖万源、阿不都秀库尔等为学会作出了重要贡献。他高度评价了肖万源、伍雄武、阿不都秀库尔主编的《中国少数民族哲学史》，认为该书是学会成立以来第一部包括 24 个民族的通史类哲学著作，它的出版标志着中国少数民族哲学研究进入了一个新的阶段，受到学术界的瞩目。

阿不力米提的《论维吾尔族哲学思想史及其研究现状》，扼要概述了维吾尔族哲学思想的形成和发展历史，认为维吾尔族哲学思想史大致经历了以下的四个发展阶段：（1）原始意识与哲学萌芽阶段；（2）前伊斯兰教的各种宗教哲学思想阶段；（3）伊斯兰哲学时期；（4）近现代哲学思想时期等。同时，比较全面地介绍了关于维吾尔族哲学思想史研究的国内外现状，探讨了维吾尔族哲学研究的理论意义和现实意义，论述了该领域研究的必要性并提出了几点建议。

通过几位学者的深情回顾，使我们重温了“学会”30 年艰辛而不凡的发展历程，其必将成为我们继续努力的学术资源和精神动力！

2. 范式与方法论研究

对于有志于民族文化、民族哲学研究的学者而言，如何借鉴哲学方法关系到民族哲学发展的方向和继续推进的问题。雷弯山的《少数民族哲学研究范式（方法论研究）》一文，雷弯山基于马克思主义思想方法，对于民族哲学研究方法提出了有价值的建议。他提出哲学要给社会提供智慧，得到与会专家学者的肯定。宝贵贞的《论中国少数民族哲学史写作范式问题》，从汉语语境中的中国少数民族哲学史写作出发，探讨了少数民族哲学研究方法及其存在原因，认为少数民族哲学史的写作应当具有一种范式意识，有必要进一步考察范式本身的合理性及可操作性，从而推进中国少数民族哲学研究。刘继高、夏从亚在《马克思主义哲学观视阈下少数民族哲学研究的几个问题》一文中提出，马克思主义哲学是我们研究和发展少数民族哲学的基本指导思想。按照马克思主义哲学的基本特征和要求，当代少数民族哲学的研究工作应关注到几个方面的问题，即少数民族哲学研究需要突出时代性、强化实践性、坚持批判性、明确服务性和强调世界性，这样才能更好地推进我国少数民族哲学的研究和发展。

3. 价值观研究

价值观往往被看做个体人格体系和精神体系中的一个核心概念，对个体行为起着重要的描述、解释、预测和导向作用，同时价值观也是社会发展和文化变迁的重要测量指标。广义的价值观是指在特定历史条件和长期的实践活动中，人们形成的相对稳定的思维方式、观念取向、心理习惯和行为模式。价值观是人类世代传袭的生活方式、生产方式的积累结果在群体和个体主体意识中的表现，渗透于现实生活的方方面面，人类创造的一切物质财富和精神文明都体现了人类的基本价值取向。娜拉的《民族价值观及其当代意义——以西北少数民族为例》一文中，认为中国传统文化既包括以儒家文化为主体的传统文化，也包括各少数民族的传统文化。研究我国少数民族文化，不能忽视对少数民族价值观的探究。民族价值观是一个多层次的观念系统，影响着不同民族成员形成各不相同的心理特征和行为取向。随着我国社会转型，现代性元素（现代思维方式、现代知识结构、现代科学技术）渗入其中，传统与现代的调适、文化自觉是西北各少数民族所不可回避的现实。钟宝云的《论佤族爱国主义研究的视角转换》一文，尝试从民族精神和道德层面，即从佤族的民族文化、民族精神的角度进行爱国主义问题研究。把以往“就佤族研究佤族”的视角转向与中华民族“多元一体”的视角研究；把以往从阶级、政党、国家层面的研究转向道德层面研究；把以往对爱国主义的普遍性研究转向对佤族爱国主义的民族性研究；从民族文化、民族精神的视角来揭示佤族爱国主义的思想基础。刘佳的《少数民族哲学与社会主义核心价值体系》一文，认为社会主义核心价值体系离不开对少数民族价值观的扬弃，社会主义核心价值体系为少数民族价值观的发展提供有力的引导和支撑。在此基础上，她提出民族价值观作为社会主义核心价值体系的重要组成部分，在长期的历史发展中形成了自身的民族特质，正确把握少数民族价值观与社会主义核心价值体系的关系，可以为少数民族价值观的发展探索出一条正确的道路，深化对少数民族文化传统的认识。

4. 民族哲学与宗教文化研究

民族哲学是民族精神和时代精神的精华，任何哲学都是以民族性的形式、时代性的内容、个体性的风格探索人类的共同问题的。学者们从各自的视角为我们呈现了历史悠久的民族哲学。不仅揭示少数民族文化的共性，有些论文在共时态上展现对一种民族文化的总体性理解和把握，有些论文则在历时态上辨析了一个民族文化历史性演变的逻辑和规律。

刘成有的《元朝哲学的融合与创新》一文认为，元朝哲学的融合与创新，其根本原因在于元朝所代表的国家形态是包括各个民族成分的整个中国，蒙古族仅仅是统治民族中的主导成分。此外，藏传佛教基础上的蒙藏融合与汉藏佛教对话、伊斯兰教基础上民族融合与穆儒会通、穆释穆道对话，都是中国哲学史上的里程碑事件，具有重要的创新价值。此后明清时期的三教融合、明末清初的伊斯兰教汉文译著运动与启蒙思潮的出现，都与元朝时期哲学的融合与创新有一定的关系。张刚的《云南少数民族儒学家的民族思想》一文，认为云南少数民族儒学家的民族思想主要包括"'大一统'的国家认同意识"、"'无间华夷'的民族平等意识"、"'用夏变夷'的文化认同意识"这三部分内容。在接受儒家传统民族思想的同时，云南少数民族儒学家结合云南民族实际情况对其进行调整，从而克服了儒家民族思想"两重性"、"华夏文化中心主义"等传统缺陷，使儒家民族思想更具有包容性和民族立场的坚定性。王国勇、刘洋的《布依族政治哲学思想探析》一文提出，布依族的政治哲学对其整个民族的发展产生了深远的影响并凸显了重要的现实意义。他们从实事求是的政治价值观，集体主义的政治伦理思想，艰苦奋斗、自强不息的民族政治精神，民主政治的政治理想追求，"做官要为百姓苦"的公仆意识，"人间祖国亲"的政治认同6个方面对布依族政治哲学思想进行了全面阐述。

杨国才的《中国云南白族商帮的贸易道德研究》认为，云南白族以家族企业为核心的商帮的出现，推动了白族地区商业资本的繁荣和市场营销中企业文化和贸易道德的发展。从明代到20世纪50年代，随着白族地区商贸经济的不断发展和繁荣，形成了文明经商、公平交易、信誉第一、视招牌如命、童叟无欺等内容丰富、形式多样的传统企业文化，具体表现在商帮传统贸易习俗、行规行话、商幌商联、商谚中，具有鲜明的企业人类学特点。邓红蕾的《关于回族习惯法与国家制定法的冲突与契合的哲学思考》一文提出，回族习惯法是根植于回族地区的、适用于所有回族人民的行为规范，对于维系人们之间的关系，维持社会的秩序有着非常重要的作用。回族习惯法和国家制定法存在着某些一致性的东西，也存在着一定程度的冲突。因此，解决好回族习惯法与国家制定法的契合和冲突的问题是处理好二者关系的关键。

熊永翔的《普米族韩规教“人地和谐”的自然观》认为，普米族韩规教文化中蕴含着朴素的“人地和谐”观念，“自然”在普米族人的思想中具有宗教、伦理、审美等意义。普米族基于韩规教“人地和谐”思想基础上形成的自然审美观具有以下三方面的特点：独特的审美价值标准；整体性；未来性。因此，对待“自然”是怀着“敬畏与禁忌”的心理，以整体性的思维方式来约束自己的行为举止。研究普米族的“人地和谐”的自然审美观，具有审美现代性的理论层面、人类生存发展的生态伦理方面和美学哲学方面的多重意义。和金权的《浅论东巴文化中的“和合”思想》，认为“和合”思想就是东巴文化的核心思想，它以东巴文化独特的人文关怀为立足点，形成一条贯穿东巴文化的思想脉络。而人与“人”的“和合”是东巴文化“和合”思想的基本框架，它以人与人、人与自然以及人神关系的“和合”为基本内涵，构成了一个三者之间相互依存、相互影响的思想体系。在此基础之上，他对东巴文化的“和合”思想进行了阐释与解析。罗秉森、罗莹《阿昌族宗教信仰中的哲学思想萌芽》一文提出，阿昌族多元宗教信仰中蕴含着丰富的哲学思想萌芽，特别是在他们的原始崇拜中，较多地反映出阿昌族先民朴素的世界观。阿昌族佛教、道教信仰中的哲学思想观念，较多地吸取了其他民族的思考。研究阿昌族宗教信仰中的哲学思想萌芽主要就是研究他们的原始崇拜观念。在阿昌族众多原始崇拜的习俗中，最能反映阿昌族哲学思想萌芽的是灵魂不死和万物有灵的观念。吴之清的《简析云南傣族的佛性生活》一文指出：南传上座部佛教，对傣族民众来说，不单是宗教信仰的问题，还是他们的人生哲学，渗透到社会生活的各个方面。周海亮的《试论蒙古族史诗〈江格尔〉中的伦理思想与江格尔理想人格》一文，认为蒙古族是一个富有道德观念、道德思想和道德传统的民族，他们在长期的生产实践和社会交往活动中逐步形成并持续发展了具有本民族特点的伦理道德思想。这在史诗《江格尔》中也得到了确凿和充分的印证。《江格尔》不仅描绘了具体社会历史形态的理想范型，而且表达了蒙古族人民卫拉特部向往与追求并极力创造人间天堂——宝木巴的社会道德理想，提出了社会道德评价标准及江格尔式的理想人格典范。

（五）生态文明与生态伦理问题研究

中国各民族的生态智慧是民族哲学研究的重要内容，也成为本次会议讨论的一个板块。盖志毅的《匈奴的生态文明及其现代价值》，认为匈奴的生态文明表现为敬重自然的生态意识和根据气候变化创造伟大游牧文明。从匈奴肇始，在我国北方少数民族中形成了保护自然的优良传统和意识，形成了对多种自然形态的崇拜；游牧的经营方式为以后的游牧民族所继承。其现代意义是：为人类留下了一个在现代社会前较好的草原生态环境；为今天保护生态环境，建设现代生态文明提供了宝贵的传统文化精神和生态智慧；在生态文明的语境下，少数民族的生态文明应对目前的主流文明——现代文明进行逆向传播，对全球化在内的现代性进行全面反思甚至批判。朝克的《俄罗斯和蒙古民族生态哲学比较研究》一文，通过对俄罗斯和蒙古族生态哲学的比较研究，整体考察俄罗斯民族和蒙古族哲学中对自然界以及人与自然的关系等生态课题的看法，从两个民族关于生态理论的哲学研究上探讨现在满洲里市加强边境口岸生态建设的重要性。从共性和个性特点方面进行比较，表现了开阔的学术视野。贾冬梅的《大兴安岭林区少数民族的生态哲学》，提出在内蒙古大兴安岭林区，居住着蒙古族、满族及鄂伦春族、鄂温克族、达斡尔族等少数民族，在漫长的历史进程中，在人与自然的关系中经历了古代朴素的自然观——近代人类中心主义——现代生态文明的发展历程，从生态哲学的角度阐述了在大兴安岭林区人的思维方式的转变带动了行为方式的转变。

6. 少数民族文化保护与文化安全问题

随着中国改革开放的日益扩大，中西文化的交流日益频繁，各种思想文化在更大范围、更深层次相互激荡、彼此碰撞，在学习借鉴西方文明成果的同时，我们将在相当长的时期内面对西方在经济、科技和文化传播方面占据的强势，文化领域的渗透和反渗透的交锋会异常复杂，文化安全面临诸多新的挑战。如何在全球化、信息化、市场化新的历史条件下确保文化安全，已成为迫切需要研究的重大课题。

佟德富的《关于民族历史文化保护与发展的几点看法》一文，从中国民族历史与文化保护的前提和背景出发，对继承什么和怎么继承提出了非常中肯的建议。张小平在《关于少数民族文化保护与我国文化安全的思考》中提出，文化安全，是指一个国家或一个民族的文化受到外来消极思想文化的影响，使本国或本民族文化受到侵害，文化出现衰落或消亡。其核心要义有三：一是国家拥有的文化主权不受侵犯；二是民族文化的主体地位不至于失落；三是意识形态的主导地位不受威胁。少数民族文化保护对于维护我国文化安全具有重要作用，应从国家文化战略的角度反思少数民族文化保护，可以说，实施文化保护就是要维护少数民族文化的完整性，具有重要文化战略意义。

7. 原生文化研究

研究发生学、史前史，是认识事物的本质和发展规律的重要途径。达尔文写《物种起源》，恩格斯写《家庭、私有制和国家的起源》就是如此。因此哲学应当有自己的发生学，哲学史应当写哲学的史前史，而且哲学作为知识的总结、文化的核心，它的发生、萌芽与整个人类意识、思维和文化的发生密不可分，所以对原始意识、原始思维、神话传说等原生文化的研究，在少数民族哲学学科占有重要的地位；少数民族哲学的研究是它们的重要基地。

佟德富的《神话宇宙观初探》一文中，神话宇宙观主要由以下四个部分组成：一是宇宙的原初状态及天地开辟和宇宙万物的起源；二是人类起源及洪水与人类再生；三是宇宙时空观；四是宇宙结构说。石朝江的《苗族创世神话：洪水故事与兄妹结婚》一文说，洪水故事与兄妹结婚，是苗族人民流行最广、最古老、最庄严的民族民间故事。据专家考证，中国史籍记载之伏羲与女娲，源于苗族的洪水故事与兄妹结婚。

总之，这次会议，我们通过主题演讲、专题论文发言及自由讨论充分表达了多元民族文化的主题，从而提升了民族文化及文化力的高度。一方面涉及哲学思想史政治哲学、宗教哲学、道德哲学、哲学方法论等理论问题，另一方面兼及民族文化保护等应用层面，多层次诠释了会议“回顾与创新——多元文化视野下的少数民族哲学”这一主题。会议讨论的创新点：（1）哲学研究如何为社会提供智慧；（2）少数民族文化的保护与安全问题；（3）民间信仰与哲学的关系问题；（4）方法论（范式）问题；（5）生态文明与生态哲学等。

中国少数民族哲学研究的成就和辉煌，得益于改革开放的大环境，缘于学会同仁坚持不懈的努力，也即将属于过去，成为历史。现在重要的问题是，我们如何把中国少数民族哲学研究深入下去？我们还有怎样的发展空间？还有哪些亟待研究的课题？这些是我们必须面对的问题。“雄关漫道真如铁，而今迈步从头越”。中国少数民族哲学学科建设的不断完善和发展，是我们的责任。展望明天，我们将以更加辉煌的学术成果，迎接民族文化、民族哲学新的繁荣。展望中国少数民族哲学研究的前景，我们充满了新的期待！

宝贵贞

2012 年 12 月

目　　录

第一篇　回顾与展望

第二篇　研究范式与方法论探讨

第三篇　少数民族文化保护与传承

第四篇　少数民族哲学研究

第五篇　少数民族哲学的应用与实践

第六篇　族源神话与传说

后　记

第一篇

回顾与展望

中国少数民族哲学史研究30年述评

伍雄武[①]

“少数民族哲学”这一概念及研究方向，20世纪80年代以前，在中国学术史上从未出现过。20世纪50年代，苏联曾出版过《苏联各民族哲学及社会思想史》一书，中国出版了译本，但没有多大反响。因此，在中国学术史上，“少数民族哲学”是一个全新的概念、全新的研究方向和领域。那么，它是怎样提出来的，又是怎样获得它的价值和意义而为人们所研究的呢？

一、“少数民族哲学”的提出和论争

“少数民族哲学”这一概念及研究方向，首先是从政治和道义的角度提出来的。1979年在济南召开全国哲学、社会科学规划会，会上少数民族学者蒙和巴图（蒙古族）、果吉宁哈（彝族）提出：现今的中国哲学史（著作）没有写少数民族哲学的，因此应当改称“汉族哲学史”。这首先是从民族平等的政治原则和精神理念提出的尖锐问题。于是，有关领导和参会学者高度重视、积极回应这一提问。《光明日报》（1979年6月28日）发表署名邓祥的文章：《建议重视我国少数民族的哲学思想研究》，文章指出：“研究我国少数民族的哲学思想，是摆在哲学工作者面前的

---

① 伍雄武，云南师范大学哲学与民族文化研究所，教授。

一项光荣而艰巨的任务，对于繁荣我国的学术，增强各民族之间的团结，是非常必要的”，“无视或轻视少数民族的哲学思想，既不符合我国的历史实际，也不符合各族人民的愿望”。在北方，内蒙古自治区建立蒙古族哲学研究室；在南方，要求中国哲学史学会云南省分会等组织开展研究。1981 年“中国北方少数民族哲学及社会思想史学会”成立，1983 年“中国南方少数民族哲学及社会思想史学会”成立，由此展开了有组织的研究。随后，《中国大百科全书·哲学卷》、《哲学大辞典》等大型工具书都要求设立少数民族的条目，并推动学者们展开研究。

当然，“少数民族哲学”并不只是适应政治需要而设定的概念和研究方向，当时从学术的角度也提出了这个问题。首先就是中国哲学史的系统性、全面性问题。1981 年《中国哲学史研究》第 4 期发表李国文的论文《纳西族古代哲学思想初探》，该杂志在《编者按》中指出：“少数民族的哲学思想，是中国哲学史的重要组成部分，积极开展这一方面的研究是建立完整的系统的中国哲学史体系的必要条件。由于种种原因，三十年来这一工作没有得到应有的开展，致使这一研究课题至今还是空白。”这按语实际代表了中国哲学史学会的意见。1982 年 8 月中国北方少数民族哲学及社会思想史学会举行第一届年会和学术讨论会，次年出版会议论文集，任继愈先生在文集的序言中说：“1949 年全国解放后……我们的中国哲学史这门学科也出现了前所未有的新气象。可以说是十分兴旺发达。美中不足的是对少数民族的哲学史研究得很不够，它不能如实地反映我国各民族的哲学史现状，显得中国哲学史的内容不够充实。中国哲学史，是中华各民族共同创造的认识史，民族有大小，各民族人口有多有少，但各民族都对中华民族的文化建设作出了各自的贡献”，“对各民族的哲学思想研究得越彻底，思想资料掌握得越丰富，将来我们写出的中国哲学史的内容就越充实，从而做到名副其实的‘中国哲学史’”①。其次，改革开放后，中华民族的民族意识觉醒，各少数民族的民族意识也日益觉醒，纷纷要求继承、弘扬本民族文化，由此各族儿女积极整理、研究本民族的思想、文化遗产，并进而要求研究本民族重要的、有代表性的哲学思想，如蒙古族学者就展开对成吉思汗、忽必烈以及尹湛纳希、罗布桑却丹哲学思想的研究。再次，当时国内兴起关于哲学的起源和萌芽的研究，以及原始意识、原始思维的研究，这方面的研究必然要触及少数民族哲学的问题。1983 年任继愈先生主编的《中国哲学发展史》（先秦卷）出版，第一章《中国原始社会思维的发展和世界观的早期形态》，支撑它的史料来自两方面：考古发掘的远古遗物和现实调查的少数民族资料。与此同时，一些学者发表了从少数民族资料研究原始思维和哲学起源的论文。如刘文英先生的《纳西族〈创世纪〉中哲学思想的萌芽》②，李国文的《从象形文字看古代纳西族时间观念的形成》③。这些研究明确地肯定，若要研究哲学的起源和原始思维问题，就须研究少数民族。

由于政治和学术两方面的推动，从 20 世纪 80 年代起少数民族哲学思想的研究就蓬勃地开展起来。但是，从开始它就为一个根本性的问题所纠缠和困扰：少数民族究竟有没有哲学思想？虽然没有人公开发表文章提出这个问题，但是一些同志在不同的会议上反复提出过这个问题，同时，作为一个新的研究领域和方向，“少数民族哲学”也不可避免地要面对这个问题。如 1981 年

① 中国北方少数民族哲学及社会思想史学会编：《中国少数民族哲学思想史论集》，中国社会科学出版社，1985 年，第 1、第 3 页。

② 刘文英：《纳西族〈创世纪〉中哲学思想的萌芽》，载《哲学研究》1981 年第 4 期。

③ 李国文：《从象形文字看古代纳西族时间观念的形成》，载《哲学研究》1983 年第 1 期。

底1982年初，吴德希、佟德富两位就说："在我国，开展少数民族哲学思想的研究是一项新课题。两年多来，我们在着手开展这项研究工作时，碰到了一些亟待解决的问题，比如，我国少数民族有无哲学思想？开展这项研究工作有没有意义？许多同志对这些问题都持肯定态度，但也有些同志抱怀疑乃至否定的态度。"①

人们普遍认为，要回答这个问题，首先就是拿出资料来。拿出有关少数民族哲学思想的资料，就证明少数民族有哲学思想，证明这个研究方向能够成立。于是中国哲学史学会云南省分会从1980年开始，连续6年编选并内部出版了6本《云南少数民族哲学及社会思想资料选辑》；内蒙古社会科学院蒙古族哲学思想研究室，用蒙汉两种文字编印了《蒙古族哲学及社会思想史资料》以及有关的文献，如《蒙古秘史》、《蒙古源流》等；贵州省哲学学会编印了《贵州省少数民族哲学及社会思想资料选编》。

与此同时，20世纪80年代发表了一大批有说服力和较高学术水平的论文，它们从著作、文献、人物等各方面论述：少数民族有丰富多彩的哲学思想。如李延良对彝族三部重要文献《勒俄特依》、《宇宙人文论》、《宇宙源流》的论述；王天玺对彝族著作《生命的根源》的论述；买买提明·玉素甫对11世纪维吾尔族思想家玉素甫·哈斯·哈吉甫的论述；巴干对忽必烈的论述；武国骥、李凤鸣对清代蒙古族思想家罗布桑却丹的论述；李国文对纳西族史诗《创世纪》（崇搬图）的论述；龚友德对白族思想家高奣映、王崧的论述；伍雄武对傣族古代著作《哇雷麻约甘哈傣》（论傣族诗歌）和《咋雷蛇曼蛇勐》（谈寨神勐神的由来）以及白族思想家李元阳的论述。在数年之中，他们对数十个少数民族的众多的著作、人物以及口传的文本进行诠释，指出它们包

① 吴德希、佟德富：《谈谈少数民族哲学研究》，载《中央民族学院学报》1982年第1期。

含着丰富的哲学思想。到20世纪90年代初，在各种报刊和学术会上发表的论述少数民族哲学思想的论文已经非常多了，汇集成文集不下十余种，如：《蒙古族哲学思想史论集》、《藏族哲学思想史论集》、《朝鲜族哲学思想史论集》、《彝族哲学思想史论集》、《白族哲学思想史论集》、《纳西族哲学思想史论集》、《傣族哲学思想史论集》以及《中国南方少数民族哲学思想研究》、《西南少数民族哲学社会思想史论文集》、《云南少数民族哲学思想史论文选集》，等等。在此基础上，从20世纪90年代中后期起，陆续诞生了多部分族别撰写的哲学思想通史，如《白族哲学思想史》（龚友德）、《蒙古族哲学思想史》（乌兰察夫等）、《蒙古族哲学史》（武国骥主编）、《壮族哲学思想史》（黄庆印）、《彝族哲学思想史》（伍雄武、普同金）、《傣族哲学思想史》（伍雄武、岩温扁），以及《中国苗族哲学社会思想史》（石朝江）、《土家族哲学通史》（萧洪恩）。与此同时，由萧万源、伍雄武、阿不都秀库尔主编的《中国少数民族哲学史》也编写完成和出版。包括24个少数民族的哲学思想史，其中涉及人口较多、文化较为发达的各个民族，如蒙古族、藏族、维吾尔族、壮族、彝族、白族、苗族、瑶族、傣族等。至此，少数民族有没有哲学？少数民族哲学研究方向能否建立？这两个问题似乎解决了。少数民族有哲学，可以研究少数民族哲学，应当是不成问题的了。

但现实并非如此，因为，对于已发表的思想资料和研究成果，它们算不算哲学，许多人大表怀疑！如李国文先生，虽然在1981年就发表论文《纳西族古代哲学思想初探》，后来著有《纳西哲学与东巴文化》、《先民的智慧——彝族古代哲学》（合著）等，在研究少数民族哲学方面卓有成绩，但是在2007年和2008

年的两个学术讨论会[①]上仍明确地说：“我这些年搞的东西（指资料和论著）算什么我不知道，你说是什么就算什么!”如果说，连李先生的上述论著都不算哲学，那么，20多年来大家发表的上述著作和资料算不算哲学就大成问题了！少数民族有没有哲学、“少数民族哲学”能否成立，依然是问题！

许多学者注意到这种情况。2004年李兵同志在《少数民族哲学：何为？为何?》一文中就说：“少数民族到底有没有自己相对独立的哲学？这个问题直到现在为止在学理上并没有被认真地追问过。也许有人会反驳：不是已有为数不少的冠名为‘少数民族哲学’的论著和论文见诸于世了吗？然而，我们认为，‘名称并不等于概念’。”[②] 2008年中国少数民族哲学及社会思想史学会在昆明召开年会，宝贵贞同志在其参会论文《从合法性到新范式——中国少数民族哲学研究困境与出路》中又说：“中国少数民族哲学研究20多年来，取得了可喜的成绩。20世纪80年代，少数民族哲学研究兴起之初曾经面临许多质疑，20多年来当许多研究成果问世后，新的疑问再次出现。少数民族哲学的合法性问题一直困扰着民族哲学的发展。”她所说的“新的疑问”，就是李兵说的“到现在为止在学理上并没有被认真地追问过”的老问题，即：少数民族有没有哲学？“少数民族哲学”能否成立？或者说是少数民族哲学的合法性问题。这实际上是从一开始就存在的问题，只不过在30年后改换成另一种方式提出：现今被冠名为“少数民族哲学”的资料和论著，算不算哲学？（这种冠名合法吗?）

① 2007年“少数民族哲学理论及编写工作会”（云南景洪），2008年“少数民族哲学——宇宙观及其人类学意义讲座研讨会”（北京）。

② 李兵：《少数民族哲学：何为？为何?》，载《云南民族大学学报》2004年第3期。

这个问题并非没有被认真追问和回答过。早在1982年吴德希和佟德富两位就指出："少数民族有无哲学思想的争论，实质上是如何理解或看待哲学的问题。"即认为少数民族有无哲学思想的问题，要追问到"如何理解或看待哲学的问题"上来。这几乎是大家的共识。但是，为此要如何理解哲学？那就看法各异了。

首先，吴德希和佟德富两位认为："……哲学是关于世界观的学问，是关于整个世界发展的一般规律的理论……能够形成这种理论体系的民族起码应当具备如下基本条件：这个民族已进入阶级社会，产生了体力劳动和脑力劳动的分工，有自己的语言和文字，并有一定发展程度的科学文化知识等。每一个民族，不论人数多少，发展程度高低，只要具备这些基本条件，在改造自然和社会的斗争实践中，在从事科学实验的活动中，肯定会产生对自然和社会的一定程度的认识，并对这两方面的知识进行某种程度的概括和总结，从而形成这个民族的某种哲学思想。"① 这是源于当时大学哲学教科书的观点，也是20世纪研究少数民族哲学的主流观点。绝大多数学者都认为这是马克思主义的观点，都以这种观点为指导来发掘、整理、研究、诠释、评价少数民族哲学思想，指出：在少数民族的著作、文献、口传文本等中，包含着"关于整个世界发展的一般规律的理论"或理论萌芽，如包含着对立统一规律的理论或理论萌芽、关于社会从低级向高级阶段发展的理论或理论萌芽，等等。

对这种观点，长期以来人们都不甚满意。2002年，李兵和吴友军发文对之提出尖锐批评："……无论是承认还是否认少数民族拥有本民族的传统哲学，都是基于传统教科书哲学知识论的哲

① 吴德希、佟德富：《谈谈少数民族哲学研究》，载《中央民族学院学报》1982年第1期。

学观所做出的判断，而这种哲学观是不适宜于关照少数民族哲学的。”[①] 2004 年李兵又说：“少数民族哲学只能在‘生存论’哲学的意义上才能得以‘敞开’，少数民族哲学研究只有超越知识论的哲学观，才能够获得充分的学理根据和理论资源。”[②] 那么何谓生存论意义上理解的少数民族哲学呢？李兵说：“它是存在于少数民族各种文化样式或文本形式之中，以少数民族理解和把握世界的各种独特方式（生产方式和生活方式、神话传说和民间故事、宗教典籍和信仰活动、器物文化和审美观念等）为中介，所反映出来的他们关于自身存在的自我意识，以及他们对‘思维和存在关系问题’的思索和‘觉解’。”[③] 对应用“传统教科书哲学知识论的哲学观”来研究少数民族哲学，加以全盘否定，显然有失偏颇。一者，这种哲学观虽不全面，但并不全错；二者，此前以之为指导所做的少数民族哲学研究，并不是一无是处、毫无价值的。其实，30 年来少数民族哲学研究的指导理论，也并不是只有“知识论哲学观”一种，从人的生存实践和各种文化样式中来认识各民族哲学也不乏其人。

在 1995 年出版的个人专著《中国少数民族哲学思想简史》的《绪论》中，伍雄武就提出，可以从生存实践和文化结构两方面来理解少数民族哲学。生存实践方面：我国 9000 多万的少数民族兄弟，“在数千年的历史中，与自然斗争、与社会斗争，战胜各种艰难、险阻而生存和发展，创造了丰富多样的物质财富和灿烂的精神文明。此中，各民族一定有鼓舞自己奋进的精神力量，一定有维系民族群体的精神纽带。这种精神力量和精神纽

---

① 李兵、吴友军：《少数民族哲学何以可能?》，载《学术探索》2002 年第 3 期。

② 李兵：《少数民族哲学：何为？为何?》，载《云南民族大学学报》2004 年第 3 期。

③ 李兵：《少数民族哲学：何为？为何?》，载《云南民族大学学报》2004 年第 3 期。

带，凝聚为观念，结晶为理论，有的，由理论而成体系，可谓之哲学；有的，虽未成体系，却深涵哲理，亦可谓哲学思想”。[①] 从文化结构来说，“一个民族，它的文化总是多方面的、丰富多彩的，包括文学、艺术、宗教、道德、科学以及风俗习惯，等等。然而，这众多的方面绝不是互不相关、散漫混乱的，而是由某些深层的、普遍的、核心的观念，把它们贯穿和联系起来，整合、建构成为有机的文化整体。我认为，这种贯穿各种文化形式中的深层、普遍、核心的思想观念，就是哲学思想和哲学观念……哲学既是一种科学，它和科学一起成长，同时，哲学也是一种文化，它也和文艺、宗教、道德等文化现象一起成长，因此，哲学既和科学相互渗透、相互包含，同时也和其他文化形式相互渗透和包含；我们既要从科学中，也要从文化中来发掘、认识和评价少数民族哲学思想”。[②] 从 1991 年发起和主持召开“中华民族精神——各民族精神的融汇与凝聚全国学术讨论会”后，伍雄武在撰写《彝族哲学思想史》、《傣族哲学思想史》的同时，致力于中华民族精神的研究。由此，总结出研究少数民族哲学的“哲学—民族精神—民族文化”模式。2007 年中国少数民族哲学及社会思想史学会在呼和浩特召开年会，伍雄武在参会论文《哲学、民族精神与构建和谐社会》中说：

> 哲学除了时代性和阶级性之外，还有民族性。哲学有民族性，要义不在于说：哲学的普遍原理、范畴在不同的民族中表现出特殊的民族形式。所谓“民族特色、民族性只是形式的问题，科学的、普遍的原理才是内

---

① 伍雄武：《中国少数民族哲学思想简史》，云南人民出版社，1995 年，第 1 页。

② 伍雄武：《中国少数民族哲学思想简史》，云南人民出版社，1995 年，第 2—4 页。

容”，以这样的观点来理解民族性，我以为没有抓住民族性的要点。哲学的民族性就在于哲学是民族精神的结晶，或者说，民族精神的自觉认识和理论表达就是该民族特有的哲学。任何一个民族都有自己的民族精神，但是，有的民族能自觉地认识和理论地把它表达出来，于是它就有自己的哲学（哲学学说）；有的民族尚未做到，或没有完全做到这一点，从而它只有哲学思想……民族精神贯穿在一个民族的全部文化生活中，决定着一个民族的文化模式的性质、特点，决定着它的未来趋向和前途。① 这样，当我们理解了一个民族的民族精神的时候，那才可能把握这个民族各种文化形态的精髓和根本特征；反之，我们又只有从一个民族的各种文化形态中，才可能深切地体会和认识到该民族的民族精神。而哲学是民族精神的结晶和自觉表达，由此也就形成了“哲学—民族精神—民族文化”的认识模式，即从哲学或哲学思想去认识民族精神，再从民族精神去认识民族文化，以及整个民族的历史与现实。或反过来，从民族文化的各个表现形态，如宗教、道德、文学、艺术、习俗、制度……去理解和概括民族精神，再从民族精神去理解和认识一个民族的哲学或哲学思想……回顾 20 多年来我们对中国少数民族哲学、社会思想的研究，大体上接近上述研究模式。在我们的研究论著中，引述了许多诗篇（创世史诗、叙事长诗等）、文学著作、历史著作，根据它们以及宗教、道德的制度、习俗来论述少数民族的哲学和哲学思想。有的人认为这不是哲学史或哲学思想史的研究。我认为，他们之所以如此偏见，乃因其不理解

① 露丝·本尼迪克特著，何锡章等译：《文化模式》，华夏出版社，1987 年。

我们的研究模式。再有人认为，哲学是科学，它研究的是普适的科学原理和原则，因此哲学原理和数学原理一样的，没有什么民族性的问题，而只有水平高低的问题。由此，他们认为少数民族哲学的研究只有历史的价值，而没有现实的意义，因为少数民族哲学只是人类认识的早期的、低级的阶段。我认为，他们持这样的看法乃因其不理解民族精神的重要地位和历史作用，不理解哲学与民族精神的关系。我们对少数民族哲学及社会思想的研究，需要不断地改进、提高、创新，但是，我们已有的正确而有开拓性的观点和方法，则要继续坚持、发展，这样才能保持学科的健康发展。

由此可见，少数民族有没有哲学、“少数民族哲学”能否成立的问题，以及研究的基本原则和方法问题，实质上是哲学观的问题，而哲学观是开放的、多样的，我们不应囿于一己之见而否定其余。这和整个中国哲学史学科遭遇的情况是类似的。中国哲学史学科发展至今一个多世纪，虽然产生了众多杰出的学者、大师，发表了许多重要的传世之作，但是，至今也还有人不时提出其“合法性”问题，质疑其汗牛充栋的论著讲的是不是“哲学”！问题的实质仍在哲学观。这种共同的遭遇和处境正说明，中国少数民族哲学和中国哲学是“一家人”，少数民族哲学是中国哲学的一个部分，甚至就哲学的民族性问题而言，可能是具有典型意义的部分。所以，少数民族哲学的上述问题的解决，有待于整个中国哲学史学科问题的解决；反之，我们对上述少数民族哲学问题的探索，或许作为一个特定的典型，对整个中国哲学史学科的建设会作出有益的贡献。

二、丰富多彩的专题研究

中国55个少数民族，虽然就人口数量来说不到全国总人口的十分之一，但是，不论其生存实践方式或文化类型，都显示出异彩纷呈的多样性，从而为哲学思想史的研究提供了丰富、深厚的资源基础。20多年来，各民族学者从数十个民族的多种不同的文化形态入手，研究了众多的专题，提出了许多极富启发的见解。

（一）原始意识、原始思维与哲学的萌芽

研究发生学、史前史，是认识事物的本质和发展规律的重要途径。达尔文写《物种起源》，恩格斯写《家庭、私有制和国家的起源》就是如此。因此哲学应当有自己的发生学，哲学史应当写哲学史前史，而且，哲学作为知识的总结、文化的核心，它的发生、萌芽与整个人类意识、思维和文化的发生密不可分，所以对原始意识、原始思维以及哲学的萌芽的研究，是相互结合、密不可分的。对于原始意识、原始思维以及哲学的萌芽的研究来说，少数民族哲学学科占有重要的地位；少数民族哲学的研究是它们的重要基地。

少数民族哲学的研究，从一开始就注意到这个方面。1981年，在《云南少数民族哲学及社会思想资料选辑》（第一辑）的《序言》中伍雄武提出：云南一些少数民族在新中国成立前曾处于原始社会末期，其思想、意识和文化都处于原始阶段，或保留着原始的遗迹，因此“从云南少数民族现实的和不久前的生活中，我们可以得到许多关于哲学、宗教、伦理、审美等观念以及逻辑思维发生、发展的直接而生动的材料……如果把这些材料和地下发掘出来的殷商以前的文物作一番比较研究，很可能会得出

许多有启发的结论”[①]。1983 年他发表论文《对哲学萌芽的探索——云南少数民族原始意识研究之一》[②]，文中对“研究哲学萌芽的重要意义”和“云南少数民族哲学思想对研究哲学萌芽的意义”做了专门的论述。1984 年《哲学研究》编辑部和云南省社会科学院、中国哲学史学会云南省分会、云南师范大学在昆明联合召开“原始思维研究座谈会”，参会学者一致认为要重视从少数民族哲学去研究原始思维与原始意识。会后《哲学研究》杂志在“原始思维研究”标题下发表一组论文，并在《短评》中说：“由于原始社会还没有文字，而且距今年代久远，要研究和把握原始人类的思维结构和方式，只能依靠考古学、人类学、民族学方面的资料和研究成果；只能凭借少数民族中残留下来的原始思维的痕迹。”[③] 由此，少数民族哲学研究，从一开始就把原始思维和原始意识作为自己的重要研究领域，并取得丰硕的研究成果，提出了一些重要见解。

首先，伍雄武提出，区分原始思维与原始意识，前者是怎样思维的问题，后者是思维什么的问题；当然，思维形式结构（思维什么）与思维内容是相结合的。[④]

刘文英先生主要研究原始思维，同时也研究原始意识（他称之为“原始文化”）。在前述会上他发表论文《关于原始思维的特点》[⑤]，1987 年主持国家基金项目：原始思维与原始文化研究，

① 此文又以《谈谈开展云南少数民族哲学、社会思想研究工作的意义》为题，发表于《中国哲学史研究》1982 年第 6 期。

② 伍雄武：《对哲学萌芽的探索——云南少数民族原始意识研究之一》，载《云南少数民族哲学思想史论文选集》（第一集），1983 年内部发行。

③ 钟哲：《加强原始思维的研究》（短评），载《哲学研究》1985 年第 1 期。

④ 伍雄武：《原始思维和云南少数民族的原始意识》，载《哲学研究》1985 年第 1 期。

⑤ 刘文英：《关于原始思维的特点》，载《哲学研究》1985 年第 1 期。

1996年出版个人专著（作为结项成果）《漫长的历史源头——原始思维与原始文化新探》。这部近60万字的著作，立即引起重视，得到高度评价，荣获首届国家社会科学基金项目优秀成果二等奖。他自认为："……本书不是介绍西方某个学者或学派的工作，也不是对他们的理论、观点作注解。而是站在一个中国人的立场上，用一个中国人的特殊眼光，来阐述一个中国人的特殊看法。不是个别问题上，而是一系列重大问题及整体上的特殊看法。"① 他确实做到了。例如，他提出"意象"概念，认为原始思维的基本形式是"意象"，尤其是"类化意象"；认为原始思维的符号是语言，但是语言不仅只限于音节语言，而且包括手势语言，"手势语言曾一度大大超过音节语言，而正是手势语言的'指物'、'指事'的功能，从外面给人类的音节信号注入了思想的意义"②。他又从原始思维的角度对原始文化进行研究，认为只有这样才能对原始道德（道德的起源）、原始宗教（宗教的起源）、原始艺术……"为何"（而不仅是"如何"）有真正的理解。这些见解都是独到而深刻的。刘文英先生从一开始就关注少数民族哲学，数次到西北和云南少数民族地区进行调查，把少数民族哲学研究的成果大量应用到其著作中，因此他的研究成果体现着少数民族哲学、思维学、文化人类学相互交叉和渗透的性质。

现今许多学者都认为，哲学、艺术起源于宗教，而宗教起源于原始宗教。伍雄武对此提出异议。他依据云南少数民族资料研究提出：哲学、宗教、艺术、道德和科学都起源于"原始意识"，

---

① 刘文英：《漫长的历史源头——原始思维与原始文化新探》，中国社会科学出版社，1996年，第2页。

② 刘文英：《漫长的历史源头——原始思维与原始文化新探》，中国社会科学出版社，1996年，第4页。

从原始意识中分化出来。“原始意识是人类最初的社会意识，它是哲学、宗教、艺术、道德、科学等社会意识形式的萌芽的混沌整体”，“从云南少数民族的资料来看，原始意识的基本的和主要的表现形式是原始史诗、神话和原始崇拜”①。

汉族没有流传下什么史诗，但是少数民族却有丰富的史诗流传至今，其中如创世史诗就是来自原始时代的，因此少数民族有汉族不可比拟的、丰富的原始意识资料。依据其创世史诗来研究各民族哲学的起源、萌芽，是少数民族哲学研究近三十年来的重要成就。少数民族哲学的研究最初可以说就是从研究创世史诗开始的，如前述刘文英和李国文对纳西族史诗《创世纪》（崇搬图）的研究。后来发表了不少专题研究各部史诗的论文，特别是在论述各个民族哲学思想发生、发展的历史时，几乎都要从其创世史诗开始，于是前后研究了数十部创世史诗，这不仅在汉族思想史研究中没有，在世界范围来说也是少见的，由此提出的关于哲学萌芽的见解也就十分丰富。

自然崇拜、图腾崇拜、灵魂崇拜、生殖崇拜、灵物崇拜……其中包含着宗教的萌芽、艺术的萌芽、道德的萌芽以及哲学的萌芽，因此称其为“原始宗教”不妥，它应为原始意识之一种形式，故可概称为“原始崇拜”。这是文化人类学和哲学的交叉研究领域。中国55个少数民族各有自己的原始崇拜或保存着原始崇拜的遗迹，各民族学者据此而研究哲学的起源与萌芽，取得了许多有价值的成果。

根据少数民族丰富的原始意识的资料研究各种文化形态的起源，除刘文英先生的《漫长的历史源头》第三编有所专论外，还有两部专著：《艺术的起源》（章建刚、杨志明）和《道德的起

① 伍雄武：《原始意识和哲学、宗教、道德、文艺、科学的起源——云南少数民族原始意识研究》，载《云南社会科学》1987年第2期。

源》(雷昀、雷希)。他们都做出了有益的探索,形成自己独特的论点。

(二)宗教思想

宗教对于民族文化、民族精神有重大的影响,甚至有的民族就以宗教为其文化的主要特征,因此,少数民族哲学学科重视对宗教思想的研究。世界主要的宗教在中国少数民族中几乎都有传播,但是人们特别重视本土化了的宗教以及本民族自生的宗教。

首先论及的有回族、维吾尔族的伊斯兰教哲学思想、藏传佛教哲学思想以及傣族的南传佛教思想。对回族伊斯兰教思想的研究主要集中在明清时期,这一时期回族学者通过汉译伊斯兰教经典以及"以儒诠经"活动,推进了伊斯兰教的本土化,形成中国回族宗教思想的特点。先是余振贵先生在 1982 年北方学会年会上发表论文:《伊斯兰教义哲学与儒家传统思想的显著结合——试论回族汉文译著〈正教真诠〉的特点》,接着在他执笔的《中国少数民族哲学史·回族哲学思想史章》(1992)中,对回族伊斯兰教思想发展的这一关键时期及其代表人物(王岱舆、刘智、马注、马德新)作了深刻的论述。与此同时,冯今源先生在《中国的伊斯兰教》(1991)一书中,对这一时期的宗教思想作了概要的论述。此后研究论著不断。至新世纪,沙宗平先生在论文《以回道包儒道——〈清真大学〉与〈大学〉比较》中研究了王岱舆,在论文《大化循环,尽终返始——清初回族思想家刘智哲学观初探》和专著《中国的天方学:刘智哲学研究》中对刘智的宗教思想作深入的研究。从明清时期回族哲学思想的研究中,揭示出伊斯兰教思想与中国传统思想相交流、融会、创新的历史过程和内涵,这对于认识回族以及整个中国哲学史都有重要的意义,同时它还为理解不同宗教之间的对话与和谐提供了有益的历史经验,因此,受到国内外学者的关注。藏传佛教哲学思想的研究，以班班多杰所作成果最为突出。他提出“藏传佛教思想是本体，藏族文化是形式”的观点，甚至认为本教亦是“阳本阴佛”。由此，在他执笔的《中国少数民族哲学史·藏族章》(1992）中，他以藏传佛教思想为主体对整个藏族哲学思想史进行论述，与此同时他完成和出版了《藏传佛教思想史纲》（1992)。接着他在《哲学研究》杂志上发表两篇论述“自空见”与“他空见”的论文①，认为“自空见”是“藏族学者对印度大乘佛教义理的独特理解与整合”；在《拈花微笑——藏传佛教哲学境界》一书中，则对藏传佛教之哲学境界作了概要的阐述。

其次则是对于各民族自生的、传统的“宗教”的研究。这些“宗教”五花八门、多种多样，著名者如萨满教、毕摩教、东巴教、本教、本主崇拜、寨神勐神崇拜等。它们一般都被称为“原始宗教”。但是，这个总称很不确切，因为有的民族在20世纪50年代时尚处于原始社会末期，他们的自然崇拜、图腾崇拜等还属原始意识，很难说是“宗教”，而彝族的毕摩教、藏族的本教则难说是“原始宗教”，所以，这类“宗教”五花八门，几乎55个民族就有55种；就其性质、发展阶段、表现形式来说，都是不同的。而少数民族哲学对它们的研究，主要将其视为原始意识，力求揭示出它们所包含的哲学萌芽、宗教萌芽、道德萌芽，等等。

（三）伦理思想和人学

少数民族伦理思想的研究有多本专著出版，如《民族伦理学》(熊坤新著，1997年)、《中国少数民族道德史》(龚友德著，1998年)、《中国西南少数民族道德研究》（高发元主编，1990

① 班班多杰：《藏传佛教史上的他空见与自空见》、《藏传佛教的独特教义“他空见”考》，载《哲学研究》1995年第5期、第6期，2001年第9期。

年)、《凉山彝族道德研究》(苏克明等著，1997 年)、《白族传统道德与现代文明》（杨国才，1999 年)。同时，有众多的论文发表，集为文集的有《贵州省少数民族传统伦理道德研究》（刘明华等主编，1991 年）等。《民族伦理学》一书力图把“民族伦理学”作为一个学科建立起来，因此对它的研究对象、任务、方法、意义以及基本内容、当前国内的研究状况等，都作了全面的论述。其总的概念意指涵盖一切民族的伦理学，而实际的内容是指少数民族的伦理学，因此它所提出的问题与中国少数民族哲学学科是相同的，如“中国少数民族究竟有没有自己的伦理思想，其地位和作用何在，它与中国伦理思想特别是汉民族伦理思想的关系怎样”，等等，对问题的回答也基本一致。中国少数民族道德以及伦理思想的特点在于多样性，在上述论著分别展现了藏、蒙古、彝、白、壮……各族的特点；少数民族道德皆以纯朴为特点，因而在当前市场经济全面建立的时代，都面临着从冲突、碰撞到并存、协调、促进的诸多问题，以上论著对这些问题都作了深入论述。

中国传统思想认为道德是建立在人性的基础上的，因此伦理学与人学相结合。《彝族古代人学思想研究》(杨树美著，2008 年）一书以彝族为例说明少数民族有系统的人学思想。它以翔实的材料说明：古代彝族众多的著作和人物都围绕着“人是什么?人应如何?”在思考和探索，提出了许多独特而深刻的见解。这些见解对彝族精神世界的塑造和成长起到重大、关键的作用，对今人亦有别开生面的启迪作用。由此该书以人学专题为例，对少数民族有无哲学思想的问题作了一个回答。

(四）中华民族精神

如果说中国哲学不仅是汉族哲学，而且包括少数民族的哲学，那么，中华民族精神就不等同于汉族的民族精神，而是中华各民族共同的民族精神。这样，从少数民族哲学思想的研究必然衍生出中华民族精神与少数民族的关系问题。1992 年云南学者就发起召开“中华民族精神——各民族精神的融汇与凝聚全国学术讨论会”。会后出版论文集《中华民族精神新论——各民族精神的融汇与凝聚》。张岱年先生在参会论文中说：“中华民族包括五十多个民族，但中国文化却是统一的。中国文化是中国各民族共同创造的，也涵盖着众多民族，而具有统一的民族心理。中华民族的各族人民各有不同的宗教和思想信仰，而彼此相容。‘道并行而不相悖’，正是中华民族各种思想信仰兼容并存的基本情况。而儒家所倡导的‘自强不息，厚德载物’构成了中华民族共同心理的核心内容。”① 任继愈先生在文中说：“秦汉以来，境内各个兄弟民族长期融合、共同进步，形成了统一的中华民族文化和共同的民族意识。中华民族精神是境内各民族不断融汇和凝聚的结晶，这是维护祖国统一和民族团结的强大纽带，是极为珍贵的历史遗产。对这一课题的研究不但具有很高的学术价值，而且有着巨大的现实意义。”② 伍雄武在会议主题报告《中华民族精神——各民族精神的融汇与凝聚》的基础上，继续扩展研究，于 2000 年发表专著《中华民族的形成与凝聚新论》。该书在全面考察各民族哲学及社会思想的基础上，对中华民族精神的基本内核和丰富内容做出了新的阐释，进而认为，中华民族精神之所以能够成为凝聚各民族的纽带和核心，就因为它融汇了汉族以及各少数民族思想、文化的精华。全书从历史与逻辑两方面对这一论点进行了全面的论述。张岱年先生在其书评中指出：“从 1992 年到现在

① 伍雄武主编：《中华民族精神新论——各民族精神的融汇与凝聚》，云南人民出版社，1994 年，第 2 页。

② 伍雄武主编：《中华民族精神新论——各民族精神的融汇与凝聚》，云南人民出版社，1994 年，第 5 页。

……继续深入从各民族民族凝聚和认同的角度，特别是从少数民族哲学思想的角度研究中华民族精神的著作，就我所知还是伍雄武同志这本《中华民族的形成与凝聚新论》最为系统、全面。其实它并不是中华民族精神研究的简单继续，而是在开辟新研究视野，因此我给它高度的评价。”

（五）儒学及其他

儒学与少数民族哲学的关系是一个重大的问题，它关系到汉族与少数民族的关系问题，以及中华各民族思想、文化的共性问题，因此，受到重视。在一些民族，如壮族、满族、白族的通史中，对此有专门的论述。此外，还有一些专门的论著，如：龚友德的专著《儒学与云南少数民族文化》（1993 年），其中有专章“儒学与云南少数民族哲学”，对之有所论述；萧万源、肖景阳、王永祥诸先生亦有论文专论之。

55 个兄弟民族丰富多样的哲学思想，几乎关联到所有的哲学问题，因此从各个不同的角度提出和研究的专题非常多，如少数民族的价值观的问题、审美观的问题、法理思想的问题，等等。对这些问题的研究展现了少数民族哲学思想的丰富性和多样性，启迪着人们的思想。

三、填补空白之作——各民族通史与专著

20 世纪 90 年代以前，既没有总括各少数民族的哲学史，也没有单写某一个民族的哲学史著作，所以 1992 年出版的《中国少数民族哲学史》和《白族哲学思想史》真正是填补空白之作。前者是第一部包括 24 个少数民族的哲学思想通史，后者是第一部关于一个民族（白族）的哲学思想通史。接着，1994 年出版了《蒙古族哲学思想史》（乌兰察夫、宝力格、赵智奎）和《蒙古

族哲学史》(武国骥主编)，1996年出版《壮族哲学思想史》(黄印庆)，1997年出版《傣族哲学思想史》（伍雄武、岩温扁)，1998年出版《彝族哲学思想史》(伍雄武、普同金)，2005年出版《中国苗族哲学社会思想史》(石朝江、石莉)，2009年出版《土家族哲学通史》(萧洪恩)。就每一个民族来说，这些著作都可称为“第一部”，都具有填补空白的意义。与此同时，还有一些分族别作研究的专著，如《东巴文化与纳西哲学》(李国文)、《成吉思汗哲学思想研究》(蒙古文本，格·孟和)、《满族哲学思想研究》(宋德宣)、《先民的智慧——彝族古代哲学》(王天玺、李国文)、《诗性的智慧——哈尼族传统哲学思想研究》(李少军)，以及总结性的概论《中国少数民族哲学概论》（佟德富)。如果说中国少数民族哲学史学科的殿堂开始建构，那么，它们就是刚树立起来的一根根梁柱。

《中国少数民族哲学史》于1986年立项即开始编写，1992年出版。它既是本学科开创之作，也是奠基之作。从内容的涵盖面来说，虽然只涉及24个民族，但基本包括了我国主要的少数民族，即蒙古族、回族、藏族、维吾尔族、满族、壮族、彝族、白族、苗族、瑶族、傣族、纳西族、水族、布依族等。全书分三编。第一编讲的是，处于哲学思想萌芽阶段的民族。第二编讲的是，哲学思想基本形成并有一些发展的民族，即纳西族、傣族、苗族、彝族等5个民族。第三编讲的是，有较丰富的哲学思想和系统的发展过程的民族，即白族、满族、蒙古族、藏族、维吾尔族、回族6个民族。这样的结构，既包含了我国少数民族哲学思想的基本类型，充分展现了少数民族哲学思想的丰富性和多样性，同时，也显示出哲学思想发生、发展的总体过程，使全书24个民族在逻辑上形成一个整体。在第二、第三编中，每一章论述一个民族哲学思想发展的历程，共11章，涉及11个民族。由于是第一次系统地论述少数民族哲学思想的通史，故其方法和框架等，对后续的研究者有很大影响。甚至对于回、藏、维吾尔、瑶、水、布依等族来说，其哲学思想通史至今还只在该书之中。该书写到的24个民族，各有不同的内容与特色，把它们汇聚在一起，就把少数民族哲学与文化的多样性、丰富性充分地展现出来。如宗教哲学思想，书中只涉及佛教、伊斯兰教和各族的传统宗教，而佛教又分为不同的情况：在藏族章中，把藏传佛教思想作为全章的主干来阐述；在傣族章中，则讲述南传佛教思想在傣族中的传播和影响；在白族章中，论述南诏时期密宗和藏传佛教的传入、大理国以后密宗向禅宗的转变，以及儒学与佛教的融合、渗透。至于各民族的传统宗教与信仰，则是24个民族就有24种不同的情况：蒙古族有腾格里（天）的信仰和萨满教，藏族有本教，彝族有毕摩教，白族有本主信仰，等等。这些论述，既展现了各民族宗教思想的多样性，同时又表现了我国少数民族哲学思想的多样性。

《中国少数民族哲学史》的编写原则和方法，既是全书15个民族的27位作者的共识，对后续者也有很大影响。首先，对"哲学思想"有明确的共识。即认为，哲学思想既是自然知识和社会知识的概括和总结，也是关于自然、社会、思维普遍规律的科学，同时又是民族文化的核心、民族精神的结晶。因此在本书中，一方面总结各民族关于自然、社会、思维的普遍本质和规律的认识，如关于万物本源和演化过程的认识、关于对立统一规律的认识、关于社会和人类演化和发展的认识，等等。这些认识在一些民族中只是幼稚的、朴素的、萌芽的认识，但是在一些民族，如蒙古族、满族、维吾尔族、白族、壮族……中已经达到了很高的水平，特别是，不论处于萌芽阶段的认识或发达的认识，都闪耀着自己民族特殊的智慧光芒。另一方面，全书注意从少数民族各种文化形态（如文学、艺术、宗教、道德）中，概括和总结其哲学思想，如：在藏族章中，通过藏传佛教讨论其哲学思想；在傣族一章中，从其叙事长诗和诗论而探讨其哲学思想；在回族一章中，则从伊斯兰教教义与儒学相互融会的过程，来讨论哲学思想的发展，等等。其次，对“历史”的理解。该书是各民族的认识史、民族精神发展史，要把握的是各民族认识的进展历程，以及民族精神演进的历史，而不是作为编年史的年代考订，因此，一些民族可按年代或政权顺序来写，一些民族可按认识进展、精神演进的逻辑来写，这不是根本的问题。这样的哲学观和史学观，在学理上能够成立，在操作上能够得到 15 个民族的 27 位作者的认同和实行；此后的少数民族哲学思想史的研究和撰写，也多在其影响之下。

分民族写出哲学思想通史虽不是学科的最终目的，但却是最重要的目的。有关少数民族哲学思想史的各种理论和方法，其对错、好坏，都要由各民族通史的编写来检验和体现；而学科的社会意义，即对于各民族文化自觉和自信的促进作用，也主要靠通史的编写来体现。分民族的通史专著，目前完成的有 7 部。它们应当被视为 30 年来学科建设最重要的成绩。这些著作各有特点。以结构来说，第一类是《白族哲学思想史》，基本上按时间顺序来分章；第二类是《蒙古族哲学史》、《彝族哲学思想史》，基本上以社会形态为序来分章；第三类是《傣族哲学思想史》、《中国苗族哲学社会思想史》，基本上按文化形态来分章，而在各章中写思想发生、发展的历史；第四类是《蒙古族哲学思想史》、《土家族哲学通史》，力求从分章中体现出民族精神觉醒和发展的历史。虽然不同的结构体现着不同的指导思想和目标，但是揭示本民族思想和精神世界发生、发展的历程，却是各部通史共同的目标。《白族哲学思想史》按时间顺序，把唐宋（南诏、大理）、元明、清代分别设章，由此凸显这三个时期中白族佛学和儒学思想、文化的发展与转折，从而展现民族意识发展的主线。《蒙古族哲学史》按社会形态分为四编：奴隶制时期、封建制时期

（上、下）、半殖民地半封建时期。由此便于从社会经济关系、政治关系出发对各个时期的著作和人物做出深刻的、马克思主义的分析和评价。对于尚无本民族文字的苗族来说，其哲学思想、民族精神只能体现在宗教、道德、文学、艺术等文化形态中，体现在民族的生存实践中，因此在《中国苗族哲学思想史》中按各种文化形态和军事、科技来论述，就十分切合实际并能充分展现苗族思想、民族精神的丰富内涵。

《蒙古族哲学思想史》和《土家族哲学通史》都致力于探索民族精神觉醒和发展的历史，但又互为不同。前者把民族精神主要理解为认识，哲学史就是民族的认识史。其“绪论”中说：“本书的分段原则摈弃了以王朝的更迭来写思想史的方法，力图立足于蒙古民族自身对自然界、人类社会的认识和本民族思维规律特点，进行科学的分段。只有这样，才能真正揭示出蒙古族哲学思想发展的逻辑进程。”① 这部著作认为，蒙古族认识自身、认识社会的逻辑进程共分6个阶段。在第二阶段，随着现实中民族的“崛起与统一”，民族意识的核心——哲学思想形成，随之，它与释、道、儒“冲突与融合”，然而在喇嘛教的意识形态统治地位形成后，整个蒙古族的民族意识、哲学思想都被“变异与束缚”了，蒙古民族也随之衰落。到了近代，一方面从中华传统思想，特别是儒学中汲取力量；另一方面受到西方思想的启发，蒙古族中产生了批判喇嘛教等旧思想的先进人物，他们兴起的启蒙运动使蒙古族觉醒，为马克思主义思想的传播准备了条件。按照这样的思路，《蒙古族哲学思想史》批判地评价喇嘛教在蒙古族思想史上的历史作用和地位，高度评价和表扬了尹湛纳希、罗布桑却丹、裕谦、倭仁等思想家的批判精神和杰出智慧。由此该书

---

① 乌兰察夫、宝力格、赵智奎：《蒙古族哲学思想史》，内蒙古大学出版社，1994年，第17页。

作者们实现了自己的目标，完成了一部重要的、高水平的少数民族哲学史著作。

《土家族哲学通史》是一本近 80 万字的大作。全书近三分之一的篇幅是“论”，即“导论：土家族哲学的研究方法”和“上篇：土家族哲学总论”。就研究方法来说，萧洪恩自认是以“心灵体验”的方法来研究土家族哲学，因为“一个民族有无哲学的问题，并不只是一个理论问题，而且还是一个实践问题，特别是对一个民族的生成体验问题。而且，对一个民族哲学的研究，还包含着研究者自身的哲学体验”①。他认为，作为一种生存体验的土家族哲学，其发展过程就是土家族精神传统、文化传统发展的历程。这个历程从远古开始至明代为一个阶段，即土家族精神传统形成的阶段。土家族从明代开始融入中华，“其上层精英的思想发展已有与中域思想发展的共振因素，这种趋新动向使土家族得以在以后的历次斗争中走在前列，直到产生辛亥革命时期的精英、中国共产党的早期领导人等”②。但是，更为根本的转变在清代“改土归流”之后，因为，“经过改土归流后的百余年努力，无论是从儒家文化视野还是从土家族自身的民族认知方面看，土家族都已‘脱蛮入儒’，实现了华夏认同与社会转型”③。在此基础上，土家族在近代就能够与整个中华民族一道应对西方文化与现代化进程，甚至走在时代的前列。萧洪恩认为，这就是土家族民族精神、哲学思想发展的历程。此论能否成立尚可讨论，但是对于所谓“内陆”少数民族的民族精神和哲学思想的发展，这是开创性的论点，很有学术意义。据此，萧洪恩用三分之二以上的篇幅，即“中篇：土家族传统哲学”和“下篇：土家族近代哲

① 萧洪恩：《土家族哲学通史》，人民出版社，2009 年，第 8、第 12 页。

② 萧洪恩：《土家族哲学通史》，人民出版社，2009 年，第 137 页。

③ 萧洪恩：《土家族哲学通史》，人民出版社，2009 年，第 138 页。

学”来具体展开这一论点。“中篇”对其萌芽和先秦阶段用了不小的篇幅，但重点讲述汉晋以后渝东、湘西、鄂西地区土家族文人，特别是《田氏一家言》（主要是诗集）。这两章（第六章、第七章）实际上是全书的主干和重心，是土家族传统哲学的主要内容。“下篇”用4章讲述近现代土家族传统哲学的特征已为中华民族的共性所代替。因此，通史的主干（土家族传统哲学）仅由第六、第七章两章来支撑似显单薄。所以，我觉得该书主要是“论”，主要意义在于，对“内陆”少数民族哲学思想的研究提出新的思路。

与通史同时，又有一些按族别进行研究的专著。这些专著全面研究和介绍某一个民族的哲学思想，但认为还没法找出其时间顺序，不能做出历史的叙述，因此不是作为“史”，而是作为“论”成书的。这类著作中发表较早的是李国文著《东巴文化与纳西哲学》(1991)。李国文认为，纳西族文化就是东巴文化，因此东巴文化中的哲学思想，就是纳西族的哲学思想，但因对东巴文化的主要载体《东巴经》的记述无法确定时间、年代，因此对纳西族哲学也就无法历史地展开而只能平面地铺开，列为若干个专题来讲。通过这些专题的阐述，“可以看到古代纳西族人民思维认识发展及哲学思想的很多时代和民族特点”。其实，在书中只能看到记载于《东巴经》中的纳西族人民认识的“现状”，而不能看到其发展。所以这不是关于纳西族认识史的著作，更不是如《土家族哲学通史》那样是民族精神发展历程的著作，而是关于纳西族认识特点的著作。《先民的智慧——彝族古代哲学》、《满族哲学思想研究》和《诗性的智慧——哈尼族传统哲学思想研究》与此类似，即通过一些专题而全面论述一个民族（彝族、满族、哈尼族）的哲学思想。

与此不同，《成吉思汗哲学思想研究》（蒙古文）、《康熙思想研究》（宋德宣）是关于某一人物的研究。《成吉思汗哲学思想研究》是用蒙古文写成和出版的，在国内外蒙古族和蒙古学中都有影响。该书曾获首届国家社会科学基金项目优秀成果三等奖，由《获奖成果简介》可知，该书立论于：成吉思汗并非“只识弯弓射大雕”，而是武功盖世，又是一个政治家、思想家。其著作者在此简介中说：“……本书则专门研究成吉思汗的哲学思想，认定他是古代蒙古族哲学思想家，这个观点突破了以往研究的结论……填补了成吉思汗研究，乃至国际蒙古学研究中的一大历史空白。同时这本书又是研究蒙古族历史人物思想史的第一本……”① 与此相似，《康熙思想研究》（宋德宣）也是研究少数民族杰出皇帝的。宋德宣认为：（以往对康熙的）“……评价仅仅停留在文治武功的表面层次上，还未涉及思想理论的内在深层。本书正是从康熙的思想历程中进行再认识、再评价的学术著作。本书通过大量的事实，证明了康熙不仅是著名的政治家、军事家，而且也是杰出的哲学家、科学家。”②

由刘尧汉先生带头的彝族文化研究十分独特，受到学界关注。他带领楚雄彝族自治州一批人，出版了《彝族文化研究丛书》20多本，其中一些是有关彝族哲学思想的，如《中国文明源头新探——道家与彝族虎宇宙观》（刘尧汉）、《彝族天文学史》（陈久金、卢央、刘尧汉）、《道家混沌哲学与彝族创世神话》（普珍），以及论文《彝族文化对国内外宗教、哲学、科学和文学的影响》（刘尧汉）。刘尧汉认为，彝、汉文化远古同源，彝族宇宙观乃“虎宇宙观”，这也是道家的宇宙观，只不过后来道家将其抽象化了，用抽象概念来表达，而原始的虎宇宙观至今仍保存在彝族文化之中。他说：“彝族的虎宇宙观，经由老子、庄

① 全国哲学社会科学规划办公室编：《获奖成果简介》，中国社会科学出版社，2000年，第456页。

② 宋德宣：《康熙思想研究》“内容提要”，中国社会科学出版社，1990年。

子抽象概括为道家最高哲学‘道’的别名‘一’即‘太一’之后，又经彝族先民羌戎方士谬忌向汉武帝提出作为高于五帝的天神受到供奉。高于五帝的‘太一’……它是彝族‘罗罗’或‘罗’（虎）的别名，早在先秦、西汉时已出现于西北地区。”① 为此他提出这样一些论据：道家和道教“尚玄贵左”与彝族“尚黑贵左”相通；“老聃”、“李耳”的读音，与彝语的虎首、母虎的音相同，故老子本为彝族先民；道家和道教崇尚的“太一”源于彝族虎宇宙观，等等。此论“曲高”，且论据多来自民俗和语言，故学界和之者甚寡。

最后，佟德富的《中国少数民族哲学概论》，可谓总括性的著作。该书是其多年进行专题研究和教学的总结。他说：“……在专题研究和讲座中，尽可能做到既讲‘史’，又概述各个民族……如此坚持数年，就写成了这本中国少数民族哲学专题研究，作为我系（中央民族大学哲学系——引者注）研究生教材奉献给读者。”② 作为教材，该书的分章与高校一般的哲学教材大体一致，即分为“哲学萌芽”、“认识论思想”、“辩证法思想”、“社会政治思想”等。把少数民族哲学思想如此分章节地汇聚、编排起来，从而证明少数民族有哲学思想，而且是丰富的、深刻的哲学思想，这是该书作为教材的主要目的与任务。当然，作为一门课程的教材，它必须有一个总体的概述，说明少数民族哲学的对象、任务、特点、方法与意义，等等。该书专辟一章对此作了论述。与其他专著相比，这大概是该书在学术上最值得注意而有创意之处。

---

① 刘尧汉：《中国文明源头新探——道家与彝族虎宇宙观》，云南人民出版社，1985 年，第 131 页。

② 佟德富：《中国少数民族哲学概论》，中央民族大学出版社，1997 年，第 440—441 页。

四、研究趋势

（一）完成55个少数民族哲学思想的研究和探讨

回到初始的推动，不论从政治和道义来说，或者从学术来说，我们都必须研究和探讨每一个少数民族的哲学思想。即便其没有哲学思想，那也应当是在探讨与研究之后再下结论。结集性的著作《中国少数民族哲学史》只写了24个民族，那么，下一步要完成的就是包括55个少数民族的《中国少数民族哲学思想史》。这应当是必须的，目前也是有条件做的事。至于分族别的通史专著，目前还不多，虽然不可能也没有必要每个民族都写一部哲学通史专著，但是一些人口较多、文化积累较深厚的民族，如维吾尔、哈萨克、瑶、水等族，应当有一部关于其民族精神与思想发展的通史专著。目前，学界也具备完成这些专著的能力和条件。

（二）研究和探讨各民族哲学思想的相互关系

一方面，这是理论自身发展的逻辑要求。如果不顾各民族之间的相互关系（相互交流、融合和影响），不从相互交流和联系来研究和论述各个民族的历史，许多问题就没法讲清楚。例如，不顾云南彝族、白族、汉族的相互关系，爨氏统治时期（魏晋南北朝）的《爨龙颜碑》、《爨宝子碑》的族属问题，南诏时期（唐代）的《德化碑》的族属问题，以及明清时期的思想家高奣映的族属问题，都难以解决，它们都是彝、白、汉三个民族文化交流、融会的结果，用一种孤立的、“非此即彼”的观念来看待这个问题，不可能得出合理的结论。再如，不顾纳西族与白族、藏族、汉族的相互关系，是不可能对纳西族文化做出深刻、合理的分析的。此外，对于维吾尔族、哈萨克族、乌孜别克族等民族的思想史，若不注意从相互交流、融会、依存的角度进行思考，那也是难以讲清问题的。而回族、保安族、东乡族思想史亦是如此。所以，少数民族哲学思想史的研究，应当在分民族的个别研究的基础上，加入（或者说，特别关注到）各民族相互关系的研究。

另一方面，现实生活中，不同民族之间在思想、文化上的相互关系（冲突与和谐、融会与排斥、交流与孤立），日益成为构建和谐的国际关系、和谐的国内关系的基础条件。就国内来说，国家的凝聚力、中华民族的凝聚力，即中华各民族的凝聚与团结，这是构建和谐社会、实现中华民族伟大复兴的条件与动力。然而，各民族的凝聚与团结有赖于各民族文化的谐调、民族精神的认同。哲学是民族文化的核心，是民族精神的结晶，故而加强各民族哲学思想相互关系的研究，是学术和社会现实两方面的共同要求，是由两方面共同推动的。

（三）研究和探讨少数民族哲学史与传统中国哲学史的会合、融通问题

研究少数民族哲学史的重要目的与意义，在于补充、丰富、完善中国哲学史，但是两者现在还互不搭边，各走各道；丰富，可以说是，补充和完善则谈不上。这种情况的根源就在于，两者会合、融通的问题至今还较少讨论。如果说完成一部包括56个民族的《中国哲学史》（或《中华民族哲学史》）还是很遥远的事，那么，研究和探讨少数民族哲学史与传统中国哲学如何会合、融通的问题，就应该是当下要做的事了。

（四）形成“百花齐放”的局面

在各种哲学观的影响下，会出现不同理念、不同类型、不同风格的少数民族哲学思想史著作（通史和专著），从而形成“百花齐放，百家争鸣”的局面。

关于中国少数民族哲学研究的再认识

赵智奎[①]

时光荏苒，中国少数民族哲学研究已经走过了30年。30年，弹指一挥间。此时此刻，回顾中国少数民族哲学研究走过的历程，总结其丰硕的学术研究成果，展望未来的发展前景，不仅是每位少数民族哲学研究学者的共同心声，更是巩固、建设、发展中国少数民族哲学这门学科的需要。毫无疑义，这一回顾和展望，不仅具有重要的历史意义，也具有重要的现实意义。

诚然，30年来中国少数民族哲学研究取得了辉煌的成果，但也必须戒骄戒躁，看到亟待解决的某些问题。值此学会年会召开之际，笔者认为，理性地对中国少数民族哲学研究进行再认识，实有必要，特撰此文。

一、中国少数民族哲学研究是时代的呼唤，与改革开放同呼吸、共命运

中国少数民族哲学研究，伴随着改革开放成长，是贯彻和落实党的十一届三中全会路线、方针、政策的结果。没有党的十一届三中全会，就没有少数民族哲学深入、系统的研究；没有改革开放，也没有中国少数民族哲学今天研究的辉煌成果。

---

① 赵智奎，中国社会科学院马克思主义研究院，研究员。

哲学是时代精神的精华。中国少数民族哲学研究，是时代的呼唤。中国是56个民族组成的国家，56个民族的哲学思想，融汇成中华民族的思想宝库，构筑起完整、统一的中国哲学思想体系。在历史的长河中，哲学作为世界观、方法论，为中华民族的繁衍、兴衰特别是当代的伟大复兴，提供着理论指导、智力支撑。因而，每一时代的发展和社会历史进步，无不与哲学自身的发展水平息息相关；特别是波澜壮阔的中国改革开放，要求中华民族各成员，努力贡献出自己的全部聪明才智。对中国少数民族哲学进行深入、系统地研究，也正是在这样的大背景下应运而生、开展起来的。

中国少数民族哲学研究，与改革开放同呼吸、共命运。因此，我们在这里首先要感谢改革开放的总设计师邓小平，永远铭记邓小平。党的十一届三中全会以后，邓小平成为中国共产党第二代中央领导集体的核心，他响亮地提出了“走自己的路、建设有中国特色社会主义”的伟大号召，领导我们党在新中国成立以来革命和建设实践的基础上，成功地走出了一条建设中国特色社会主义的新道路。

30年来，中国少数民族哲学研究，也走出了一条自己的路。众所周知，30年前那些奋战在少数民族哲学研究队伍中的学者，几乎清一色地都属于拓荒性研究。这是因为，许多资料都是从头开始搜集整理的，需要点点滴滴的积累，逐步深入的解读、消化。他们所写出的第一篇论文和第一部著作，往往就是这个领域的开山之作。当然，这些成果也凝聚着许多学术前辈在相关领域的探索，但是毕竟没有可以效仿和参考的同类成果。因此，如此开创性的研究中他们异常艰辛，是在探索中“摸爬滚打”前进的。有时，还不得不面对学术界某些“大家”的非议，面对一些冷嘲热讽，甚至必须辩驳和回答“少数民族究竟有没有哲学”这样的“问题”。

正是在改革开放的大气候下，中国少数民族哲学研究的先行者们，在追求真理的大道上勇于探索，发扬了敢于创新、敢于拼搏、敢于挑战、敢于胜利的大无畏精神，披荆斩棘，不断进取，取得了前所未有的辉煌成就。今天，“中国少数民族究竟有没有哲学”这样的“问题”，已经被扫进了历史的垃圾堆，而展现在世人面前的，是中国少数民族哲学思想的灿烂与辉煌。少数民族与汉族一道，共同创造和发展了优秀的中华民族文化；少数民族哲学以其丰富的哲学思想，填补了中国哲学思想史的空白，并正在共同努力为构筑真正完整、统一的中国哲学思想史体系，作出自己应有的贡献。

因此，我们也要永远铭记那些中国少数民族哲学研究的先行者、开拓者们。他（她）们将永远载入中国少数民族哲学研究的历史史册。

二、中国少数民族哲学研究填补了中国哲学史的“空白”

如前所述，改革开放以前，中国少数民族哲学这门学科还未建立。从哲学研究的分类来说，中国少数民族哲学研究当属中国哲学研究的组成部分，改革开放以前，特别是在“文化大革命”时期，中国哲学研究的园地曾经一片荒芜和凋零，更何谈对中国少数民族哲学开展研究？

此外，在“文化大革命”以前的中国哲学著作中，几乎看不到少数民族哲学的影子。曾有人评价说，中国哲学就是汉族哲学。这个批评尽管尖锐，却是事实，也是被国内一些终生从事中国哲学研究的真正大家所认可的。于是，在中国哲学史学界，像张岱年、任继愈、石俊等老前辈，都呼吁、鼓励和积极肯定少数民族哲学的研究。因此，在开展少数民族哲学思想研究的初期，凡是少数民族哲学研究的最新成果，哪怕仅仅是一篇综述，也会被关注、转载，并以显著位置刊登在重要学术期刊中。20 世纪 80 年代和 90 年代的《中国哲学年鉴》，专门开辟了少数民族哲学研究专栏，摘要介绍论文的主要内容。这一时期，许多从事中国哲学研究的汉族专家、学者，积极主动地参加少数民族哲学研究的各种学术会议，他们发表自己的看法，增强了各民族学者之间的相互了解和相互联系。一些汉族学者亲身加入少数民族哲学研究的队伍中，与少数民族学者互相切磋、联合攻关，成为研究少数民族哲学思想的领军人物。与此同时，一大批少数民族专家和学者成长起来。

中国少数民族哲学研究，填补了中国哲学领域的空白。以往的中国哲学思想体系，确实有明显的缺陷。例如，从断代史上看，三国西晋时期，只着眼于魏晋玄学，对东吴地区、巴蜀地区的思想家和学者，基本上排除在外。又如，南北朝时期，只注重讲南朝，不讲北朝；南宋时期，多讲南宋思想家，而对整个北方的辽、金、西夏的思想家，则完全不提；至于元代，更长期是个空白；清代也基本上如此。这其中，大量的少数民族哲学思想瑰宝尘封在故纸堆中被丢弃。原因在于，研究者的视野有局限，存在一些传统的观念和偏见，认为少数民族经济文化落后，不可能有哲学思想家出现。

事实上，中国少数民族哲学思想非常丰富。仅以少数民族先民的古代哲学为例，研究成果表明，少数民族的神话和史诗中反映的哲学流派纷呈，内容丰富，形式多种多样，生动活泼，其反映的哲学思维及其智慧也是非常深刻的。例如，关于宇宙的生成、万物的起源，比之古希腊哲学毫不逊色。特别是少数民族的史诗，不仅其艺术形式成为中华民族的瑰宝，而且其中所反映的哲学思维，也令人叹为观止。在中国，只有少数民族有史诗，这是少数民族的骄傲，更是整个中华民族的骄傲。这些，不仅在中国哲学史甚至在世界哲学史上，都占有极为重要的地位。此外，在天道观、天人观方面，少数民族作出了重要的贡献，展现出独特的魅力，丰富了中国古代哲学的内容。

再以现代社会出现的“生态文明”和“环境保护”为例。现代人所说的“生态文明”和“环境保护”，其实在中国的少数民族那里，已经有了丰富的思想内涵和社会实践。少数民族为了生存和发展，对于他们赖以生存的山川、河流、草原，无不以其独特的生产方式甚至以法律和宗教的形式加以保护，这种环境保护意识甚至已经融化在本民族的骨髓里和血液中，是现代人所无法企及的。这些方面所反映的哲学智慧，有力地驳斥了少数民族文化落后的各种偏见。

少数民族哲学研究的丰富成果，填补了中国哲学思想史的空白，这是有目共睹的。这方面的例子不胜枚举，限于篇幅，这里只点到为止。

三、中国少数民族哲学研究证明了“中华民族多元一体”

“中华民族多元一体”思想，最早是由费孝通先生提出的。费孝通先生认为，中华民族作为一个自觉的民族实体，是近代以来中国和西方列强对抗中出现的，但作为一个自在的民族实体则是几千年的历史过程所形成的。中华民族多元一体格局，是指它的主流由许许多多分散孤立存在的民族单位，经过接触、混杂、联结和融合，同时也有分裂和消亡，形成一个你来我去，我来你去，我中有你，你中有我，而又各具个性的多元一体。

费孝通先生这一观点是正确的，中国少数民族哲学思想史的研究成果，支持这一观点。

一是多元的起源。当人类进入文化初期，在中华大地上，北到黑龙江，西到云南，东到台湾，都已有人类在活动，他们都留下了石器。很难想象在原始时代，分居在四面八方的人是出于同一来源。考古学的成果也持这样的观点。二是新石器文化呈多元交融和汇集的局面。我国近年来发现新石器文化遗址多达7000多处，年代从公元前6000年起延续到公元前2000年。这些新石器文化遗址表明了不同地区的文化区的内涵、演进、交融和汇集，呈现出我国新石器文化的多元性。三是凝聚核心区汉族的出现。汉族这个名称不早于汉代，但其形成则早于汉代，作为族称起于南北朝时期，在多元一体格局中凝聚为核心。四是地区性的多元统一。例如，秦代的统一、北方游牧民族（匈奴）的统一，可以看做我国南北两大区域的统一，也是两种生产方式的对立和统一。五是中原地区民族大混杂、大融合。西晋末年黄河流域及巴蜀盆地出现了“十六国”，实际上有20多个地方政权，大多数是少数民族政权。这正是民族大杂居、大融合的时期。唐代的统治阶级中有不少是各族的混血。唐初，汉化鲜卑贵族处于统治地位。据统计，唐朝宰相369人中，胡人出身的有36人，占十分之一。继唐而起的五代中后唐、后晋、后汉三朝都是由沙陀人建立的。从唐到宋近500年间，中原地区成为以汉族为核心的民族大熔炉。六是北方民族不断给汉族输入新的血液。北宋时期，辽国的契丹人、金国的女真人曾先后执掌北方政权。继之而起的蒙古人在建立北方政权的基础上，先后灭金和南宋，建立起中国版图完整的元朝。此后，女真人的后裔满人又灭掉明朝，建立了清朝。这一时期，民族大融合愈演愈烈。七是汉民族同样充实了北方少数民族。北匈奴和南匈奴的演变，与汉民族的融入不无关系。八是汉族的南向扩展。苗人、瑶人、畲人的迁徙；吴人、越人、粤人、楚人，原本都不是汉族；这些都是有历史依据的。九是中国西部的民族流动。戎狄、羌人、青藏高原的藏人、云贵高原的彝人、四川盆地的蜀人和巴人，都有各自的演进和相互融合。

历史从哪里开始，思想史也就从哪里开始。社会存在决定社会意识，同时社会意识对社会存在产生重要影响。中国少数民族哲学研究的成果表明，各少数民族的哲学思想均有其独立的、内在的逻辑思想发展体系，又程度不同地吸收了其他少数民族的思想，同时也影响或融入了其他少数民族哲学思想的发展，确实呈现出你中有我、我中有你、互为影响、互为补充的局面。对于这个事实，不但在北方少数民族（蒙古族、达斡尔族、鄂伦春族、鄂温克族等）的哲学思想发展中得到证实，而且在南方少数民族（苗族、瑶族、侗族、土家族、布依族等）的哲学思想发展中，具有大量的例证。这些例证都足以表明中华民族是多元一体的，中华民族的哲学思想的发展也是多元一体的。

也正是在中华民族多元一体、中国哲学思想多元一体这个意义上，我们还可以说，中国少数民族哲学研究，促进了中华民族的统一和大团结，提供了理论支撑和智力支持，作出了自己应有的贡献。这里需要指出，云南师范大学的伍雄武教授对此作出了重要贡献，云南人民出版社2000年出版他撰写的《中华民族的形成和凝聚新论》，获得了全国“五个一”工程奖，还被列入国家新闻出版署庆祝建国50周年100种重点图书。他正是在深入研究中国少数民族哲学的基础上，用大量的例证说明中华民族是怎样形成和凝聚的。特别是他对中华民族精神的阐述中，有着继费孝通先生以来更全面、更系统、更深刻的认识，在理论和实践上有新的发展。因而，这部著作获奖不是偶然的，这不仅是国家对其个人的褒奖，在某种意义上，也是对中国少数民族哲学思想研究取得丰硕成果的充分肯定。

四、中国少数民族哲学研究深刻地揭示了哲学与宗教的关系

哲学与宗教的关系密切。传统的中国哲学史虽然也很关注哲学与宗教的关系，但是由于缺少了少数民族哲学与宗教关系的阐述，使得这一领域的内容比较单一（主要是阐述佛教和道教的传播，更多的是佛教）。事实上，少数民族哲学特别是原始宗教（萨满教、本教、东巴教、毕摩教等）中的哲学思想非常丰富；而藏传佛教、南传佛教、伊斯兰教、基督教等，在少数民族哲学思想的发展中，也占有极为重要的地位。这些方面的发掘、整理、研究，极大地丰富了中国哲学思想史的内容。

马克思主义认为，占统治地位的统治阶级，其思想也必然占据统治地位。少数民族哲学和宗教关系的研究成果表明，我国历史上的少数民族宗教和政权的关系极为密切，往往表现为极力主张政教并行。

例如，元代奉“学富五车，淹贯三藏”的八思巴为国师，八思巴在《彰所之论》中主张政教并行。忽必烈时期流传的《白史》，深刻阐述了“经教之律”和“皇权之法”的关系，对政教两道并行赞颂之极。这是少数民族宗教的重要特点之一。同时，当中国一些少数民族在不同历史时期执掌全国政权后，另一个重要特点，又是不绝对排斥其他宗教的发展。例如元代，虽然把藏传佛教奉为国教，但是并不排斥道教、伊斯兰教、基督教的发展。清朝也是如此，康熙皇帝在承德建造避暑山庄的初衷，旨在引导各民族宗教和平共处，共为大清王朝效力。

这两个重要特点，不仅为中国哲学思想史增添了新的内容和特点，而且从另一层面深刻地揭示了哲学与宗教的关系。

五、深入研究中国少数民族哲学，仍然任重道远

30 年曲折路，30 年风雨情。笔者从当年的热血青年，如今也已到了花甲之年，不仅亲眼目睹了这一研究的全过程，而且亲身参加了其中的许多重大学术活动。在这里，我要特别提出，我们永远怀念对中国少数民族哲学研究作出重大贡献且已逝去的那些学术前辈和专家学者。

这里，笔者出于目前担任学会秘书长职务这个原因，以下着重介绍原中国少数民族哲学思想史学会秘书长、中国社会科学院哲学研究所原中国哲学史研究室主任萧万源先生，聊以表白怀念之情。

萧万源老师对于我们学会的创建和发展，作出了重大贡献。在他担任学会秘书长期间，殚精竭虑，呕心沥血，无论是组织学术会议，还是牵头完成课题，他都冲在最前面；他热情地培养年轻人，鼓励青年学者一步一个脚印地健康成长。20 世纪 80 年代，笔者曾在肖老师家中做客，那时他的家境并不富裕，为了招待远方的客人，他专门买烧鸡并亲自下厨炒菜，而他的小儿子却不能上桌一同享用。《中国少数民族哲学思想研究》出版以后，笔者曾经在 1993 年 3 月 8 日《光明日报》上发表书评，肖老师对这篇书评提出了非常宝贵的意见。1997 年秋天在四川西南民族学院召开了中国少数民族哲学专题会议，那时肖老师是抱病工作。为了节省会议经费，他以身作则，省吃俭用，吃的和住的与大家一样，从来不搞特殊化，使我们中青年学者对其肃然起敬。他关爱年轻学者的成长，给我许多鼓励并寄予期望。现在，作为学会秘书长，每每想到肖老师，仿佛感受到他那期望的目光而不敢懈怠，唯恐学会的工作出现差错，甚至砸在自己手里，所以努力把学会的日常工作做好，同时也为自己在这一领域研究的落伍而感

到惭愧，努力钻研，用新的研究成果来告慰肖老师和许多学术前辈，不辜负他们对我的殷切期望。

30 年来，中国少数民族哲学研究培养和造就了一大批专家、学者，他们在这一领域勤奋耕耘，取得了丰硕的成果。当然，中国少数民族哲学研究的成就和辉煌，属于国家，属于改革开放，属于大家，也属于学会；即便如此，也即将属于过去，即将成为历史。现在重要的问题是：我们如何把中国少数民族哲学研究深入下去？我们还有怎样的差距？这是我们必须面对的问题。我认为：

第一，一定要努力把中国少数民族哲学这门学科真正建立起来。这需要我们整合高等院校、科研部门的师资和研究力量，不仅要系统地开设围绕这门学科的一系列课程，而且要培育和打造众多的硕士点和博士点，特别是在有条件的高校，首先建立起博士点，经得起评估和检验，在中国各类学科博士点林立的队伍中，占有一席之地。

第二，要清醒地认识到，中国少数民族各个成员中哲学思想研究的成果，无论从数量和质量上看，发展是很不平衡的。已经有了多部专著的民族，仍有很大的发展空间；成果较少的，更有后来居上的迫切要求。要鼓励对人数相对较少的少数民族哲学思想进行深入研究，搜罗这方面的人才，例如开展对赫哲族和高山族等哲学思想的研究。

第三，以只争朝夕的精神，争取时间，尽快编写和出版最新的《中国少数民族哲学思想研究》专著。从 1992 年出版我国第一部少数民族哲学研究的著作，至今已经近 20 年。20 年来学会涌现出许多新的研究成果，用来扩展和丰富原来已有的内容，从总体上说，条件是成熟的。现在伍雄武教授正以完成国家招标重大课题的形式，领衔这一研究，使人们从时间上看到这部新著的问世，有了可能和期盼。

第四，建议继续深入地进行少数民族哲学的专题研究。专题研究一直是我们学会的强项。俗话说，伤其十指不如断其一指，集中优势兵力打歼灭战是科学可行的。中央民族大学的佟德富教授撰写了多部专著，以专题的形式深入阐述中国少数民族哲学思想的发展，可谓硕果累累，具有重要的学术价值和广泛的影响。他提出的一些观点，给人以很多启迪。在其观点的启发下，我认为在专题研究方面，确实可以集中显示出中国少数民族哲学的特点。因此，建议以“少数民族史诗的哲学思维和智慧”为专题，集中一批论文展开研讨，把这一研究推向深入。又如，以“少数民族生态和环境保护意识与生态文明建设”为专题征集论文并召开学术研讨会。诸如此类的还有“少数民族医学的哲学思维与智慧研究”、“少数民族科学技术的哲学思想研究”、“少数民族宗教哲学思想的比较研究”等。

第五，中国少数民族哲学研究“走出去”和深入开展国际学术交流。这方面，一直是我们学会的弱项。30 年来，我们“走出去”和开展国际学术交流的案例极少。事实上，我们学会的许多研究成果已经引起了国际上的关注，开展国际交流是必要的。我们今后要积极创造条件，实现这方面的“突破”。

第六，继续办好中国少数民族哲学思想研究网站。目前，这个网站运行比较正常。但是，从形式和内容上还有更广阔的发展空间，反映学术动态的渠道不够畅通，更新的速度较慢，对这些问题，要研究出解决的办法和对策，争取把我们的网站越办越好。

第七，继续办好我们的学会。学会自换届以来，在会长王天玺同志的领导下，无论是在学术成果还是学会经费上，都有很大的起色。学会的影响越来越大，越办越好。我们召开的几次年会和专题学术会议，都很成功。这和其他几位副会长的努力是分不开的。继今年的年会后，按照学会章程，我们即将考虑和筹备新的换届工作。最终目的是办好我们的学会，在国家民委众多的学会中，能够走在最前列。

“欲穷千里目，更上一层楼”，“雄关漫道真如铁，而今迈步从头越”。展望中国少数民族哲学研究的前景，我们充满了新的期待。中国少数民族哲学学科建设的不断完善和发展，是我们的现实目标。展望明天，我们将以更加辉煌的学术成果，迎接我国全面建设小康社会的实现。在这里，也请允许我用毛泽东的话寄语青年学者：“世界是你们的，也是我们的，但归根结底是你们的。”让我们团结起来，手挽手，肩并肩，继续奋斗，勇往直前！

中国少数民族哲学研究30年回顾与展望[①]

佟德富[②]

今天，我们团聚在美丽的“极地边城”——云南省腾冲县城参加中国少数民族哲学及社会思想史学会成立30周年纪念暨2011年年会，十分荣幸。首先，让我们共同祝贺中国少数民族哲学及社会思想史学会成立30周年和本届年会的隆重召开！本届学术会议的名称叫“回顾与创新——多元文化视野下的少数民族哲学”。中国少数民族哲学研究及本学会30年所取得的辉煌成就，得益于党的改革开放政策和各民族专家、学者及广大少数民族哲学研究爱好者的共同努力。我是1959年考入中央民族学院攻读哲学本科专业的，毕业后留校任教至今。在学习期间，总是有一个问题在困惑着我们：中国哲学史课只讲汉族哲学不讲少数民族哲学，这与中国历史和中华文明史是由中国各民族共同缔造的历史常识极不相称。对此，我们的老师也与我们有同样的感受，记得在改革开放初期，给我们讲中国哲学课的李延良老师到北京大学等高校呼吁开设中国少数民族哲学课，还在《哲学研究》上发表了第一篇少数民族哲学研究的论文。这一时期又正值国家哲学社会科学规划会将少数民族哲学研究列入仪式日程。正

---

① 在中国少数民族哲学及社会思想史学会成立30周年纪念暨2011年年会上的发言。

② 佟德富，中央民族大学哲学与宗教学学院，教授。

是在这一大背景下，1987 年夏，内蒙古大学青年教师恩和巴图来北京，找到中央民族学院的张克武和佟德富商议成立中国北方少数民族哲学学会的相关事宜，恩和巴图原来也在中央民族学院任教，是中国哲学史课的任课老师。改革开放的春风和年轻人的热情与冲动，激励我们为完成多年的心愿着手筹备成立北方少数民族哲学学会的各项事宜。首先，我们到中国社会科学院哲学研究所同相关专家和领导交换了意见和我们的想法，得到了孙耕夫等专家和哲学所领导的热情支持和指导，并表示愿意派人参加筹备和成立学会的工作。有了这样好的开头，我们又充满信心地先后拜访了冯友兰、张岱年、任继愈等先生，他们对于我们的想法和倡议给予热情鼓励、支持和指导。任继愈先生还建议学会名称叫“中国北方少数民族哲学及思想史学会”。任先生说，根据苏联的经验，加上“社会思想史”内容，资料内容较宽泛，比较好收集一些，研究面也相对宽泛一些，这样，对于一个新兴学科来讲，研究难度要相对好一些。经过认真研究，我们采纳了任先生的意见，学会名称暂定为“中国北方少数民族哲学及社会思想史学会”。在获得相关领导和专家的广泛支持以及对一些具体问题取得共识的基础上，我们又决定着手做两件事：第一，给中国社会科学院领导写报告。争取得到中国社会科学院领导的支持，以便能得到地方政府领导的支持和重视；第二，联系发起单位，成立筹委会。当时分别联系和确定中央民族学院、中国社会科学院哲学研究所、民族文化宫、内蒙古大学、内蒙古社会科学院、新疆大学、新疆社会科学院等单位为中国北方少数民族哲学及社会思想史学会发起单位和学会筹备委员会成员。1979 年 9 月 7—8 日在北京民族文化宫召开了学会筹委会成立大会，参加会议的单位和个人有中央民族学院张克武、佟德富，中国社会科学院哲学所丁冠之，民族文化宫张富民，内蒙古大学恩和巴图、吴德希，内蒙古自治区党校恩和巴图，新疆大学扎热甫，新疆社会科学院等。会议由恩和巴图主持，他向与会代表汇报了学会筹备情况，并传达了中国社会科学院副院长于光远对于我们报告的批示，于光远同志说："这件事我同意做，不懂就学，中国哲学史不能只是汉族哲学史，请你们主持好，我积极支持。"与会同志深受鼓舞，信心倍增。会议经过认真讨论，决定成立中国北方少数民族哲学及社会思想史学会筹备委员会，选举中国社会科学院民族研究所所长黄敬涛先生为筹委会主任，恩和巴图为秘书长，佟德富为副秘书长，与会的张克武等其他参与发起单位成员为副主任委员。并决定于1981年夏季在新疆乌鲁木齐市召开中国北方少数民族哲学及社会思想史成立大会。经过一年多的充分准备，于1981年8月26日至9月3日在乌鲁木齐市天山大厦隆重召开中国北方少数民族哲学及社会思想史学会成立大会暨首届学术研讨会。参加会议的有90余名来自12个省、市、自治区16个民族的学者，提交会议的论文和资料40余篇。中国社会科学院副院长于光远同志参加会议并作了学术报告，在会上于光远副院长对于学会今后的工作和发展提出了许多富有建设性的意见。新疆维吾尔自治区党政领导十分重视这次会议，不仅派相关领导参加会议表示祝贺，还宴请了与会代表。会议经过认真讨论选举黄敬涛为学会理事长、恩和巴图为秘书长，其他参与发起单位的代表分别担任学会副理事长、副秘书长等职。会议决定于1982年8月在内蒙古海拉尔市召开第一届学术年会。

中国北方少数民族哲学及社会思想史学会的成立，是改革开放以来学术界，特别是哲学界的一件大事，它在更广泛的社会层面对于有志于少数民族哲学研究的学者和社会人士提供了强有力的组织保证和发表研究成果的机会，为中国少数民族哲学这一新兴学科的创立迈出了坚实的第一步，为中国少数民族哲学研究开辟了广阔的前景。

继北方学会成立并开展活动之后，于1983年成立了中国南方少数民族哲学及社会思想史学会，恩和巴图参加了大会并代表北方学会表示祝贺。从此，中国少数民族哲学思想史的研究在全国范围内有组织地开展起来了，并在国内外引起了学术界的广泛瞩目。南、北方两个学会密切配合，积极协作，分别定期召开学术年会，发表学术论文和文集，出版学术专著和资料集等，在短短的10多年里取得了丰硕的成果。1992年6月，在南、北方两个学会的共同努力下，经过国家民政部正式批准，将南、北方两个学会合并为一个全国性的学会，登记注册的学会名称为“中国少数民族哲学及社会思想史学会”。

全国性学会的成立，为中国少数民族哲学思想史的研究，进一步提供了更加广阔的前景和强有力的组织保证。纵观30年来中国少数民族哲学研究的发展和历程，大致可分为以下三个阶段：

第一阶段，从1981年中国北方少数民族哲学及社会思想史学会的成立到1992年南、北方学会合并为全国性学会——中国少数民族哲学及社会思想学会，是中国少数民族哲学研究的兴起和普遍繁荣时期。在这一时期，我们应该记住一个人的名字，就是恩和巴图教授，是他倡议和主持发起成立了中国北方少数民族哲学及社会思想史学会，并代表北方学会参加南方学会的成立大会，积极寻求南、北方学会合并的事宜，我们今天所取得的成果是与以他为首的学者们的早期努力分不开的。

中国少数民族哲学及社会思想史学会发展的前10年，是中国少数民族哲学思想史研究兴起和普遍繁荣的10年，是中国少数民族哲学思想史研究百花齐放、百家争鸣的10年。这一时期，在全国形成了多个少数民族哲学研究中心，诸如北京、内蒙古、新疆、西南地区、中南地区、云贵地区等，特别是北京和内蒙古地区。北京作为学会所在地，始终是中国少数民族哲学研究的领导核心和研究中心；内蒙古地区在全国率先成立了蒙古族哲学及思想史学会，并以团体会员资格加入了中国北方少数民族哲学及社会思想史学会，发表和出版了大量蒙、汉文字的论文、资料、专史和专著等。南方地区亦蓬勃发展，成果喜人。这些成果于2008年1月在昆明召开的“中国少数民族哲学及社会思想史学会第四届理事会成立暨学术研讨会”上，我在《以科学发现为指导把少数民族哲学研究推向一个新阶段》的主旨发言中，详细介绍了各地发表的科研成果。该文已在俄罗斯布里亚特科学中心出版社于2010年3月出版的学会年会文集《科学发展观与民族地区建设实践研究》中发表，此不赘述。

第二阶段，从1992年全国性学会成立至2010年，1992年以两个学会合并为中国少数民族哲学及社会思想史学会为契机，以萧万源、阿布秀库尔、伍雄武主编《中国少数民族哲学史》的出版为标志，中国少数民族哲学作为一门新兴学科，进入了形成期和稳固发展期。在这一时期，我们应该记住两个人的名字：萧万源和杨玉山。中国社会科学院哲学所萧万源研究员，以北方学会秘书长的身份，不惜身患重病为南北方学会的合并，来回奔波，最后促成了南、北方学会的合并，被选为学会第一任秘书长。中国社会科学院民族研究所科研处长、北方学会副理事长杨玉山同志，作为学会挂靠单位具体负责人，积极给予学会以组织领导和资金支持，亲自陪同萧万源奔走，终使南、北方学会合并为全国性学会，为学会的健康发展和取得今天的成果打下了坚实的基础。我们应该记住并感谢他们的积极努力和所作的贡献。

萧万源、伍雄武、阿不都秀库尔主编的《中国少数民族哲学史》，是学会成立以来第一部包括24个民族的通史类哲学著作，它的出版标志着中国少数民族哲学研究进入了一个新的阶段，受到学术界的瞩目，获得了国家级和省级奖励；在内蒙古地区，出版了蒙古文和汉文的多部不同版本的蒙古族哲学史专著，在新疆出版了维吾尔文的维吾尔族哲学史专著。期间还出版了满族、回族、朝鲜族、彝族、纳西族、壮族、白族、傣族、苗族、土家族等哲学史专著以及各民族哲学论文集和资料集等。佟德富于1982年在中央民族学院哲学专业本科生中率先独家开设了“中国少数民族哲学”讲座课。1986年中央民族学院成立哲学系后，“中国少数民族哲学讲座”课改为必选课列入教学规划，后来又给研究生开设了这门课，并招收了以少数民族哲学为研究方向的硕士研究生，出版了研究生教材《中国少数民族哲学概论》。所有这些足以说明，中国少数民族哲学作为一门新兴学科已初步形成并进入了稳步发展时期。

第三阶段，从2010年以后进入了第三个阶段。进入21世纪以来，早期从事中国少数民族哲学研究的学者因年龄原因，都已陆陆续续退出教学与科研第一线，中青年科研人才纷纷涌现，成果累累。但有些地区因学会组织不健全，出现了新老交替的瓶颈，加之随着民族哲学的深入和发展，必然面临新的机遇与挑战。面对挑战，中国少数民族哲学界涌现出的一批中青年学者，积极作出了自己的回应，宝贵贞的《从合法性到新范式——中国少数民族哲学研究困境与出路》，李兵的《少数民族哲学何以可能》、《少数民族哲学：意义及可能》、《少数民族哲学：何为？为何?》以及肖洪恩的《中国少数民族哲学：可能与现实》等论文的陆续发表，对于这些机遇和挑战作出了积极探索和回应。在这一背景下，于2010年12月在北京京西宾馆召开了“2010年度国家社会科学基金重大招标项目（第二批）评审大会”。会上，以伍雄武教授为首席专家的《中国少数民族哲学史》课题组中标获得国家巨额资金资助。这是继萧万源等主编的国家社会科学“七·五”重点研究课题“中国少数民族哲学史”以来，中国少数民族哲学研究史上具有里程碑意义的大事，是国家对于少数民族哲学研究的肯定、支持和资金保证。根据《2010年度国家社会科学基金重大招标项目（第二批）评审参考标准》要求，所谓“国家社会科学基金重大项目”是指能体现国家水准和权威性的课题项目。其选题和研究内容具有前沿性、开拓性或总结性，预期研究成果能填补该研究领域的空白，对学科建设、文化建设和学术发展有推动作用和重大学术价值。总之，它应是“在国家社会科学基金各类项目中层次最高、权威性最强、资助力度最大，具有很强的导向性和示范性”的项目，这也是对我们少数民族哲学研究的指导性文件和普遍要求。我们坚信，以伍雄武教授为首席专家的“中国少数民族哲学史”课题组，一定不负学术界的重托，按时、按质、按量完成该课题任务，从而使中国少数民族哲学研究进入一个更高的崭新阶段。我们应珍惜这一大好机会，为少数民族哲学学科建设作出更大贡献。

总结30年来所取得的巨大成果，我们充满自豪和信心，展望充满希望的未来，为将中国少数民族哲学研究推向一个新的阶段，应以科学发展观为指导，统筹以下几个问题：

第一，要全力支持伍雄武教授课题的工作。以伍雄武教授为首席专家的“中国少数民族哲学史”项目，不仅仅是课题组的项目和任务，也是我们学会的项目和任务。因为，它不仅代表了我们学会当前的实力和水平，同时也预示着我们学会下一阶段的方向和水准。所以，我们应该珍惜和重视这个项目，尽量给予该项目以各种帮助，提供各种方便，确保该项目按时、按质、按量完成任务，把少数民族研究提高到一个新的水平。

第二，应加强和完善民族哲学史料学建设。全力搜集、抢救、翻译、整理、编辑出版中国各少数民族哲学思想史资料，是建设和发展少数民族哲学的前提和基础。对于少数民族哲学这一新兴学科来说，资料建设尤为重要。在过去的30年里，我们作了许多史料学的建设工作，出版了许多民族的哲学和思想史“资料选集”、“资料汇编”，但从总体上来看，距离实际需要和学科要求相差甚远，只有把科学、完整、系统的民族哲学史料学学科建立起来，把资料工作做扎实了，我们的学科建设才能有坚实的基础，才有可能把少数民族哲学学科建设推向一个又一个新的高度和水平。

当然，少数民族哲学史料学建设难度较大。在我国55个少数民族中只有21个民族有自己的文字，他们是蒙古族、藏族、满族、维吾尔族、哈萨克族、朝鲜族、锡伯族、乌孜别克族、柯尔克孜族、塔塔尔族、俄罗斯族、傣族、彝族、纳西族、苗族、景颇族、傈僳族、拉祜族、佤族和通用汉文的回族和畲族。其中，景颇族、傈僳族、拉祜族和佤族的文字是近百年来外国基督教传教士为传教方便而创制的，只在教徒中间使用。从这些有文字的民族史籍中，筛选出哲学思想资料，绝非易事。不争得各级领导的支持，不组织大量的人力和物力资源，没有必要的资金保证，不做好长期的、艰苦的、细致的田野调查和文献检索，是难以完成的。更何况那些没有文字的民族，他们的资料大多都保存在民间神话、传说、古歌、史诗、格言、乡规民约、民俗节庆以及史、志和原始宗教仪式经籍中，这些资料在民间口耳相传，世代相继。特别是那些记忆资料最多的老祭司、老歌手、里老，都已年高体弱，再不抢救，随着这些老人的作古，这些极为珍贵的资料也将随之而永远消失，所以，更加凸显了资料建设的紧迫性、艰巨性和长期性。

第三，加强少数民族哲学专题研究，是发展少数民族哲学研究的一条有效途径。从我国少数民族发展的实际情况来看，目前虽然学科已经初步形成并在稳步发展，但不能因此就以为每个民族都可以写出一部系统、完整的哲学通史。这是因为我国少数民族历史发展极不平衡，有些民族几乎与汉族同步发展，而有些民族直至新中国成立前夕还处于农奴制或奴隶制社会，有些民族甚至还在阶级社会门槛徘徊，没有经历过人类历史发展经历过的几个历史阶段。加之，没有文字，要写一部这些民族的哲学通史就更加困难。但是不能因此就说这些民族没有哲学思想，而只能说，他们的哲学思想发展不平衡。比如，有些民族哲学萌芽思想和资料十分丰富，有些民族早期宇宙观很发达；有些民族社会认知观很独特；有些民族社会伦理观发达；有些民族辩证法思想突出，而其他方面较为一般或受汉族和周边民族影响较大等，情况较为复杂。总之，由于中国各民族居住环境与文化多源多流，迁徙杂居与相互交融、相互影响、相互融合，以及发展的不平衡性，就决定了每个民族都保留有民族特色浓厚的哲学思想，又有汉族和周边民族影响的成分。至于本民族哲学特色保留的多与少，要视各民族的形成与历史发展而定，要具体分析，不可一概而论。从方法论的角度来看，30 多年来，许多学者都对民族哲学的研究方法提出了颇有价值的看法。比如，格·孟和教授提出民族哲学具有“层次性”特点，认为哲学发展过程为：哲学观念——哲学思想——哲学理论——哲学体系。刘蔚华教授提出“三层次论”：哲学观念——哲学思想——哲学，认为各民族哲学发展程度不同，有些停留在观念上，是哲学观念，在观念上又有系统性，这就是哲学思想；而在哲学思想基础上，再前进一步，从理论上较抽象地回答终极问题，用以解决世界，说明人与社会的命运和趋向等，这就是哲学。宝贵贞在《从合法性到新范式——中国少数民族哲学研究困境与出路》一文中，从以下层面提出问题：（1）何为少数民族哲学？即少数民族哲学的定义，同时也是少数民族有无哲学的问题；（2）在肯定少数民族哲学的基础上，应当把少数民族哲学的研究界定在哪些方向，有什么可供运用的“文本”资料、怎样区分少数民族哲学研究与少数民族宗教学、民俗学、人类学研究，特别是在与这些研究共用研究的“文本”时，怎样保持哲学研究的特点，即保持其独立性、合法性问题；（3）如何借哲学研究的新范式并立足于少数民族文化“返本开新”？在对这些问题提出自己的见解后，提出“通过民族哲学研究范式的转变，使少数民族哲学真正成为少数民族文化‘活的灵魂’，从而使少数民族文化走出一条‘返本开新’的道路”。上述这些见解无疑对我们下一阶段的研究具有较大的借鉴和推动工作。

鉴于此，我认为开展哲学专题研究，不失为一种科学、有效而可行的方法，我们既可以研究某一个民族某一两个层次为哲学专题，也可以开展许多民族同一层次的哲学专题研究。这样，既可以充实哲学通史的研究，也可以不断扩大少数民族哲学研究的深度和广度，不断深化民族哲学研究。

第三，加强宗教对少数民族哲学影响的研究，加强各民族哲学之间关系的研究，特别是少数民族哲学与儒学关系的研究。

宗教对少数民族哲学的影响广泛而深远，原始宗教仪式经籍和极为丰富的神话及史诗包含十分丰富的各民族哲学萌芽思想，孕育了各民族的早期哲学。藏传佛教在西藏、青海、甘肃和内蒙古地区的少数民族中有十分广泛而深远的影响，已融入这些民族思想、文化等各个领域中。小乘佛教在云南傣族、德昂族等民族中影响广泛而深远；伊斯兰教在西北回、维吾尔等10个民族中几乎全民信仰，其影响自不必说。道教是中国土生土长的宗教，一些南方少数民族不仅参与了道教的创建，而且道教在其漫长的流传和发展过程中，不断吸收少数民族文化营养，并广泛受到少数民族的信奉，有些甚至将其改造为本民族宗教信仰的一部分。比如，白族本主崇拜中，将道教的玉皇大帝奉为最高的本主神；基督教在近代西南一些少数民族中亦有较大影响。因此，宗教文化对中国少数民族哲学的影响是可想而知的，为将少数民族哲学研究推向一个新的高度，一定要加强宗教对少数民族哲学的影响的研究。

加强各民族间哲学的相互影响和相互融合的研究，特别是要加强与儒学的相互影响的研究。中国是由多民族形成的文明古国，费孝通先生将之归结为“多元一体”，以我的理解，“多元”是指多个民族和多种文化。具体来说，至少包括56个民族和56种文化；“一体”是指一个疆域和一个国家。具体到现在来说，就是包括港、澳、台地区在内的中国疆域和中华人民共和国。在我国漫长的历史发展进程中，处于不同历史时期、不同文化发展阶段的各少数民族，通过杂居、互市、和亲以及相互吞并和掠夺等方式，相互之间以及与中原汉族王朝之间保持着十分密切和复杂的关系，特别是伴随互相掠夺的战争而形成的几次民族大迁徙，促进了人员、经济、科技、文化、艺术等方面的相互交流、相互影响和相互渗透。仅以少数民族哲学和儒学的关系为例，通过这一系列的事件和发展，儒学对少数民族哲学的形成和发展起到了重要的促进作用；同样，民族文化和哲学对儒学的传播和发展又有着不容忽视的积极作用。仅以回族哲学为例，回族由于大分散小聚居之居住特点和长期使用汉语文，所以，回族哲学受儒学影响自然较深，回儒哲学融合表现也十分明显，即把伊斯兰哲学与传统儒学融为独具特色的回族哲学。比如，明清之际的王岱舆哲学的显著特点之一就是“以儒诠经”、“伊儒互补”。所以，何汉敬在为其《正教真诠》一书所写的序言中说：“独清真一教，其说本于天，而理宗于一，与吾儒大相表里。”元世祖忽必烈，面对“四异五色之国”的重重矛盾，采用了“以儒治国，以佛治心”的治国、安邦之道，“帝中国当行中国之事”，成就了中国历史上“一代之制者”。对于儒学的传播与发展起了巨大的推动作用。清圣祖玄烨，崇儒重理，不仅“体之身心，验之政事”，还著书立说，倡“理本气末”、“理长欲消”、“即物穷理”思想和重人为、讲实效、不尚虚文、强调“亲视亲历”等“真理学”。足见，在其执政的60余年间对于宋明理学之贡献。1392年李成桂建立朝鲜封建王朝后，宣布朱子学为国家唯一的正统思想，程朱理学在李氏王朝统治的500余年间影响之大，可见一斑。此外，在中国少数民族中还涌现出许多儒学家及其著作，诸如：北魏鲜卑人元延明及其《五经宗略》、《诗礼别义》；西夏党项人道冲及其《论语小议》、《周易卜筮断》；元代，维吾尔族贯云石及其《直译孝经》，回族瞻思及其《四书阙疑》、《五经思问》；明代，壮族李壁及其《名儒录》、《燕京乐谱》，白族杨黼及其《孝经注》，李元阳及其《心性图说》；清代，满族玄烨及其《理学论》，等等。在一些民族地区，"以孔子为师"、学汉文、读儒书、"兴儒教"、"建孔庙"、"祀孔子"及尊孔子为"圣人"、"大圣"、"先师"等举不胜举，足见儒学在少数民族地区影响之广泛而深远。我们应深入研究儒学对少数民族的影响以及少数民族对儒学传播与发展的贡献，并从少数民族哲学的角度予以梳理和总结，将少数民族哲学的研究提高到一个新的阶段。

参考文献：

1. 肖万源等主编：《中国少数民族哲学·宗教·儒学》，当代中国出版社，1995 年。

2. 佟德富：《走近先民的智慧》，民族出版社，2002 年。

3. 朝克等主编：《科学发展观与民族地区建设实践与研究》，俄罗斯布里亚特科学中心出版社，2010 年。

少数民族哲学研究初期的片断回忆（提要）

何成轩[①]

中国少数民族哲学研究，滥觞于20世纪70年代末80年代初。学科草创伊始，举步维艰，应者寥寥，影响不大。后经学界同仁之艰苦努力，社会各界之支持帮助，研究工作乃逐步发展与深入，由涓涓溪流而滔滔江河，日渐成熟，初具规模。至今更蔚为壮观，硕果累累，人才辈出，成为引人注目的新兴学科。少数民族哲学研究工作及其取得的成果，日益引起学术界的重视与好评，前景乐观，令人欣慰。

本文根据作者的亲身经历与耳目见闻，回顾了少数民族哲学研究初期的若干片断。由此说明，少数民族哲学研究能够取得今天的成绩，是经过了历年从事这一领域研究工作的同仁前赴后继、不懈努力的结果，也是和各级领导同志与众多社会人士的关心、支持和帮助分不开的。早期从事少数民族哲学研究或组织工作的先驱者中，许多同志已经年迈，不再从事学术研究，但仍然时刻关心学科进展情况；有些同志则已经离世，看不到今天学科发展的盛况了。先驱者们的筚路蓝缕、艰苦创业之功，后来者是不会忘记的。我们应该继承和发扬他们的奋斗精神与奉献精神，

---

① 何成轩，中国社会科学院哲学研究所，研究员。

把中国少数民族哲学研究推向新的阶段。

在学会成立 30 周年的日子里，我们深深地缅怀那些为创立学会、发展学科而奔走呼吁、辛勤劳作的已经离世的拓荒者和耕耘者。如第一届理事长买买提明、副理事长兼秘书长萧万源、《中国少数民族哲学史》主编之一的阿布都库秀尔……他们虽然没有能够看到今天少数民族哲学研究的盛况，但他们的事业后继有人，研究队伍不断壮大，研究成果越来越多；如果他们地下有知，应该感到欣慰。我于 1981 年毕业于中国社会科学院研究生院哲学系，随后留在哲学所工作。因为我本人是壮族，所以单位领导多派遣我参加南北各地举行的少数民族哲学学术活动，这使我有更多的机会向各兄弟民族的同志学习，同时也为推动少数民族哲学研究工作贡献自己的绵薄之力。

几点体会：1. 研究者的奉献精神：使命感，责任感，荣誉感；2. 研究队伍的团队精神与合作精神；3. 充分利用各种研究平台；4. 争取社会力量的支持与参与。

论维吾尔族哲学思想史及其研究现状[①]

阿不力米提·乌买尔·毕力盖[②]

哲学作为时代精神的精华，绝不是某一个民族的专利，这在中国历史上也毫不例外。和汉族一样，各少数民族都有各具特色的哲学思想。维吾尔族哲学史，系指维吾尔族哲学的萌芽、形成和发展的历史。它是在维吾尔族社会历史发展过程中逐渐形成的关于自然界、社会和人的各种认识，以及对其思维规律、精神世界的反思和理论概括。

从时间上说，它上自原始社会时期，下至新中国的成立或迄今；从内容上说，涉及面相当广泛，它不只包括通常意义上的本体论、认识论、社会观、历史观，还包括宗教哲学、自然哲学、政治哲学、道德哲学、知识哲学、人生哲学、人性论、法学思想、逻辑思想、美学思想等。维吾尔族哲学思想的形成和发展历程是维吾尔族社会发展历史的必然产物。

维吾尔族是中华民族大家庭中具有悠久历史的成员之一。它与中国其他55个民族一起创造了中华民族灿烂的文化，为维护

---

① 本文是2010年度国家社会科学基金重大招标项目“中国少数民族哲学史”（项目号10 &ZD059）子课题“西北地区维吾尔、乌孜别克、锡伯、俄罗斯各族哲学思想史”的阶段性成果。

② 阿不力米提·乌买尔·毕力盖，维吾尔族，新疆师范大学副教授，硕士，硕士研究生导师。

祖国统一作出了重大的贡献。

“维吾尔”（Uyghur）这一名称在汉文文献里最早出现于4世纪的《魏书·高车传》。据该书可知，维吾尔最初是属于高车这个部落联合体的一个氏族。

学术界一般认为，3世纪活动于西伯利亚和额尔齐斯河上游的丁零和4世纪活动于鄂尔浑河流域的高车或铁勒部落的一部分是维吾尔族（回纥）的祖先。还有一种观点认为，2世纪游牧在阿尔泰山西侧的乌揭也是维吾尔族的族源之一。①

维吾尔族的形成和发展曾经经历了一个漫长的历史过程。随着社会经济的发展，尤其是在唐朝中央政府的影响下“6世纪末7世纪初维吾尔社会逐渐进入阶级社会”②，744年（唐天宝三年），骨力裴罗以鄂尔浑河流域为中心，建立了鄂尔浑回纥汗国。在中原封建经济的影响下，不久就过渡到封建社会。随着历史发展“7世纪以后维吾尔族逐渐强大，成为一个独立的民族”③。维吾尔族自称为“Uyghur”，汉文献出现的乌揭、呼揭、袁纥、韦纥、回纥、回鹘、畏兀儿等名称多是“Uyghur”（维吾尔）一词不同时期的音译，而不是不同时期不同民族或不同族群的名称。高昌回纥汗国时期尤其是喀喇汗王朝时期维吾尔族文化及其核心的哲学思想得到了全面而系统的发展，形成了维吾尔族传统哲学思想的基本理论基础和框架。

一、维吾尔族哲学思想的形成及其历程

维吾尔族哲学思想的形成、发展过程与维吾尔族社会经济发

① 《维吾尔族简史》，新疆人民出版社，1991年，第21页。

② 刘志宵：《维吾尔族历史》第一卷第一分册，民族出版社，1991年，第66页。

③ 《维吾尔族简史》，新疆人民出版社，1991年，第4页。

展和社会意识形态的每一个演变阶段紧密联系在一起。因此维吾尔族历史上产生的各种哲学思想不但内容丰富，而且具有鲜明的民族特色、时代特色和地方特色，即具有民族性、开放性、多源性的特点。

从维吾尔族哲学思想的发展及其特点来看，其大致经历了以下四个发展阶段：(1) 原始意识与哲学萌芽阶段；(2) 前伊斯兰教的各种宗教哲学思想阶段；(3) 伊斯兰哲学时期；(4) 近现代哲学思想时期等发展阶段。

古代维吾尔族在漫长的历史发展过程中，在适应环境、改造自然与日常生产劳动过程中逐渐形成了关于自然、社会和人本身的各种认识，以及与之相应的原始思维形式。我们把这几种认识形式统称为“原始意识”，即维吾尔族先民的早期意识和突厥汗国、鄂尔浑回纥汗国时期的各种思想文化现象及其中体现的早期哲学世界观。

这种早期意识通过神话、传说、史诗等形式表现出来，也可以从一些考古遗址和文献中看到其痕迹。其内容包括原始崇拜、原始宗教、原始道德、原始艺术、原始神话、原始巫术等方面。这些方面表现出丰富、复杂的特点，相互影响、相互渗透，即有错综复杂的联系又浑然一体于原始意识之中。作为世界观的原始意识之核心和精华的哲学萌芽也是从这个原始意识尤其是其中的原始崇拜意识中发展而来的。

古代维吾尔族（即回纥人）的原始崇拜意识可概括为自然崇拜、动植物崇拜、图腾崇拜、祖先崇拜、腾格里（神灵）崇拜等形式。

古代维吾尔族在其自然环境、社会经济环境下，在其认识能力的基础上逐渐形成崇拜天体、山、湖（水）、动植物等自然物的原始自然崇拜意识。“万物有灵观念”产生以后上述崇拜对象被“神化”，形成了腾格里（神灵）观念。在古突厥维吾尔人的原始崇拜意识中形成了以柯克腾格里（天神）为中心的，包括乌玛依女神、地—水神、巴亚提氏族神的信仰体系。这种观念体系不仅包含原始自然崇拜意识，也包含把自然界归结为水、土、气、火的“四素观”或自然观。与此同时，这种观念已成为古代维吾尔族处理人与自然之间关系的一种认知方式。[①]

这种信仰体系中的“柯克腾格里观念”是他们对天体崇拜的基础上把宇宙抽象化的必然产物。腾格里观念渗透到这种信仰体系的每一个领域，甚至他们的社会政治生活，并成为这信仰体系的核心部分。

“Tängri”一词的意思是“神”和“天”，同时表达“神性”。“Kök Tängri”（Tängri）一词除表示维吾尔等突厥语诸民族的早期宗教信仰多神教——“腾格里教”（Tängridini）[②] 中的至上神以外，还表达了维吾尔族历史上曾接受过的每个宗教信仰的诸神。历代的思想家们也用“Tängri”一词来表达自己的宗教哲学和神学思想。

维吾尔族的早期哲学思想的发展历史过程在维吾尔族的英雄史诗《乌古斯传》、《不可可汗传说》和突厥汗国和鄂尔浑回纥汗国时期的《突厥鲁尼文鄂尔浑碑铭》等文献中得到充分的反映。

随着生产力的不断发展、实践能力的不断提高和实践范围的不断扩大，维吾尔族对于世界和自我的认识也随之不断深入和发展。哲学思维就是伴随这个过程和沿着这个认识方向萌芽、发展起来的。随着氏族社会的解体，维吾尔族先民逐渐进入了阶级社会，他们拥有了自己的文字，并逐渐形成理性的思维，即逻辑思

① 阿不力米提·乌买尔：《论古代维吾尔人的自然崇拜意识及其演变》，载《新疆师范大学学报》（维文版）2005 年第 4 期。

② 阿不力米提·乌买尔：《维吾尔族原始意识与哲学萌芽研究》，民族出版社，2008 年，第 239—263 页；阿不力米提·乌买尔：《关于操突厥语诸民族原始宗教之我见》，载《新疆师范大学学报》（汉文版）2005 年第 4 期。

维。这种逻辑思维可以说直到鄂尔浑回纥汗国时期才得以形成。突厥—回纥碑文中表现出一定的逻辑思维特点，即出现形象辩证思维成分。这种思维方式遵守逻辑思维的规律。①

维吾尔族哲学思想史的第二个阶段属于前伊斯兰教的各种宗教哲学思想，即琐罗亚斯德教哲学、佛教哲学、摩尼教哲学和景教哲学。

琐罗亚斯德教的基本观点是善、恶二元论。它认为宇宙中存在两个对立的本原，即善与恶。

摩尼教，也称明教。该教由波斯人摩尼（mani）所创而得名。摩尼在琐罗亚斯德教的基础上，吸收了基督教、佛教、诺斯替教等宗教思想而建立了一种独特的新的宗教体系。它尊崇大明神、神的光明、神的威力、神的智慧为“四大尊严”，以“二宗”、“三际”为根本教义，“三封”、“十诫”为主要戒律。

根据原始佛教的经典《阿含经》等，原始佛教的基本教义是四圣谛和八正道、十二因缘、五蕴以及因果报应理论。佛教认为，人生有着重重烦恼和痛苦，涅槃即是对“生死”诸苦及其根源“烦恼”的最彻底的断灭。鸠摩罗西和僧古萨里等思想家以佛教基本教义为主提出了自己的佛教哲学思想。

琐罗亚斯德教、摩尼教、佛教等宗教是中亚以及塔里木盆地农耕民族曾信仰过的宗教，流传时间长、范围广，并且对维吾尔族哲学思想、宗教思想、伦理思想、社会生活、民俗等各方面影响较为深远，由此便构成了维吾尔族前伊斯兰宗教哲学思想。

维吾尔族哲学思想史的第三个发展阶段是伊斯兰哲学时期，指从喀喇汗王朝时期到近代的维吾尔族哲学思想阶段。

喀喇汗王朝时期（9—13 世纪）是维吾尔族文化史上的黄金

---

① 阿不力米提·乌买尔：《维吾尔族原始意识与哲学萌芽研究》，民族出版社，2008 年，第 330 页。

时代，是维吾尔族古典文化发展的登峰时期。这一时期维吾尔族经济与文化的巨大变革，使维吾尔民族与社会出现了质的飞跃。思想空前活跃，学术气氛浓烈，出现了文化振兴的繁荣局面，为维吾尔族文化史翻开了崭新的一页。

喀喇汗王朝时期塔里木盆地各地绿洲全面接受了伊斯兰教。“以前的以佛教、摩尼教、袄教等宗教文化为基本特征的维吾尔古代文化遭到了全面的扬弃。与此同时他们得到了广泛接触阿拉伯—伊斯兰文化、古希腊文化、中原文化的机会。因此这一时期形成的维吾尔族文化的基本特征是伊斯兰文化”①。

这个时期产生了众多的哲学家、思想家和诗人，如法拉比、优素甫·哈斯·哈吉甫、麻赫穆德·喀什噶里、阿赫麦德·玉克乃克、阿赫麦德·亚素韦等。这一时期的维吾尔族各思想家继承并发扬伊斯兰教基本教义和伊斯兰哲学思想，赋予其民族特色和地方特色，从而形成自然哲学、理性主义哲学、社会政治哲学、经院哲学、苏菲主义哲学等哲学思潮或派别。法拉比、优素甫·哈斯·哈吉甫等哲学家探讨的主要问题远远超越了纯粹的宗教经院哲学范围，体现了世俗哲学倾向。他们注重研究自然科学、社会政治学、知识哲学、逻辑学、道德哲学、法学问题。推崇自然哲学，强调理性和知识在人生中的作用。在不违背伊斯兰教基本教义的前提下，力图使哲学脱离宗教教义学，变为理性的哲学体系和知识体系。这一时期维吾尔族在传统文化和传统哲学思想的基础上广泛接受、吸纳、传播、改造东西方文化，并创造了具有自己民族特色的伊斯兰文化及其核心伊斯兰哲学。因此，这一时期的维吾尔族哲学与宗教思想处于整个维吾尔族哲学史的核心部位，尤其是为以后的维吾尔族哲学思想、宗教思想和伦理思想打

① 阿不力米提·乌买尔：《论伊斯兰文化与中亚学者在伊斯兰文化上的地位》，载《源泉》（维吾尔古典文学与民俗研究）2005 年第 4 期。

下了基础。

元朝、察合台汗国以及明清时期，那瓦依、鲁提菲、哈拉巴提、则力里等维吾尔族思想家在世界观和方法论上继承并发扬了喀喇汗王朝时期的维吾尔族伊斯兰哲学传统，始终把伦理道德问题和以苏菲主义为中心的人文主义思想放在重要的哲学问题上来探讨。

那瓦依是继优素甫·哈斯·哈吉甫之后，维吾尔族文化史和哲学思想史上又一个有名的代表人物。他在自己的著作中，对哲学、伦理道德、智慧和知识、人的意志自由、美、教育、民族与国家等问题都作了广泛的探讨，他的世界观的核心是人文主义的。鲁提菲、哈拉巴提、则力里等思想家歌颂了善的行为和各种美德，在苏菲主义旗帜之下推崇人类的自由意志和平等。

近代维吾尔族哲学思想的主要代表人物是阿不都卡德尔大毛拉、穆罕默德·托甫克、阿不杜哈立克·维古尔等。他们都在不同的程度上曾受到过当时产生的中亚启蒙运动、苏联十月革命、中国辛亥革命的影响。在这些运动和两个伟大革命的影响下，他们的启蒙思想更趋成熟。阿不都卡德尔大毛拉在喀什最大的阿不都外力麦德力斯讲学，利用讲课的余暇，常到各城镇、乡村去查访，看到了统治阶级的奢侈生活和被压迫者的痛苦生活，外国传教士欺骗愚弄人民，以及有的从外国回来的新疆人自视人上人，成为黑暗势力的帮凶等黑暗现实，更加激起他变革现状的决心。他亲自编写了许多维吾尔语的教材，并把它们在教学中加以运用。他反对封建迷信和宗教迷信，提倡科学知识与新式教育。阿不都卡德尔大毛拉非常重视知识和学习知识。他的基本观点是“人想要存在，就要靠知识、靠文化”。

阿不杜哈立克·维古尔世界观的核心精神是民主与文化。随着革命形势的发展，他的这一思想也不断深化，呈现出不同的层次和发展阶段。起初，他主要是反对无知，社会黑暗和宗教迷信，主张创立理性世界，进而提出对宗教教育进行改革，反对宗教宿命论，并提出反帝反封建的思想。阿不杜哈立克晚年时，他的启蒙思想有了质的飞跃，把反对封建主义和反对帝国主义结合起来，走上了通过教育唤醒民族，使民族繁荣富强的道路。

现当代维吾尔族哲学领域是我们目前正在研究的一个重要的新课题之一，是指自 20 世纪 80 年代开始的维吾尔族传统文化向现代文化转换过程和维吾尔族社会变迁过程在意识形态领域及哲学思想领域的直接反映。在这一时期维吾尔族社会的各个领域尤其是学术研究和文艺、文化传播领域产生了较全面的文化启蒙现象。我们把这些现象概括称为“苏醒现象”，该时期称为“苏醒时期”。这一时期，以著名的学者和当代哲学家阿布都秀库尔·穆罕默德依明教授为代表的部分学者围绕着“回顾历史—重估民族传统文化—民族苏醒—自我反省”等问题或思维模式掀起了一场“民族苏醒运动”。在这一场运动中，《新疆文化》杂志、《新疆大学学报》等刊物上发表了许多具有进步意义的论文。“民族苏醒运动”在维吾尔族青年中塑造了符合社会主义新时期的维吾尔族民族精神，树立了新的价值观念和民族观，在文艺创作中引起了“寻根热”。改革开放后的新时期“民族苏醒运动”促进了维吾尔族知识分子哲学思维和理论思维能力的形成，推动了他们适应新的环境和参与社会主义建设事业的积极性。“民族苏醒运动”及其影响，在目前正在进行的构建和谐社会过程中也起着一定的积极作用。

二、维吾尔族哲学思想史研究现状

1979 年，在济南召开的全国哲学社会科学规划会上提出了研究中国少数民族哲学史的问题，标志着中国少数民族哲学思想史研究的启动。

维吾尔族哲学思想史作为中国少数民族哲学史的重要组成部分，与国内其他少数民族哲学一样，从此开始了它的初步研究。

20 世纪 80 年代，主要工作是发掘、收集、整理资料。在此基础上部分学者提出了研究维吾尔族及新疆兄弟民族哲学思想史的基本思路。这些论文被选入伊斯拉木江·西日甫、阿布都克力木·热和满编《维吾尔哲学史论丛》（喀什维吾尔文出版社，1982 年维文版）、中国北方少数民族哲学及社会思想史学会编《中国少数民族哲学及社会思想史论集》（中国社会科学出版社，1985 年）等文集中。

其中阿马努拉和阿不都秀库尔的《维吾尔族哲学与社会思想研究提纲》，阿马努拉的《维吾尔族哲学思想史研究大纲》，扎日甫·多拉提的《新疆兄弟民族哲学思想研究试想》，买买提明·玉素甫的《略论维吾尔著名的思想家、诗人优素甫·哈斯·哈吉甫的哲学思想》等论文引起了较强烈的社会影响。此后，除在各种学术刊物上继续发表众多的论文外，还有许多论文结集为文集出版。代表性的有：新疆维吾尔自治区社会科学院编《历史遗产——浅论“福乐智慧”》（该丛书收入 65 篇论文，共 4 卷，喀什维吾尔文出版社，1986 年至 1988 年维吾尔文版），新疆哲学社会科学联合会、新疆“福乐智慧研究学会”主编《外国学者论〈福乐智慧〉》（此译文集收入俄罗斯、土耳其、乌兹别克斯坦、哈萨克斯坦、吉尔吉斯等国著名学者所发表的 13 篇论文或《福乐智慧》各外文版的前言，新疆维吾尔自治区社会科学院民族文学所编，1989 年维吾尔文版）。

20 世纪 90 年代以后，在前 10 年研究的基础上，一系列重要的文集和专著发表。首先有肖万源、伍雄武和阿不都秀库尔·穆罕默德依明主编《中国少数民族哲学史》（安徽人民出版社，1992 年），新疆哲学社会科学联合会、新疆“福乐智慧研究会”主编，新疆维吾尔自治区社会科学院民族文学研究所编《“福乐智慧”研究译文选》(该书列入美国、俄罗斯、土耳其、乌兹别克斯坦、哈萨克斯坦、吉尔吉斯等国著名学者所发表的11篇论文或《福乐智慧》各外文版的前言，新疆人民出版社，1991年汉文版）和《“福乐智慧”研究论文选》(该书选入国内学者所发表的26篇论文，新疆人民出版社，1993年汉文版)，买买提明·玉素甫等人选编《伟大的学术里程碑〈福乐智慧〉》(该论文集选入74篇论文，新疆人民出版社，1999年维吾尔文版)。其后阿不都秀库尔·穆罕默德依明的《维吾尔哲学史概论》(新疆人民出版社，1997年，维吾尔文版)，佟德富的《中国少数民族哲学概论》(中央民族大学出版社，1997年)，扎日甫·多拉提主编《新疆少数民族哲学思想史纲》(新疆大学出版社年，2002年维吾尔文版)，佟德富、热依木·玉素甫等编《维吾尔哲学思想研究》(华南科技出版社，2004年)，佟德富、宝贵贞的《中国少数民族哲学概论》(中央民族大学出版社，2006年）等著作出版发行。有关维吾尔族伦理思想研究的著作，如熊坤新、李建军的《新疆诸民族伦理思想研究》(中央民族大学出版社，2008年)和艾尼瓦尔·赛买提的《维吾尔族传统道德》(新疆人民出版社，2006年维吾尔文版）两部著作也出版发行。

专论性著作有：阿不都秀库尔·穆罕默德依明的《法拉比及其哲学体系》(新疆人民出版社，1986年第1版，2004年修改版，维吾尔文版)，蔡灿津的《〈福乐智慧〉哲学思想初探》(东方出版社，1992年)，朗樱的《“福乐智慧”与东西方文化》(新疆人民出版社，1992年汉文版，1993年维文版)，阿不都秀库尔·穆罕默德依明的《“福乐智慧”宝库》(新疆大学出版社，1999年维吾尔文版)，赛买提·哈维尔的《优素甫·哈斯·哈吉甫的世界观》(新疆人民出版社，1999年维文版)，吾尔买提江·阿布都热合曼的《苏菲主义哲学》(新疆大学出版社年，2001年维吾尔文版)，热依汗·卡德尔的《“福乐智慧”与维吾尔文化》（内蒙古人民出版社，2003 年），阿不力米提·乌买尔的《维吾尔族原始意识与哲学萌芽研究》（民族出版社，2008 年维吾尔文版），陈青萍的《“福乐智慧”与古代维吾尔人的健康智慧》（中国社会科学出版社，2008 年），热依汗·卡德尔的《东方智慧的千年探索——“福乐智慧”与北宋儒家经典的对比》（民族出版社，2009 年）等。

在国外，关于维吾尔族哲学思想研究的主要成果有：苏联学者 C. H. 哥理郭里严的《中亚与伊朗哲学史》（苏联科学院出版社，1960 年俄文版），海如拉也甫的《法拉比的时代与著作》（塔什干出版社，1975 年俄文版）；在土耳其国相关的研究成果有：伊不拉因·阿尕其的《突厥语民族伊斯兰思想家》（土耳其历史学会出版社，1989 年土耳其文版），土耳其学者马赫默德·巴依热可达尔的《伊斯兰哲学导论》（土耳其宗教事务部出版社，2001 年土耳其文版），海里米·孜亚乌力坎的《伊斯兰思想——突厥语民族思想史研究导论》（乌力坎出版社，2005 年土耳其文版）和《突厥语民族思维发展史》（亚皮可拉地出版社，2007 年土耳其文版），阿依汗·比加克德的《突厥语民族的思想》（地尔噶和出版社，2009 年土耳其文版），伊不拉英·卡非斯乌古力的《福乐智慧及其文化上的地位》（土耳其文化部出版社，1980 年土耳其文版）和《突厥语诸民族民族文化》（于都斤出版社，2010 年土耳其文第 29 版），海里米·乌孜旦的《福乐智慧中的伦理观及医学伦理的影响》（于都斤出版社，2007 年土耳其文版），亚沙尔·阿伊丁力的《法拉比哲学思想中真主与人的关系》（伊兹出版社，2008 年土耳其文版），伊不拉英·哈克的《法拉比的知识论》（于都斤出版社，2003 年土耳其文版）；乌兹别克斯坦学者巴克江·图合里依甫的《优素甫·哈斯·哈吉甫的“福乐智慧”研究》（乌兹别克斯坦历史与文物保护学会，1991 年乌兹别克文版）；吉尔吉斯斯坦维吾尔族学者艾孜孜·纳仁巴依甫院士的

《古代及中世纪维吾尔族社会思想史》（吉尔吉斯斯坦比什凯克科学出版社，1994年俄文版），《维吾尔族思想家》（吉尔吉斯斯百科全书总编辑部，1995年俄文版），《维吾尔族启蒙家的哲学思想》（吉尔吉斯斯坦比什凯克科学出版社，2000年俄文版），《纳仁巴依甫学术研究选集》（吉尔吉斯斯坦比什凯克科学出版社，2004年俄文版）等。

上述著作或论文对维吾尔族哲学及社会思想、伦理思想、宗教思想史的部分问题、个别思想家或某个领域曾进行了较全面的专题或编年史的研究。由此能够看到维吾尔族哲学思想史的产生及其发展的全貌，以及该领域已取得的可喜的成就和存在的部分问题。

三、关于维吾尔族哲学研究的若干问题

从上述总体研究状况看，近30年以来关于维吾尔族哲学思想领域的研究已经取得了可喜的成果。然而还存在一些问题，如有些学者虽然对部分维吾尔族哲学家或思想家的哲学思想进行了专论性的研究或编年史的初步研究，但迄今为止还没有任何一个学者对维吾尔族哲学史进行通史性的系统研究或断代史的横向专题研究。系统而整体地论述维吾尔族哲学（思想）的形成、发展及其规律或研究维吾尔族哲学思想通史的研究成果还未问世。解释以往哲学家、思想家的丰富思想，并体现其人文价值和现实意义也是一个新课题。整体而深入地研究维吾尔族哲学思想史，具有以下几方面的意义：

第一，从理论和实践意义方面来讲，理论思维能力开发与锻炼的不足是造成维吾尔族文化教育落后的一个不容忽视的原因之一。因此，为了进一步发展维吾尔族文化教育事业，提高科学文化素质和智力水平，我们一定要充分重视维吾尔族传统哲学和社

会进步思想的发掘、研究、整理工作。这样才能切实提高维吾尔族的教育水平，促进理论思维能力的提高，从而更加有力地反对民族虚无主义，加快我国各民族团结一致进行社会主义现代化建设的步伐。因此我们要始终重视文献资料的挖掘整理和对其进行理论研究。

第二，维吾尔族哲学及其社会进步思想促进维吾尔族深入地认识自己，提高本民族的自我意识，从而提高民族生存、发展的自觉性。在维吾尔族哲学思想中总结了该民族的世界观、方法论和核心价值观念。

第三，哲学是民族精神的结晶。哲学除了时代性和阶级性以外，还有民族性。哲学的民族性就在于哲学是民族精神的结晶，或者说，民族精神的自觉认识和理论表达就是该民族特有的哲学。民族精神是推动民族生存、发展的精神力量，是凝聚民族的灵魂。民族精神又是凝聚各民族的灵魂。民族精神的深层的、根本的内容在于价值观、历史观、世界观和人生观。由此也就形成了“哲学—民族精神—民族文化”的认识模式，即从哲学或哲学思想去认识民族精神，再从民族精神去认识民族文化；或者反过来说，从民族文化的各个表现形态，如宗教、道德、文学、艺术、习俗、制度……去理解和概括民族精神，再从民族精神去理解和认识一个民族的哲学或哲学思想。

第四，维吾尔族哲学思想促进各民族在思想深处的相互理解和认识。要了解一个民族，就要了解它的生活环境，以及它是按照什么样的价值导向来回答生活环境的挑战；要了解一个民族，就必须了解它的哲学及其哲学思想。

第五，丰富和促进中国哲学、中国少数民族哲学、维吾尔族学、维吾尔族文化学等学科的发展。提高维吾尔文学、伦理学、宗教学、民俗学、文化学等领域的学术研究质量，能够促进上述的新学科的早日形成步伐。尤其是对其提供一些方法论、思维模式和理论依据。因为，维吾尔族哲学思想是维吾尔族（传统）文化的核心部分。

第六，目前维吾尔族哲学及思想史的研究计划也被列入国家"十一五"重点出版图书规划项目"中国少数民族哲学思想史研究"、2010年度国家社会科学基金重大招标项目"中国少数民族哲学史研究"和2009年度国家社会科学基金一般项目"喀喇汗王朝时期维吾尔族哲学思想研究"等研究项目。

为了顺利地完成此计划和实现我们的远程目标，我们一定要充分认识维吾尔族哲学思想史研究的必要性及其理论价值和现实意义。

目前研究该领域存在的最明显的客观问题是学术队伍不足和研究力量薄弱。因此培养学术队伍和骨干人才，提高该领域的学术研究质量，让社会各阶层深刻地认识到维吾尔族哲学对各民族平等发展和中华民族复兴的推动作用，这是目前摆在我们面前的首要任务或历史使命之一。

本文是在笔者目前主持的"维吾尔哲学思想史研究"、"喀喇汗王朝时期维吾尔族哲学思想研究"等项目的研究过程中初步形成的部分观点或看法，希望大家批评指正，不吝赐教。

参考文献：

1. 肖万源、伍雄武、阿布都秀库尔·穆罕默德依明等主编：《中国少数民族哲学史》，安徽人民出版社，1992年。

2. 阿布都秀库尔·穆罕默德依明：《维吾尔哲学史概论》（维吾尔文版），新疆人民出版社，1997年。

3. 扎日甫·多拉提主编：《新疆少数民族哲学思想史纲》（维吾尔文版），新疆大学出版社，2002年。

4. ［吉尔吉斯斯坦］艾孜孜·纳仁巴依甫：《纳仁巴依甫学术研究选集》（俄文版），吉尔吉斯斯坦比什凯克科学出版社，

2004 年。

5. ［土耳其］海里米 · 孜亚乌力坎：《突厥语民族思维发展史》（土耳其文版），亚皮可拉地出版社，2007 年。

6. 佟德富编：《中国少数民族哲学概论》，中央民族大学出版社，1997 年。

7. 阿不力米提 · 乌买尔 · 毕力盖：《维吾尔族原始意识与哲学萌芽研究》，民族出版社，2008 年。

8. 伍雄武：《中国少数民族哲学思想史》，西双版纳编写工作会主编报告，2007 年 3 月 16 日。

9. 2010 年度国家社会科学基金重大招标项目“中国少数民族哲学史”开题论证会会议材料，云南昆明，2011 年 3 月。

第二篇

研究范式与方法论探讨

论中国少数民族哲学史写作范式问题

宝贵贞[①]

在过去的30年里，中国少数民族哲学研究取得了丰硕的成果，但少数民族哲学的"合法性"问题并没有得到最终解决。中国少数民族哲学的合法性问题有不同层次的意蕴，我认为中国少数民族哲学的真实含义在于：(1) 在中国少数民族形成和发展的历史上，少数民族有无哲学的问题。(2) "哲学"是我们解释少数民族优秀传统思想的恰当方式吗？"中国少数民族哲学"所述说的对象和内涵在何种意义上能得到恰当的说明和充分的理由和根据？它应该怎样被叙说和阐释？这就是中国少数民族哲学研究的范式问题。[②]

面对数量众多的各民族哲学思想著作，我们有必要冷静地对中国少数民族哲学思想写作的范式——怎样被阐释的问题做一番严肃的思考。笔者文中的许多见解或许还不成熟，敬请同仁指正。

---

① 宝贵贞，蒙古族，中央民族大学哲学与宗教学学院，教授，哲学博士。

② 此段论述参考了郑家栋先生在《"中国哲学"的"合法性"问题》中对"中国哲学的合法性"的界定方式。《中国哲学年鉴》(2001年)，第1页。

一、中国少数民族思想史写作的“范式”现象

有关的中国少数民族哲学的研究著作，通常都是关于各民族哲学思想、思想史（有的称为文化或文化史）的研究，其著作也基本冠以思想史或文化史之名。研读这类著述，体例的格式化、思维的定式化、思想理论的一统化现象十分明显。

（一）思想史与文化史相混杂

纵览中国少数民族哲学的研究著作不难发现，在众多的关于各个民族的思想文化研究中，名称为思想史的著作和文化史的著作在基本言说方式上没有什么区别，视思想与文化等同者居多。

（二）“哲学”被旁落或缺失

各民族思想著作，以“哲学”冠名的著作很少，只有少数几个民族有冠以哲学名称的著作（如《蒙古族哲学思想史》、《满族哲学思想研究》等），其他许多民族则没有，主要原因是“哲学”一词具有较强的抽象性、理论性要求，无论是其价值标准还是评价体系都源于西方哲学的定义，而许多少数民族的思想具有一种强烈的原生性，其中最显著的特点就是质朴性。因此，笔者也比较认同用思想史或文化史来替代哲学这一称谓。因为在中国学界对“哲学”的主体性还没完全确立的前提下，“中国哲学”自身的合法性还在遭受一定质疑，贸然提某一民族哲学可能有些牵强。

（三）史说与哲说的同化和分离

思想文化与历史被熔于一炉，即历史言说与具体思想言说混杂在一起，是今天中国民族思想研究的普遍现象。比如言说满族

的思想时，历史和思想是相即不离的，思想的编码必须严格按照历史的结构来进行。如谈帝王哲学，就是按历史顺序来讲述每一位皇帝的思想，这是最基本的思路；而在探讨具体思想时，则必须结合相关的历史事实来加以说明，这就需要这些历史事实具有高度的客观性、真实性，即按历史写作的精神来写作。可以说，所有的少数民族思想研究都可以称为少数民族思想史，具体的民族问题结合具体民族史实来谈，是民族理论研究的根本方法，这种历史与思想理论相结合的方式是少数民族哲学写作的一大特点。

二、中国少数民族思想史写作“范式”现象之成因

任何一种历史的写作、历史的言说都要遵循一定的范式。所谓范式，根据库恩的广义理解，就是指某一知识共同体在进行创造时所共同遵守的规则；而在狭义上说，它则主要指知识共同体处理其知识对象的特定思维模式，包括结构问题的方式、组织对象的原则、评判对象的标准，甚至（尤其对于人文科学而言）包括写作时的表达风格和文体惯例。从一定意义上说，范式是一种角度、一种方法、一种问题框架；同时也是一种主观摄入、一种思维惯性、一种意图表达。

对于范式而言，至关重要的乃是它的合法性问题，即在运用一定的范式组织对象以前，我们必须首先弄清楚为什么要选择这种范式而不是其他范式，这种范式之于其他范式的优越性在什么地方。我们不妨把这种范式意识称作一种“反思前的我思”。范式是可以被无意识地遵循的，如在我们通常的少数民族哲学史的写作中，尽管我们很少对自己的写作范式做反思前的考察，但是我们每个人都在运用着自己的范式结构对象。这种被无意识地遵循的范式，深深刻写在我们的文本当中。这种不加反思的范式运

用容易给人一种印象：我们的写作是客观的、依循于历史本身的。但细究起来，那不过是一种错觉，因为任何时候，历史的写作都是主体对其对象的一种介入，历史写作的合法性在很大程度上就有赖于范式的合法性和有效性。

（一）教科书情结

现在的民族思想史或哲学史的写作几乎都是用汉语文写作的。而就汉语语境中的少数民族思想史写作而言，除个别的断代史研究外，绝大部分的少数民族历史写作都依循着一定的传统教科书体例。而对教科书体例的遵循，使得我们在少数民族哲学史写作中常常陷入某些固定的、非反思或前反思的范式。

第一，少数民族哲学思想加马克思主义哲学思想的范式。讲这一问题以前我们先回顾一下当代中国哲学研究的状况。除了西方哲学史研究一直在为突破马克思主义哲学思维的局限并试图获得西方学界的认可和重视以外，中国哲学的发展也是困难重重，甚至中国哲学这一学科概念连同它的学科一起，其合法性都受到了一定程度的质疑。事实上，“中国哲学”从建立之初，其动因就是可疑的，它不是建立在一种本而然有的基础上，也不是一种基于民族自身文化逻辑演化而自然孕育的结果，而是基于一种主体性自觉而人为制造生产的结果，这一主体性的自觉根本上是基于西方哲学这一主体的存在，其根本目的只在于证明其自身的主体性地位罢了。所以，在中西文化交流的碰撞中，第一部《中国哲学史》应运而生了。如果说建立中国哲学这一学科概念，是中国学人在面临深刻的主体性困境下所作的决断、在面对西方文明的侵略性挑战时所作的应战的话，那么如何应战以及应战的效果如何则是我们更为关注的。首先，我们以西方引进的一个词“Philosophy”——“哲学”来统称我们中华民族一切思想的精华，这是十分悖谬的。从语言学与心理学的角度看，语言结构我们的思维，我们的传统思想、语汇中从未有“哲学”一词，而一个从未在我们民族语系中出现的词却来统帅我们的所有精英思想，从现代语言学角度看，这一词与我们的整个思维体系就是支离的。而最麻烦的却是，我们不仅用了西方的词来统帅我们的思想，而且还用这个词有意识地结构了我们的思想。西方哲学与东方思想存在很大的差异，有的甚至是相反的，如西方的哲学概念十分注重逻辑，而中国思想却是讲“体用不分”的。但是，初期的中国哲学的学者们对此并未有足够的认识，他们以西方哲学、马克思主义哲学的研究模式来看待中国哲学，由此就出现了将孔子的思想在认识论、人性论、方法论讨论的维度中去讨论，谈认识论时总会说孔子的思想是唯物主义的，用“不语怪力乱神”、“未能事人焉能事鬼”来引证。而实际上孔子那里更确切的是不可知论（这是古代圣人们普遍的一种世界观），但是却以实用主义的态度中和了这种不可知论。用唯物唯心的判断来评判孔子那么精深的思想只会使其庸俗单调化。孔子思想的真正的深度和意图在这种思维框架中被遗失了。当代许多学者越来越注意到这一问题，许多学者已经自觉地从中国思想的传统中去挖掘建立自己的言说方式，这种现象是非常可喜的。但是这却依然有很漫长的路要走。

与中国哲学的处境一致，中国少数民族哲学同样存在这样的困境。如何结合中国少数民族自身的存在境况去找到适合各民族文化逻辑的言说方式是摆在少数民族哲学研究者面前的一个重要问题。举一个十分具有代表性的例子，笔者摘引一段写在书的封皮上的话：“本书以马列主义、毛泽东思想及邓小平理论为指导，立论高远，史料丰富，线索清晰，行文流畅……为我国民族院校相关专业开设相关课程提供了一本系统的教材。”通过这段话，我们就可以略为窥见当今民族思想史的研究状况了。从中我们可以看到当下的少数民族思想史研究受意识形态，受教科书通行体例的影响之深。

第二，定向阅读加定向解释的范式。例如，对萨满教这一阿尔泰语系诸民族共同信仰的研究，我们的言说却已成定式，对它进行定式的阅读然后加以定式的解释，根本原因在于田野调查大为不够以及研究的视野太过狭窄。例如，在言说蒙古族的萨满教时，很少有人对蒙古族的“敖包”进行特别的关注，但实际上，“敖包”在传统的蒙古族心灵世界具有非常重要的作用，敖包既作为一种符号表征着蒙古民族这个马背上民族的文化心灵，同时它已经完全超脱了一个符号所具有的意义，融进了蒙古民族的精神内核之中。由此，其实不需要说太多抽象的理论，一个敖包就能让我们更深刻地体悟到蒙古族独特的信仰，窥视到蒙古民族心灵中天地人和的精神架构，也更能理解萨满教这种原生型宗教的特点。这就是我们当下少数民族思想史研究所缺乏的。不需要多少的理论，只需要真正立足于民族心灵本身，多一点儿“元素”的考察，多一点儿田野调查，多一点儿用心体悟与融入就可以使我们的民族思想史变成另外一个样子。所以如果我们的田野调查更细致，将我们的哲学视野与该民族的文化心灵相融合，那么我们将会得到一个丰富多彩、色彩斑斓的民族思想史，一个充满各民族生活情趣、生活智慧的思想史。

第三，一体性加线性的范式。所谓一体性的范式，就是把各民族文化完全视作同质的、恒定不变的整体，然而容易忽视各民族文化是一个发展的过程而忽略其个性。对具体民族思想研究进行考察时，应该将之置于动态的历史背景中，在民族历史发展及其与其他民族之间的交往关系中去考察，这样才能更好地把握该民族真正的思想特质。事实上，任何民族的产生都不是一朝一夕间就形成的，各民族文化的发展都经历了一个漫长的历史过程。民族发展的过程既是一个被他族同化的过程，又是一个反抗同化，民族自觉意识崛起的过程，即同化与反同化是构成每个民族发展双动力曲线。关于民族文明的成长，汤因比认为可以用挑战应战理论进行概括。他认为民族的自觉意识通常都是在每一次挑战来临时确立起来的（挑战通常都源于异族的入侵），成功应战的民族会借由挑战而将文明的进度带向一个新的波峰，而应战一再失败的民族，则有民族覆亡的危险，即被别的强势文化、强势民族所同化。历史上几大文明的覆灭（古希腊民族、古埃及民族和古印度民族）都是源于应战的失败。因此，民族的发展不是静态不变的，而应将其视为一个动态发展的过程。随着历史的进展，许多民族被淘汰，许多民族而新生。一个具体民族的发展必须结合它的整个发展源流来看，同时还需重视它与别的民族的融合，割裂了民族间动态的融合来探寻一个民族的思想是很不得当的。因此对一个民族的思想进行考察时，我们需要关注的不仅是该民族同质的文化，即发展源流中原有的因子，也应该关注该民族异质的文化，即发展中别的民族文化对其的改造和影响，并且还要关注同质与异质之间的相互转化，如许多异质文化在历史的发展过程中变成同质文化，许多原有的同质文化也有可能在历史的发展中转而为异质文化，所以我们不能将一个民族的思想看做单一的同质的一个整体，而应该将一个民族的思想看做同质文化与异质文化相互冲突交融的结果，在具体的历史背景和民族间的交往过程中来对其进行具体把握。否则，这一总体性的把握可能导致对民族思想发展的过于简约化的叙述。

（二）少数民族哲学研究“共同体”的制约

长期以来，我们的少数民族哲学研究人员都是依托于大学建制的哲学教师，中国少数民族哲学的研究很大程度上是从属于所谓中国哲学甚或是西方哲学的研究以及大学建制本身所谓学科与教材建设的需要。反映出以下两个问题：一是中国少数民族哲学（史）研究在整个哲学学科建设中的边缘地位，除了民族院校开设有关中国少数民族哲学课以及有专业教师从事中国少数民族哲学的研究外，普通本科院校基本没有关于中国少数民族哲学这门学科的教学计划或编制，而这更暴露了整个中国少数民族研究在当前学术研究中的边缘性，少数民族研究的学科自足性和自立性十分有限，这也是民族问题研究很难被正统学界所重视和承认的一个很重要原因。如何突破自身的这种局限性，使其整个学科真正的自立起来，这是摆在每个民族学人面前的一个重大问题，至少现在看来，少数民族哲学研究者的还有一条非常漫长而曲折的道路要走。相对于少数民族哲学思想史的研究状况而言，现今的许多民族学人类学者针对具体民族的具体问题而做的一些调查研究就是十分有价值的，透过这些具体问题的研究不仅使我们很好地感知到了这个民族的文化心灵，而且使我们感悟到了这一民族独特的生存智慧和生命哲学。二是由于在教材写作过程中对体例“通行性”的追求而导致了研究维度的缺乏。纵观少数民族思想史的写作，其内容体例的安排几乎都已经形成一个惯式。而民族哲学思想的产生是根植于产生它的特有的民族环境中的，正如后现代结构主义符号学者强调的“语言是文化的选择”一样，只有用本民族自己的语言方式（思维方式）来言说自己的哲学，在此基础上再来借助西方哲学的优势特点，才能将该民族哲学思想中最本质的一面表现出来。否则，直接用西方哲学的方式或马克思主义哲学的维度来视读各民族的哲学思想，少数民族哲学学科自身的学术地位不仅不能得到确证，而且若这样发展下去，最终只能在这种尴尬境遇中迷失自己的方向。

（三）少数民族问题研究视野和问题意识的局限

我们总是把各少数民族哲学思想的发展看做理论的发展，而忽视了它在漫长时期里作为一种个性文化实践活动依存于各种哲学、艺术、道德甚至宗教的背景。也就是说，在真正的少数民族的历史发展中，纯粹现代意义上的思想或哲学观是相当少的，很多少数民族如傣族、蒙古族、藏族等都有自己丰富灿烂的审美文化，形式多样的舞蹈、乐曲、神话传说等，但是几乎没有纯粹的美学理论及学术意义上的“审美”概念。它们更多的是对某一特定语境中的文化和精神问题的揭示或解决，如艺术与民众教育、艺术与宗教信仰的培养，等等。我们思想（哲学）研究者需要做的是紧扣这些艺术形式及产生它的土壤，从而提炼出这个民族独特的审美心理和文化内涵。因此在少数民族思想史的写作中注入这样的视野或问题意识，必将增加写作的难度。相比较而言，教科书体例则可以使我们方便地弱化这些背景问题，专注于凸显西方哲学式的纯理论方面，这样的结果可能使我们的少数民族思想史空洞、枯燥而了无生趣，而忽略真正能反映一个民族独特心灵的那些思想问题。

三、结语

通过上述分析，并不是要完全否定教科书体例的民族思想史写作。只要写得精要得当，只要我们对自己的范式或范式的合法性有一种反思意识，教科书体例还是有许多可取之处。也许有人会问：民族思想史写作最有效的范式是什么？可以肯定，民族史的写作不只有一种范式。从理论上说，有效范式的可能性是无限的，关键在于我们如何在写作实践中证明所用范式的合法性和有效性。

（一）历史化和语境化

可以说，所有学科史的写作尤其是人文学科史的写作，都是一种历史释义学。这种释义学根本上就是文本语境化和语境文本化的双重运作。一方面，我们要把文本回置到所产生的更大语境中，在那里考察文本生产、传播、接受和阐释的机制；历史化语境化的运作对少数民族思想的写作非常关键，各民族的文化思想都是作为一种独特的生存智慧与其民族的具体生存语境相联系的。如果说民族独特的生存境遇是语境的话，那么该民族的心灵则是句子的语法结构，而该民族的每一个思想元素则是句子中的语词，如果孤立地将这些语词从民族生存的语境中、民族心灵的结构里单独剥离出来去理解，得到的只能是单调片面的理解，对该民族文化思想的理解最终只会变成一种阐释学，一个民族心灵文化的精神内核被彻底地失落、误读了。另一方面，我们也要依据文本去“重写”语境，在那里考察语境的问题场域在文本中被结构的方式。如为什么在前清时期康熙的儒学思想会是那样的，而晚清时期人们的思想又是如何改变的？这样，我们可以对许多少数民族思想问题有一个更加透彻而全面的理解。

（二）理论图式与文化对象

任何历史都是经过不断积淀而成的。在少数民族思想史的写作中，如果著作者没有与这种民族文化的切身交流是很难呈现出历史中各民族的精神内涵和文化底蕴的。

我们在进入历史研究以前总是已经有了一定的理论图式，因而我们只能怀着负疚的心情去面对那被阐释（或者说误读）的文本。同时，身处现在的我们所面对的，也绝不是一个孤立的、永恒的自在之物，而是一个已经被各种阅读和阐释加进了（或积淀了）新的释义的研究成果，是一个已经被历史化的产物；那些阐释语言和理论模式已经构成了文本存在的具体语境，已经被内在化成许多亚文本。因此，在少数民族思想史的写作中，我们必然为可能的对话设置一定的场景。所有的思想都是这一民族在其特有的历史境遇中形成的，对其阐述也必须将其并置于这样的历史背景中。这样我们的历史框架和历史感觉，我们的阐释方式和叙述方式，我们的问题意识和范式意识，才可能在具体的写作实践中建构起来。而所有的问题，所有思想的总结都是结合当下所需提出的，都是对现实问题的一个回应。所以力求避免主观介入或先有的理论图示介入民族思想史的写作其实是不可能也是不需要的。只有对各民族文化生活进行一番深刻的田野调查，对其丰富多彩的生活“元素”都有一番深刻的体悟，全身心地投入这样一种文化心灵中去，怀着一份由衷的热情和喜爱，才能真正把握该民族的思想特质，也才能真正写出一部属于这个民族的思想史，而这一部思想史也一定将是最有价值的思想史。

通过以上分析我们可以看到：少数民族哲学研究必须放在“民族性”和“合法性”的双重规定下才能得到理解，不可偏废。单纯通过建立新的哲学观来扩大哲学的外延是不能解决问题的，解决少数民族哲学的合法性问题的关键不在于论证哲学的民族性，而在于为少数民族哲学研究找出合理的相对统一的具体范式，推进民族哲学研究。

参考文献：

1. 郑家栋：《“中国哲学”的“合法性”问题》，载《中国哲学年鉴》，2001 年。

2. 萧洪恩：《中国少数民族哲学：可能与现实》，载《江汉论坛》，2004 年 10 月。

3. 伍雄武：《中华民族多元一体关系与少数民族哲学研究》，载《玉溪师范大学学报》2004 年第 1 期。

4. 李兵、吴友军：《少数民族哲学何以可能——兼论民族文化的哲学基础》，载《学术探索》2002 年第 3 期。

5. 李兵：《少数民族哲学：意义及可能》，载《曲靖师范学院学报》2003 年第 4 期。

6. 李兵：《少数民族哲学：何为？为何？》，载《云南大学学报》2004 年第 5 期。

7. 伍雄武:《略论少数民族哲学及其意义》, 载《云南师范大学哲学社会科学学报》1994 年第 6 期。

8. 宝贵贞:《从合法性到新范式——中国少数民族哲学研究困境与出路》, 载《内蒙古师范大学学报》2009 年第 2 期。

马克思主义哲学观视阈下少数民族哲学研究的几个问题

刘继高　夏从亚[①]

恩格斯在马克思去世之后，把马克思一生的主要理论贡献归结为历史唯物主义和剩余价值学说，恩格斯认为马克思的历史唯物主义理论实现了西方传统哲学的伟大变革，是全新的、科学的世界观和方法论。恩格斯的这一评价深刻揭示了马克思在哲学史上实现的变革的伟大意义，或者说马克思的哲学观在哲学史上是一个重要的里程碑，对我们研究哲学、发展哲学具有重要的指导意义。少数民族哲学是中华民族文化传统的有机组成部分，是中国哲学的有机组成部分。在研究和发展少数民族哲学过程中，以马克思主义哲学观为指导，绝不仅仅是当代中国研究少数民族哲学的政治性要求，从学术发展的角度而言，更是深入研究和推动少数民族哲学发展的真理性要求。在整理、研究少数民族哲学过程中，马克思的哲学观无疑具有重要的参考意义和借鉴价值。

---

① 刘继高，中国石油大学（华东）马克思主义学院哲学系主任，马克思主义中国化专业2008级博士研究生；夏从亚，中国石油大学（华东）马克思主义学院院长，教授，博士生导师。

一、哲学的时代性与少数民族哲学

哲学是什么？按照马克思的理解，“任何真正的哲学都是自己时代的精神上的精华，因此必然会出现这样的时代：那时哲学不仅在内部通过自己的内容，而且在外部通过自己的表现，同自己的时代的现实世界接触并相互作用。那时，哲学不再是同其他各特定体系相对的特定体系，而变成面对世界的一般哲学，变成当代世界的哲学”①，“哲学家并不像蘑菇那样是从地里冒出来的，他们是自己的时代、自己的人民的产物，人民的最美好、最珍贵、最隐蔽的精髓都汇集在哲学思想里”②。因此，马克思认为哲学必然是反映了时代精神的最精致的最深邃的思想，它不同于各种流行的理论，不同于各种学科的一般结论，而是对一定历史时代的人民的呼声、历史的趋势的集中反映。

少数民族哲学同样也是时代精神的反映，也包含着“时代性的内容”。具体地说，少数民族哲学反映着的时代性内容包括以下几个方面：一是少数民族生活历史形成的对时代精神的求解。如蒙古民族的草原文化所蕴涵的珍视大地、珍惜各种动植物的泛自然伦理价值观；如许多少数民族在历史文化传承中所形成的尊贤敬能、德威并治、民族平等、民族团结、各民族之间亲近和睦、倾心内聚、热爱祖国、反对侵略、共御外侮等政治道德规范，讲文明、讲礼貌、热情好客等基本社会公德，正直、诚实、温和等个人道德品质和修养。③ 这些既是对各个民族文化传统的

---

① 《马克思恩格斯全集》（第1卷），人民出版社，1956年，第220页。

② 《马克思恩格斯全集》（第1卷），人民出版社，1956年，第219—220页。

③ 李资源：《论少数民族优秀传统道德与社会主义荣辱观的一致性》，载朝克、王振华等编：《科学发展观与民族地区建设实践研究》，Russian Buryat Scientific Center Press，2010年。

凝聚与升华，同时又包含着各时代所提倡和发扬的精神。二是对当代中国社会主义道路的认识和反思。中国少数民族多处于自然环境比较恶劣的地区，即使是一些人数较多的民族，如蒙古族、藏族、回族等，相对于中国的黄河、长江平原地区来说，地理环境也比较恶劣，经济文化发展相对落后。新中国成立后，中国共产党实行了各民族平等和民族区域自治制度，并且在经济、科技、文化教育等多方面对少数民族和少数民族地区进行帮扶，使少数民族的整体状况得到了翻天覆地的变化。因此新生的少数民族不仅在文化上认同社会主义，而且在哲学上也体现出对时代新变化的思考。三是随着经济的发展，各民族之间相互交流、融合的趋势进一步加快和加深，各民族哲学相互借鉴、共同发展的局面基本形成。少数民族特别是年轻人不再隅于文化相对落后、环境相对闭塞的少数民族地区，而是开始向国内发达地区、沿海开放地区乃至世界范围流动，他们自身秉承少数民族的文化传统和哲学思维方式，同时又与外界深入交流。他们自身的变化必然带来少数民族文化和哲学的变化，使少数民族哲学走向世界。

既然哲学是时代精神的精华，少数民族哲学也同样包含着时代性内容，问题在于我们对这种民族哲学世界化和世界精神民族化的影响以及产生的变化研究不够。当前我国的少数民族哲学研究主要有 3 个方向：一是神话研究。即通过研究少数民族的神话传说、历史歌谣，来探究少数民族对世界、对人的看法和观点；二是文字研究。即对少数民族的文字，特别是具有特殊性的文字如东巴文等的研究，来考察少数民族对外界的思考；三是习俗研究。通过对少数民族的生活习俗、婚丧嫁娶习俗、节日习俗等的研究，来探索其历史形成过程，进而研究其蕴涵的少数民族哲学思想。这些方面是对少数民族哲学研究的重要途径，是我们认识和发掘少数民族哲学的重要方面，但我们在少数民族哲学研究中缺乏的是对少数民族哲学的宏观性和当代性研究，缺乏对少数民族当代思想变化的敏感把握。

二、哲学的实践性与少数民族哲学

马克思主义哲学不同于以往一切哲学的最显著特点就是实践性，马克思在1845年春季写成的《关于费尔巴哈的提纲》，之所以被恩格斯认为是包含着新世界观的天才萌芽的第一个文献，就是因为马克思在这篇并不太长的草稿性文献中，提出并奠定了马克思主义哲学的实践观。他认为旧哲学特别是费尔巴哈哲学最大的缺陷在于“他不了解‘革命的’、‘实践批判的’活动的意义”，而新哲学的立脚点是“人类社会或社会的人类”，是在实践中形成并在实践中推进实践的现实的人，所以“哲学家们只是用不同的方式解释世界，问题在于改变世界”[①]。马克思在《1844年经济学哲学手稿》中也指出了实践对哲学的意义，他说：“主观主义和客观主义，唯灵主义和唯物主义，活动和受动，只是在社会状态中才失去它们彼此间的对立，并从而失去它们作为这样的对立面的存在；我们看到，理论的对立本身的解决，只有通过实践方式，只有借助于人的实践力量，才是可能的；因此，这种对立的解决绝不只是认识的任务，而是一个现实生活的任务，而哲学未能解决这个任务，正因为哲学把这仅仅看做理论的任务。”[②] 因此，马克思哲学不是企图通过概念的组织去说明世界的正当性和应然性，而是通过对现实的批判，通过劳动人民的革命的实践，现实地改造旧世界，建立一个使劳动人民获得彻底解放和全人类解放的新世界。所以，马克思哲学首要的基本的观点就是实践的观点，突出强调真正的哲学的实践功能。

① 《马克思恩格斯文集》（第1卷），人民出版社，2009年，第502页。
② 《马克思恩格斯全集》（第42卷），人民出版社，1979年，第127页。

哲学的实践功能要求哲学必须面对广大民众，必须面向广大民众的需要，为人民群众提供世界观、人生观和价值观指导，丰富人民群众的精神生活。作为当代的马克思主义中国化的最新成果的毛泽东思想和中国特色社会主义理论体系，继承和发展了马克思主义哲学实践性的特点，强调理论对实践的指导作用，也强调理论的创新成果“要管用”，实践性正是马克思主义理论不断发展、不断创新的现实根据。少数民族哲学是中国哲学的重要组成部分，少数民族哲学要发展、要创新，也必须强调和突出实践性。由于历史、地理等各方面原因，少数民族地区往往在经济、文化等方面相对落后，一些少数民族生活相对比较贫困，加快社会发展，提高少数民族地区的社会生产力水平和人民群众的生活水平是少数民族地区的头等大事。因此少数民族哲学研究首先要适合少数民族地区发展的要求，以民族发展为重要研究方向，突出实践性特征，为少数民族地区的发展提供新思路、新方法。

三、哲学的批判性与少数民族哲学

马克思主义哲学的理论指向是“改变世界”，通过对旧的“异化”世界的批判，建设一个“通过人并且是为了人而对人的本质的真正占有”[①] 的非异化世界。马克思主义哲学早期发展历程集中地表现为两大批判：从对天国的批判到对尘世的批判。对天国的批判即对德国哲学的批判，马克思通过对黑格尔哲学和费尔巴哈的批判，在否定了黑格尔唯心体系和费尔巴哈抽象人本主义的基础上，把辩证法奠基于唯物基础之上，并对唯物主义进行辩证批判和改造，创立并形成了马克思主义哲学。对尘世的批判集中于对资本主义生产方式的剖析，通过对商品、劳动、交换、价值等资

① 《马克思恩格斯文集》（第1卷），人民出版社，2009年，第185页。

本主义生产的一系列范畴的批判，揭示了资本主义生产方式的历史合理性和阶段性，发现了改造旧的不合理的制度的社会力量——无产阶级，提出了共产主义代替资本主义是历史发展的必然趋势，使马克思主义哲学走向了成熟。可以说马克思主义哲学是从批判中诞生，在批判中成长并成熟。马克思指出："辩证法在对现存事物的肯定的理解中同时包含对现存事物的否定的理解，即对现存事物的必然灭亡的理解；辩证法对每一种既成的形式都是从不断的运动中，因而也是从它的暂时性方面去理解；辩证法不崇拜任何东西，按其本质来说，它是批判的和革命的。"① 作为无产阶级的世界观和方法论，批判是马克思主义哲学的重要理论武器和实践工具，是当代我们掌握马克思主义哲学、运用马克思主义哲学的重要内容。不仅马克思主义哲学如此，如果我们把考察范围再扩大一些，我们会发现，从古至今的各个民族的哲学，不仅是对民族文化、民族精神的建构，而且是对民族历史、民族精神的反思与批判，在建构中确立民族哲学的民族性，在反思与批判中推进民族哲学的发展。

当代少数民族哲学研究，主要方向集中于探寻少数民族哲学的世界观、价值观以及思维方式。通过国内研究少数民族哲学学者的不懈努力，对国内大多数少数民族的哲学思想都进行了研究并取得了卓越成果，如萧万源、伍雄武、阿不都秀库尔主编的《中国少数民族哲学史》，包括了对24个民族的哲学思想研究成果。国内少数民族哲学研究形成了北京、内蒙古、新疆和云贵川四个少数民族哲学思想研究中心。但通览主要少数民族哲学研究的成果，一是整理、归纳少数民族哲学思想。通过对少数民族的传说、传统习俗以及文字等载体的研究，整理、挖掘各少数民族在历史长河中形成的对世界、人生等根本问题的观点和看法，以哲学思想体系的形式进行归纳和总结；二是

① 《马克思恩格斯文集》（第5卷），人民出版社，2009年，第22页。

对少数民族哲学思想进行“优化包装”。当代少数民族哲学思想研究，更多地注重少数民族哲学思想的优秀成分，努力挖掘少数民族哲学思想中的精华，甚至对于少数民族哲学思想中的一些有争议、存疑思想也仅仅是从积极意义来理解和阐发；三是把少数民族哲学思想与当代的政治理念、社会理念结合起来研究。少数民族哲学思想是少数民族人民群众在历史发展过程中形成的，其必然是少数民族生活状况、历史经历、民族价值追求等的高度凝结，与当代中国整体的社会理念特别是市场经济体制下的许多理念相关联，可以说其中蕴涵着一些当代社会需要的价值理念，如生态思想、伦理思想等，但若说从其中挖掘出一些市场观念、品牌理念、民主观念等，似乎有拔高之嫌。我们在研究少数民族哲学思想的过程中，必须秉持辩证的批判的基本态度，既要承认少数民族哲学思想中的合理的成分，也要看到其非合理因素，必须看到任何哲学都不是绝对的真理，在研究少数民族哲学的过程中，不能总是唱赞歌，也应该对少数民族哲学中不合时宜的、糟粕的一面进行研究，这样才能有利于少数民族哲学的发展和对少数民族哲学进行深入研究。

四、哲学的服务性与少数民族哲学

哲学作为意识形态的重要组成部分，在任何时代都是服务于一定阶级利益的，都是属于一定的阶级的。在马克思主义哲学产生以前，哲学以及哲学家往往掩盖这一点，或者是不自觉地完成这一功能。马克思主义哲学是无产阶级的科学世界观和方法论，是无产阶级实现自身解放和解放人类的根本指导思想，因此自诞生之日起，就明确地宣布自己是无产阶级的学说，是为着无产阶级的利益和人类的解放，正像马克思在《〈黑格尔法哲学批判〉导言》中所指出的，“哲学把无产阶级当做自己的物质武器，同样，无产阶级也把哲学当做自己的精神武器”[1]，人类的解放的“头脑是哲学，它的心脏是无产阶级”[2]。为无产阶级服务、为最广大劳苦大众服务，是马克思主义哲学的鲜明旗帜。马克思主义哲学代表了无产阶级和劳动人民的利益，始终立足于人民群众的现实实践、立足于发展和维护最广大劳动群众的根本利益、立足于实现普遍的人类解放，这正是马克思主义哲学的科学性和创新性的现实依据，是马克思主义哲学与时俱进的现实基础。

从总体上说，当前的少数民族哲学研究的确是以服务少数民族地区和人民的发展为主旨的，少数民族哲学研究的不少成果也在一定程度上对促进少数民族地区的发展起到了重要作用。但目前少数民族哲学研究也存在一些问题，特别是在少数民族哲学研究为少数民族社会发展服务的具体途径和方式上不明晰，哲学研究为研究而研究、为项目而研究、为成果而研究现象普遍存在，而在研究成果如何转化为现实的实践成果方面比较欠缺。如何让少数民族哲学的研究与发展真正服务于少数民族地区和人民，是当前少数民族哲学研究的重要任务。首先，必须明确和强化少数民族哲学研究服务少数民族地区发展的根本目的，始终坚持围绕如何服务以及如何服务好少数民族地区的发展进行哲学研究。中国是一个多民族的国家，多数少数民族及其生活地区发展水平参差不齐，民族的历史传统和生活习俗差别很大，哲学旨趣千差万别。因此在研究中，必须紧密结合具体少数民族的特定环境和特定空间，牢牢把握其发展需求和哲学服务目标的双向契合展开研究，设立课题和项目，努力使研究成果与实践需要相一致。其次，在体制安排上，要给予少数民族哲学研究以相应的地位，在研究主体、研究机构、培养培训、学术交流等方面予以应有的重视。目前的少数民族哲学研究成为当前我国

---

① 《马克思恩格斯文集》(第1卷)，人民出版社，2009年，第7页。
② 《马克思恩格斯文集》(第1卷)，人民出版社，2009年，第18页。

学术研究中的热点和重点内容之一，也取得了不少的有益的成果。但总体来看，真正有力推动少数民族地区发展的成果很少，适应少数民族地区发展需要的成果很少，有重大理论贡献和理论创新的很少，大多数成果主要集中在重复主题、应景应时应事之作上。究其原因，可以简单归结为以下几个方面：体制安排不合理、对少数民族哲学研究不重视、后备力量薄弱以及研究机构和培训力量弱。因此，需要在少数民族哲学研究单位的体制安排上进行改革创新，在进一步突出纵向研究的同时，加强横向研究的联系，强化后备力量培养和培育，“加强学会建设，培养、组织学术人才梯队，使少数民族哲学研究事业后继有人。”①

五、哲学的世界性与少数民族哲学

哲学具有对普遍性的共同追求，是对事关人类的终极追问，从这个意义上说，哲学是世界性的。马克思主义哲学作为无产阶级的世界观，代表的是无产阶级和广大劳动人民的利益，因而它是无产阶级的学说，它对物质世界的发展规律的揭示是其整个世界观的基础，是历史唯物主义的自然前提，它揭示了人类社会的发展规律，阐明了无产阶级的历史使命和人类社会发展的必然趋势。由于共产主义事业和无产阶级本身是现代社会的产物，是人类社会进入到世界历史阶段的产物，因而“无产阶级只有在世界历史意义上才能存在，就像共产主义——它的事业——只有作为世界历史性的存在才有可能实现一样。”② 但马克思主义哲学同时又是民族的，是德意志抽象思维传统和现代西方科学发展的结

① 宝贵贞：《中国少数民族哲学研究的回顾与展望》，载《中国民族报》，2010年12月24日。

② 《马克思恩格斯文集》（第1卷），人民出版社，2009年，第539页。

晶。马克思和恩格斯在创立马克思主义哲学的过程中，阅读和研究了大量的各学科的各类材料，没有这些材料的研究不可能探索到其中蕴涵的深刻规律，而没有德意志民族优异的抽象思维传统则不可能把握如此之多的原始材料，因此在这个意义上说，马克思主义哲学首先是德国哲学发展史上结出的奇葩。马克思曾经指出，“哲学正在世界化，而世界正在哲学化”①，任何哲学在表现着民族精神、民族意志和民族风格的同时包含着世界普遍性。

在当代全球化浪潮的冲击下，世界化成为各种存在的现实背景和趋势，特别是因特网的出现和快速发展，使得在不同地域、不同时空之间的交流变得极为简捷，为世界化存在提供了现实的物质和技术基础。少数民族哲学在此潮流下，面临着大民族哲学、主流哲学的冲击，不发展、不研究就意味着灭亡和消失，当代不少国家的少数民族的语言、传统失去传承就是现实的例子，伴随着语言、传统的消失，孕育其中、生存其中的哲学必然会消失。同时，全球化、世界化为少数民族哲学的发展提供了千载难逢的契机，“越是民族的就越是世界的”，越是民族的，带着浓厚的民族色彩、民族风格的哲学，在世界上更为多数人特别是著名学者的关注，其研究成果越是能在世界上站得住脚，因此对少数民族哲学的研究不仅不能拒绝世界化，而且应该以积极主动的姿态迎接和融入世界化。在对中国少数民族哲学的研究中，也要妥善处理民族性与世界性的关系，具体来说，这一关系包含至少三个层次：一是少数民族哲学与其他少数民族哲学的关系。二是少数民族哲学与作为中国传统哲学主体的汉族哲学的关系。三是少数民族哲学与国外其他民族哲学的关系。处理这三重关系，首先要把握以我为主的基本立场，不能被其他哲学的五光十色迷了双眼，而是要不断地深入挖掘少数民族文化、历史、风俗、传统等

① 《马克思恩格斯全集》（第1卷），人民出版社，1956年，第220页。

载体中蕴涵的哲学思想和意蕴，只有真正地体现少数民族精神的哲学才能在各种哲学中立足；其次要积极吸取其他哲学的合理因素。少数民族哲学不是凝固不变的东西，随着时代的变迁和民族生活境遇的变化也需要进行变革和创新，在变革和创新过程中不仅要从现实的实践经验中提炼加工，也需要积极汲取其他哲学的合理因素，至少是借鉴其他民族哲学的合理因素；再次要客观、正确地对待和处理少数民族哲学本身的地位。客观上说，虽然并不否认少数民族哲学在某些方面具有独到之处，但总体来说少数民族由于历史的、地理等方面因素的影响，生产力发展水平相对滞后，思维水平相对原始，哲学化水平也相对较低。因此各民族之间交流哲学思想，既不能因为民族情感而极力拔高本民族哲学而贬低其他民族哲学，也不能妄自菲薄，轻视、忽视乃至无视本民族哲学独具的个别价值。

“地方性知识”与少数民族宗教信仰文化的“地方性”研究

周海亮[①]

一、地方性知识的概念

“地方性知识”（local knowledge）是 20 世纪 60 年代以来，人类知识观念体系变革的产物。“地方性知识”不是指任何特定的、具有地方特征的知识，而是一种新型的知识观念。

（一）克利福德·吉尔兹的“地方性知识”

人类学家吉尔兹在考察了巴厘岛土著居民的法律制度在当地社会中的地位和作用后，指出：知识的性质是地方性的、多元的。因为人们生活所凭借的符号系统是特定的、地方化的、分殊性的，借助这些符号系统的作用，意义结构才得以形成、沟通、设定、共享、修正和再生。这个系统的作用是甄别日常行为的意义和类别，地方性知识力图维持这些特定的意义系统，并根据它去组织行动。[②]

---

① 周海亮，蒙古族，中央民族大学哲学与宗教学学院，2010 级博士研究生。

② ［美］吉尔兹著，王海龙、张家瑄译：《地方性知识——阐释人类学论文集》，中央编译出版社，2000 年，第 91—92 页。

根据克利福德·吉尔兹的“地方性知识”理论，我们将“地方性知识”界定为：在一定的情境（如历史的、地域的、民族的、种族的等）中生成并在该情境中得到确认、理解和保护的知识体系。“地方性”或者说“局域性”涉及在知识的生成与辩护中所形成的特定的情境（context），包括由特定的历史条件所形成的文化与亚文化群体的价值观，由特定的利益关系所决定的立场和视阈，由特定的认知偏好对外部事物的解读等。在一个多民族、多元文化共生、共存、共同繁荣的国家中，地方性知识常常是和多元文化分不开的，相对于一个国家的主流文化而言，各少数民族的文化基本都成了地方性知识，是各少数民族在某一区域与自然的相互作用过程中所形成的思想认识和经验总结，必须在各民族特定的文化框架内才能得到理解。

从地方性知识的价值出发，可以归纳出地方性知识的一些基本的特征：（1）地域性。地方性知识是特定地理区域内处理人与自然的关系、创造生存手段、获取生存条件的知识。（2）整体性。地方性知识根植于原住民社区的社会理想和实践、制度、关系、习惯和器物文化之中，是传统文化的重要组成部分。（3）授权性。地方性知识对特定区域内人的活动有一定的约束和规范作用，这种约束和规范使得该地方人们的生产生活秩序井然，有章可循。（4）实用性。地方性知识特别是与农业生产、人类健康、生物多样性保护、自然资源管理以及教育和文化创新密切相关，是特殊群体和非主流文化社区的文化财产。

（二）约瑟夫·劳斯的“地方性知识”

劳斯认为，“从根本上说，科学知识是地方性知识，它体现在实践中，这些实践不能为了运用而彻底抽象为理论或独立情境的规则，进一步看，科学家的知识取决于他们运用这些设备的技能知识。知道在实验室这样的地方性场合中如何行动，这是科学成果中不可或缺的组成部分。然而，如果不吸收这种累积的地方性经验，这种知识就不容易传播”①。

劳斯还认为，科学实践哲学中的地方性知识概念，是一种哲学规范性意义上的概念，指的是知识的本性就具有地方性，特别是科学知识的地方性，而不是专指产生于非西方地域的知识。其地方性主要是指在知识生成和辩护中所形成的特定情境（context of status），诸如特定文化、价值观、利益和由此造成的立场和视阈等。地方性知识与普遍性知识并非造成对应关系，而是在地方性知识的观点下，根本不存在普遍性知识，普遍性知识只是一种地方性知识“转译”的结果。劳斯指出：“科学的技术运用就是一种科学知识在实验室之外的拓展，而这种拓展就是地方性实践经过‘转译’以适应新的地方性情境之后，又认为，这并不是说科学知识没有普遍性，而宁可说它所具有的普遍性是一种总是根源于专门建构的实验室场所的地方性之实际技能的成就。”②

劳斯的知识在本质上不是一系列既成的、被证明为真的命题的集合，而是活动或实践过程的集合。而且活动或实践不只是在思维中进行，更主要的是在语言交往、实验，乃至日常生活中进行着的，应该把科学或知识理解为动词。但是，劳斯的地方性知识概念在理论和现实中存在一系列的问题。劳斯地方性知识的科学说吸收了库恩关于当缺乏一致解释时科学知识包含于使用具体范例能力之中的主张，也吸收了新经验主义者的洞见，即科学中的技术控制的扩展并不依赖于对这种控制所作出的理论扩展的特定发展；还特别吸收了海德格尔的主张，即处于地方性、物质性

① ［美］托马斯·库恩：《科学革命的结构》，北京大学出版社，2003 年，第 95 页。

② ［美］约瑟夫·劳斯著，盛晓明、邱惠译：《知识与权力：走向科学的政治哲学》，北京大学出版社，2003 年，第 119 页。

和社会性情境中的技能与实践，对所有的理解和解释来说都是重要的。

二、地方性知识的理论价值

（一）从社会学角度看

地方性知识作为一种文化符号的象征，在社会学研究方面具有重要的理论价值和方法论意义。

在象征、文化、人类学的实质以及它们的相互关系的认识上，格尔兹认为象征符号是指“作为观念载体的物、行为、事项、性质和关系——观念是象征的‘意义’”；文化是指“从历史沿袭下来的体现于象征符号中的意义模式，是由象征符号体系表达的传承概念体系，人们以此达到沟通、延存和发展他们对生活的知识和态度”。文化的各个层面，如宗教、艺术、常识、法律、意识形态等都可以说是一种文化系统。受马克斯·韦伯的影响，格尔兹形象地认为人是悬挂在由他们自己编织的意义之网上的动物，文化便是这张“意义之网”，因而作为对文化分析的人类学不是一种探索规律的实验科学，而是“一门寻求意义的阐释学科”。在对文化象征体系的研究取向上，格尔兹强调，“对其他的民族符号象征体系的系统阐述必须以行动者为取向”，从“文化持有者内部视角”分析文化，立足于文化持有者的视角，首要的任务是进入文化系统内部，而不是以一个旁观者的眼光来审视。

1. 文化扩张与同化

在人类文化形成和发展的过程中，曾经有无数的文化扩张和同化案例。例如，北魏时期，汉族文化对鲜卑文化的同化；清朝时期，满洲女真文化在汉族文化的融合下逐渐削弱，甚至到了濒危的边缘。尤其是近现代以来，伴随着现代化和全球化的浪潮，科学技术手段被广泛应用，西方的思想文化体系在全球化背景下借助饮食、影视、音乐等形式大行其道，“西方知识论”一直践踏着其他文化形式的生存权利，同时也侵蚀着它们的生存空间。

2. 传统继承和文化保护

我们国家的少数民族文化是一个复杂的系统，糅合了政治、经济、法律、宗教、人类、社会、民族、文化、民俗等各个学科的知识体系，在少数民族日常生产、生活和社会交往中发挥着不可替代的作用。因而，保护好我国民族文化的多样性，在我国的政治、经济、文化、社会生活中有着极其重要的意义。第一，从政治角度看，可以有力反击西方某些媒体和政客鼓吹的汉族正在同化少数民族和少数民族文化正在濒临灭绝的谬论。另外，我们还可以以民族文化多样性的优势回应“西方知识论”的话语独霸现象。第二，从经济角度看，民族文化的多样性是发展国内、国际旅游产业的独特资源，具有其他产业发展无法比拟的优势。尤其是现在国家大力提倡发展文化产业的形势下，少数民族地区应该抓住战略机遇，积极挖掘文化上的潜在优势，促使文化产业转化为生产力，因而，在未来的经济结构中，旅游经济必将成为少数民族地区产业链中的主流性支柱产业，为促进当地经济与社会的发展大有作为。第三，从法律角度看，少数民族文化在日常生产和生活中是当地的民俗法，为在少数民族地区真正落实《民族区域自治法》提供借鉴和支持，进而形成各民族政治上平等、文化上共同繁荣、经济上共同进步、社会上和谐发展，各民族安居乐业，族群不分大小和睦相处的中华民族共同家园。第四，从文化上看，我国的每一个少数民族都具有历史悠久、独具特色的文化体系。民族文化的多样性是当地族群历代先祖在生产和生活等方面以文明和文化的形式逐步积淀而成的。人类文化体系中的民族文化多样性消亡与生态体系中生物多样性的消亡一样，具有不可逆转和不可弥补性，即使可以借助现代的技术手段进行恢复和重建，也难以尽显原本面貌。换句话说，现代化的冲击使我们不得不投入大量人力、物力、财力去消除其带来的负面效应，对于保护文化的多样性而言，亡羊补牢倒不如未雨绸缪。此外，民族文化多样性能使我们传统文化体系永葆活力。因此，“保护好中华民族大家庭中的各族群文化的多样性，不仅是对中华民族的贡献，更是对整个人类社会的贡献”①。

在数千年的社会发展中，我们没有充分认识到地方性知识作为一种知识资源在本土社会和国家发展过程中的价值和作用，从而形成了少数民族对汉族在经济、政治，乃至文化上的依附性。在全球化和现代化潮流的冲击下，少数民族的地方性知识与民族文化逐步从民族生存与生活的中心走向了边缘。地方性知识具有独特的理论价值和现实意义，在地方社会的发展中起着不可估量的潜在价值，保存和发展地方性知识就是为了抵制和预防知识的单一性，为知识的交流、弘扬与创新积累潜在的资源优势。

（二）从科学实践哲学角度看

1. 地方性知识的哲学批判功能

（1）在知识观念上，表象主义的知识观认为科学知识是对客观世界的正确反映。但客观世界独立于我们的表象而存在，如何才能使我们的表象更精确地反映客观世界，以及怎样衡量一种科学理论比另一种科学理论更进步，理论优位的表象主义知识观并不能圆满地解决这些问题，于是，人们转向从实践维度寻找进路，故而从表象转向实践，从所知（know—that）转向能知（know—how），乃是科学哲学研究的发展趋势。伊恩·哈金（Ian Hacking）在《表象与介入》中指出：“我们不能仅仅把科学理解为对自然的表象，不能仅仅把目光停留在理论、命题和指称上；

① 滕星：《族群、文化与教育》，民族出版社，2002 年，第 349—350 页。

科学是一种实践活动，是对物质的干预和介入。”[①] 同样的道理，民族信仰文化亦是如此。

（2）地方性知识作为一种新的知识观是一种批判性和阐释性的理论，是反对普遍主义和绝对主义的哲学观；后现代主义思潮下全球化、社会化、大众化和平均化的价值取向对具体化、个性化和多元化的漠视、伤害，以及由此引发的种种严重后果，需要我们坚持“地方性知识”的理论批判和重建文化价值观。

2. 新科学观和认识论重塑

劳斯的科学实践哲学批判了传统科学哲学把科学仅仅看做知识体系的理论优位观，试图在实践的基础上重构以着重讨论科学实践和活动为特征的科学哲学，建立了一种新的以科学实践为基础的、以实验室实践、文化和权力及其地方性知识本性为特征的科学观。

在劳斯的《知识与权力：走向科学的政治哲学》这部著作中，劳斯探讨了如何从实践维度研究科学。从科学研究的角度而言，可以说实践维度是科学赖以生存和发展的根基。这对于重新理解科学实践，认识社会因素在科学发展中的价值，具有重要的认识论意义。

从科学和科学知识观的角度看，劳斯认为科学知识就是基于实验室的科学实践，而不是科学描述。科学知识理论使我们认识到：其一，实验室是科学家制造“现象”的地方。当代科学的发展主要体现在科学知识的获得和人工物的产生上，这两样东西的产生主要发生在实验室内。科学知识由理论转换为实验室操作，而实验室操作则会产生新的科学知识和人工物，这已是当代科学研究的主要模式。劳斯的“知识即实践”的观点可由此得到验证。其二，劳斯的科学知识理论为我们揭示了一个“局部知识”

① 孟强：《科学的权力知识考察》，载《自然辩证法研究》2004 年第 4 期。

的图像：科学知识产生于实验室这种“局部情景”，因为得出科学知识与世界的关系不再是普遍通则应用到具体情景，而是一个局部情景产生的地方性知识转移到另一个局部情景。这一点运用在科学发展上意义是很大的。其三，劳斯虽然主张“知识即实践”，但并不否认理论和规律在科学知识发展和转移中的重要作用。劳斯认为理论和规律只有通过具体案例才能被理解，抽象的形式从特别的运用中获得意义，用法应会被“转译”，使在不同情境中的重复或改变成为可能。①

三、少数民族宗教信仰文化的“地方性”

我国是一个多民族、多宗教信仰的国家，55 个少数民族当中，我国少数民族中比较完整地保留传统宗教的有赫哲族、鄂伦春族、鄂温克族、达斡尔族、基诺族、纳西族、佤族、德昂族、仫佬族、高山族、傈僳族、阿昌族、独龙族、怒族、彝族、羌族、珞巴族、苗族、瑶族、水族、侗族、黎族等 20 多个民族。如今约有 30 多个民族仍不同程度地保存着原始宗教的痕迹，如在我国西部和北部地区一些少数民族仍旧保留着萨满教信仰。中南、西南一些少数民族中残存的原始宗教更为多样化。动物崇拜、植物崇拜、天体崇拜、山川河流崇拜、图腾崇拜、祖先崇拜等原始宗教形态普遍存在。

（一）少数民族宗教文化信仰体系中社会载体的“地方性”

不同的社会形态，呈现着不同的社会发展水平；不同的社会层累结构，孕育着不同的社会文化传统。以萨满教和毕摩教为

① ［美］约瑟夫·劳斯著，盛晓明、邱惠译：《知识与权力：走向科学的政治哲学》，北京大学出版社，2003 年。

例，在社会形态和组织形式上二者存在着浓郁的“地方性”特色，也决定着宗教文化信仰体系中二者独特的“地方性”。

1. 萨满教的社会载体。氏族制度是萨满教产生和发展的社会基础。我国北方一些少数民族直到近代仍然保留着氏族组织和氏族制度，特别是满族、锡伯族、达斡尔族、鄂伦春族、鄂温克族、赫哲族等，氏族制度得到较为完整的保持。萨满教与氏族制度长期共存，虽然现代社会制度有较大的变革，但从萨满教的仪式中仍然可以捕捉到氏族社会里的各种踪迹。

2. 毕摩教的社会载体。彝族的毕摩教是以家支作为社会载体的，家支是彝族传统社会组织，是同一祖先的父系宗族集团，有共同的祖先，一脉相传，不与外族通婚。每个家支是一个政治、经济和祖先祭祀的单位，拥有固定的居住区域，共同拥有牧场、山林、土地，家支成员间互相帮助，共同维护家支集团的利益。

因此，作为宗教信仰不同形式的社会载体，都有其独特的“地方性”，无论形式上有多大的差异，在本质上都与当地的宗教信仰密切相关，并且是宗教信仰存在的有机载体。

（二）少数民族宗教信仰文化中崇拜系统的“地方性”

在少数民族宗教信仰文化中，崇拜系统具有浓郁的“地方性”。具体而言，少数民族宗教信仰文化中崇拜系统的“地方性”主要体现在地理空间的“地方性”、少数民族宗教及其信仰的“地方性”，以及与民族、政治、社会生活之间的关系的“地方性”。通过这种关系对比，进一步凸显少数民族宗教信仰文化中崇拜系统的“地方性”。

1. 地理空间的“地方性”。我国的少数民族主要分布在东北、西北、西南等的西部10省以及祖国边疆地区，南方、北方宗教信仰地域特色明显。虽然随着近年来经济社会的发展，少数民族总体人口在地理空间上具有较大的流动性，但仍旧以少数民族原住地为根本信仰属地，原住属地的物质形式是少数民族信仰空间中特殊的信仰符号，是他们异地生存的精神动力。比如，在城市中生活的穆斯林，他们大多会在每周五前往清真寺做礼拜。

2. 少数民族宗教的“地方性”。在下文中，我们将通过对我国少数民族宗教信仰的比较研究来阐释。

一是不同民族具有不同的宗教信仰。比如，纳西族信仰东巴教，鄂温克族信仰萨满教，柯尔克孜族信仰伊斯兰教。

二是同一宗教信仰在不同的民族间具有不同的表现。比如，鄂伦春信仰的“吉雅其”原是保佑牲畜繁殖的神，后演变为财神爷，每户都供奉。再如，由于鄂伦春族的少数上层人物曾经在清朝的地方政府机构里当差，因此衙门神也受到一些人的敬拜。①

三是同一民族在不同的地区具有不同的信仰。比如，北方的蒙古族多信仰藏传佛教，而云南部分蒙古族则多信仰伊斯兰教。

四是同一宗教在不同民族宗教信仰中的地位不同。西北边疆和内陆地区少数民族的宗教信仰主要集中在伊斯兰教，在中国的西北部地区共有 10 个信仰伊斯兰教的少数民族，其中世居接连中亚腹地的新疆维吾尔自治区的有 6 个，分别是维吾尔族、哈萨克族、乌孜别克族、塔塔尔族、柯尔克孜族和塔吉克族，分布在内陆甘肃、宁夏、青海的有撒拉族、东乡族、保安族、回族 4 个民族。新疆的 6 个世居穆斯林民族和内地 4 个穆斯林民族在伊斯兰教信仰上也存在着一定程度的差异。其差异性主要表现在：(1) 文化方面。新疆 6 个世居穆斯林民族由于地域、血缘、文化以及宗教信仰等原因，更多地受到中亚、西亚文化和宗教的影响，历史上曾经处在地区性伊斯兰教政权的统治下，其政治、经济、文化、教育等各方面深受伊斯兰教影响。(2) 政治方面，历史上内地回族等穆斯林民族始终受中央政府的统辖，思想上受汉

---

① 孟慧英：《中国北方民族萨满教》，社会科学文献出版社，2000 年。

文化影响相对较大，法律上始终以历代统治者颁布的法律为基准，伊斯兰教教法多保留在私人生活和信仰领域。（3）语言方面。新疆6个世居穆斯林民族都有本民族的语言和文字，其文字以阿拉伯字母为基础创制，而内地回族等多使用汉字。（4）民族与宗教关系方面。新疆各穆斯林民族历史上曾经信仰过萨满教、祆教、佛教等，这些宗教尤其是萨满教的遗俗还不同程度地影响着新疆各穆斯林民族，属于民族涵化宗教。而内地4个穆斯林民族在民族共同体形成以前，就已经信奉了伊斯兰教，回族等民族在形成过程中，伊斯兰教发挥了重要的纽带作用，属于宗教涵化民族。

3. 宗教信仰与政治形式。藏传佛教信仰是藏族和蒙古族共同的信仰宗教，但是两者在政治形式上却是不同的。藏族是政教合一的民族，而蒙古族的宗教信仰和政权是分开的。

4. 从宗教发生学的角度，不同社会发展程度的民族具有不同的宗教信仰形态。从原始宗教的发展形态角度而言，怒族、佤族、傈僳族等民族的宗教信仰与其较为落后的生产方式和较为古老的社会形态相一致，基本上处于原始宗教的初级形态，宗教观念和宗教仪式较为简单，自然崇拜、图腾崇拜或鬼魂崇拜特征鲜明，以祭鬼为主要宗教活动，没有祖先崇拜；纳西族的东巴教、彝族的毕摩教等处于原始宗教的高级形态，或处于由原始宗教向民族宗教发展演变的阶段，宗教观念和宗教仪式较为复杂，有成文的宗教经典。

（三）少数民族宗教信仰系统的“地方性”

1. 信仰语境的“地方性”

在克利福德·吉尔兹的《地方性知识》中特别提到了民族学和社会学的一个重要概念——象征，所谓象征就是指不同的语言符号或者肢体行为在特定的社会情境和语境中代表着不同的意义或者价值。比如，鄂伦春族信仰中“熊”（在鄂伦春语中，“熊”的发音为“底力坎”）的禁忌。一般而言，鄂伦春人都不直呼“熊”，公熊被称作“雅亚”，意为祖父，母熊被称作“太帖”，意为祖母。因而，狩猎时猎到熊要说：“可怜我了。”把熊打死时忌讳说“打死”，要说“成了”或“睡了”。

所以，如果转述的语境中没有与其直接对应的词汇，语境的差异必将难以完成统一意义的表达。例如，在少数民族语言中没有专门的词语与之相对应，是难以完成“对接”和“转译”的，这直接关系着地方性知识向普遍性知识的转化。这也决定着少数民族信仰文化传承必须立足于“地方性”，否则，缺失“地方性”的文化就失去了其固有的生命价值。例如，对“萨满”一词的翻译，在蒙语里，男萨满称作“勃额”，女萨满称作“奥德根”，而达斡尔族称萨满为“雅德根”。

2. 神职人员功能的“地方性”

我们以东巴教和萨满教为例，比较分析东巴与萨满的相似性与差异性。

东巴是纳西族原始宗教中的经师或祭司，掌握古老的纳西象形文字，熟悉东巴经书，能歌善舞，擅长绘画，善于占卜，主持各种宗教仪式。东巴的职能除了念经文、做法事外，还要记载历史、主持婚丧。因而，东巴是东巴教信仰和东巴文化的集大成者。萨满是萨满教仪式的主持者，其主要职能是：沟通人、神，主持宗教活动，为人治病，驱魂、除邪，传承文化和知识。

东巴与萨满的相似性表现在：东巴和萨满都是宗教神职人员，是所属民族文化的集大成者。而两者的差异性表现在：（1）称呼、词源不同，东巴意为“智者”、“聪明的人”，萨满有“因兴奋而狂舞的人”之意。（2）东巴有教祖丁巴什罗，萨满无教祖。（3）东巴有成文经书，萨满无成文经书，以口诵为主。（4）传承方式不同，东巴在家族内部传承，只能由男人担任，而萨满可由女性担任，多伴有神灵附体现象。

3. 信仰对象的“地方性”

我国各少数民族由于所处地理环境以及社会发展水平不同，宗教的类型也不尽相同，在信仰和崇拜对象上表现为浓郁的“地方性”。

就原生性宗教而言，以萨满教为例，萨满教的信仰体系主要体现为自然崇拜（萨满教赋予自然物和自然力，如火、山、树、日月星辰、云雾冰雪、彩虹以及某些动物以人格化的想象和神秘化的灵性，将其视为主宰自然和人间的神灵）、图腾崇拜、祖神崇拜（由祖先亡灵所形成的鬼神观念以及人间的各种疾病和死亡造成的恐惧，是萨满教神灵观的核心）、偶像崇拜等。

就创生性宗教而言，由于宗教创立者的影响力，在信仰和崇拜对象上往往是以宗教创立者为核心，兼顾宗教发展过程中所出现的重要任务。比如，佛教、基督教、伊斯兰教都是如此。

四、结语

我国具有悠久、丰富的少数民族历史文化资源和多元的宗教信仰形态，“地方性知识”的基本概念和理论体系为我们提供了一种新的知识观念，同时也为我们提供了一种新的研究思路和方法。在促进人类多元文明、多元文化交流与建设和谐社会、和谐世界的发展形势下，随着人类尊重多元文明、尊重多元文化、尊重多元信仰的观念及交往的推进，地方性知识的观念必将逐渐深入人心，渗透社会研究的各个领域，甚至会极大地影响社会整体价值观的塑造。

因此，我们在认识和把握少数民族宗教信仰文化的“地方性”这一主题上，必须谨慎地把握两条原则：第一，不可因“地方”而“地方”，过分地强调文化的地方性。如果各有所执，就会不利于中华民族多元统一和宗教信仰生态系统的平衡和中华民族多元一体格局的稳固，我们的国家有可能面临“统而不和”的危险。第二，不能避“地方”而构“同一”。民族文化基因的多样性是文化的活性因子，是民族文化绚烂多彩的前提。如果民族之间缺乏不同文化因子的互动，文化体系就会日趋同化，如同人类社会的近亲婚姻一样，导致独特文化的逐渐消亡，历史上一些曾经灿烂一时的文化最终在其他文化的融合下销声匿迹的案例不胜枚举。

参考文献：

1. ［美］约瑟夫·劳斯著，盛晓明、邱惠译：《知识与权力：走向科学的政治哲学》，北京大学出版社，2003 年。

2. ［美］克利福德·吉尔兹著，王海龙等译：《地方性知识》，中央编译出版社，2000 年。

3. ［美］托马斯·库恩：《科学革命的结构》，北京大学出版社，2004 年。

4. 佟德富、宝贵贞：《中国少数民族哲学专题研究》，中央民族大学出版社，2006 年。

5. 萧万源等：《中国少数民族哲学史》，安徽人民出版社，1992 年。

6. 谢爱华：《神圣与世俗——全球化背景下的中国宗教学研究》，载《当代中国民族宗教问题研究》，甘肃人民族出版社，2009 年。

7. 吴彤：《两种“地方性知识”——兼评吉尔兹和劳斯的观点》，载《自然辩证法研究》。

8. 杨念群：《“地方性知识”、“地方感”“跨区域研究”的前景》，载《天津社会科学》2004 年第 6 期。

9. 任剑涛：《地方性知识及其全球性扩展——文化对话中的

强势弱势关系与平等问题》，载《厦门大学学报》（哲学社会科学版）2003 年第 2 期。

10. 安富海：《论地方性知识的价值》，载《当代教育与文化》2010 年第 2 卷第 2 期。

第三篇

少数民族文化保护与传承

关于民族历史文化保护与发展的几点看法①

佟德富②

一、讨论中国民族历史与文化不能脱离两大前提和背景

第一个前提和背景：中国所处的地理环境及其特点

中华大地，位于亚欧大陆的东部、太平洋西岸。其北、西、西南深居亚欧大陆中心，是一个“大陆——海岸”型国度。而疆域辽阔、地域相连、四周为自然屏障、内部自成各种地质地貌体系的地理环境，就是中华民族创造独具特色的历史与文化所依托的自然条件。

中华民族长期繁衍生息的这片土地，总面积达960多万平方公里，以其独特的地理特征为中华民族历史文化的演进提供了极为丰富的自然资源。

第一，四周有天然屏障，内部结构体系完整，为自给自足的封闭式田园经济的长期发展提供了得天独厚的条件。

---

① 本文是少数民族历史文化保护与发展研讨会暨雅鲁河流域文化经济建设论坛主旨演讲稿。

② 佟德富，中央民族大学哲学与宗教学学院，教授。

中国的西北有雪峰绵延的天山、阿尔泰山和昆仑山。号称“死亡之海”的塔克拉玛干大沙漠横亘其间，“地热、多沙，冬大寒”①。虽然汉代就已形成“丝绸之路”，但是，由于崎岖艰险的山路和高寒而干旱的气候，加之再往西横空出世的帕米尔高原（葱岭）以及冰峰雪山，在整个古代，无疑是人们难以逾越的地理极限。

中国西南，是世界屋脊青藏高原。在其南侧是世界最高的山脉——喜马拉雅山，与众多海拔7000—8000米以上的冰川雪峰，犹如一道银光闪闪的巨墙，成为中国与南亚诸国的天然屏障；与其相毗邻的云贵高原的东部是危岩陡壁、峭石嵯峨的大娄山、苗岭和武陵山，气势磅礴的乌蒙山贯穿于高原中部，以玉龙雪山为主峰的滇北云岭连同其西侧的怒江、高黎贡山以及其间的金沙江、澜沧江、怒江等构成横断山脉。座座拔天而起的高山和大峡谷，加上纵贯南北的江流，以及热带丛林瘴疠之区域，成为阻隔中国与东南亚的一道道“横断”交通的“天堑”。

中国北方，为广漠无垠的草原和沙漠，著名的莽莽沙海——浑善达克沙漠、腾格里沙漠、库布齐沙漠、乌兰布和沙漠、毛乌素沙漠、巴丹吉林沙漠等，依次由东向西分布其间，使大漠荒野凸显荒芜苍凉，自古是一片难以通行的不毛之地。北方民族的历史舞台，常以萨彦岭、贝加尔湖、外兴安岭一线为界限，既很少与中原直接来往，也以此为北方和东北方的天然屏障闭锁了北行之路。

东面，自黑龙江东部沿海至东南沿海，绵长曲折达2万余公里的海岸线，自然是农业型自然经济和游牧经济民族难以通往东亚大陆的“大壑”。

---

① 《中华民族凝聚力的形成与发展》，民族出版社，2000年，第3页。本文部分内容参考了此书，在此对作者表示感谢。

对于这种半封闭型环境，《尚书·禹贡》中作了高度概括："东渐于海，西被于流沙，朔、南暨：声教讫于四海。"古人认为，中国就是在这"四至"之内由"诸夏"和"四夷"共同构成"天下"。由此，形成中华民族传统的四海之内各族的内向凝聚。

第二，自西向东形成落差显著的梯状地形，为多种经济类型的发展提供了天然的地理环境和气候条件。第一梯山栈谷为青藏高原，平均海拔 4000 米以上；第二梯山栈谷是其以北以东的内蒙古高原、黄土高原、云贵高原以及塔里土盆地、准噶尔盆地、四川盆地等高原与盆地相间分布，海拔在 2000—1000 米以下；第三梯山栈谷为北起大兴安岭，中经太行山，南至巫山以东以及云贵高原东缘以东地区，平均海拔 500 米，除少数大山和大部分丘陵外，东北平原、华北平原、江淮平原等属低平地带，其中滨海地带海拔最低，只在 50 米以下，这三大阶梯犹如一把巨大无比的天造躺椅，背靠亚欧大地，面向太平洋。形成中华大地东西跨越 60 经度以上，以距海洋远近而形成自东向西北的湿润、半干旱、干旱之递变；南北跨 30 余个纬度，以一些名山大川为界，呈现出热带、亚热带、暖温带、中温带、寒温带等从南向北之递变。

由于这种气温由南向北递减，雨量由东向西递减，于是以北起大兴安岭、中经陇山、南至邛莱山与云南腾冲为界，把中国分为东、西两大部分。东部由于自然条件优越，虽然面积只占 40% 左右，但是人口却占 90% 以上；西部虽然地广人稀，面积占 60% 以上，人口却不到 1%，但却是连接南亚、中亚和西亚的要塞和枢纽。

第三，受上述特点制约，自然形成了以秦岭、淮河为界限的农业区和长城以北、以西的游牧和渔猎区。这种由环境决定的天然分工，也必然形成二者相互依存与合作互补的关系。这种不同经济类型民族的相互依存性、吸附性及相互间的交往、沟通和互补就是中华民族形成与发展的内部机制和天然条件，也是中华民族凝聚的内在动力。

第二个前提和背景：中华民族的形成与发展

中华民族是中国民族的总称，或者说是56个民族的总称，是经过长期纷争与交融而形成的内涵十分丰富的民族有机联合体。在这个统一体中，任何一个民族都是其中一分子，都不能脱离它而独立存在。中华民族有着一百多万年从“蒙昧”走向“野蛮”的历程；有着五千多年的有籍可考的文明发展史；有着两千多年的统一的多民族的国家发展史和中华民族发展史。期间，各个民族，包括那些已经消亡的民族，不仅为本民族的发展和进步，也为整个中华民族的形成、发展和进步作出了各自的历史贡献。这与中华民族的居住环境，中华民族的多源多流，各民族经济的相互依存、交流与互补以及各民族文化的交流与交融是分不开的。

在中华民族历史与文化的形成与发展史上，有籍可考的民族大迁徙和大融合就有四次。一部先秦史就是一部华（汉族前身）夷对举，东夷、北狄、西戎、南蛮并列之历史，为后来多民族统一帝国的建立奠定了基础。

第二次民族大迁徙大融合是秦汉—南北朝时期。公元前221年秦始皇灭六国统一“诸夏”，夏改称汉族，疆域东临大海，西及陇海，北达内蒙古，南抵南海，形成我国第一个统一的多民族国家。汉代国家进一步空前统一，为域内各民族经济与文化的交流与发展创造了条件，有力地促进了各民族经济文化的发展。至220年东汉灭亡，我国出现秦汉统一以后的第一次民族大分裂，经魏、蜀、吴三国鼎立，东晋十六国并存和南北朝对峙的状态，到隋朝重新统一中国，期间经历了300多年的大分裂和民族大迁徙。当时十六国大部分是由入迁的匈奴、鲜卑、羯、氐、羌等民族建立，故又史称“五胡十六国”。南匈奴内迁到河套一带与汉族杂居，最后分别融入周边各族，氐与羌在西北建立地方政权，鲜卑族西迁南下与匈奴、丁零（敕勒）、乌桓、汉人等相互融合，形成若干新的族群，最后，迁入中原的鲜卑人融入汉族之中。

西域诸族与内地政权的关系，如《三国志·魏书三十》所载：“魏兴，西域虽不能尽至，其大国龟兹、于阗、康居、乌孙、疏勒、月氏、鄯善、车师之属，无岁不奉朝贡，略如汉氏故事。”这一时期与西域50余国各民族的关系是：各代内地政权无不竭尽全力保持在西域的行政建制，西域各族政权也常称臣、遣使、纳贡。总之，纵观这一时期的历史，在“四夷”民族集团基础上发展起来的各个民族，诸如，北方的匈奴、丁零等，东北的东胡、鲜卑等，西域的50余国，西北的氐羌等诸族，南方的“百越”，西南夷等诸族，对于中华民族的形成与发展均作出了各自的贡献。其中，发展较快，影响较大的当属匈奴、百越、鲜卑和氐羌等诸族。

隋唐—辽金时期是第三次民族大迁徙大融合时期。经魏晋南北朝360余年的大迁徙和大融合，隋唐又出现新的统一局面，并维持了300余年。唐末又分裂，形成五代十国和各族政权的割据局面，后来演变为统治中原和南方的宋朝、北方契丹建立的辽国、西北党项建立的西夏及女真建立的金朝等对峙。经过7个世纪统一于元朝。这一时期汉族又融合了许多其他民族，加之自身的发展，更加强大了。突厥、回纥、吐蕃、契丹、党项、羌和女真等族，从众多民族中脱颖而出，对这一时期的历史产生了较大影响。

元明清时期是第四次民族大迁徙大融合时期。形成和确立了中华民族和国家疆域。这一时期，已经形成和确立的中华民族各族中的汉族已踏入封建社会末期，其他各族由于发展不平衡，则呈现出复杂多样的社会形态：有的与汉族一样进入了封建社会；

有的是封建领主或农奴制；有的是奴隶制；有的则还停留在原始社会向阶级社会过渡阶段，等等。

纵观中华民族五千多年的文明史，在中华大地这片半封闭的辽阔地域里，始终存在着不同民族集团为趋利避害而引起的纷争、演进、融合、发展。而这些分分合合都是在中华民族内部发生的，兄弟阋于墙，族群起纷争。通过这些分分合合不难看出，少数民族对于中国版图的开拓、确立、巩固和保卫作出了贡献。中国疆域的基础是秦汉时期奠定的，后经多次的分分合合，经过隋唐的发展，至元明清最后确立和巩固。历代王朝，不论是汉族作为统治阶级，还是少数民族作为全国性统治阶级，中国始终是多民族国家。并且，每次分裂之后，往往就会形成更加高度的统一。比如蒙元王朝的统一，就实现了全国所有地方的最大统一，中华民族和中国版图也发展到定型阶段。而少数民族建立的王朝，对中国的行政制度和礼乐文化也作出了贡献。中国历史上少数民族建立的王朝，在行政制度和礼乐文化方面，虽然在许多地方固守本民族的文化，但在总体上都是沿用中原的基本制度与文化，并在原有基础上不断创新和发展。比如，契丹人建立的辽王朝，在全国第一次实行农牧两大类民族专管分辖制度，同时又都置于朝廷直接管辖的二元体制之下。元世祖忽必烈为巩固大一统的国度和蒙古贵族的集权统治，在政治上推行了“遵行汉法”、“能行中国之道”施政纲领，建立了一个既能体现蒙古“国朝之成法”，又能适应中原汉宫仪文制度的一整套国家体制；在思想领域，为了推行一种既能适应中原和各地各族民众愿望要求的信念意识，又能规范人们思想行为，使之与治国安邦的政治制度协调一致，且又能易于蒙古统治阶级接受的意识形态，采用了“以儒治国，以佛治心”的治国安邦之道，有效地治理了中国，使忽必烈成为具有“魏孝文之贤，周武帝之义，金世宗之纯”的一代明君。满族建立的清朝亦然。正因如此，十分重视“正统”的古代中国的史学家们也都承认少数民族建立的王朝是中国正史的一部分。所以，才有了宋代的“十七史”，明代的“二十一史”以及清中叶的“二十四史”等中国“正史”。即使是少数民族在边疆地区建立的地方王朝，也并不自外于中国，常以作为中国的一部分而自豪。比如，10世纪在喀什噶尔建立的喀喇汗王朝，不仅自认是中国的西部，而且常常还自称“桃花石汗”，即“中国之君”。也正是基于如此深厚的历史根基，当外敌入侵之时，各族同仇敌忾，一致对外，奋起反抗。比如，明代的抗倭斗争，明末清初的抗沙俄入侵以及1840年以后的百年中，中华民族在极其艰苦的历史条件下，共同保卫了祖国的统一和领土的完整，击溃了西方列强分裂和瓜分中国的野心。

上述足以说明，中国的历史是中国疆域内各个民族共同缔造的，中华民族是中国境内各个民族经过多次的纷纷争争，分分合合，迁徙、交流和融合而形成的。中华民族是一个有机的整体，其中各个民族之间你中有我，我中有你，水乳交融，不可分割，尤其是汉族，如周恩来所说，汉人绝大多数都是混血儿。少数民族不仅对中国疆域的开拓、形成、巩固和发展作出了贡献，而且对于中国历史、文化、哲学、宗教等各个领域都作出了自己的贡献。因此，在中国讨论任何民族的历史与文化，都不能脱离上述两个前提和背景。

二、继承什么？怎么继承？

首先，不以先进与落后论文化，而以精华与糟粕来区分。比如，古代文化与现代文化、传统文化与非传统文化、主流文化与非主流文化、汉族文化与少数民族文化、电影文化与戏曲文化、中国文化与西方文化等，不宜用先进与落后来划分，但每种文化都包含有精华与糟粕，如酒文化、庙会文化等，应该“取其精华，去其糟粕”，予以继承和发展。

那么，继承什么以及怎么继承呢?

关于文化的保护与继承等问题，学术界多有论述，各级政府也十分重视，主要有以下几个问题：

1. 直接保护。健全法规和政策，以法律、政策形式明确规定，并投入必要的人力、财力和物力予以保护，如古文物、古建筑以及有关人类起源、民族起源、人种起源（如蒙古人种起源）考古发现，金界土豪、古墓等，均应以法保护。

2. 抢救、发掘、翻译、整理、研究、出版民族文化古籍。这是一项长期而艰苦细致的系统工程，可分为以下几种形式进行：

一是出版大型系列丛书，如《中国少数民族原始宗教经籍汇编》、《中国少数民族神话、史诗汇编》等。

二是创建新学科，继承和发扬民族文化，如民族哲学、民族经济学、民族伦理学等。

三是出版系列调查报告和专业历史理论研究著作。例如，调查、研究、出版《中国蒙古族敖包信仰》，可以使人了解敖包信仰如何由原始宗教的信仰演变为具有广泛群众基础的民俗信仰；通过研究敖包的起源、形制、类型、性质、作用及祭祀仪式、祭词及演变等，既可以给学者研究提供方便和参考，也可以使信仰者的信仰更加理性化。旅游部门导游的介绍应尽可能准确化，使游客更全面地了解这方面的知识。

四是出版专题性通俗读物，借鉴和继承民族文化。比如，组织出版关于蒙古族家庭教育传统的通俗读物、成吉思汗的人才观和宗教观等专题性著作和少数民族科技成果的著作，如出版有关达斡尔族的“契丹算法”和蒙古族“珠尔海推算法”（时间速度）的小册子，以及有关“皇帝数学家”蒙哥汗对欧几里得几何学研究的贡献（在中国研究最早、解析其中几个图式等）等科普读物；出版介绍明安图“割圆密率捷法”的书，明安图是微积分研究的先驱，高等数学的创始人之一，史称“堪与笛卡儿创解析几何媲美”；在机械制造方面，如元顺帝妥欢帖睦尔设计制造的“宫漏”，计时准确，“人谓当代所鲜有”，达斡尔族的止痛内服麻醉剂、蒙古族接骨术等，都可组织出版有关通俗读物。

3. 研究和开发相结合。除上述研究以外，还应与文化产品开发相结合。比如，建立“桦树皮文化博物馆”。通过其博物馆建设，既可建立研究者队伍，收集整理桦树皮文化资料，又可以规模化制作一些桦树皮产品，一举两得。

4. 修复一些古建筑，如有影响的寺庙等。

关于少数民族文化保护与我国文化安全的思考

张小平[①]

自胡锦涛总书记2003年首次明确提出“确保国家的文化安全”要求以后，文化安全与政治安全、经济安全和信息安全并列，成为国家的四大安全之一。文化安全，指的是一个国家或一个民族的文化受到外来消极思想文化的影响，使本国或本民族文化受到侵害，文化出现衰落或消亡。其核心要义有三：一是国家拥有的文化主权不受侵犯；二是民族文化的主体地位不至于失落；三是意识形态的主导地位不受威胁。随着我国文化开放日益扩大，中西文化的交流、交融、交锋日益频繁，各种思想文化在更大范围、更深层次相互激荡、彼此碰撞，在学习借鉴西方有益文明成果的同时，我国将在相当长的时期内面临西方在经济、科技和文化传播方面占据的强势地位，文化领域的渗透和反渗透的斗争变得异常尖锐复杂，我国文化安全面临诸多新的挑战。如何在全球化、信息化、市场化新的历史条件下，确保我国文化安全已成为迫切需要研究的重大课题。少数民族文化作为不可再生文化资源与国家文化安全关系重大，应给予重点保护。实施文化保护就是要维护少数民族文化的完整性。

---

① 张小平，中国社会科学院马克思主义研究院，副研究员。

一、少数民族文化保护对于维护我国文化安全的特殊重要性

1. 少数民族文化保护，是抵御境外不良文化和腐朽文化渗透、维护我国文化主权的迫切要求。经济全球化的迅猛发展，为不同文化之间的交流学习、取长补短、共同发展，提供了重要的机遇和舞台。同时，西方发达国家也在抓紧利用经济全球化为其文化的对外扩张和渗透服务。我国是一个有着56个民族的统一的多民族国家，少数民族有1亿多人口，西部和边疆绝大多数地区都是少数民族聚居区，跨境民族多达30多个。边疆地区历来是各种文化思潮和民族主义思潮交融、碰撞的敏感地区，是境外文化渗透的前沿地带。在经济全球化的浪潮下，西方反华势力企图利用民族问题作为突破口，对我国实施“西化”、“分化”战略，加紧利用各种形式、通过各种途径，在宣传、思想、文化、教育、宗教等意识形态领域进行文化渗透。境内外的新疆“东突”势力、“藏独”势力等民族分裂势力，一直都在鼓吹民族分离主义，阴谋进行渗透破坏活动，企图把新疆、西藏从中国分裂出去，意识形态领域的渗透与反渗透、分裂与反分裂的斗争将会更加激烈，更加复杂。从目前的情况看，境外反华势力的“空中渗透”和网络宣传非常活跃。他们通过电台、互联网、书籍报刊和音像制品等大肆散布民族分裂主义舆论，在学术活动、文化活动的遮掩下传播渗透分裂思想，煽动民族情绪，挑起民族仇视。这对我国的文化安全以及国家安全构成了直接威胁。因此，只有加大少数民族优秀传统文化的保护力度，才能有效抵御西方的不良文化和腐朽文化渗透，确保我国意识形态的话语权和主导地位，维护文化主权安全和国家利益。

2. 少数民族文化保护，是确保中华民族文化主体地位的迫切

要求。中华民族的文化是由我国各民族的文化构成的多元一体的文化。少数民族文化是中华文化的重要组成部分，也是展现中华文化的丰富性和多样性的重要方面。中华文化多样（多元）性的统一是中华文化的根本特性，也是中华文化生生不息的生命力所在。民族问题实质上是一个突出的文化问题，妥善处理不同民族的文化差异问题，保障民族文化多元一体，对于确保中华民族文化主体地位至关重要。“纵观全球一些热点地区发生的冲突和战争，大都与民族问题处理不当或外国势力插手民族纠纷有关。凡是民族问题处理得不好的地方，都不同程度地出现了问题或乱子”①。民族问题处理得好与不好，关键是能否引导各具特色的少数民族文化朝着维护社会稳定的良好方向发展，有效整合各少数民族文化在维护社会稳定中的积极作用，巩固与发展中华民族多元一体的文化优势，防止其对多民族国家的文化“撕裂”作用。在今天复杂多变的国际格局中，少数民族文化保护正是维护民族团结和祖国统一，增强中华民族的凝聚力和向心力的重要方面。多元一体的中华文化是各民族对统一的多民族国家认同的强大思想基础，中华文化的安全必然是各民族文化的安全，少数民族文化保护是中华文化繁荣发展的必然要求。

3. 少数民族文化保护，不仅关系到少数民族文化平等权利的实现，关系到民族地区经济发展和社会稳定，关系到国家的文化安全，而且更关系到整个国家综合实力的提升和经济、政治、文化、社会全面协调可持续发展。只有重视少数民族文化，扶持少数民族文化，保护少数民族文化，才能进一步强化和巩固各族人民群众对中华民族的认同，对中华文化的认同，对中国特色社会主义道路的认同，才能符合“各民族共同团结奋斗，共同繁荣发

① 国家民族事务委员会、中共中央文献研究室编：《民族工作文献选编》，中央文献出版社，2003 年，第 211 页。

展”的民族工作时代主题的要求。抛弃民族文化，只能加速全民族的西化、奴化、媚化，成为西方文化的附庸，缺少民族的想象力与创造力。从这个角度理解，今天我们保护少数民族文化，不只是保护文化本身，也是在保护中华民族的最高利益。

二、少数民族文化保护中关于文化安全的几个突出问题

1. 少数民族文化资源安全问题。改革开放以来，市场因素和广播、电视、电影、互联网等现代传媒对民族地区的影响不断加深，各种流行文化、都市文化进入民族地区，少数民族传统的文化生活结构和文化环境发生巨大变化，少数民族文化资源不断流失，许多重要的少数民族非物质文化遗产后继乏人，面临失传。以贵州黔东南苗族侗族自治州为例，现在最大的问题是“文化流失”。20 世纪 80 年代中期，一些外国学者、客商瞄准中国少数民族服饰这一民族文化遗产瑰宝，来到黔东南等一些地方大量收购苗族服饰，并且把在中国收集到的苗族服饰用来在美国、法国等国家举办展览。由于经济利益的驱动，许多人采取“低价收购、高价卖出”的手法购买文化物品，造成了黔东南苗族服饰的严重流失。在民族地区经济、社会加快发展的现代化进程中，一些急功近利的开发手段也加剧了少数民族文化资源的破坏与流失，使一些世居的少数民族失去了传统文化生活方式赖以传承的自然环境。在文化资源开发问题上，一方面，我们要增强全民族的文化资源保护意识，将中华民族一切独有的文化传统、文学艺术、文物古迹，像保护专利技术那样全面妥善地保护起来，防止外商以极低的价格获取我国的文化资源，尤其是少数民族传统文化遗产；另一方面，对文化资源的开发、利用要保护中华民族原有的独特性，绝不能在文化资源开发中失掉原有的文化传统，或者是

为了开发旅游，生硬地造出一些传统中根本不存在的东西。民族、民间文化资源的快速流失，直接威胁着我国民族文化多样性的基础，影响着少数民族群众文化生活幸福感的提升，对少数民族文化的传承与发展带来严峻挑战。包括非物质文化遗产在内的民族、民间文化资源是少数民族文化传承发展的根本，保护与传承民族、民间文化资源是少数民族文化发展的核心问题之一。它既关系到少数民族文化现代化转型过程中的健康可持续发展，也关系到整个国家的文化安全。

2. 少数民族文化的知识产权保护问题。知识产权主要归结于创造发明有关文化的民族对这种文化所拥有的所有权和阐释权。中华文化的所有权和阐释权当然属于整个中华民族，56 个民族在不同地区、不同社会发展阶段亦拥有民族文化层面的所有权和阐释权，它们共同构成了中华文化的总体主权。对一种文化之意义、价值、特点等的解释，外来人永远不能代替本民族、本地区人。它的话语权就掌握在创造文化并拥有这种文化的主体手中。我们在对黔东南苗族侗族自治州的调研中了解到，多数有价值的苗族服饰被有钱的外国人买走，海外人学会了制作苗族服饰和苗绣技艺，如果工厂化生产，将给纯手工的苗族服饰制作带来巨大冲击。外国人学走苗绣的纹样“侵犯了苗族服饰的图案专有权”。属于苗族独创或者独有的刺绣方法，被外国人学会并传播，“侵犯了苗族服饰传统知识持有人的知情同意权”。黔东南民族研究所所长雷秀武曾多次在媒体上呼吁要重视苗族服饰和苗族传统技艺流失问题。凯里市政府在市区南部仰阿莎公园门口建了“民族商贸一条街”，专营民族服饰、民族工艺品，但由于没有很好的管理机制，有些珍贵的传统服饰和文物从这里流失出去，造成了传统服饰技术和文物的流失。针对外国旅游团队举办的传统文化知识培训班，也许会成为黔东南传统文化技能流失渠道之一。每年旅游旺季，黔东南民间的苗绣工作室都要接待前来学习苗绣的外国游客。北京服装学院民族服饰博物馆馆长杨源说："苗族服饰在民间的交易活动，加速了其流失，如果没有'收藏热'带来的旅游热，苗族刺绣及其服饰会保持得更加完好。"她还对记者说："服饰作为一个民族的文化象征，它的消亡意味着民族个性、民族特征的消亡。"文化流失的最大威胁是市场开放后国外一些人进来了，通过各种手段直接拿走。香港乐施会，以援助的名义把所有的材料都带走了。2007 年，福特基金会也开展了西南少数民族民间乡土知识调查。如果不重视保护，今后我们将失去自己的少数民族文化知识产权，这绝不是危言耸听的事。地方学者也想了一些办法，如药品用水书标注、瑶族的药浴用瑶族文字标注等。但是，国家必须从文化安全的高度重视少数民族文化的知识产权保护问题，要从法律上来保障。一个民族的文化由谁来开发利用，如何开发利用，这要依靠法律来对文化进行保护。比如，苗族服饰中的银帽，出现在上海世界博览会贵州馆，引起很大轰动。其他少数民族喜欢，其他地区的人喜欢，外国人也喜欢，大家都戴，是否会引起侵权？应该保护文化原创的知识产权作为文化资源安全的法律基础，迫切需要从制定文化技术标准入手，维护少数民族文化技术安全。

3. 少数民族文化的权利主体缺失问题。权利主体缺失不仅体现为民意渠道不畅，没有发言权，而且表现在体制的结构性排斥，即少数民族干部在政府部门中的地位和处境边缘化。近年来，民族传统文化尽管已经受到政府和各界的重视，但有些地方主导权仍在政府某些部门或沦落到商业投资者手里。从总体上看，民族地区的经济相对落后，尤其是和东部地区有比较大的差距，远不能满足群众的文化需求。少数民族群众缺乏表达文化需求的机制，而以往的公共文化产品的提供和公共文化服务的制度安排，走的是自上而下的道路，这导致西部农村少数民族群众在自主选择文化产品消费方面余地较小，他们的文化权利也较少受到保护。有些地方因为缺乏主体参与的权力机制，少数民族的文化资源大量流失，陷入“发展的困境”。主体的决策参与权是少数民族文化保护的核心，要建立让少数民族在文化保护中发挥作用的平等互惠机制。国家的民族文化保护项目，只有将少数民族作为文化主体纳入决策参与机制才能产生预期效果。现实中有些地方政府号召旅游开发、“文化搭台，经济唱戏”，民族文化实际上成为经济附庸。因此，必须重视少数民族作为文化主体的需求，并建立起一个可持续发展的文化生产机制；否则，本土文化信仰一旦缺位，外来宗教等势力就会乘虚而入。外来宗教和境外文化机构一直在少数民族地区虎视眈眈，基督教在有些少数民族地区的迅速发展就是现实的例子。

三、从国家文化战略的角度反思少数民族文化保护

冷战结束后，文化的力量更加凸显，美国的“文化霸权主义”甚嚣尘上，国际社会不同文化之间和有关国家内部不同民族文化之间的矛盾与冲突问题更加突出，使人们对民族问题及其文化特性的重要性有了更深刻的认识。苏联的解体虽然有多种解释，但是民族问题引发的政治矛盾日益突出，也是最终导致苏联解体的重要原因之一。在当今世界，尤其需要引起重视的是，“少数民族日益坚持自己的要求并谋求权力，是一个正在影响着发达的和发展中的、西方的和东方的、中央集权化的和尚未中央集权化的国家的全球性现象”①。新世纪以来，随着我国综合国力的增强，国际地位显著提升，我国进入了“文化中国”时代，即注重在国际事务中展示东方文化的独特思维方式，将文化命运和

① 宁骚：《民族与国家：民族关系与民族政策的国际比较》，北京大学出版社，1995 年，第 353—354 页。

中国的命运联系起来，逐步形成具有中国特色的国家文化发展战略。毋庸讳言，我们在国际事务中反对西方文化霸权，强调各民族文化多元平等发展，但在国内对待各少数民族文化的特殊性却重视不够，迫切需要从国家文化战略的角度高度重视和解决少数民族文化保护和发展中面临的难题。

1. 关于少数民族文化产业发展与文化体制改革。现在对民族文化的开发造成了民族文化的流失，文化再生产机制日益衰退，文化保护和可持续发展面临危机。正视这一现实问题，在推进少数民族文化产业发展与文化体制改革时更加重视少数民族文化的特殊性，从民族地区的实际出发，不能简单地“一刀切”。比如民族地区文化产业的发展，首先要看有无市场或市场潜力怎样？从当前民族地区的实际情况看，只有在大中城市和较大的旅游景区，才有可能推动民族文化产业的发展，而在山区、牧区、边疆地区由于人口较少且居住分散，很难形成文化市场，而没有市场就形成不了产业。少数民族文化，首先是要作为事业来对待，事业发展到一定的程度，产业就会自然形成，千万不能急功近利。还有一个问题是，发展少数民族文化产业必须处理好民族文化与文化安全的关系，在民族地区开放文化市场，吸取国外优秀文化的同时，必须以维护国家文化安全为前提，采取有效措施维护中华民族文化的完整性。我国与发达国家的文化产业不在一条起跑线上，特别是少数民族地区的文化产业发展才刚刚起步。我国民族文化产业的发展必然会受到国外文化的强大冲击，因此，保持民族文化的独立性，维护国家文化安全显得尤为重要。在民族文化体制改革方面，作为民族地区的艺术团体，特别是民族歌舞剧团，它不单单是一个演出团体，更重要的是承担着民族文化的传承、发展以及宣传教育的重任，而统统都搞企业改制不符合民族地区的实际需要。由于民族地区大都经济社会发展比较落后，没有更多的财力用在民族文化上，而且民族地区的文艺团体在发展中还不是特别成熟，各方面依然需要国家的扶持。民族地区的文艺团体，主要是服务于基层的人民群众，不能索要过高的演出费用，更多的还是免费演出。如果一下子推向市场，这些文艺团体将面临生存的困境。从已经企业化改制的歌舞团实际情况看，结果是少数民族艺术人才的大量流失。对民族地区特别是民族自治地方的文化艺术团体，国家要给予特殊的政策，纳入公益性事业单位的范畴，以国家财政帮扶为主。否则，这种体制改革不仅无益于民族文化的发展繁荣，还会引发新的社会矛盾。

2. 少数民族文化保护与发展创新。文化保护并不是文化封闭，而是保护可持续发展创新的生命力与精髓。文化的传承也不是简单的信息复制，而是对信息加以重新组织和运用。每一个民族都有自己的一套传承文化的传统模式。当传统的民族文化、风俗习惯不适应社会发展的需要，已经成为民族发展的阻碍时，就要改变。学界和社会上弥漫着一种文化上的保守主义倾向。只谈传统的保护乃至“捍卫”，不谈文化的选择权和自主权，多元文化应该建立在认可他文化以及开展对话的基础上，以便相互了解、欣赏和尊重。如果将少数民族文化保护理解为保存“活标本”，不问民生疾苦，让民族地区物质文化生活维持现状，这样很难说是以人为本的。其实，对于经济欠发达的少数民族地区和群体来讲，尊重他们作为文化主体的自主选择权更为重要。在保护和继承本民族文化传统的基础上，与时俱进地发展和创新本民族的文化内涵，维护文化权益。比如，知识产权保护、文化立法、维护文化安全、文化产业发展等都是当前少数民族文化保护中面临的新的文化内涵。在文化资源的开发与保护中要有选择，对文化遗产取其精华、去其糟粕，保持民族文化的优秀本色。今天，我们应该很好地吸收国际文化新成果、新形式，很好地继承少数民族的传统文化，很好地解决民族文化保护与发展创新的现实问题，并把这三者结合在一起，创新中华文化，建构我们的文化发展格局。

3. 少数民族文化管理机构重叠、臃肿。由于政府过于集中、直接地举办和经营各种文化事业和文化产业，必然造成政府机构臃肿、重叠。政府不同部门交叉管理的情况在民族地区更为严重。以政府财政支撑的这种文化经营模式，一方面文化行政权力在资源重组和优化配置的名义下出现了前所未有的高度集中，文化资源难以公平分配；另一方面也必然会产生部门利益。少数民族地区的公益性文化事业、文化产业的发展经费严重不足，公共文化服务体系建设面临国际挑战，文化安全问题凸显。在推动少数民族文化保护与发展中，文化部门、宣传部门、旅游部门应该更加尊重民族工作部门的地位，发挥民族工作部门的特殊作用，通过改革管理体制理顺机制，增强抵御文化危机的能力。

第四篇

少数民族哲学研究

中国云南白族近代商帮道德文化研究

杨国才[①]

中国云南大理白族聚居区，是滇缅、滇藏公路交汇地，滇西的交通枢纽；是历史上我国与东南亚各国文化交流、通商贸易的重要门户；是唐代南诏和宋代大理国500年对外开放城市；是中国首批公布的24个历史文化名城和44个风景名胜区之一，也是中国文化及优秀旅游城市。大理地处云南省西北部，区位优势明显，投资环境优越，是商贸交易的理想之地。东距省会昆明398公里，西离中缅边界580公里，近代修筑的320、214两条国道交汇于此，使大理成为连接滇西各州陆路交通的枢纽。自古以来白族人民在这里生活，并逐渐形成独具特色的商品贸易、民族企业及企业道德文化。

一、中国云南白族集市贸易的形成

在人类历史上简单的物物交换和货币流通是商品存在的基础和条件，商品交换发展到一定规模便产生了集市。集市的出现，促进了商品贸易交往；商品贸易的发展，加快了白族商帮的形成和白族地区商业资本的繁荣及贸易道德的形成。

---

① 杨国才，云南民族大学，教授。

（一）白族地区集市的出现

集市，就是专门用于商品流通和交换的场所。商人们往返于集市中，贱买贵卖，从中追求价值的增值和促进商品的流通。故汉代开通的博南古道，是一条从四川经云南到印度的古老商道，被称之为“西南丝绸之路”。另据洱海区域从剑川海门口和祥云大波那出土文物中，证明白族先民与中原地区初期的商品交换的痕迹。方国瑜先生曾指出：“开发蜀道，天竺道，建立在沿途各地之社会条件可知。是时西南各部族社会，已发展到与邻近部族发生物质交换，相与贸易往返，开通道路。即甲部族与乙部族之间有通道，乙部族与丙部族之间有通道，丙与丁、丁与戊……之间亦通道路。递相联络，而成为长距离之通线。”[①] 通道的建立为各民族的集市提供了方便。元初李京的《云南志略》记载当时白族地区“市井谓之街子，午前聚集、抵暮而罢”。而当时仅在大理县内的集市，据《大理县志稿》卷三载，大理县有内市第十三市，即：

> 内市：自双鹤门至安远门大街，逐日集市，贸易率以为常。
>
> 月集市：每月初二、十六两日集。旧在演武场，嗣移大街鼓楼左右，南门外西北城墙隅，历无定所，今定为初二日在五华楼左右，十六日在城西北隅。
>
> 上关市：在关内丑未二日集。
>
> 下关市：在关北已亥二日集。
>
> 喜洲市：在县北四十里辰戌二日集。
>
> 草帽街：在城南十五里六日一集。
>
> 龙街：在作邑、向阳溪西村之间，辰日集，每街销

① 方国瑜：《云南史料目录概况》，中华书局，1983年，第81页。

售洋纱、土布各百余驮。

狗街：在喜洲弘圭寺山脚下，戌日集，销售品以洋纱土布为大宗，与龙街同。

菜市：旧在大街五华楼以北，逐日小市，自开办巡警新辟地，设场于文庙后空地以集之。

潘溪街：丑未日集，民国六年设。

头铺街：寅申日集，宣统二年设。

五官庄街：朔望日集。

观音塘街：子午日集。

此外，大理境内还有小西城街、弯桥街、仁里邑街、狗街、龙街、周城街、上关街、沙坪街、江尾街、右所街、双朗街和挖色街。这些“街子”，都是根据十二地支来安排街集的日期。喜洲街是子、卯、午、酉日（即“空二赶三”，中间空两天，第三天为街期，即十二天中赶街四次）；狗街是戌日，龙街是辰日，各隔十一天为一街；仁里邑和周城，每天下午都赶街；右所街和小西城街是卯、酉日；沙坪街是丑、未日；江尾街是子、午日；挖色街是子、卯、午、酉日；弯桥街是寅、申日；双朗街是寅、已、申、亥日。大理街每月初二、十六为大街，初九、二十三为小街；下关是四天一大街，两天一小街。而在这些集市中，又以大理、下关两处为总枢纽，其他各街的市场商品价格，主要以这两地为转移。街子在一片空地上，无店铺，都是摆临时地摊。商品多为一般土杂、百货，以棉纱、土布为大宗。这里的集市，主要经营满足人们日常生活、生产之必需品，受农业季节性影响大，每年春、秋两季收获后，集市活跃，交易频繁。而在青黄不接时，则比较清淡。集市交易中，白族人都遵循淳朴的道德原则，讲良心，公平买卖，不掺假，不抬价，一是一、二是二，直来直去。至今，白族地区这些古老的集市还一直沿袭下来，白族将自己的土特产品送到街子上叫卖，然后又买回自己所需要的工业品，集市贸易更为活跃。

（二）白族地区的贸易

古代洱海区域，集市除按“十二属相”循环、定期举行外，还有一些大型的商品贸易会，如一年一度的“三月街”、“渔潭会”、“松桂会”，这些商品贸易交流会，规模大，其中尤以大理三月街规模最大，是云南遐迩闻名的物资交流大会和白族传统街期及盛大节日。每年农历三月十五日在大理古城西举行，会期五天至十天。“三月街”又名观音市。相传南诏细奴逻时，观音于三月十五日传授佛经。因此，每年到期，信徒们搭棚礼拜诵经，并“以蔬食祭之”。故“三月街”又称祭观音街。后来又由于大理是贯通中土和天竺的要冲，随着社会经济发展的需要，逐渐演变成具有浓厚民族色彩的贸易集市和节日盛会。据文献记载，“三月街”始于唐代，明清时期已具规模。早在明代中叶，每年三月十五日，就在“苍山下贸易各省货”。1636 年，徐霞客在游记中记有“俱结棚为市，环错纷纭……千骑交集……男女杂沓，交臂不辨……十三省物无不至，滇中诸蛮物无不至”。清《大理县志稿》载：“盛时百货生易颇大，四方商贾如蜀、赣、粤、浙、桂、秦、黔、藏、缅等地，及本省各州县之云集者殆十万计，马骡、药材、茶市、丝棉、毛料、木植、磁、铜、锡器诸大宗生理交易之，至少者亦数万。”至今街期不变，届时白族与当地各民族和国内外客商云集于此，各种贸易布棚鳞次栉比，人山人海，各种农具、骡马、山货、药材、日用品、白族木雕、大理石制品，应有尽有。尤其是从 1992 年开始“三月街”又被定为白族民族节，届时除贸易交流外，还有民族文艺体育表演，特别引人注目的是赛马活动。

如果说“三月街”是白族春季商品贸易会，则“渔潭会”便是秋季物资交流会，其规模略次于“三月街”。会址在洱源县邓川的沙坪渔潭坡，每年农历八月十五开始，会期五天至七天。这里是苍山洱海的尽头，山垂海错，有水运码头，又在滇藏公路沿线，是水陆交通要冲。会上以驰名远近的邓川奶牛以及各种农具为大宗交易物资。此外，出售嫁妆用具，故渔潭会又被称为白族嫁妆会。准备秋后嫁娶的人家，都要来这里备办嫁妆，有来自剑川的木雕家具、腾冲的玉器、金银首饰，以及白族民间剪纸、刺绣，等等。会上还进行赛马、游泳竞赛、对歌等。

“松桂会”则是白族地区闻名的牲畜贸易交流会，同时也是白族传统的节日。会上以骡马交易为主，因此又称松桂骡马会，每年农历七月二十二日至二十九日在鹤庆县松桂区团山举行。

大量的商品贸易的发展，促进了白族农业和手工业的发展，人们定期将自给有余产品投放市场，商人们看准市场，连接着生产与消费，循环交易；或坐定市场开店长期经营，从事转手贸易。因此，白族贸易集市的发展，促进了白族商品经济的繁荣。现将19世纪末洱海区域大型集市贸易辑录如下：

19世纪末洱海区域大型物资交易集市一览表①

集市名称	会期	地 点	集市特征	商业交往
下关	日日为市	今大理市下关	清雍正至道光年间，川滇、川藏贸易加强，下关成为滇省西部商业交通枢纽，商号开始出现，下关逐渐成为云南西部商业贸易中心，各地商人往返，日日为市	以下关为中心，形成四条商道： ①下关—大理—丽江—永胜—会理—西昌。 ②下关—昆明—昭通—四川。 ③下关--大理—丽江—中甸—西藏。 ④下关—保山—腾冲—缅甸。

① 李东红：《从洱海区域商品经济发展的历程看大理州市场建设的思路》，载《白族学研究》1994年第4期，第134页。

续表

集市名称	会期	地点	集市特征	商业交往
三月街	每年夏历三月十五至二十日	今大理城西	"苍山下贸易各省货"。交易物质以骡马、山货、药材为大宗，是大理地区春季物资交流会	"十三省物无不至，滇中诸彝物亦无不至。"商旅遍及西南、东南及华中各省及东南亚诸国
渔潭会	每年夏历八月十五日至二十二日	今洱源县沙坪	交易商品以衣服、鞋、刺绣品、木材、木器、家具、大牲畜为主。是大理地区秋季物资交易会	商旅以滇省为主，尤以大理、保山、丽江、迪庆、楚雄各地为主
松桂会	每年夏历七月二十二日至二十九日	今鹤庆松桂乡西山	是大理地区闻名的牲畜交易会。以骡马交易为主，又名"松桂骡马会"	商旅大部分为大理各地的商人，少部分为云南西部及川、藏商客

（三）白族商帮的兴起

洱海区域集市贸易的发展，促进了白族农业和手工业的分离；手工业的发展，又促进了商品贸易和商业资本的发展。故从明清以来到20世纪50年代，是白族地区从自然经济向商品经济不断发展的时代，也是白族社会从封闭日益走向开放，面向国内及东南亚地区的时代。在这一变化发展过程中，洱海区域商业的繁荣，导致了经济贸易中心的形成。各地商人纷纷在下关开设堆店和商号，从事转手贸易。从1723年至1850年，下关已有堆店七八家，商号三四十家，成为滇西北的贸易中心。也就在这一时期，专门从事商品贸易交换的白族商帮应运而生。据《白族社会历史调查》（第一辑）载，下关先后有鹤庆、腾冲、喜洲、四川、临安五大帮。其中四川、腾冲、临安三大商帮都是外来汉商，唯有鹤庆、喜洲两大帮是洱海区域白族商帮。

鹤庆帮是白族地区最早形成的一个商帮。清代以后，人们将该帮与腾冲帮一起，合称迤西帮。此后商号增多，才细分鹤庆、喜洲、腾冲三帮。可各帮的发展与经营状况亦不同，各成体系。鹤庆帮在1875年以后得到发展，新的商号不断出现，仅1875—1908年间，新起的大商号就有月心德、鸿兴昌、宝兴祥、宝天元、文华号、德兴隆、怡和兴、义盛公、德庆兴、盖通祥等十余家；中等商号发展到二十余家，在清末成为下关第一大商帮。1921—1931年间由于负债，有所衰。1945年以后，仅鹤庆帮就有"恒盛会"等四五十家大商号，现将李东红先生统计的鹤庆帮经营状况一览表辑录如下：

鹤庆帮1940—1950年间发展情况一览表

商号	户主	发展经过	资本总额	国内外主要设号点
恒盛会	张相对 张相如 张相成	1945年以前只有几万元资本，主要在1945年发展起来，是鹤庆帮中的大商号之一	1945年前后有资本四五百万元半开，1950年估计资金为34亿人民币（旧币）	加尔各答、噶伦堡、仰光、上海、武汉、昆明、丽江、下关、鹤庆等地
南裕商行	李懋柏	1945年以前经商，但资本不多，主要是1945年发展起来	1949年有资本34万元半开	腊戌、昆明、下关、重庆等地
德泰昌	罗顺臣	1945年发展起来	1946年前后有资本10万元半开以上	昆明、上海、广州、保山、鹤庆、下关、香港、印度各地
庆顺丰	蒋砚田	1945年间发展起来	1950年有资本十五六万元半开	上海、香港、广州、保山、下关、鹤庆、昆明等地
福兴昌	华吉三 华吉天	主要在1945年前后发展起来		昆明、下关、鹤庆、丽江、中甸、拉萨

喜洲帮发展最快，这个商帮起于鹤庆商帮，约在光绪末年形成。第一次世界大战期间，该帮虽有发展，但不如鹤庆帮和腾冲帮。自1921年至1929年间，这两帮许多商号因负债而垮台后，特别是第二次世界大战后，喜洲帮得到迅速发展，帮内形成了严、董、杨、尹四大家；1937年前后又出现了“八中家”和“十二小家”，共二十四家，其中以“四大家”为首，而“四大家”中又以严、董两家为最大。

喜洲商帮的兴起，是白族商品贸易兴盛的反映，他们的商品贸易活动，促使洱海区域白族社会发生了根本性变化。这一时期，由于商业贸易的高速发展，产业资本也得到长足发展。洱海区域三大商帮中的大、中商号都开办了企业，仅喜洲商帮就在四川、昆明、个旧、下关、喜洲等地创办了工矿企业和加工业。可以说喜洲商帮的兴起，是云南企业的前生之一。

喜洲商帮四大家企业在当时的经营情况如下：主要企业有裕利丝厂，号永昌祥，于1919年在四川乐山开办，1924年扩办为五个厂；钨锑公司，号锡庆祥，与省财政厅合办，1933年成立于昆明，向外输送钨锑矿；锡庆祥火柴肥皂厂，号锡庆祥，1937年在昆明开办，生产“双飞牌”火柴、“花石”牌肥皂；复春和下关茶叶加工厂，号复春和，于1937年在下关开办，雇佣工人400—500人，运销茶叶至宜宾、成都、拉萨；振华织布厂，号永昌祥、锡庆祥，于1938年为五台中学开办，工厂有铁织布机10架，花线机4架，工人40多人；大成实业公司，号锡庆祥，于1938年在昆明成立，工人300余名，生产面粉、味精、电石等；昆明茶厂，号永昌祥，1943年在昆明成立；喜洲电力股份有限公司，属永昌祥、锡庆祥合资，1944年于喜洲下辖喜洲万花溪水电厂、碾米厂，共有工人13名；丽华猪鬃厂，号永昌祥，1944年开办于喜洲，产品主销印度市场；玉龙电力公司，属永昌祥、锡庆祥及官僚合资，1946年建成水电厂，有两部机组，装机容量各为200瓦，线路全长20公里，工人50多名，主要供下关、大理两地照明和生产用电；缅甸黄丝厂，号永昌祥，1947年因受日丝抵制，1949年卖厂结束。

除开办企业以外，各商帮还投资金融业，或开办银行，或向金融企业投资。洱海区域三大帮中的大、中商号都与金融业有联系，改变了过去单一的经营方式，产销有机结合，即商业的繁荣促成了产业资本的诞生，而产业资本的发展，又需要商业贸易流通来完成。喜洲商帮的兴起正是以满足市场需求为宗旨，“工厂生产，商号销售”，又由商号购进原料、工厂加工生产，然后再由商号在市场上销售，形成垄断“原料——生产——销售”[①] 三大环节。因此，白族商帮在促进白族商品贸易发展中起了积极的作用，与此同时也形成了守信用、重承诺、视品牌如命根子的商业贸易道德，并且有了自己的企业文化特征。

二、白族商帮传统贸易道德文化及特点

白族在长期的集市贸易交往中，形成了内容丰富、形式多样的传统贸易道德规范，并具体表现在传统贸易习俗、行规行话、商幌商联、商谚中，从而形成自己的特点。

（一）传统贸易习俗中的规范及行规行话中的准则

白族在商品贸易中，遵循其特有的商品贸易习俗，久而久之，这些习俗成为白族传统集市贸易中约定俗成的普遍的行为规范和特征。这些行为规范和特征大都随着集市贸易的发展而产生、变化而消亡。而有些商俗中的道德规范和特征至今还在白族

---

① 李东红：《从洱海区域商品经济发展的历程看大理州市场经济建设的思路》，载《白族学研究》1994年第4期。

民间传承。

白族人进入集市贸易，都祈盼财源茂盛，生意兴隆。可那时人们又无力控制市场行情，只好祈求神灵保佑。故白族中很早就有财神会流传。传说财神又有文武之分，文财神为先贤子贡（孔子的弟子），善于经商；武财神为赵公元帅。每年农历三月十五和七月二十三为两财神诞辰日，商界要举办财神会，祭祀财神。这时要把各商店的度量衡器集中起来，校正准确，以免出现差错，损害顾客的利益，而使店铺和商号不失信于民。而且在每年除夕之夜要祭祀财神，感谢财神一年之中给予的恩赐。大年初一早上，选出家中的童子，扮成“送财童子”，手端盘子，盘里要放红烛（象征红火）、韭菜（象征长久）、糖（象征甜美）、鱼（有余），走到堂屋后，堂屋里的大人便高声喊道：“财门大打开，金银财宝滚进来，滚进不滚出，滚得满堂屋。”以示在新的一年里财源开始，祈求财神赐予生意兴隆。初二以后店铺、商号开张营业，要燃放鞭炮、悬挂彩灯，以图利市。而且要对第一位进店购货的买主以烟茶招待，商品给予优惠，称为开张大吉。每个月的初二、十六日商号、店铺给店员、徒工改善伙食，招待肉食，称为“打牙祭”，这一习俗后来逐渐演变发展为商界的交际宴俗。

白族地区除了按十二属相有各种集市外，还有庙会，通常也称作庙市。从南诏时起，白族地区佛教盛行，各地大兴庙宇，各种庙会应时而生，香客、游人纷至沓来，商人见有利可图，前来摆摊售货，遂成庙市，如大理三月街便是由观音会演变成典型庙市，还有正月初五崇圣寺（大理三塔寺）的葛根会、正月初九中和寺的松花会、农历二月十九的观音塘会、感通寺会、四月二十三至二十五的绕三灵会、四月十五的蝴蝶泉会、八月初八材村的耍海会、八月十五的将军洞庙会，等等。伴随着宗教信仰盛会还有一定规模的商品贸易，人们在对宗教虔诚信奉的同时，也注重经商道德，认为经商是一种高尚的事业，应付出艰辛而努力贩运销售；同时强调在商品贸易中，一定要讲良心、重信誉，不能以假乱真、以次充好，否则善有善报、恶有恶报，人们相信因果报应说。

白族传统集市交易中，各个行业都有自己的行规，尤以马帮业的行规为突出。马帮长年累月在外奔波，时常遇上各种险情，易出事故而延误时机，影响贸易，失信于买卖双方，因此在行路中有严格规矩：由于山道狭窄、上下坡弯太陡，马队在头骡和二骡中间有一人专敲锣，其敲法有一定的章法。在深山密林里，锣响了，有惊吓飞禽走兽的作用。在宽道上的马队要让从狭道上来的马队，上坡的马队要让下坡的马队。请人让路时敲"咚——咚——咚"，有事告急时敲"咚、咚、咚"，不照此办理，就算犯讳，重则械斗出人命，影响正常贸易，所以马帮商业贸易有自己严密的组织和规律，谁违规，谁的行为就是不道德的。白族传统贸易中，不仅有严格的行规，商人们在集市贸易交往中，常常以手指比划10个数字，用暗语灵活而神秘地进行交易，形成了独特的经商局话、行话。如屠宰业、牛马行用以代替一、二、三、四、五、六、七、八、九、十的局话是从（小）、大、川、苏、妈、乱、此、靠、弯、从（大），其中"一"和"十"均叫"从"，区别是小从为一、大从为十、十大从为百，依此类推。①理发业的行话称老板为"昭阴"，统称女子为"长草子"，男子为"短草子"，脸称为"盘子"，眼睛叫"招子"，嘴叫"吃口子"，鼻子叫"烟囱"，手叫"五抓龙"，推剪叫"老嘎"。顾客理好发，走时满意地说："老本台!"意思是称赞理发手艺好。饮食业的行话独具风格，它是一种把一些单词通过浓缩、提炼而形成顺口溜或带有一定韵尾的喊话。饮食业中，"码前"指提前制作，"码后"指菜肴稍压后制作；肉称为"姜片子"，鱼叫"摆尾

① 马维勇：《大理商俗》，载《大理市文史资料》第4辑，第112页。

子”，鸡叫“太子登”或“小冠子”，油叫“滑水”，舌头叫“口灵”；烧烤的肉食品统称为“烤方”；抹布叫“随手”。此外，饮食业把制作菜肴中的切、配、烹调工序称为“红案”，制作面食工种称为“白案”，等等。

喜洲商业不论行商或店铺的从业人员，都有成文或不成文的守则。

如对信号货员的基本要求：

(1) 店员（售货员）必须热情接待顾客，满足顾客的要求，回答顾客的询问，并主动向顾客展示商品、介绍商品，以供挑选。顾客选定货物后，量尺寸，称分量，包装，等等，要做到使顾客满意。遇有困难问题，必须为顾客尽量设法解决，不得简单甚至粗暴地回绝。

(2) 向顾客介绍商品特点、实用价值，消除顾客顾虑，促使其下定决心购买。

(3) 与甲顾客洽谈商品时，必须注意到其他顾客的情绪与要求，吸引其跟着购买货物。无论出现何种情况，必须保持冷静，避免冲突。

(4) 积极协助本号铺改善经营管理，时刻牢记要保证满足各方面顾主的需要，使号铺的业务得到发展。

(5) 尊重和热爱每位顾客，要为他们创造良好的气氛，使他们在与本号铺接触中心情舒畅。

(6) 安心本职工作，钻研本职业务，不断提高自己的业务能力。①

此外，喜洲商帮还对从业人员，尤其是售货员也有职业规定，如从业人员（售货员）职业修养规则：

---

① 云南省编辑组：《白族社会历史调查资料》（四），云南人民出版社，1991年，第302页。

（1）对于来到本号铺的所有顾客都要热情接待，讲究礼貌，态度和蔼。

（2）服务周到。虚心听取顾客的意见和要求，努力改正和解决；出了问题，勇于承担责任。

（3）顾客的要求虽因人而异，但对之态度则要一视同仁，不能厚此薄彼、偏爱某些而厌恶另一些顾客，切忌看麻衣相的市侩作风。

（4）售货员应该工作熟练。

（5）售货员应该熟悉商品的用途和价格。

（6）售货员应该熟悉量尺寸、称分量、计算价格，做到迅速、准确，分毫不差。

（7）要赢得顾客和同事的尊重和信任。

（8）切忌对顾客讽刺、戏弄或与其吵嘴、打架，或发生此类情况，按情节轻重以违反号规处理，情节严重的报请有关机关法办，或令其"出号"（开除）。

（9）谨记商业四句箴言："涵养怒中气，谨防顺口言，斟酌忙里错，爱惜有时钱。"①

不仅如此，在白族传统贸易的发展过程中，许多商帮商号在经营贸易中，积累了许多宝贵的经验，制定了一些行规、号规，现将喜洲商帮永昌祥商号的主要号规辑录如下：

（1）凡是本号经理及各职事、从业人员必须遵守号规，如违反号规，情节严重者，开除出号；轻者酌情处理。尽职好的，分别予以奖励。

（2）本号人员严禁营私舞弊、假公济私、账外经营等行为。

（3）不许有不道德行为，如抛妻娶妾、吸鸦片、赌、嫖、

① 云南省编辑组：《白族社会历史调查资料》（四），云南人民出版社，1991年，第302页。

游、违法乱纪等。

(4) 不得泄露本号行情消息、密码、计划等机密事项。

(5) 不许结交游杂、流氓等胡行乱为的人，与之称朋道友，并将其窝留号内。

(6) 必须维护信用，礼貌待客。不许以假货充真货，以次充好，短斤少两等。

(7) 不得擅离职守，无故旷工，如遇特殊情况，说明后经同意才行。

(8) 尽职尽责，在经营中有显著收益效果者，进行奖励，分享收益提成。

(9) 经营踏实、行情消息准确者分别享受奖励。

(10) 遵守信账财务制度。账务数据准确、及时，方便经营结算者，从优受奖。①

白族传统贸易道德便是通过各行各业的行规、号规、行话来折射人们应遵守的行为准则，从而规范人们的行为，明确在什么情况下该做什么，在什么行业、什么工种中该做什么事，说什么话，才不至于影响正常贸易，从而保持本民族贸易遵循的道德及特点。

(二) 善经商、视招牌如命和公平贸易

洱海区域是白族主要聚居区，这里自古以来是云南政治、经济、文化的中心。尤其到了近代，白族与其他民族及邻近国家的经济贸易日益增多，商品交换也日趋繁荣，以致清末民初白族地区三大商帮形成。白族商帮的形成促使商业资本迅速发展，并在发展过程中形成白族固有的传统贸易道德特征。

---

① 云南省编辑组：《白族社会历史调查资料》（四），云南人民出版社，1991年，第306页。

1. 白族有普遍善于经商的特点

众所周知，白族不仅以勤劳善良而闻名，而且又以商品经济发达与善于经商而著称。有人曾经把白族和其他少数民族这种商品经济观念上升到“民族精神”的高度，认为中国历史上由于长期受重农贱商思想的影响，阻碍了商品经济的发展。但在一些民族地区，正是由于这些民族善经商的民族精神，促进了该地区与民族商品经济的发展。[①] 白族正是这样，元代以来，领主经济在洱海区域确立，明初“改土归流”和大批中原汉族迁入，进一步促进了白族地区地主经济，农民失去土地不得不转而经商。但即使以务农为本维持下去的农民，也因为农业生产资料对商品市场依赖的加深，而不得不自觉地卷入商品市场，接受商品经济的“洗礼”。如许多农民在稻作收割后，不得不将一部分粮食转化为商品出售，购买生产生活必需品，有的则是购买家庭手工业生产所需的原材料，或作为商贩、小摊贩的资本。因此，农产品商品化的发展和扩大，说明白族自给自足的自然经济，由于商品市场的发展而受到巨大冲击，已逐渐向商品经济发展。故洱海区域经商的人多，他们承担了这一地区商业“贸迁”有无、调节余缺的责任，并联结白族社会城乡经济、生产和消费，促进洱海区域贸易往来和白族商品经济的发展。一些白族商人深入周围民族地区，甚至到印度、缅甸等东南亚国家进行大宗货物的长途贩运，他们精细盘算，积极经营，寻找货源和买主，靠贱买贵卖、低进高出的商品交换规律从中营利。一部分白族人，因无本钱做大生意，他们只能向厂家或大货主赊销，故赊销也是白族人经商的一个特点。而在喜洲大理有相当一部分人先做无本生意，即向货主赊销火柴、纸烟、棉线等小商品，用一个箩筛挂在胸前，街天在集市上叫卖，平日走街串巷叫卖；获一点余利后，先还清赊借的

① 《民族精神与商品经济的发展》，载《民族研究》1989年第5期。

货价，再行赊销，称为“赊新给旧”。

在白族城乡有许多肩挑贸易的小商贩，其中最简单的售卖方式是在一个小筛中放几块毡子和几筒布筒，上面插满各个型号大小不一的缝衣针、缝鞋针，一边走一边叫卖：“头发换针！”用针换来的头发，被制成毡子出售。在货郎担中，最受欢迎的是“糖水豆腐脑”，尤其是老人、小孩最喜欢饮用。他们没钱时可以赊吃，待大人回来后一次付清。此外，还有糖沙林果串等。“货郎担”，走村串寨，穿街过巷，肩上挑着一个小小“商店”，担上挂满五颜六色的小食品，嘴里不断发出各种不同的吆喝声，招徕生意。而靠赊销的小商贩，要严格遵守如期如数归还货款的赊销道德，即诚实守信的经商特点。“苦心经营”、“薄利多销”的经营管理，以“和气生财”、“摸准行情涨跌，掌握货物盈缺”等规律经商，久而久之，世代相袭，形成了白族善经商的特点。故在洱海区域白族中，经过长期发展，有不少专门从事商业的人，他们在实践中积累了丰富的贸易经验，有些由族人编撰成文，载于家谱中，以传后人。现辑录大理喜洲上洪坪张姓珍藏的《敬告商业练习生金石良言》（简称《商业良言》）如下：

（1）凡社会子弟自小毕业后，有力、有人手者，供给升入中学；无力、无人手者，即从实业想办法，请亲友介绍到商号操习商业。子弟诚实，专心学习，三年后即有上进。号上发展，即委以重任，往远方设号，当经理矣。

（2）商业号规。凡子弟进号，黎明即起，洒扫庭除，要内外整洁。应对进退，出必告，返必面。尊亲敬长，不耻下问，号事问明，遵示办理。清清白白，有始有终。生意一言为定，当面斟酌看货，过后不许退还。公平交易、童叟无欺。

（3）爱惜光阴。大禹惜光阴，陶侃惜寸阴。人生百岁，疾病老幼去其半，能为有用者时光几耶。古往今来大伟人、大创造、大英雄、大豪杰，皆出于贫贱之子，爱惜光阴，造就而得。富家子弟饱食终日，无所用心，求诸身而无所得，施之世而无所用。少壮不努力，老大徒悲伤。日耶！月耶！少而壮，壮而老，老而衰。时乎！刻乎！青春不复见！南柯一梦，轮回再来。同志者，宜勉之。

（4）存良心秉至诚。仙佛良心功果满，圣贤良心留芳名。英雄豪杰良心造，富贵君子本良心。心思胸怀，得心应手。祸福无门，唯人自招。做好人，说好话，愚者智，贫者富。躬自薄，而厚待于人，博爱恻隐，排难解纷。真心、诚心、忠心、孝心，前途光明。

（5）负账目货物责任。凡号务执事者，各事其事，各负其责。司账务者勤必笔勉思。现款交易者，账上实入。未见款而拨账者，账上虚入虚出。照流水逐一誊底，勤笔登，良心销。按日扎结。一天手续一天清。每年账目必须告一段落，结束一度。有操伙者，必须注意，慎之于始，悔之于后。号内摆设，物须款制，爱心爱意。传家贵宝，必须留意。货仓堆货，必须注意。门必须关，自锁小心。倘若不慎，遗失人。各货次序，清点必明。收入付出，勤笔登记。莫使鼠咬，莫沾潮气。货存满仓，金财血本，随时经心，以免吃亏。

（6）谨慎小心。防人之心不可无，害人之心不可有。清白乃身，莫贪意外之财。财帛试人心，一芥不以取诸人。莫多言，多言多累。莫多事，多事多患。谦受益，满招损。非礼勿视，非礼勿动，非礼勿言，非礼勿听。百闻不如一见。违禁莫做，越理不为，自由活动，圆满如意。敬号务，负责任。始终一致，前后一辙。洁己克己，忠心小心。拾金不昧，待旦还人，无愧我心。曾子曰："吾日三省吾身，为人谋而不忠乎，与朋友交而不信乎，传不习乎。"吃亏人常在；不吃亏者，不能常在也。

（7）宽宏大量。交道接礼，一团和气，近悦远来，四海春风。同事欺我、笑我、骂我、辱我，我忍他、让他，过后我又再看看他。韩信胯下之辱，张良敬履之谦，若要人服侍，先要侍奉人。娄师唾面自干，颜子忧道不忧贫。不奋不发，不刺不激，吃得苦中苦，方为人上人。尽心竭力，维持号务。能亏己，不亏人。财钱如粪土，仁义值千金。量小非君子，宽宏感化人。

(8) 勤苦俭约。一年之计在于春，一日之计在于寅，一生之计在于勤。祖逖闻鸡起舞，越王卧薪尝胆。岳母背刺精忠，欧母画荻学书。孟母断机教子，郑母纺绩传家。诸葛一生唯谨慎，子贡货殖以兴家。陶朱致富，端木遗风。含养怒中气，谨防顺口言。斟酌忙中错，爱惜有时钱。练习生必勤俭，衣服自洗，我敬衣服新，衣服敬我身。君子正其衣冠，尊其瞻视，俨然使人望而畏之。半丝半缕，恒念物力维艰。慈母手中线，游子身上衣，临行密密缝，意恐迟迟归。

(9) 练习生学做饭。检点一粥一饭，当思来处不易。锄禾日当午，汗滴禾下土，谁知盘中餐，粒粒皆辛苦。惜物惜福，淡泊明志，众口难调，做时必问盐为味，调和百珍，酸、甜、苦、辣必须均。蔬素可口，肉食致病，薪炭必熄。浊水洗秽，清泉烹茶。火烛火星，必须留心。荧荧不灭，炎炎奈何。清洁卫生，随时经心。

(10) 授训圆满。良药苦口利于病，忠言逆耳利于行。天之将降大任于斯人也，苦尽甘来。世事顺境少而逆境多，乐极生悲。昔日学徒布衣布鞋，俭约为本。蒙东信用，三年学满，酬劳奖金。交则执事先生，可服毛呢矣。昔日正直无私，囊无半文，今则东家分给鸿彩，堆金积玉矣。昔日无商业常识，敏而好学，不耻下问，立志专心，授训圆满，今则有眼光、有把握战胜商场矣。昔日贫穷，今则买田置地，起盖新屋，光宗耀祖。孝敬双亲，和乡里，顾朋友，疏财仗义，修桥补路，乐善好施。助公、益，助国家，国史流芳。同人勉之。[①]

上述商业良言，在白族传统社会的商帮、商号和大商业户中普遍流行，成为人们初入商海必读之书和必须遵守的准则。

2. 招牌是命、信用第一的贸易特征

白族在长期的经商贸易中，无论是小商小贩，还是行商，抑或是坐商开店，都坚持“诚实、信用”的原则。视招牌如生命、信用第一，尤其是白族马帮为商号驮运商品，不仅要为商品的数量负责，还要为商品的质量负责。如果不负责任，不守信用，这个马帮就没有生命力。如果没有商号信任，也就没有主顾。因此，马帮必须取信于商家，在与商家交往时要来得明、去得清、有信义、重诺言，这样马帮才有生命力。特别值得一提的是，白族马帮在与藏族和其他民族进行商品贸易时，尤以忠厚、朴实而著称，在交易上，以信为本、诚恳待人。因此，藏商来到白族聚居区大理、下关后首先确认商品，选择最好的主客关系。他们常常只承认第一次与其业务成交的商号或个人而后一切交易均与其来往，买卖双方说定价格，有无现款支付都无关紧要，只要买方说明何时交付，即可将货物运走，但必须遵守诺言，到时一定付清。这种信誉建立之后，尽管成交的数额很大，但他们不立合同，无须证据，只以一言为定。在交易中一般都能信守诺言，较少出现欠债、诈骗等纠纷，买卖双方大都能建立起“信得过”的关系。[②]

白族在商品贸易中，特别重视招牌和信誉。“招牌”原是一种在商店门外表明所卖货物的标识物，又称商幌或望子，类似现

---

① 云南省编辑组：《白族社会历史调查》（四），云南人民出版社，1991 年，第 308—309 页。

② 陈汛舟、陈一石：《滇藏贸易历史初探》，载《西藏研究》1988 年第 4 期，第 56 页。

在用广告宣传所卖的货物。其来源较早，战国时《韩非子》中说："宋人有沽酒者……为酒甚美，悬帜甚高。"可见，商店悬挂招牌，是古老的商业风格。这一习俗在白族中被广泛运用，有的大商号为显示其资金雄厚，特用金箔贴字的招牌或黄铜招牌，俗称"金字招牌"。白族人视招牌为商家致富的命根子，把商店的招牌看得如同生命一样珍贵，因此有"招牌是命"之说。在白族人的传统观念里"招牌砸了"是商界最严重的事，商店倒闭了，信誉没有了，致富也就无望了。所以，白族人在贸易交往中，把招牌视为命根子。如喜洲商帮复顺和从丽江买到10多斤名贵药材麝香，运到下关后才发现是假的。如果卖出去，就会影响商号招牌信誉，为了"信誉"二字，店主不得已只好在深夜悄悄把假麝香倒入河中。[①] 为保证商品质量和商号的信誉，宁肯自己吃亏也不坑害顾客，保护自己的招牌，取信于民。因此，视招牌如命根子，不仅大商号是这样，就连做小本生意的饮食业，也十分注重招牌信誉和名声。如喜洲一家油粉（豌豆粉）店，店主叫沈定珍，她家做的油粉必须选择上好的白豌豆来做，在任何情况下都不用蚕豆或别的豆类来代替，各种配料缺一不可，保质保量，绝不克扣。以前在大理喜洲街上出现过六家脍炙人口的食品铺，那就是妇孺皆知的"孙定周油粉"、"大荀破酥"、"显杨腌菜"、"张子惠酱油"、"李士财牛肉"、"喜财饵块"，这几家创出的招牌是经历了艰苦的过程的，因而，在取得社会承认后，延续几代享誉盛名而不衰，直到现在。如"大荀破酥"，人称"喜洲破酥"，现行销云南省各地，昆明大街小巷都有销售。因此，无论是昨天，还是今天，白族不仅比较善于经商，而且也比较注重经商的道德，久而久之，形成了本民族固有的经商特征。今天仍有许多商业谚语在民间流传，如"酒好不怕巷道深"、"一分钱一分

---

① 杨宪典编纂：《喜洲志》，打印稿。

货”、“坚持质量，广招顾客”[①] 等，用以保证商品质量，坚持信誉第一的商品贸易道德。

3. 公平交易、童叟无欺的贸易准则

白族在商品贸易中求信誉，视招牌如“命根子”，不仅表现为买卖中坚持商品质量，而且还表现为买卖中公平交易。无论是大宗商品，还是日常生活中的油盐柴米、大葱白菜，都要遵守称平斗满、公平买卖的原则。白族俗话说“大不过理，平不过秤”，就是指人们在商品交易中可以讨价还价，而一旦说好价格，就要称足称够，假如短斤缺两，则被人们视为“最缺德”，干缺德事是会遭报应的。因此，白族商谚说“生意不成仁义在”、“公平交易、秤平斗满、童叟无欺”、“诚招天下客、誉从信中来”，就是告诫人们，即便生意做不成，也要讲德行。喜洲商帮在长期的经商过程中，通常都要遵循“货真价实、童叟无欺”的宗旨，还要遵守四句箴言：“涵养怒中气，谨防顺口言，斟酌忙里错，爱惜有时钱。”永昌祥商号在贸易中有三句名言，即“为卖而买”、“莫买当头涨，莫卖当头跌”、“人弃我取，人取我与”。[②] 这些可以说是白族商人在长期经营活动中，根据成功和失败的经验总结出来的经商要诀，又称为生意经，也是其经商的准则。白族商人要遵循本民族传统商德中公平交易的准则，而白族商业资本的发展几乎是依靠商业贸易起家的，在商业利润有一个大幅度增长后，有些人先后抽调一些商业资本，以独资或合营形式开办工矿企业和原材料加工企业。例如，大理喜洲商帮就曾开办电力、织布、碾米、制茶、制革、火柴、肥皂、酒精等小型工厂；锡庆祥等还在昆明开办了“大成实业公司”、“玉龙电力公司”，并与官僚资本合伙开办了“个旧锡矿公司”，在四川曾建黄丝加工厂，

① 马维勇：《大理商俗》，载《大理市文史资料》第四辑，第 121 页。

② 马维勇：《大理商俗》，载《大理市文史资料》第四辑，第 121 页。

在国外开办木材加工厂；永昌祥在缅甸开办黄丝厂等，使商业直接参与生产过程。诚然，不与相应的生产相结合的商业资本，虽然以货币流通为条件而单独地发展起来，但这种情况的价值取向仅仅只能通过贱买贵卖活动来增值自身，是早期的较封闭的商业资本。相对封闭于流通领域内的商业资本，对社会所起的作用是十分有限的，因为它不能为白族社会创造更多的财富，而将商业资本投资于工矿企业和原材料加工生产，使商业和商品结合，商业直接参与生产，并且还能支配生产，这时商品经济也就发展了。故白族传统手工业者或大商号一般均采取“厂号结合”方式，即工厂生产、商号销售；小手工业者均承用前院开店、后院生产的方式。生产中注重产品质量，销售中注重公平买卖、视招牌如“命根子”的经商特征，代代传承，形成白族的传统经商道德。

此外，白族商人依靠经商致富后，还将盈利中的一部分用于公益事业，如修桥、修路、兴修水利，创办学校、医院，开办工厂等，造福于民。如大理白族严子珍在20世纪40年代初经商致富后，在喜洲捐款办中学，建图书馆、教育馆，开办贫民工厂、染织厂，还在大理创办医院、助产学校等。

三、现代市场经济下白族商帮的道德文化

现代市场经济的自主、平等、公正、公平、公开、开放、竞争等原则，使人们从以往的那种人身依附关系以及相应的道德观念的精神束缚下解放出来，白族也不例外，从而为其新的贸易道德和新的商业风尚的形成与发展提供了条件。根据白族现今的商品贸易实际，市场经济下白族贸易道德可归结为：

1. 集体主义的原则

集体主义原则是现代道德的原则，也是现代社会贸易道德的核心内容。因为现代社会的市场，是以公有制为主体，实行按劳分配，最终实现共同富裕，避免两极分化。所以，在市场经济发展过程中，尤其是商品贸易中，必须始终把国家、集体和大多数人的利益放在首位。人们充分认识到企业、公司、团体利益的重要性，个人利益与集体利益是紧密相连的，两者互相依存，相得益彰，没有个人利益就没有集体利益，没有集体利益也没有个人利益。白族传统社会在资本原始积累时期靠资本家个人奋斗已过时，集体精神应运而生，人类整体利益高于一切的思想逐渐成为人们的共识。

2. 义利并举的原则

白族传统社会贸易交往中，人们往往爱面子、重人情、讲义气，而不顾经济效益；如今有的人在商品交易中则见利忘义、坑蒙拐骗、忘恩负义。这两种现象都极大地影响着白族商品贸易的发展。在市场经济条件下，白族贸易道德必须坚持现代社会的集体主义原则，以国家和社会的利益为重，将白族地区市场经济推向一个新阶段。

3. 平等互利的原则

在白族传统社会，由于社会等级差别存在，导致商品贸易中很难做到平等互利，表现为尔虞我诈，大鱼吃小鱼。而在现代社会市场经济条件下，各族人民都是商品的生产者或经营者，人们的地位和人格是平等的，没有剥削和压迫，不承认门第和权势，故市场经济要求平等互利的原则。人们在交易中平等相待、互相尊重，承认对方的利益，自己赚钱，也要使别人赚钱，提倡一种“我为人人，人人为我”的风尚，反对那种损人利己、自私自利的不道德行为。

4. 竞争的原则

竞争原则是白族在市场经济中主要的贸易原则之一。在市场经济条件下，市场主体追求个体利益的最大化是市场竞争。因为，市场竞争最大限度地调动了市场主体的活力，促使市场主体尽可能地提高个人素质，优化经营，市场竞争是个体活力的基本保证；市场竞争必然造成资源的合理配置和更有效地开发利用；市场竞争不断刺激需求多样化增长，促进生产经营的优质高效，甚至引发各种创造性的生产经营活动，由此带来白族社会财富的不断丰富和发展。

5. 照章纳税的原则

白族传统的商品贸易中，人们纳税的观念较弱。在计划经济转化为市场经济不久的现在，照章纳税仍然没有被提到议事日程上，因而造成人们纳税意识较差，更没有形成自觉行为，有的人甚至偷税漏税，钻国家流通领域的空子，给国家造成一定损失。近年来经过广泛宣传、教育，白族经商者逐渐提高了纳税意识，认为商品贸易交换中，照章纳税是贸易最基本的原则之一，应该自觉遵守，这样才能使白族贸易得到快速发展。

6. 诚实守信的原则

白族传统贸易道德的重承诺、守信用、讲信誉、诚实买卖、公平交易等内容，曾被视为是经商的美德，并一直在白族社会中传承。近年来，在白族社区集市贸易中，不讲信誉，不遵守承诺，以假乱真，以次充好现象时有发生。这既是对白族传统美德的践踏，也是对市场经济运作原则的违背和破坏。所以，在市场经济条件下，商品贸易交换必须遵循和坚持诚实守信的原则。因为，诚实守信、实践成约是市场经济的普遍法则。“诚招天下客”，“和气生财”，白族靠信誉创造财富和带来效益的传统告诉人们，允诺守信、顾客至上的言行既为社会赞许，也能得到回报；反过来又促使人们去改进服务质量，充实扩大承诺范围，以满足服务对象的需求，从而使人们保持诚实守信的原则，推进白族在市场经济条件下的贸易道德建设。

7. 依法签约的原则

在白族传统贸易中，即使贸易双方成交数额较大，彼此间也不立合同契约，不需证据，只以一言为定，双方信守诺言，很少产生诈骗等纠纷，这一习惯一直被白族人视为美德加以传承。然而，市场经济条件下，依法经商、依法签约、订立合同、按合同经商是市场经济中贸易的基本原则，白族经商者必须改变不立合同、不需证据的做法，而必须以法律为依托和准绳。因为在贸易交往中，法律和道德共同起着调整和规范人们行为准则的作用，法律靠外在的强制力量，道德靠社会舆论和人们内在的自觉和自律，二者各自发挥着不可替代的作用，同时又是相辅相成的。

8. 变粗放经营为集约经营的原则

变粗放经营为集约经营的原则是白族现代贸易道德建设的主要原则之一，也是市场经济发展的需要。建立在自给自足的自然经济基础上的白族贸易只能是与之相适应的粗放经营方式。而现代社会化下的集约化生产已在白族社会中发展，与集约生产相适应的集约经营应运而生。有种粮专业户、养鱼专业户、养猪专业户，等等，必然也就有专营粮食、水产品、肉食等的商人，他们将过去分散的个体经营者集中组织起来，兴办民族贸易公司，如大理周城镇就是这样。民族贸易公司下分设旅社、饭店、民贸商品经营等，既活跃了市场，又发展了民族经济。

总之，白族地区市场经济的发展，要靠优质产品和优质服务。商家要讲信誉、重承诺，要文明经商、礼貌待人，以市场经济的企业道德原则来严格要求和规范自己的行为，这样才能使白族的商贸道德文化与人类社会经济发展相协调。

关于回族习惯法与国家制定法的冲突与契合的哲学思考

邓红蕾 王雪颖[①]

民族习惯法的内容大部分来自宗教和道德规范，而且人们对民族习惯法的遵守主要依靠民族习惯法的精神力量和人们对民族习惯法的信仰，民族习惯法的强制力也主要来源于道德上的谴责和舆论压力。

民族习惯法由于民族地区生产方式、生活方式、社会习俗直至方言的差别，形成了不同民族之间的差异。回族习惯法就是回民在信仰伊斯兰教、遵循伊斯兰教教义、接受伊斯兰文化并和中国多元传统文化相互影响的过程中，以伊斯兰教法为根本渊源，通过伊斯兰教权威及人们内心信念予以保障，在固化为回族的生活习惯后，所形成的生活秩序和规范体系。

一、回族习惯法特征、作用及内容概述

回族习惯法主要由两部分组成：一是《古兰经》、圣训、类比以及公议。在伊斯兰国家，可能作为正式法而起作用。而在中国，国家制定法占主导地位，人们只以习惯法的形式遵循以上规范。其中的内容被内化为人们的内心确信，体现在日常的行为方

① 邓红蕾，中南民族大学法学院，教授；王雪颖，中南民族大学法学院，硕士研究生。

式中。二是回族在日常生活中形成的习惯及习惯法。

回族是全民信仰伊斯兰教的民族。伊斯兰教法是伊斯兰教体系的一部分。回族习惯法的形成是伊斯兰教法本土化的一个重要标志。伊斯兰教法本土化的过程也就是回族依据社会和自己的需要对其进行调适的过程。在这个过程中，伊斯兰教法本身的一些形态、内容甚至理念都发生了重大的变迁，变迁的结果是形成了中国独有的回族习惯法。所以说，回族习惯法是回族人民在长期的社会生产和生活中，凭借其对伊斯兰教的无比信仰，把伊斯兰教法内化为整个民族共同意志的基础上形成的，是整个民族遵循并自觉传承的一种行为规范。在演进的过程中，回族习惯法已烙上了深深的中国印，并一直延续至今。

（一）回族习惯法的特征

1. 强烈的宗教色彩

宗教是现实世界在人们头脑中的反映，是通过人们对某种超自然的、超经验的力量的敬畏和崇拜来对人们的行为进行约束。“法律借助宗教的形式有二：一是将法律披上宗教的外衣，称其为神灵的旨意或命令；二是奉宗教祭司、占卜者或预言者为纠纷解决者，纠纷解决往往诉诸神明裁判的超自然方式。”① 回族习惯法的内容来源于伊斯兰教法。《古兰经》及圣训是伊斯兰教的教规及教义，它们也构成了回族习惯法的主要内容。伊斯兰教法中的“六大信条”、“五大功修”及“土葬、薄葬、速葬”的规定，禁食猪肉、血液的饮食禁忌，提亲、定亲及结婚仪式的基本规定，毫无例外地体现在回族习惯法中。伊斯兰教法的基本宗旨是“劝善止恶”，它主要通过人们对安拉的敬畏，对天国的向往及对

① 高鸿钧：《伊斯兰法：传统与现代化》，清华大学出版社，2004 年，第 145 页。

后世的畏惧来约束回族的行为。回族习惯法的强制性即来源于人们对“前世行善，后世进天国；先世作恶，后世下地狱”的价值评判标准。

2. 特殊的宣传者、执行者及宣讲场所

回族大多围绕清真寺而居，清真寺即回族宣传和执行回族习惯法的活动中心。在清真寺中，担任教长的即阿訇。阿訇作为受穆斯林尊重的宗教职业者，在传播回族习惯法中发挥了重要的作用。在清真寺中，有专门学习伊斯兰教法的场所。“经堂教育”是回族传统的教育方式，以用阿拉伯文、波斯文对青少年进行启蒙教育为主，是传承伊斯兰教法的重要手段之一。在经堂教育中，阿訇主要讲授伊斯兰教教义、《古兰经》的基本内容等。在回族习惯法的实践中，阿訇也起了不可估量的作用。比如，带领回族人民做礼拜是阿訇的主要义务；在回族结婚时，阿訇主持结婚仪式；在丧葬时，也要由阿訇主持并念经、散乜帖；有的阿訇还被聘为民事调解员，在回族遇到问题并且没有进入司法程序时，就派阿訇出头解决，如遇拆迁问题、回汉间的民事纠纷等。

3. 法律与道德概念混淆不清

回族习惯法把人的行为大体上分为五类，即必须为、禁止为、鼓励为、允许为和谴责为。只有前两类才是严格意义上的法律行为；而鼓励为和谴责为的行为大部分基于道德准则，应归于道德范畴。回族习惯法中包含了大量的道德规范，如孝敬父母、善待妻子、信守诺言等。这些规范如果被违反也没有相应的制裁措施，往往是以后世的惩罚作为恐吓手段。这些道德准则和道德规范虽然不具有法律意义上的强制力，但也要借助真主的权威，使回族能够产生一种心理上的约束力。这种约束力甚至比有形强制力更有效。在伊斯兰教中，回族习惯法的作用是树立一种权威，以稳定社会秩序。道德和法律一样会起到作用，在这个意义上，回族习惯法中的道德和法律概念是并列的，甚至是混淆不清的。

4. 重视仪式的作用

仪式以其表演性和具体性证明了法律的客观性并补充着法律的不足。以仪式为其内容的一部分法律可以带有超越世俗权力的神圣光环，与某些超验性价值有了沟通。正如伯尔曼所说，法律和宗教共享的四个要素中就包含有仪式。仪式可以为法律提供一种语境，任何一个社会的法律都是从这一语境中被宣示，并从中获得合法性。仪式的举行有助于重塑人们对法律的信仰。没有仪式因素的法律很容易变成僵死的教条，难以发挥它的作用。仪式一遍一遍地在人们之间重复，使人们实实在在地感受到仪式的内容，在仪式中作为领导者的阿訇又起着解释和示范的作用。这使仪式中关于宗教和日常生活中的知识逐渐被人们记忆、接受并流传下来。"宗教信仰的对象是超自然的神灵、神学理论和宗教教义，它关注彼岸世界，极力在彼岸世界寻求人生的价值、精神的超越和'终极关怀'。它对所信仰的对象表现出义无反顾的坚决赞同和绝对依附。"① 回族习惯法仪式使人们通过模仿和被周围人感染等方式感觉到自己和神灵之间有了沟通，和彼岸世界又近了一步，人们对神灵的赞同和依附程度也更深了一些。仪式是人们在长期共同生活中形成的，其产生和传承势必会影响到人们的心理状态。回族在参加仪式的过程中看到周围的人们和自己说同样的话语、做同样的动作，很容易产生一种集体的归属感。这种归属感是民族情感和民族凝聚力产生的前提。仪式不断重复着，民族感情不断巩固着，民族凝聚力也在不断加强着。在仪式中人们有自己的位置，要履行自己的义务，完成自己的使命。现实生活中的社会关系在仪式中也会表现出来。仪式本身就是对人们在社

① 罗中枢：《论信、信念、信仰、宗教信仰的特征及意义》，载《宗教学研究》2007 年第 7 期。

会生活中的关系及规定人们之间关系的社会规范的反映。仪式本身的神圣性使人们之间的关系和社会规范也趋于神圣化。这种神圣化使社会规范更容易作用于人们的心理和行为，因而也就是得到了强化。所以，在回族习惯法中，包含了大量的仪式的内容，人们十分重视仪式的作用。

（二）回族习惯法的作用

1. 补充国家制定法的不足。和所有习惯法一样，回族习惯法面对的也是国家制定法。两者共同以法的形式存在着。所以，无论在产生还是在适用上，两者都不可避免地会发生关系。国家制定法是由国家立法机关制定的，立法机关由立法人员组成。相对于普通民众来说，立法人员具有更高的理论素养和专业技能，这是不容置疑的。但立法者也是人，这说明其立法难免会有漏洞。而且社会是不断发展的，再完美的法律也抵不过社会变迁。如果没有习惯法的补充，那么在国家制定法之外法律适用者就会失去依据，而完全依靠主观臆断。从其产生上看，很多国家制定法都是靠对习惯法的整理和吸收而产生的。用“民间习惯法为国家法提供正当来源，国家法为民间习惯法提供合理性标签”① 来形容国家制定法和习惯法的关系是十分恰当的。

2. 保障社会生活秩序。秩序需要规范来保障。在回族地区及回族聚居区，习惯法是维持民族地区秩序稳定的重要手段。回族习惯法是回族共同意志的体现，是回族地区内部人们在长期共同生活实践中摸索并形成的，主要目的是维持回族地区内部社会关系和社会秩序的稳定。回族习惯法中关于民事方面的内容比较多，这些规定对婚姻、家庭、继承都作了具体的规定，便于人们

① 李可：《习惯法——一个正在发生的制度性事实》，中南大学出版社，2005年，第78页。

遵守和执行。事实证明，回族习惯法在维护社会秩序、调整回族地区内部社会关系、保障人们生产生活的正常进行方面确实起到了一定作用。稳定的社会秩序离不开法律的保障，同样，回族地区的正常社会生产和生活秩序在一定程度上也离不开体现民族特色和民族共同心理的回族习惯法的保障。

3. 增强民族情感意识。民族情感是自民族形成以来人们内心固化了的对本民族最真挚的情感，主要表现为民族自尊心和自豪感。回族习惯法包含有宗教性、民族性的内容，这些内容经过世代相传逐渐渗入到一代又一代人的思想之中，增强了后代对本民族的认同意识，使人们产生民族的归属感，有利于民族自尊心和自豪感的形成。而民族意识包括民族认同意识和自我意识。民族意识的形成离不开民族共同体的共同经历。回族习惯法从产生之初，就不仅起到规范社会成员行为、稳定社会秩序的作用，而且不容置疑地包含了希望民族发展的目的。这种目的实际上已经内化为一种民族意识。这种民族意识表现为每个民族成员都认为自己属于本民族和齐心协力为本民族无私奉献的意识。

（三）回族习惯法内容

回族习惯法的内容涉及回族生活的很多方面，如在日常生活中，对人们影响较大的主要有信仰习惯法、刑事习惯法、民事习惯法、丧葬习惯法和饮食习惯法等。

1. 信仰习惯法

回族信仰习惯法的主要内容表现为“六大信条”和“五大功修”。不管是信仰关系还是普通社会关系都是建立在这些习惯法基础之上的。

（1）“六大信条”。《古兰经》告诉人们：“正义是信安拉，信末日，信天神，信天经，信先知。”①信真主。信真主是“六大信条”的核心和基础。真主是独一无二的，并且真主是无父母、无性别、无年龄、无配偶、无形象、无所在而又无所不在的，是超越时空、绝对而又永恒的自我存在的精神实体。[①] 信真主，要求穆斯林相信真主是存在的，而且是无所不能的。②信天神。天神又称天使，是真主派遣的，在天上人间执行着各种不同的任务。回族信仰习惯法规定，禁止拜天神，禁止把天神和真主联想在一起。③信天经。天经即《古兰经》。穆斯林要相信《古兰经》是万古不变的，是其他一切学说和法度的基础。④信使者。相信使者是接受真主启示并领受了真主使命的，相信使者是开导和解救世人的“先知”。⑤信末日。《古兰经》规定，人死后都会复活并接受真主的末日审判。信末日就是在信真主的前提下，通过自身死亡，彻悟真主永恒长存、无所不能的道理。⑥信前定。要求穆斯林相信天地间的所有一切都是真主事先安排的，但也没有否认人类可以通过自身努力有所作为。

（2）“五大功修”。即“念、礼、斋、课、朝”，这是伊斯兰教穆斯林的基本义务，对所有穆斯林都适用。①念。念是对内心信仰的表白，《古兰经》要求人们反复念诵：“万物非主，唯有真主；穆罕默德，真主使者。”念体现了伊斯兰教的基本信仰，起到了很大的号召作用，但是念并不是全部，还要求人们的信仰体现在生活的各个方面。②礼。穆斯林礼功的形式主要有以下几种：一是一天五次礼拜，分别是晨礼、晌礼、晡礼、昏礼和宵礼；二是每周一次聚礼；三是一年两次节日各有一次会礼。礼拜一般在清真寺进行，由阿訇宣讲教义，告诫人们要遵纪守法，并且从日常生活出发，对现实问题从伊斯兰角度进行阐释和评价，对不符合教法的进行规劝。③斋。要求一年中的一个月为“斋月”。斋功不仅可以促进新陈代谢，达到锻炼身体的目的，而且可以使人们养成诚实、忍耐和坚强的性格，客观上在一定程度上

---

① 杨经德：《回族伊斯兰习惯法研究》，宁夏人民出版社，2006 年，第 78 页。

抑制了犯罪行为的发生。④课。“课功源于伊斯兰法的一种赋税制度，类似于现代法律制度中的财产所得税。”① 课功可以使人们养成热衷于公益事业的习惯，又可以在一定程度上缓和贫富悬殊的社会矛盾。⑤朝。《古兰经》中规定，凡是身体健康的穆斯林，在经济条件允许、旅途安全方便的条件下，成年人一生中都要去麦加朝拜一次。

“六大信条”和“五大功修”不仅要求人们在思想上遵从回族习惯法，而且要求人们身体力行地去执行回族习惯法。

2. 刑事习惯法

关于回族刑事习惯法，在《古兰经》中规定的较少，主要是关于通奸、诬陷通奸、偷盗和抢劫等方面的规定，比如对通奸和诬陷通奸要处以鞭刑和流刑，对于偷盗和抢劫要处以断手刑等。由于我国的刑事法律遵循的是罪刑法定的原则，回族刑事习惯法的一些罪行规定和刑罚执行方法都与国家法产生了冲突，所以，目前在我国，回族放弃了对回族刑事习惯法的遵守和执行。

但是回族刑事习惯法在思想和观念层面仍然对人们有深刻的影响，放弃了具体内容并不代表人们也放弃了对回族刑事习惯法在内心的遵从。例如，人们对回族刑事习惯法明令禁止的一些行为如通奸等，认为就是违法，是为人所不齿的，甚至违法的人死后也不得葬入回族公墓，这些都是具有明显的惩罚性质的。

3. 民事习惯法

（1）所有权习惯法

《古兰经》中说，天地的国权和库藏都归真主所有。天地万物包括个人的一切都是真主的。所以，回族所有权习惯法认为，个人的所有财富都是真主的，个人对财富的占有只是在替真主行使使用权。这与民法中公民私有财产的规定是有区别的。

---

① 杨经德：《回族伊斯兰习惯法研究》，宁夏人民出版社，2006 年，第 82 页。

（2）商事习惯法

回族人民在商业交往中主要奉行着以下规定：禁止不劳而获；禁止生产、销售、使用、消费《古兰经》中明令禁止的猪肉、毒品和佛像等；禁止商业欺诈；禁止分配不公；禁止不正当消费，等等。

其中回族商事习惯法中有一些特别的规定，禁止从事以获取利益为目的的养狗业以及明令禁止奢侈、浪费和吝啬等不适度的消费行为等，这些规定都与国家的商事法律存在不一致性。

（3）婚姻习惯法

①缔结条件。一是禁止条件。回族习惯法的来源之一《古兰经》明确规定：禁止娶母亲、女儿、姐妹、姑母、姨母、侄女、外甥女、乳母、同乳姐妹、岳母、儿媳以及同时娶两姐妹。二是婚姻自由。回族习惯法提倡男女有选择婚姻对象的权利，包括家长在内，任何人不得干涉。三是按教义教规举行婚礼与去民政部门登记同样重要，否则婚姻关系不被承认。

回族婚姻习惯法将男女双方信仰一致作为缔结婚姻的首要条件，这与国家法规定的男女双方自愿作为结婚的首要条件有一定的背离之处。另外，回族习惯法中禁止结婚的规定与国家法有不一致的地方。例如，回族习惯法的“近亲”只是包括直系血亲和两代以内的旁系血亲，而国家法规定的“患有医学上不应当结婚的疾病”的禁止条件在回族婚姻习惯法中也没有提及。

②缔结程序。一是说亲、许亲。男方家托亲朋好友去女方家说亲，主要询问女方年龄、工作状况，女方家如同意即为许亲。二是订婚前，男方家买蛋糕、点心、苹果、肉“四色礼”去女方家定下订婚的日子，为“打礼单”。三是订婚。订婚当天，男方家早起吃喜面，并由男方家派人拿“六色礼”（“四色礼”和烟、酒）接女方去吃饭。四是结婚。结婚前，男方应写帖择吉日结婚。结婚仪式在男方家举行，由阿訇主持。阿訇念“尼卡哈”，宣布二人结为夫

妻。婚礼结束后，新娘回女方家。整个仪式简短而庄重。

③离婚。在圣训中规定：“真主允许的事情中最可憎的是离婚。”所以，回族习惯法允许离婚，但不可轻易离婚。现在有些地区的回族习惯法还认为夫妻在离婚时应该找阿訇主持调解，而不是去民政部门领取离婚证。

（4）财产继承习惯法

①女子享有一定程度的继承权。不论在婆家还是娘家，不管是作为儿媳还是女儿，女子的继承权都在发生着从无到有的渐进的变化。

②配偶的继承权一般优先于子女和父母。在回族习惯法中，配偶有很重要的地位，并且为了将来财产能够被子女继承，人们对父母的财产继承权重视不够。

③否认非婚生子女的继承权。国家继承法规定的法定继承人包括非婚生子女，但是在回族继承习惯法中坚决否认非婚生子女的继承权，因为非婚生子女不是由阿訇主持过的“合法婚姻”所生。

4. 丧葬习惯法

（1）回族称去世为“无常”。人在“无常”的前一刻，家人请来阿訇做“讨拜”，告诉未亡人“放心走吧，放下今世”。

（2）“无常”以后，亡人被家人放在地上，称“下地”。用白布盖在身体上，并由专门管事的人去给亲朋好友送信。亡人的亲朋、街坊会撕白布做孝袍，孝子们应身穿孝袍跪在亡人边上，迎接吊孝的人。

（3）出殡。阿訇先为亡人冲洗，在七窍中放入冰片。冲洗后，请2—6位阿訇来传经。然后，亡人被放在“匣子”内，用“罩”盖上。

（4）下葬。回族实行土葬，亡人一般葬在自家田地或公墓中。抬殡的一般为亲朋好友，男人居多。他们将亡人抬到坟地，用白布将亡人包上。最后，由阿訇为亡人揭开盖在脸上的布，并为亡人围上“帐子”，为其口诵《古兰经》经文。

国家对回族丧葬习惯法持包容和支持的态度，政府专门给回族划拨土地做回族公共墓地并予以保护。

5. 饮食习惯法

(1) 禁食。《古兰经》中对禁止饮食的规定较为详细，“禁止你们吃自死物、血液、猪肉以及诵非真主之名而宰杀的、勒死的、捶死的、跌死的，还有掐死的、野兽吃剩的食物，但宰后才死的，仍然可吃。”《古兰经》中的以上规定是基于食物的营养性和卫生性。正是这些饮食禁忌，使回族和其他民族的区别更加明显。

(2) 抽烟和喝酒。在回族看来仅仅是可憎的行为之一，但不是绝对非法的。但是就饮酒来说，《古兰经》是禁止的。在实际生活中，回族也有少量饮酒者，原因是他们认为饮酒和吃猪肉相比是可以被原谅的。

(3)《古兰经》对禁吃食物的规定不是绝对的。“凡为势所迫，非出自愿，且不过分的人，毫不为过。”

二、回族习惯法与国家制定法的冲突

习惯法最初往往产生于一个封闭的地区，为一个特定的群体所适用。不同的民族有不同的习惯法，即使在同一民族生活的不同地区，也有不同的习惯法。作为回族特殊行为规范的回族习惯法，在不同的回族地区及回族聚居区也有不同的表现形式。虽然各不相同，但这些回族习惯法仍互不干扰地存在于各自的地区中，自足地发挥着作用。习惯法产生于民间，产生于经验，是应人们的日常生活所需而生的。回族习惯法产生于回族的日常生活中，产生于回族生产生活的经验，是人们经常采用的行为模式，理应为人们所熟悉和接纳。所以，回族习惯法也应该是自足的，这样才能满足回族人的行为对规则的需要。而国家制定法是由国家制定和认可，并由国家强制力保证实施的法律规范的总和。①在国家主义盛行的今天，国家制定法作为国家维持统治秩序的手段，试图渗入社会生活的各个方面。它要求任何个人、机关团体、企事业单位都应遵守，行为不得与之相违背。一旦违反，就会受到国家强制力的制裁。然而，传统的习惯法和民族情感已经深入人心，这种局面不是靠外部强加的国家制定法而能被打破的。“一个权力要离开自己的权力基地或中心地区，以外来力量进入一个相对陌生的社会，本身就有危险。”② 所以，回族习惯法的自足性与国家制定法试图打破这种自足性的强势性存在一定冲突。

有这样一个案例，山东省某市桃园社区李某某家有一女李某霞。李某霞在外上大学期间认识其丈夫张某某。由于张某某非回族，李某霞与其结合遭到了家人的强烈反对。李某霞不顾家人的反对，坚持与张某某结婚并搬出社区居住。自此，李某某对外宣布与女儿断绝父女关系。在李某某去世时，清真寺内阿訇不允许李某霞进入寺内，并且李某霞的家人也坚持不让李某霞送葬。

由此可知，回族习惯法有非回族不娶和不嫁的内容，这个内容和国家制定法的结婚自由的原则在一定意义上是矛盾的。此外，回族习惯法中的仪式婚、土葬及女子不完全的继承权等内容和国家制定法都存在一定差异和抵牾之处。

在我国，伊斯兰教从未掌握过国家政权，从未成为大多数中国人的意识形态。所以，伊斯兰教教法的覆盖面有较强的地域性，多在远离政治中心的偏远地区。正是这种地域性决定了回族

① 张文显：《法理学》，高等教育出版社，2000 年，第 46 页。
② 苏力：《为什么送法上门》，载《社会学研究》1998 年第 2 期。

习惯法的适用范围比较狭窄，另一个结果就是适用的人群比较封闭和固定，所以在这一地域中，回族习惯法比较容易被大多数人所遵守。国家制定法的作用领域主要是经济文化相对发达的地方。在这些地方，社会流动性较强，基本上属于陌生人社会，回族习惯法的作用范围极小，即使存在也只是在人们的观念之中，人们的日常行为还会受国家制定法的影响。“在一个主要以城市社会的交往规则为主导的国家制定法律体系被确定为标准的、现代的参照系后，这本身就蕴藏着地方性规则与全国性规则、民间法与国家法的冲突的可能。”① 如何解决这一冲突呢？现提出以下思路：

1. 解决冲突的原则

（1）以人为本。不管是国家制定法还是回族习惯法，都应该是保障人们利益的工具，都应该认定只有人才是法律的主人。所以在冲突解决过程中，应遵循以人为本的原则。

（2）公平正义。正义所蕴涵的公平、公正、公道、平等权利等价值内涵，是社会中所有价值体系追求的最高目标。法律也不例外。正义观念中存在着某些客观的、相对稳定的法律原则，国家制定法和习惯法的主要任务就是找出自己本身的这些原则，把共同的部分相互合成，对双方有益的相互借鉴。在冲突解决中，把正义当成法律追求的一个普适性的目标，这样就不会违背国家制定法和回族习惯法任何一方的特性。

（3）尊重积极价值。回族习惯法大部分内容都包含注重秩序、尊重集体利益、以和为贵等基本价值观念，这些对于我国目前的法制建设来说都是积极方面；现代国家制定法也包含法律面前、人人平等的原则，尊重人的生命、健康、人格的原则以及正当程序原则等。所以在冲突解决过程中，应以这些积极价值为基

① 田成有：《乡土社会中的民间法》，法律出版社，2005 年，第 67 页。

本导向。

2. 解决冲突的方法

（1）纳入。通过国家制定法对习惯法的审查及重新解释，以一定方式把习惯法直接纳入国家制定法之中，最基本的办法就是把习惯法中具体的习俗内容直接纳入。例如，最新颁布的《假日条例》，把清明、端午、中秋等传统的中国特色的节日纳入每年的法定假日中。这种方法就是直接规定。

（2）适用。在法律法规没有规定的情况下，在法律条文中明确规定法官可以采取某些交易习惯。例如，《物权法》第七章相邻关系中规定，法律法规对处理相邻关系有规定的，依照其规定，没有规定的，可以依照当地习惯。

（3）废弃。如果回族习惯法中的一些内容扰乱了国家秩序或冲击和替代了一些国家制定法律的规定，使国家制定法形同虚设，就要对回族习惯法大胆废弃，避免法制统一和国家制定法权威的破坏。

（4）改造。回族习惯法和国家制定法的冲突不仅表现为内容和适用上的直接冲突，还表现为适用上的可能重复性。对于那些没有在国家制定法选择中被选择或废弃的，在实践中反复适用被证明是妥当的习惯法，可以进行一些改造，如使一些散乱的、不成体系的回族习惯法体系化，以使其清晰明了。这样在适用中可以使人们更清晰地对国家制定法与之作出比较，选择更为合适的规范，这个工作可以由国家或回族传统民间权威如清真寺或阿訇来进行。

回族习惯法和国家制定法契合的前提是二者并存。在人类社会的早期阶段，生存是人类的第一要求。在自然条件极其艰苦、资源极其有限的情况下，人们会为争夺有限的自然资源而竞争，竞争有时会危及人们的生命，生存变得困难。所以，理性促使人们寻求一种秩序，在这种秩序下，人们有序地利用有限的资源。

维持秩序就需要规则，这种规则首先在群体内部产生，由人们把日常生活中的各个重要行为抽象化为心目中的一种规范。遵守规范才有秩序，有秩序才能生存。规则在人们认同并运用的过程中，范围逐渐扩大，早期的规则只是一种不成文的习惯。语言文字发达后，人们开始尝试将规则明确化。那些被人们用文字记录下来的一部分习惯中有的就被称为“国家制定法”，而另外一些没有被书写的仍然在人类社会中存在着，与国家制定法并存。只要是法就有着相同或类似的地方。对于国家制定法和回族习惯法来说，契合可以是个宽泛的概念。而且这里的契合不只是在微观上的完全相同，而是从宏观意义上说，回族习惯法和国家制定法在静态和动态上都有一致与重合之处。历史的经验表明，国家制定法不能有效地干预和解决所有社会问题，而且如果用国家制定法去强制干预一些领域，反而会束缚人们的行动自由；而习惯法从内容和适用范围上都是有限的，而且其本身也有不正式的特征。所以，国家制定法和习惯法都不是自足的，两者在实践中往往相互依赖、相互借鉴。从这个意义上说，单纯靠国家制定法和习惯法都不能促进社会秩序的建立。社会控制手段是多样的，法律只是其中之一，而且历史证明，在人类很长一段历史时期，法律都不是最重要的。回族习惯法和国家制定法同为社会控制手段的一种，两者不仅不能相互取代，而且还必须互动以求互补和借鉴。当国家制定法能够有效地作为控制手段解决某些问题时，习惯法就不应该介入；反之，国家制定法也应给予习惯法一定的自由空间。

论苗族民间纠纷调解的形式

郝廷婷[①]

少数民族的民间纠纷解决方式多以调解为主，调解者一般是该民族地区的中心人物，各少数民族由于这一中心人物的形成途径不同，对其称呼也多种多样，但条件基本上是一致的，即都是由该地区威望高、知识广、讲道理、人品好的长者担任。民间纠纷调解的最重要、最直接的意义在于有效地维持了当地的社会平衡，起到了良好的社会控制作用，促进了民族地区的社会和谐。本文以苗族为例，通过分析苗族民间纠纷调解的形式来窥视民间纠纷调解的社会控制作用。

苗族民间纠纷调解的形式灵活多样，概括起来，主要有理老、议榔、款首、寨老等。纠纷调解的范围一般限于民商事纠纷，有些地区的部分刑事案件也适用调解。

一、理老

苗族地区专门调解纠纷的人被称为“理老”，即讲理的老人。理老不是行政职务，而是一种荣誉职务，他们精通习惯法和各种古理，能说会道，办事公正。当发生纠纷，找理老进行调解时，

---

① 郝廷婷，成都市青羊区人民法院研究室，副主任科员。

理老便兼具“法官”的性质；辩护方聘请理老代理参与纠纷的解决时，理老便具有“律师”或“诉讼代理人”的性质。《理词》是理老调解纠纷时所讲的话。《理词》与《议榔词》有所不同。《议榔词》是宣告事件，要大家共同遵守和共同行动，是命令式的；《理词》则是理老讲理和辩论的言论，涉及夺妻之罪、淫乱拐骗、开仓破屋、截沟偷水、盗伐树木、寡妇婚姻、恋爱纠纷、退约离婚、冤家纠葛、诬陷挑拨、地界之争、戚邻矛盾、遗产继承等。每一种都有固定的法规词。法规词既包括说理又包括判断词，其中关于婚姻和财产纠纷的居多。

（一）“代理人”性质的理老

调解纠纷时双方当事人都不出面，由所请的理老对面辩论，谁辩论不赢就算输理。相当于一种全权委托代理。譬如，有丈夫嫌妻子不好，女家请理老与男家讲理，有一段这样的《理词》：“我和你家开亲，我和你家结戚，烧火只烧一个火坑，开亲只开一处；客也欢喜，主也乐意，才用牛祭祖，才嫁女到你家……到了三个周岁，公公做雷公打谷仓，婆婆做暴风吹晒架，米不给我舂，水不给我挑……公公装耳聋，婆婆做黑脸。”① 《理词》的最后是：“论情是你错，论理是你输”；“公公错了公公知道，婆婆错了婆婆明白”。对方的理老一般并不会认输，他也驳斥对方：“你把家看成棺材，你把丈夫看像老虎，刚从廊下走进来，又从灶边跑出去……脚不踩我的席，头不顶我的被。论理你输了，论理你错了。”可以看出，讲理是由理老代表一方列举一些事实质问对方，经过几轮辩论，能把对方驳倒就算赢了。理老在调解时本着以人为善、息事宁人的态度，方法科学，言词得体，有利于

① 贵州省民间文学工作组，田兵、刚仁、苏晓星、施培中执笔：《苗族文学史》，贵州人民出版社，1981年，第176页。

矛盾的化解和内部团结。通过调解之后，败诉方必须向胜诉方赔礼道歉或赔偿经济损失。经济赔偿没有法定数额，主要是根据胜诉方造成的损失和败诉方的经济能力议定，一般以当事人双方能接受为限。理老的报酬由败诉方承担，数额占赔偿或罚款的10%，如赔偿30吊钱，需另加3吊钱送给理老，俗称“抽水”。有的胜诉方只需由败诉方赔礼道歉，请酒一餐即可，俗称“和酒”，即消除矛盾和误解，团结一致向前看。一般理老的调解结果都会令当事人双方信服，很少有“上诉”的。例如，山江镇老家寨村1996年发生民事案件8起，1997年发生3起，经过当地调解委员会和理老调解件件得到妥善解决，当事人基本满意，没有一起上诉。①

（二）“法官”性质的理老

调解纠纷时双方当事人及其理老都要出场，由双方当事人列举事实辩论，理老做中间裁判者。此时，双方当事人都会分别各请两个理老，裁决的时候，双方当事人列举一条罪状，四个理老协商一条罪状，达成一致意见后当场向双方当事人宣布决定，并且该决定是终局决定。如此循环，直到协商完最后一条罪状。最后再看所有罪状中，双方当事人输赢各有几条，赢的数量多者为胜。理老调解也并不是一次就可以成功，有时候要经过几个回合的论理才能调解成功。下面通过一首关于婚姻纠纷的《理词》来分析理老调解的程序。

第一步，双方请来理老。“婆家请来了两位理郎，婆家请来了两位理老；两位理郎的智心像光辉的北斗，两位理老的慧眼像炫目的辰星；你俩像坪地上耸起的山峰啊，你俩像原野上高高的

① 凤凰县民族志编写组：《凤凰县民族志》，中国城市出版社，1997年，第51页。

大树。两位理郎像青青的竹子高过山坡，两位理老像粗大的枫木高过峻岭；凭树边的土地庙啊，凭土地庙边的大树；请你俩像裁缝拿起剪刀，来剪齐裙边衣角；请你来像木匠拿起斧头，来削好不规整的竹木。你俩要像裁缝剪掉那垂吊的布筋，要剪掉那难看的碎片；像木匠要把弯的削成直的，要把歪的修成正的；不让它偏离人间的德行，不让它偏离人生的轨迹。请你们来啊，帮忙评议善恶好丑；请你们来啊，帮忙辨明曲直是非。"①

第二步，理老定规则。"为你们两家的纠纷，我们摆好了说理的板凳，你们讲理要像用升量米，一升一升地量啊；帮你们摆好了说理的板凳，你们双方陈述理情，要一条一条地讲；像米要量满升满碗，讲理啊要讲出条条款款。我们四个理郎啊，不能为哪一方添语加言……我们四个理郎啊，用耳从旁搭你们听话；我们四个理郎啊，从旁看你们讲理"②，"讲出的话不能翻脸不认，说了的理不能反悔。谁说了不算就有背不起的铁链，谁说了反悔就有受不起的绳索……"③"论理不容易违背理款，讲理不容许违背理规，谁会讲理也要顺理，谁会走路也要顺道而行"④。理金也在此阶段约定。"原来要定成大理规高理规，后来议定改成中理中规；还要当者双方的众亲众友，还要凭着良家的兄弟近邻；当者大家把理规讲明，当者众人把理金说清——娘家愿出四百四十钱财，双方共出八百八十钱米；现在呀快拿到理场上来，快把理钱摆上桌面；不够的要去借啊，要把理钱如数凑齐"⑤，"四个理郎和娘家相商，四个理老和双方最后商定，理金就定为中等，中等理金就定四百四十钱米；赢理的一方就赢四百四十，哪边输理

---

① 石宗仁：《中国苗族古歌》，天津古籍出版社，1991 年，第 311 页。
② 石宗仁：《中国苗族古歌》，天津古籍出版社，1991 年，第 360 页。
③ 石宗仁：《中国苗族古歌》，天津古籍出版社，1991 年，第 369 页。
④ 石宗仁：《中国苗族古歌》，天津古籍出版社，1991 年，第 360 页。
⑤ 石宗仁：《中国苗族古歌》，天津古籍出版社，1991 年，第 354 页。

就输掉四百四十”①。

第三步，事实陈述。先由提出论理的一方（相当于原告）阐述事实。此纠纷是由婆家先提出论理，因此婆家先阐述媳妇的十二条罪状②：“你女儿在我家不肯干活……这是她的第一条罪过……你家姑娘的第二条过失，她白天推磨乱泼五谷……你姑娘的十二条过失啊，她做工偷懒要死不活……”③ 然后娘家回答婆家：“我的姑娘嫁到你家啊，你婆家不把她当人看待……我要讲的第三条理啊，你家有好吃的肉荤，你们躲着吃……还有第十条理啊，你家常常朝她骂天骂地，你家对着她辱骂亲戚。”④

第四步，双方辩论，出示证据，理老评议。这一阶段是调解的关键。理老对每一条罪状质询证据，评议输赢。双方当事人都各举证以驳倒对方。“娘家出言反驳，驳回婆家指责的过错”⑤，然后理老评议：“这一条娘家没有说出高低，这一款双方难分输赢……”双方于是就下一条继续辩驳。当双方争执不下、事实不清时，由理老盘问，调查事实真相，并且要求出示证据。“理郎就来盘问姑娘：你这个姑娘啊，推磨乱泼米没有？舂谷丢掉谷物没有？你是不是打通他家的米桶？你是不是打通他家的谷仓？（在此意指偷东西）姑娘回答说她没有撒谷，姑娘说她没有泼米；我泼了他家的多少古物？我泼了他家的多少粮米？叫他家说出斤两来，叫他拿出证据来……叫婆家快拿出赃证。”⑥

第五步，总结陈词。理老先总结：“娘家的理说完了，婆家

① 石宗仁：《中国苗族古歌》，天津古籍出版社，1991年，第349页。

② 苗族民间论理诗有十二条大理、三十六条大理、七十二条大理之分。此理词在此只论十二条大理，即列举十二条罪状论理。

③ 石宗仁：《中国苗族古歌》，天津古籍出版社，1991年，第361—364页。

④ 石宗仁：《中国苗族古歌》，天津古籍出版社，1991年，第366—368页。

⑤ 石宗仁：《中国苗族古歌》，天津古籍出版社，1991年，第369页。

⑥ 石宗仁：《中国苗族古歌》，天津古籍出版社，1991年，第373页。

你已听清。讲的十条道理啊，他说的有人在场，他讲的有人作证，你婆家说说是不是这样？婆家回答说：说的这些是真的，那是我家的不对；请你们四个理郎啊，求你们四位理老，帮我转告娘家——请娘家把肚量放宽些……这样啊我认理输了……我承认我做错了事，我用好话来求情……”① 然后输家即婆家再总结：“要我算出输了几条理啊，我就自己来算……我请你们理郎从旁听议……婆家说，我说的有十二条大理，我家说的有十二条重理，我输了一条是推磨乱泼米，我输了一款是舂碓乱撒谷；我说的没有人证，我讲的没有物证；这条我输了，我不会当面认错背后反悔……我算了啊，输了娘家的七条大理，我共输了九条重理。”②

第六步，理老判决。“原来议了说理的条款，原先定了输赢的规款；谁输了就输四百四十，谁赢了就退四百四十；娘家的四百四十就退娘家，婆家的四百四十啊，四十归我们四个理郎分享，四百钱没有退的理由，婆家要用来赔礼道歉。”③ 赔礼道歉的方式是，由输家出钱宴请亲友。最后纠纷成功解决：“吃了了结这场纠纷，喝了完结这场论理。千年不准再来反悔，百代不许再来重犯。争吵的过去从今一刀两断，不和的往事从此了结。论理说完了一场，纠纷解决了一桩……这时人们都喜气洋洋。”④

通过以上程序，我们可以看出，理老调解纠纷的方法已经具有现代民事诉讼程序的特点，具有一定的科学性、合理性。因此，这种方式最为广泛使用，调解的效果也最使人满意，当事人双方依然和睦相处，对于罚金也自觉接受和执行。

---

① 石宗仁：《中国苗族古歌》，天津古籍出版社，1991 年，第 412 页。
② 石宗仁：《中国苗族古歌》，天津古籍出版社，1991 年，第 415 页。
③ 石宗仁：《中国苗族古歌》，天津古籍出版社，1991 年，第 416 页。
④ 石宗仁：《中国苗族古歌》，天津古籍出版社，1991 年，第 417 页。

但是，并不是每一次调解都可以成功。如果不成功怎么办呢？饮血息讼便是一种解决方式。如果当事人的一方指控另一方偷了东西，被告拒不承认或根本没偷，通过理老调解无效的，只有诉诸鬼神以息讼。饮血时请一名懂饮血巫词的苗巫师行法事，行法事时巫师将活公鸡的血注入酒碗，置于香案，苗巫师唱饮血咒词，对原告是否诬告和被告是否作案的报应和归宿都做最好和最坏两种假设，警告当事人双方必须实事求是、说出真相，以便官司公正了结。譬如，了结偷盗的饮血酒有段咒词意译如下："人说你偷你说不偷，若你不偷，阎王给你降福添寿，养猪不喂自然肥，有田不种自然收。儿孩满堂，金银满楼，判官见你绕道走，阳寿增到九十九，日食山珍，夜寝锦裘……"接着又做坏的假设："人说你偷你说不偷，若是你偷，天灾人祸必临头，猪栏年年空，种田无粮收，在家被鬼打死，出门被虎咬死。九代断子，十代绝孙，阴宅无人看，阳宅无人守……"①然后又针对原告将上述咒词再念一遍，以示神灵公正。念毕，当事人立时端起酒碗一饮而尽，不管是非曲直官司就此了解。这段饮血咒词经汉译，已不能完全表达原词意境。在现实中巫师念咒的嚎声凄厉，闻者无不心惊色变。若是理亏宁可倾家荡产，也甘愿受罚，不愿遭毁家灭门的报应。新中国成立后，随着文化教育的发展和社会文明程度的提高，饮血息讼旧俗已基本绝迹。

二、议榔

"议榔"是由若干个寨子联合起来集议、指定共同遵守的某

① 凤凰县民族志编写组：《凤凰县民族志》，中国城市出版社，1997年，第52页。

种公约的会议形式。[①] 每次议榔，在议定共同遵守的公约、推选榔头之前，要先将从古到今的议榔内容念给大家听，让大家知道，历来鼓励什么、反对什么；再讲述这次议榔的目的，叫大家更好地遵守。这个阶段的讲话词，叫做“议榔词”，所定的公约，是大家应遵守的规章法度，叫做“榔规”，属于苗族习惯法的一种。苗族的“榔规”中这样规定：“同宗族同鼓社的子女，是兄妹，不能婚配；亲姨表子女也如同兄妹，不准婚配，违犯者，罚以‘白水牛’，祭祖祭社。虽同宗同社，分社以后，可以开亲。”为了显示习惯法的重要性、神圣性，很多苗族地区（例如黔桂边境）的人们，经常把一些重要的习惯法刻在岩石上，并将岩石的一半埋在地下，叫做“埋岩”。如广西大苗山有专门禁止盗窃的“禁盗岩”。若有人违犯岩规岩约，视其情节轻重予以处理。一般情节的处罚是：偷牛、偷衣物、偷粮食，初犯者除责令退回原物外，并处罚120毫（毫是旧时货币单位）；偷铜鼓、偷鹅，初犯者除责令退回原物外，并处罚牛三头（每头折33毫）；偷鸡、鸭，初犯者罚33毫，再犯者罚66毫；偷柴、偷蔬菜、偷田鱼，初犯再犯者予以警告，犯到第三次处罚33毫。严重情节的处罚是判处死刑。处死刑的方式有两种：一是用木棒打死；二是活埋。偷窃别人的财务累犯至五六次时，榔头就召集群众到“禁盗岩”边召开大会进行处理。如果罪犯买不起牛，则由有关群众共同买一头牛来敬献给石头，表示对罪犯作最后一次警告与教育。今后如果再偷窃别人的财物，就处死刑。[②]

讲话的人，一般是榔头。榔头须具备以下条件：一是办事公正，为群众解决纠纷或处理其他事件时，不以亲友关系而有所偏

---

① 贵州省民间文学工作组，田兵、刚仁、苏晓星、施培中执笔：《苗族文学史》，贵州人民出版社，1981年，第165页。

② 《苗族文化论丛》，湖南大学出版社，1989年，第135页。

祖；二是说话要具有说服力，能掌握有理无理的原则，能把道理讲清楚，并熟悉古代留下来的陈规和现行习惯法；三是年龄为30岁以上。[①] 榔头的主要职责是：调节、处理争执田、土、山、林所有权的纠纷；调节、处理婚姻纠纷；调节、处理偷窃事件；调节、处理民族内部纠纷；调节、处理违反禁忌事件；调节、处理有关内勾外引互相残杀事件。[②] 可见，调解是榔头的主要职责之一，一般纠纷由小榔头调解，遇到处理不了的大纠纷，再请较大的榔头调解。榔头们在为群众调节纠纷时，在有罚款的情况下，多少有一些经济上的酬劳。

榔头在调解纠纷中的重要作用使得他们的社会地位有时甚至比当地官员还要高。譬如，黔桂边境苗族地区，在国民党统治时期施行"保甲制度"。保甲长管理当地，负责派兵、派款。当地群众不接受保甲长的命令时，保甲长还得去请求"该歪"（其实就是"榔头"，只不过在黔桂边境被称为"该歪"）协助。如果"该歪"不说话，保甲长就是一筹莫展的，因为保甲长不理解古理、古法。相反，"该歪"处理事情可以不通知保甲长，但为了照顾面子，有时也请他们参加。如果有纠纷发生，群众到保甲长处告状，保甲长调解时还得请"该歪"来参加。[③]

三、款首

椎牛，汉译为椎牛合鼓。最初，这种耗资巨大的祭祀活动对生产力低下的苗族个人来说是无法举行的，多是同姓族人共同集资举行全村公祭。为了完成这项事务纷繁庞杂的祭祀活动，参加

---

① 《贵州省从江县加勉乡苗族调查资料》（习惯法和风俗习惯），第11—12页。

② 《贵州省从江县加勉乡苗族调查资料》（习惯法和风俗习惯），第11—12页。

③ 《苗族文化论丛》，湖南大学出版社，1989年，第130—131页。

公祭的人推选一位年龄大、辈分高的老者为掌祭人。掌祭人除负责椎牛的财务收支、事务安排、组织跳鼓活动以外，还负有宣讲宗法礼教的职责。椎牛掌祭人由于地位、威望较高，自然而然地成了该村或同姓人的中心人物、自然领袖，负责处理氏族内部事务，调节民事纠纷，维护社会治安，抵御外来侵扰。以祭奠祖先为联系纽带的同姓人组成带有政治色彩的款会，掌祭人演变为款会的款首（俗称“款头”）。款首由款会成员公推德高望重、通晓古今、办事公道的长者担任，款首不能世袭，不称职或亡故或其他原因不能继任的，款会另推他人。款首有执行款规的权利，同时也和款会一般成员一样受款规的约束，不得有违。款会没有常设的办事机构，没有固定经费，款首没有固定的报酬，办事多是尽义务，有当事人的则由当事人承担适当报酬。①

款规由款会集会公议制定，内容极为广泛，对社会治安、民事纠纷、公共卫生、婚姻家庭、保证内部成员生命财产安全等都有具体的规定。普通民事纠纷由款首调解，调解无效则交群众公议，分清是非曲直，然后强行解决，或对神发誓，借助迷信息事宁人。

四、寨老

寨老是苗族村寨中主持制定乡规民约和负责日常行政管理的人，又是调处本寨纠纷和代表本寨处理与邻寨矛盾的“法律人”。寨老由本寨德高望重、出类拔萃、办事公允、经验丰富的长者担任，一般都是自然形成的（也有公推形式），没有俸禄，也没有特权。当村民之间发生婚姻纠纷以后，人们请寨老来公断、

① 凤凰县民族志编写组：《凤凰县民族志》，中国城市出版社，1997 年，第 42—44 页。

评判。

寨老在解决纠纷的过程中摆出法堂阵式，背诵世代相传的苗族规约，还要唱理歌，把法理一层一层地说清道明。开始断案时，寨老唱道：“我在山里本是草，你请我来便是药。现我带药捉鱼……挡别人千言，断他人百案”，“拿一捆谷穗，盛篓糯米饭，捉只乌雄鸡，抬罐好米酒”，“摸着佳[①]片知道佳，拿着理片就明理”，若不按理解决，则会“坠入悬岩，掉进深渊”。接着，便述情论理，明辨是非。“才得佳来说，才得理来论”，“谈论了三天佳，谈论了三天理，三天都在村里谈理，谈论到根本，论述到根底，争来又争去，讲来又讲去，说成七十两银，讲成银子七两，议定在虫日收，以赔偿仰洛儿子，才温暖仰洛的心”。把情、理、法述明之后，便有分寸地断事。在事理判定之后，寨老总结性地唱道：“雨后天晴，若行坦途：纠纷已，欢愉就座。勤者务劳兴家，惰者告状荡产。”[②] 寨老用这种比喻的、规范化的、成语式的苗族法规词来断决问题，不仅是苗族文化在民间法律秩序中的具体运用，而且反映出苗族习惯法在惩戒违法行为的同时，也注重对违反者进行道德教育的伦理文化特征。

随着苗族社会的发展，特别是新中国成立后村寨基层党组织的建立以及国家权力的深入，婚姻习惯法的运作受到极大的限制。在一些苗寨，虽然仍保留寨老，但他仅仅是传统祭祀活动的组织者，已失去往日的权力和地位。但在有的村寨（如黔东南雷山县猫猫河村），村民委员会与过去的寨老制在一定程度上结合了起来，村里的干部就是寨老。还有一些村寨，在讨论本村的重大问题时要请经验丰富、学识渊博、在群众中有较高威信的老者

① “佳”，苗语音译，是“道”的意思。苗族称“道理”为“佳离”，一般都不把“佳”和“离”分开，因此“佳”也有“道理”的含义。

② 吴德坤、吴德杰：《苗族理辞》，贵州民族出版社，2002年，第700页。

参加，但最后的决策权仍掌握在村干部手里。

最后需要说明的是，理老、议榔、款首、寨老的职能界限有时候并不十分清晰。在不同的苗族地区，理老、议榔甚至寨老有可能由同一个人担任，或者相同职能的人因地区不同而称呼不同，或者在职能上有所交叉。不管怎样，这些都不会影响到他们在民族地区的地位及调解纠纷的作用。

浅论东巴文化中的“和合”思想

和金权①

在构建和谐社会的大背景下，各界学者都对传统文化中所蕴涵的和谐共生的理念进行研究，以期对当前社会的和谐发展在思想和理论上有所借鉴和启发。东巴文化，作为纳西族传统文化的主体，“和合”思想就是其文化价值体系的核心。“和合”是纳西族先民的智慧，它在漫长的社会历史变迁中已深深地渗透在纳西族人的意识形态之中，积淀成为人们看待事物、思考问题、判断是非等诸方面的价值取舍标准。虽然，当前的纳西族社会也已发生了深刻的变化，并逐渐呈现出多元化的价值观。但是，东巴文化的“和合”思想依然是实现纳西族社会安定和谐的理论根源与主导意识。

一、东巴文化的“和合”思想

“和合”一词，在东巴文化中是纳西语的音译，有和睦、和谐、和美、相亲相爱等含义。在方国瑜先生主编《纳西象形文字

① 和金权，云南师范大学哲学与政法学院，中国哲学专业少数民族哲学研究方向2010级硕士研究生。

谱》一书中，就把该词译为“融洽”。[1] 在大量的东巴经书和纳西族谚语、格言中，都有对“和合”意识的表达及对“和合”的美好与重要性的体现。如在《迎素神》经书中多次提到的“合授尼和”[2]（其意为结合起来就会和谐和美了）；在纳西族谚语中的“思思和合斗史宅”（其意为亲密和谐就容易做成千百件事）等，皆是东巴文化“和合”思想的最好体现。可以说，在卷帙浩繁的东巴古籍中，“和合”思想是贯穿其中的一条思想脉络。在众多的东巴经书中都是通过对立两者的对峙、矛盾激化及化解矛盾，最终实现了“和合”（和谐）的状态。其中，对立双方的存在就是实现“和合”的前提，有了对立，人们才会开启智慧去寻求办法来解决、消解矛盾。在这个意义上，它与我国儒家传统中“和而不同，同则不继”的理念是相一致的。而在东巴文化中作为实现化解矛盾、促成各种对立“和合”的重要媒介却是东巴。东巴，通常被释为智者，是东巴教中主持祭祀仪式和诵读经书的祭司，他们在东巴教中被称为“人神之媒”，认为东巴能代人与神界沟通，解决人、神以及相互之间的矛盾。通过众多经书对东巴的描述及其在东巴教中的职能来分析，可以说，东巴是一个“和合”理念的执行者，他借用宗教形态向人们传达如何与周遭世界“和合”相处，进而实现纳西族社会环境安定和谐。在这种基本价值观念的引导下，“和合”思想成为纳西族处理各种关系的最基本的价值取向，也成为纳西族待人接物的主导意识。因此，“和合”不仅是东巴文化的核心思想，也是纳西族文化的基本精神。

---

① 方国瑜主编，和志武修订：《纳西象形文字谱》，云南人民出版社，1995 年，第 426 页。

② 东巴文化研究所编译：《纳西东巴古籍译注全集》（第 2 卷），云南人民出版社，1999 年。

二、东巴文化“和合”思想产生的社会历史根源

“和合”思想的产生与东巴教在纳西族的信仰体系中出现一样，有着深刻的社会历史根源。纳西族作为一个古老的民族，在漫长的历史长河中经历了从西北游牧文明向西南农耕文明的变迁。据相关学者考证，“纳西族的渊源产生于远古时期居住在河湟地带的羌人，向西迁徙至岷江上游，又西南至雅砻江流域，又西迁至金沙江上游一带”①，并自唐代以来逐渐聚居在金沙江流域（今纳西族主要分布地）。这样，纳西族先民的生产生活方式从游牧业逐渐转变为以农耕为主、农耕与畜牧相结合的相对稳定的状态。“当19世纪中叶磨些（古代对纳西族的称呼）地区还是‘土多牛羊’，牧畜业生产占社会经济的主要地位。可是到了13世纪中叶时，丽江地区即出现了‘良田万顷’，并利用了四周畅流的溪泉进行水利灌溉，农业生产显然已经跃居社会经济的主要地位了”。② 在这种相对稳定的状态下，纳西族的社会制度由原来散居的氏族部落逐渐转变为群居的民族共同体。然而，从历史上看，居于相对稳定的社会状态之下的纳西族却依旧面临着危机四起的生存环境。在当时的纳西族群居地域，“东有强大的唐帝国崛起，北有吐蕃雄峙，西与南有南诏、大理国并起”③，纳西族只能在狭小的空间中生存，族群的利益受到严峻的挑战。面对这样的条件，纳西族社会必须建立起一个和平的环境，妥善处理各种社会关系。由此，个体、群体与周围的生存环境“和合”共处的意识

① 方国瑜、和志武：《纳西族的渊源、迁徙和分布》，载白庚胜、和自兴主编：《纳西学论集·方国瑜》，民族出版社，2007年，第78页。

② 纳西族简史编写组：《纳西族简史》，民族出版社，2008年，第41页。

③ 白庚胜：《纳西学发凡》，载白庚胜主编：《玉振金声探东巴——国际东巴文化艺术学术研讨会论文集》，社会科学文献出版社，2002年，第373页。

也逐渐开始萌芽。

而在这个时期内，纳西族的东巴教信仰也在开始孕育。从时间上看，唐宋时期就是东巴信仰的孕育时期。[①] 从空间上看，纳西族的生存环境四处受挤压，族群利益面临严峻挑战。在如此条件下，一种信仰的关怀和慰藉已显得十分必要。它需要一股"合法"而"普适"的精神力量把族内不同氏族团结起来，通过彼此间的融合，形成共同的族群认同感和内聚力，以应对周围的环境。而在不同氏族的融合过程中，正是需要在社会历史条件下催生出来的"和合"思想来维系的。这样，再结合纳西族原有的自然崇拜、祖先崇拜、神灵崇拜意识，充分汲取周边民族的优秀思想文化，东巴信仰也就应运而生。

虽然，东巴教的形成过程可能还更复杂、更深刻，但通过对纳西族社会历史变迁的简要分析，我们依然可以清晰地看出，东巴教与纳西族的"和合"意识是在同一个过程中产生的，且东巴教以"和合"为基础和核心，形成独具特质的东巴文化。"和合"思想也在东巴文化中得以确立、巩固和发展。

三、人与"人"的"和合"——东巴文化"和合"思想的基本框架

作为东巴文化"和合"思想的基本框架，它要求具有紧密的层次性，同时还必须涵盖"和合"思想的基本内容。而人与"人"的"和合"正符合了"和合"思想基本框架的要求，使之有了成为其基本框架的可能。

在人与"人"这对关系中，前者是主体，后者则是所指的对

① 李劼：《丽江纳西族文化的发展变迁》，中央民族大学出版社，2007 年，第 41 页。

象。这个对象包含了人类自身在内的一切与人发生着关系的东西，包括自然、社会与神灵。在东巴文化的视阈中，通过“和合”意识的主导，纳西族先民找到了一个与对象化世界和谐共处的方法，即将对象物进行人格化、神灵化，形成一个具有灵性的对象化世界。纳西族的一切实践活动就是不断与这个对象化世界发生关系的过程。因而东巴文化中所蕴涵的“和合”思想，通过人的世界与对象化世界沟通的媒介——东巴所主持的祭祀仪式，被转化为世俗化的道德伦理准则，以此来实现信仰体系对人们社会生活实践领域的规约，从而促进纳西族社会的安定和谐。在东巴文化中，自然和神灵等一切对象物都具有人格化的特征，都是与人类一样具有生命和意识的存在，人作用于对象的实践活动实则就是人与人的对话过程。从这个意义上讲，我们可以把它统称为与人发生着关系的“人”。由此，也为东巴文化中人与各种关系的“和合”确立了血缘基调。

人与“人”的“和合”之所以是东巴文化“和合”思想的基本框架，还与东巴文化独特的人文关怀以及东巴教极具世俗性的特征有着紧密的联系。综观东巴文化的内涵，它始终都是以现实的人为中心去展开的，从其产生的根源看，它也是以维护族群的生存利益为出发点的。同时，东巴教作为一种原生性的宗教形态，仍具有世俗性的特征，可以说它是与纳西族世俗生活密切相关的平民宗教。作为一种介于原始宗教与人为宗教之间的过渡型宗教形态，东巴教并未脱离人们的生产劳动，它没有自己固定的庙宇，也没有统一的宗教组织，就连东巴本身也只是一些普通的田间劳作者而已。因此，在这种以现实社会的人的问题为逻辑起点与核心的人本理念的影响下，纳西族是从现实的人的角度去理解与对象世界的关系的，以至于有些学者甚至提出“东巴文化就是人学”的命题。

四、东巴文化“和合”思想的基本内涵

在人与“人”的“和合”这一基本框架的统领下，纳西族必须与之和谐地处理相互关系的对象就是人类自身、自然以及神灵三者（其中，与社会、其他民族等的关系在本质上就是人际关系的一种扩大化体现，故在此都纳入人与自身的关系之中），而人与这三者关系的“和合”也就成为东巴文化“和合”思想的基本内涵。其中，人与人的“和合”是基础；人与自然的“和合”是目标；人与神灵的“和合”是基本途径。

（一）人与人的“和合”是基础

“和合”思想在纳西族社会的人际关系中具有重要意义。“和合”一词在纳西语中的本意就是指人们日常生活中的和睦相处关系。由于有着社会历史变迁的深刻根源，纳西族形成了一个以人的世俗生活为中心的独特价值观模式，由此造就了一个极具世俗化的社会体系。因此，在众多纷繁复杂的关系中，纳西族尤为重视人与人之间的关系，并把“和合”作为衡量人际关系的最高标准，强调人们要做到家庭内部、邻里之间以及与他人相处，乃至与其他民族、社会等关系的“和合”，成为整个东巴文化“和合”思想的基石。

1. 人与人“和合”的前提

如果人与人之间没有差异、人与人之间不能包容差异，也就无所谓人与人之间关系的“和合”。因此，人人有异就是纳西族人与人“和合”的前提。据《祭天·远祖回归记》经书中所述，纳西先祖崇忍利恩的三个儿子在举行过祭天仪式之后，用三种不同的语言说出了“马啃蔓菁了”，这样“大儿子成了藏族，住到了垛肯盘地方”，“二儿子成了纳西人”，“小儿子成了白族，住到

了日饶满地方”[①]，并描述了大儿子和小儿子与纳西族不同的生活方式，他们都忘记先祖迁徙的来历，不再按传统规矩祭祀天地，唯有二儿子纳西族继承了祭天的“古规”。由此可以窥探出，纳西族先民在不断的生产生活当中，已经意识到周围的人及民族之间彼此差异性的存在，包括语言、生活习惯、行为方式乃至思维方式的不同，等等。同时，在漫长的历史长河中，人际摩擦及矛盾冲突的不断发生也使他们意识到，这种矛盾会危及族群的生存与发展，因而必须有一个思想认同来缓解这种矛盾，以维持纳西族社会秩序的稳定。

2. 人与人关系的“和合”

为了实现纳西族社会中人与人的“和合”共处，纳西族先民把神灵体系引入人际关系中，以人神关系来调解人与人之间的关系。东巴教构建了人际关系为基础的神祇体系，并将这种以社会人际脉络为主体的思想贯穿整个信仰体系当中。单从《祭天·远祖回归记》经书来看，祭天仪式中主要祭祀的神为天神、地神和柏神，其中天神是孜劳祖父，地神是衬恒祖母，而柏神是天的舅舅。也就是说这些神祇的设置都是以人际关系的内容为基础的。由此，东巴教以“和合”为特征的伦理价值观念潜移默化地影响着纳西族人际关系的处理，逐渐塑造了纳西族追求和睦、和顺、和美的文化心理和价值观。在这种价值观的影响和规约下，纳西族人的行为方式都围绕着一个共同的文化价值模式，信任群体，紧紧依赖群体，将自己的行为和生活纳入自己所处的家庭、组织、民族等社会共同体之中，使得人际关系的处理呈现一种“和合”的状态。其中，纳西族社会几百年来一直十分兴盛的社交方式——“化賨”，就是在东巴文化体系的影响下纳西族人与人关

① 东巴文化研究所编译:《纳西东巴古籍译注全集》（第1卷），云南人民出版社，1999年。

系“和合”的一种体现。

（二）人与自然的“和合”是目标

自然是人类赖以生存的环境，人类要生存和发展就必须跟大自然发生关系，尤其是在社会生产力低下的古代社会，人类面临的主要问题就是人与自然的关系问题。纳西族自古以来就有自然崇拜的原始信仰，虽然自然崇拜可以说是原始宗教的共有特征，但这种信仰是纳西族先民在长期与自然界打交道的过程中形成的，而且在东巴文化中把它上升为对人与自然的辩证思考。它也成为东巴教的基本特征，甚至有学者认为东巴教就是自然崇拜教。形成这种鲜明特征的根源在于在生产力低下的社会历史时期中，人们对大自然的畏惧以及由此产生的崇敬与求其庇佑的心理。因此，在东巴文化视野中，人只有跟自然的关系“和合”了，人们才有条件进行安定的生产生活。人与自然的“和合”与否，关乎纳西族的生存和发展的根本利益。这样，人与自然的“和合”成为人们共同追求的目标，也成为东巴文化“和合”思想实现维系族群利益所要达到的目标。

1. 人与自然“和合”的前提

从纳西族的社会历史变迁中分析，纳西族先民为什么要远离故土进行大范围的迁徙？是自然环境恶化，民族之间的战争，还是民族内部的分裂？无论如何，当时的“和合”思想是缺乏的，因为人们在能实现“和合”、安居乐业的条件下是不可能弃家远迁的。因此，除了民族因素外，纳西族先祖居住地区因人们的过度索取或缺失保护，导致自然环境出现恶化，由此引发的自然对人的“惩罚”越来越多，人与自然的矛盾激化，导致人们产生畏惧自然而远迁他乡的心理是极有可能的。在众多的东巴经书中，有大量的篇幅描述了自然神灵对人类的惩罚，以及自然神灵的巨大威力，等等。这应该是远古时期人与自然矛盾激化在东巴文化中的印记。因此，人与自然关系的恶化，人们对大自然的畏惧以及由此产生的崇敬与求其庇佑的心理，是人与自然关系“和合”的前提。

2. 人与自然关系的“和合”

那么，在东巴文化中是如何实现人与自然关系的“和合”的呢？纳西族先民在东巴教中找到了一种调和二者关系的捷径，即对自然的人格化与神灵化，视人与自然为同源兄弟，相信人对自然的强取豪夺会招致自然对人的报复。在东巴教中专门有一种掌管和统领自然界的精灵——“署”神。它被认为是人类的同父异母兄弟。这样，人与自然就建立了一种有血缘可以追溯的关系，为二者关系的“和合”奠定了基础。在著名的东巴经书《祭署·神鹏与署的争斗故事》[①] 中有这样的描述：由于人类肆意地猎捕动物、砍伐森林，人与“署”两兄弟的关系闹翻了，“署”不让人砍柴取水、上山打猎，人类无法生存下去了，只好请东巴什罗和大鹏神鸟来调和。最后“署”与人类订立条约，“署”愿意给人类提供一切自然条件，但前提是人类必须给“署”还债。在这种有索取必有偿还的“自然法”意识的规约下，人与自然在一种相对平和的环境下相互作用，逐渐形成一些有利于自然环境和人们生活的社会规则、禁律，规范着人们开发利用自然的生产生活行为。为了表达人们对自然的感激之情和对自然进行索取的“忏悔”，形成东巴文化中大规模的祭天和祭“署”仪式，进一步使人与自然的关系得到改善，实现了二者的“和合”共处。

（三）人与神的“和合”是途径

通过对人与人以及人与自然“和合”关系的分析，我们发现

---

① 东巴文化研究所编译：《纳西东巴古籍译注全集》（第 6 卷），云南人民出版社，1999 年。

在东巴文化中都是利用了一条途径去调和二者的关系，这条途径就是把人神关系引入其中，并通过人神关系的“和合”来实现对人与人、人与自然关系的规约。因此，人神关系的“和合”就是实现前两者关系的基本途径。

1. 人、神“和合”的前提

纳西族具有强烈的神灵观，信奉“万物有灵”，并把天地、山石、动物、植物等一切自然物加以神灵化来崇奉。因此，东巴教有着庞大的神祇体系。据其大量经书记载，东巴教所祭神祇依照次序排列主要有：盘神、禅神、天神、地神、柏神、雷电神、星神、董神、吾神、嘎神、豪神、著神、村寨神、风神、猎神、哦神、汁神、三多神、祭司神、署神，等等。① 在东巴文化体系中，神灵的力量对纳西族人民的生产生活产生了极大的影响。在社会生产力极不发达的前提下，纳西族先民遇到解决不了或无法理解的事物时，就在神灵意识中寻求帮助和慰藉。因为在他们的意识当中，神灵分管着人类世界的各个方面。因此人神有等，神应该受到人的尊敬，人如果触犯了神，人神关系就会产生矛盾，就要受到神灵的惩罚。而尊崇神灵、祭祀神灵就会使人得到神灵的保佑。在《祭天·远祖回归记》经书中最为典型的例子是，被纳西族奉为祖先的崇忍利恩与天女衬恒褒白结婚三年而没生育，后来有了三个儿子而长到三岁不会说话，其原因皆为没有祭天，即没有祭祀天神、地神、柏神等诸神，而受到了神灵的惩罚。最后崇忍利恩按照天神的旨意举行了隆重的祭天仪式后，一切得以如愿。由此可以说，在东巴文化中人神有等意识的存在就是实现人神关系“和合”的前提。

① 杨福泉：《略论东巴教的本土神祇谱系》，载《思想战线》2009 年第 1 期第 35 卷，第 16—22 页。

2. 人、神关系的“和合”

如前文所述，东巴教是一种极具世俗性的宗教形态。在原本意义上，宗教与世俗应该是对立而存在的，因为正是世俗消解了宗教神圣的权威。然而，在东巴文化中，宗教与世俗却找到了一种可以消除对立、和谐共存的方式。东巴教不像西方宗教，它更多涉及的是个人、族群的生存和心理；它也不同于佛教否定世俗生活，把世俗生活视为“苦海”，把人生的目的视为寻求脱离苦海与赎罪等，而是把宗教同世俗生活的意义结合起来，更多的是对世俗生活的肯定，为世俗生活服务。于是，在宗教世俗化并为世俗生活服务的基础上，以人神有等观念为前提，实现了人神关系的“和合”状态。这体现在东巴文化中是一种平和、轻松的人神关系，不是神对人的绝对统治，也不是人与神的截然对立。可以说，在纳西族看来人与神是生活在同一世界里的，或者说，在人的世界里还存在着一个隐形的神灵世界，而且二者比较紧密地联系在一起，共同协调和维系着纳西族社会。可以说，这种以消除宗教与世俗的对立来实现人神关系的“和合”，是东巴文化“和合”思想的一大特质。

总之，“和合”思想是东巴文化的核心思想，它以独特的人为关怀为立足点，以人与“人”的“和合”为基本框架，涵盖了人与人、人与自然以及人与神之间关系的“和合”共处理念。其中，人与人的“和合”是基础，人与自然的“和合”是目标，而人与神的“和合”则是其实现途径。这样，东巴文化的“和合”思想就形成一个人与人、人与自然及人与神的相互依存、相互融合的“和合”思想体系。这种强有力的哲学人论意识，为一个古老民族的生存提供了强大的精神支撑，也为纳西族社会的和谐发展奠定了坚实的基础。

阿昌族宗教信仰中的哲学思想萌芽

罗秉森　罗　莹①

在漫长的原始社会里，原始崇拜是阿昌族的主要信仰。阿昌族的原始崇拜观念十分复杂，从各地保留的原始崇拜的遗俗和资料中可知，他们曾有过图腾崇拜、自然崇拜、鬼神崇拜、祖先崇拜和英雄崇拜，等等。这些原始崇拜观念通过口头传说及活袍（阿昌族巫师）的各种祭文反映出来。随着阿昌族的不断迁徙及其长期与其他民族的交流和融合，其原始崇拜观念逐渐丰富和传承下来。进入阶级社会以后，特别是到了明清时期，由于受汉族、白族和傣族等民族的影响，佛教、道教逐渐进入阿昌族地区，阿昌族的宗教信仰形成多元化发展的复杂情况。阿昌族普遍信仰原始宗教，同时各地阿昌族的宗教信仰又有所不同。陇川县户腊撒地区的阿昌族以信仰南传上座部佛教为主，同时也信仰原始宗教、大乘佛教和道教；梁河县、潞西市、腾冲县、龙陵县的阿昌族主要信仰以原始宗教为主，同时也信仰佛教、道教等。

阿昌族多元宗教信仰中蕴涵着丰富的哲学思想萌芽，特别是在他们的原始崇拜中，较多地反映出阿昌族先民朴素的世界观。研究阿昌族宗教信仰中的哲学思想萌芽主要就是研究其原始崇拜观念。在阿昌族众多原始崇拜观念中，具有较多哲学思想萌芽的是灵魂不死和万物有灵观念。

---

① 罗秉森，云南警官学院，教授；罗莹，云南警官学院，讲师。

阿昌族认为世上万物都有灵魂，万物都受灵魂的支配，这些灵魂被称为鬼神。按照灵魂对人类的功能与作用来划分，可分为善和恶两类，但鬼神又不能绝对地用善和恶来区分。一般来说，给人类赐福和护佑人类的被称为神。如遮帕麻和遮米麻被阿昌族视为地位最高的创世神，其他还有村寨的守护神“色曼”、神位高于色曼的地方保护神“色勐”（户腊撒地区）、“瓦当帮”（梁河地区），还有被称为“塞们”的战神。总之，太阳神、月亮神、风神、水神、树神、山神、火神、灶神、炉神、猎神、路神、桥神，等等，不一而足。阿昌人认为这些神灵可以保佑他们风调雨顺、五谷丰登、六畜兴旺、老幼平安，因此对善神十分崇敬，认为善神是不能得罪的，如果得罪了善神就会受伤害。阿昌人对善神既崇敬又畏惧，在整个生产、生活过程中对善神是十分依赖的，这就形成了较为繁杂的祭祀活动，通过虔诚的祭祀求得神灵的保佑和恩赐，达到消灾避祸、平安、幸福的目的。

阿昌族把给人类带来灾难的灵魂一般称为鬼。由于阿昌族遇到的灾难较多，因而鬼的种类也是较多的。阿昌族最大的恶鬼是腊訇，阿昌语称为“康”，俗称“棒头鬼”。腊訇是天公遮帕麻、地母遮米麻创世时的一个魔鬼，虽被天公地母制服，但至今仍会伤害人。除此而外，阿昌族的恶鬼还有毛虫鬼、滕子鬼、饿痨鬼、狼鬼、枉死鬼、狮子鬼及一些无名厉鬼和孤魂野鬼，等等。人们对恶鬼十分痛恨，但又非常畏惧，就用宗教祭祀活动来驱赶恶鬼，使之不能伤害人畜。由于鬼神成为阿昌族生产生活中无法回避的内容，鬼神崇拜也就比较普遍地成为阿昌族日常生活的一部分。

总之，在阿昌族的灵魂观中，万物皆有灵魂是其最核心的观念。他们认为天、地、日月山川、江河湖泊、自然界的万物都有灵魂，包括人类和各种动植物，而人类创造出的一切物品，如睡觉用的床、喂猪的槽、修建的桥、开辟的路、打凿的井等也都有灵魂。因而，阿昌族认为灵魂是相对于存在物而存在的，它不仅是人类的精神，而且是宇宙万物皆有的一种精神现象。这种观念是阿昌族的原始先民把人的意识现象推广到万物之上而形成的。阿昌族先民把物质和意识分开，无疑是人类思维进步的一种体现。但把意识强加于万物之上，又反映出阿昌族先民对意识的简单认识。阿昌族万物有灵观念体现了世界有两种本原的看法，具有二元论的哲学思想萌芽。

阿昌族先民所理解的灵魂是一种存在于事物中但又可以离开物而独立存在的、不生不灭的，有情感、有愿望的存在。同其他民族的先民一样，阿昌族先民的灵魂不死观念是灵魂观的重要内容。万物是有生有灭的，万物灭亡后灵魂就离开了万物，有的成为神，有的变成鬼，神和鬼利用自己在冥冥中的力量可以保佑、造福人类，也可以给人类带来灾难，由此产生了人类对鬼神的敬畏、依赖和恐惧心理，产生了一系列祭祀活动。阿昌族的祭祀活动由活袍主持，在活袍的祭词中反映出阿昌族原始先民对生、老、死的看法，对灵魂的理解和态度，也反映出对世界的认识。祭词《送亡魂》中这样讲：

现在要来讲棺木关着尸体的事了，
是讲给身死魂不死的人听的。

今天来讲很远时代就发生的事，
是讲给死者听的。
世间本来就有死，
有生必有死，无生才无死。
你死了，这时你的年纪已几十岁了，
在世间的衣禄食禄已尽，寿延已满，
吃清水也只能吃到这一步，

本是要走西方的路了，
不要怪罪你生育和背抱过的子女儿孙。
世上本无千丈高的树，
也没有几百岁的人，
身子老了，
头发白了，
嘴皮红了①，
你的尸骨来到世上已年深日久，
应当更换了。
人在世上本来是要死的，
这是遮帕麻、遮米麻造天织地、
创造人类时就规定了的，
你若不信，瞧瞧你的爷爷、奶奶，
也是在堂屋中横停过的。
本是你的食禄已尽，
到了百年归宗的时候了，
千万不要责怪你背过抱过的子女。

我是×姓的大官，
来给你指路了。
夜间的明月照白了路，
路像一幅白布那样摆着了。
曾经抱过你、抚养过你的爹娘已在山上了，
你找他们去。
你的魂离家上岭岗一定会找到你的先辈。
你从太阳、月亮落下的地方去，

① 阿昌族老人上年纪后嚼槟榔，因此嘴唇赤红。

要走漫长的路。
你穿好衣服、整好行装，
放心地去得了。

这是你的子孙们奉献给你的活祭品，
你想吃生的猪血（或牛血），现在就要开血膛了，
你要把猪捉住，好好看看。
活袍给你说的要听在耳朵里，记在心上，
献给你的祭品，
眼睛要盯住，手要接住，
这是多少年来就兴下的了。

现在来讲这里的事，
刮白了的猪已摆着，
杯里装满了酒，
元宝、黄纸钱也摆着了。
你的后代子孙希望永久清吉平安，
你要保佑他们。
你的耳朵要听清楚，牢记心上，
这些物品都是你的子孙献给你的，
现在点火烧纸钱了，
你看在子孙的脸面上把东西拿走。

××家的亡魂到桌边来，
历代的祖先魂也围拢桌边来，
这次给你们献熟食，
是最后一次献你们了。
你们的儿子、儿媳、女儿都出来了，

他们用甑子蒸熟了饭。
用锅煮熟了肉、菜，都摆在桌上了，
请×姓的三代祖父、四代祖母所有亡故祖先的魂，
围拢桌子，
领受子孙后代给你们的食物，
大伙甜甜美美地享受吧！
这些食物是专门献给你们的，
不是给三邻八舍的魂享受的，
也不是给孤魂野鬼享受的，
你们享受完了就没有了。

你的身体死了，
在世间的气数已尽，
你的气断了，
断了的气是无法接起来的。
你在世上的田产地业对你没有任何用处了，
家里的金银财宝要归你的子孙享受。
你亲手抱过的儿女背着背箩来了，
将你生前吃不完的饭分给他们，
喝不完的水，饮不完的酒，吃不完的肉
——分给他们，要清清楚楚地分配。

我今天要说藏尸的事，
死者的魂必须耳听心记。
人死了，
尸骨不能长久地摆着，
不能让它在家里发臭，
阿昌人从来没有把尸体放在家中几十天的道理，

长期摆着人们会笑，
必须把它藏起来，
而且要永远藏下去。
要用竹子做杠，
抬着棺木到红泥土地去藏起，
要垒起坟堆，
多少代都不会变。
活袍还告诫活人的魂一个也不要跟着死人的魂去：
即使有的跟着去，
亡魂要躲开，
放下脸骂他们，
把他们撵回来。
寨子里活人的魂，
活着的亲友的魂，
一个也不能领走。
活人与死人不同，
各走各的路，
各上各的山。
活袍还对死者说：
你吃过的酒饭，
拿起钱物去吧，
不要再想你的儿孙们，
去想你爹妈。
你今天要上大山，
先吃迷魂汤、喝了阴阳水。
你不要怕，我骑马在前头，
你随后跟着。
我送你去，

风吹下雨你都不要怕，
到阴阳街，
你所有要吃的东西快点买，
给你爹妈、公奶的带礼也买上。
见到鬼王殿，活袍又说：
你进去吧，你爹娘、公奶也在里面，
我就回去了。

送走了到“阴曹地府”的魂，发丧后，活袍又要对留守家里的这个魂进行安魂仪式。活袍念道：

我来讲今天这个好日子。
今天我要找死者的父母，
要他们坐到桌子周围，
公奶上要找，
老祖老太上要找，
更远的祖先也要找，
要大伙围拢桌边，
要他们来享受水和饭的气。
公鸡母鸡的肉摆起了，
肥猪的肉摆起了，
醇香的酒摆着了，
你问问公祖，
自己的座位在哪里？
和他们一起上家堂，
今后你就几十年，
几百年在家堂上了。[1]

---

① 桑耀华：《阿昌族宗教信仰》，载《德宏史志资料》第十九集，第227—228页。

从古朴的送魂词中可以看出，阿昌族先民对物质和精神现象的理解。第一，阿昌族先民认为宇宙是由万物及其灵魂构成的，这是阿昌族先民对物质与精神的最初认识。第二，阿昌族先民认为万物是有生有灭的，而灵魂是有生无灭、可以脱离万物而独立存在的。如人死后这个人的灵魂不会随尸体的腐烂而消失，而是可以脱离人的肉体而独立存在。这是人类早期对意识现象的理解，是十分朴素地解释人的精神现象。这时人们还没有形成人的灵魂不生不灭和轮回的观念。第三，阿昌族先民虽然敬畏鬼神、祭祀鬼神，但不是对鬼神一味讨好、乞求，而是用祭祀的方式来召唤善神和驱赶恶鬼，这与宗教中任凭鬼神摆布的观念是有区别的。第四，阿昌族先民理解的鬼神是有情感、有性格、有愿望、有好恶喜怒的。如某人的灵魂就具有这个人生前的各种情感、性格和愿望。第五，阿昌族先民从实际生活中看到了世间万事万物皆是有生有灭的，这无疑是科学的认识。然而，他们把灵魂解释为有生无灭是不正确的。总而言之，从阿昌族原始崇拜遗俗中不难看出其先民古朴的世界观、人生观和宗教观。

阿昌族的原始崇拜既孕育着宗教有神论观念的萌芽，又孕育着朴素唯物主义和无神论思想的萌芽。原始崇拜中体现的宗教有神论观念主要是灵魂不死和万物有灵的观念。阿昌族先民认为，人有三个灵魂，人死魂不死：一个魂随尸体到了坟上，因此清明节要上坟祭扫；一个魂供在家里，故家中要祭祀；还有一个魂要回祖先居住过的地方去，所以人死要送魂。① 这种把灵魂看成可以离开肉体而独立存在、灵魂永远不死的观念，是唯心主义和宗教有神论的萌芽。阿昌族先民的万物有灵观念，表现在他们的崇拜对象上，他们崇拜日、月、山、石、河流、土地、树木、谷

① “民族问题五种丛书”云南省编辑委员会编：《阿昌族社会历史调查》，云南民族出版社。

物，等等，认为这些自然物也有不死的灵魂并被其主宰着，这也是宗教有神论的萌芽。

而阿昌族先民的原始崇拜中也有朴素唯物主义和无神论思想的萌芽。阿昌族崇拜万物，实际上是崇拜某种或某个具体的物质形态，是崇拜这一具体物质形态的功能。神树是每个阿昌族寨子都普遍崇拜的对象，是原始自然崇拜的一个内容。他们不是崇拜一切树，每个寨子只崇拜某一棵具体的树。他们视为神树的树，一般都是大树、古树。崇拜这些大树，是因为它们有人所不及的功能。大树高大有力，不怕狂风暴雨，古树生命力强，年久而不衰，所以阿昌族普遍都把四季常青、高大圆直的皂角树当作神树来崇拜。同样，人们对日、月、巨石等的崇拜也是因为它们有特殊的、对人有用或为人敬慕的功能。阿昌族先民这种崇拜自然物自身功能的观念是与朴素唯物主义相通的。

阿昌族多元宗教信仰是较为普遍的，宗教有神论观念较为浓厚，但在民间仍孕育着无神论思想的萌芽。在阿昌族的一些民间传说如《眉间长旋的姑娘》① 中，包含着某些反鬼神迷信的朴素思想，它们可视为无神论思想的某种萌芽。

这个传说讲的是：从前阿昌族有一种鬼神迷信观念，认为眉间长旋的姑娘是“鬼胎”，会吃人，特别是吃自己的男人。所以，眉间长旋的姑娘都不准嫁人。有一个名叫恩德的小伙子爱上了杨宝，经过苦苦哀求，娶了杨宝为妻。恩德在一次上山劳动中不幸被毒蛇咬昏，巫师便以此为借口硬说恩德是被杨宝“克死”的，于是就将杨宝赶出村寨，但是恩德却没有死，他被老草医一家救活，回到了寨子，救出危难中的杨宝。故事的结尾说道：“他们夫妇俩生儿育女，白头到老，一直过着幸福美满的日子。于是再无人说眉间长旋的姑娘是‘鬼胎’、‘会克夫’了，这个习俗也没

① 《眉间长旋的姑娘》，载《山茶》1981 年第 2 期。

有人相信了。”故事用事实揭露了宗教迷信的欺骗性，有力批判了宗教有神论的荒谬，表现出阿昌族民间无神论思想的某种萌芽。故事的主人公恩德明确地宣称自己不信鬼神，他说：“过去的老人们说，独立不要打虎，可我就打死过三只猛虎。阿公阿福说，听见猫头鹰叫，就不能出门，可我从来就不忌讳。我什么都不怕。”这就明确地表达了在阿昌族群众中孕育的反鬼神迷信思想。

试论邓恩铭的哲学社会观

陈　文　唐建荣[①]

邓恩铭（1901—1931），原名邓恩明，字仲尧，水族，贵州荔波县人。在中国革命史上，邓恩铭是中国少数民族最早的共产主义先驱。他参与创建中国共产党，是中国共产党一大代表中唯一的少数民族代表。邓恩铭一生为中华民族解放事业奋斗不息，直至献出宝贵生命。他不仅是中国革命史上少数民族最早的杰出革命家，也是中国少数民族最早的马克思主义思想家。他短短的一生，给我们留下了宝贵的思想财富，本文试对邓恩铭的哲学社会观作初步探析。

一、少年邓恩铭的社会观

邓恩铭的少年时代，中国已沦为半殖民地、半封建社会，水族地区各族人民处于水深火热之中。邓恩铭家庭贫困，他从小就帮助母亲推豆腐，并赶早市卖豆腐，维持家庭生计。尽管家庭生活艰辛，邓恩铭父亲却很有见识，希望长子邓恩铭能读书，以便改变家庭的命运。邓恩铭先后被送进私塾馆和县立初小、高小读书。在私塾馆，他受到儒家文化的启蒙，学习了四书五经和《三

① 唐建荣，贵州民族学院，教授；陈文，贵州民族学院公共管理学院，教授。

字经》、《百家姓》；在县立高小新式学校，他接受了修身、国文、历史、地理、天文、格致等课程的学习，受到新文化思想的影响。新式学校的教育宗旨是："注重自由平等之精神，守法合群之德义，以养成共和国民之人格，启发国民之爱国心，养成独立自营之能力。"这个教育宗旨在学校思想进步的教师教学中得到贯彻。其中，高煌是一位对邓恩铭影响最深的爱国教师。高煌曾留学日本，深受孙中山先生影响，他宣传孙中山革命主张，反对列强侵略中国；教学中他采用新式教学法，培养学生的民主共和意识、忧民忧国意识。这对邓恩铭幼小的心灵产生了积极影响，使他初步萌生了忧国忧民、反帝反封建的民主革命思想。邓恩铭在校期间学习刻苦、成绩优异，对诗词歌谣有浓厚兴趣。他耳闻目睹了水族劳动人民的悲惨生活。写诗感叹："种田之人吃不饱，纺织之人穿不好。坐轿之人唱高调，抬轿之人满地跑。"① 诗中，少年邓恩铭对剥削阶级憎恨、对劳动人民同情的阶级情感鲜明地表现出来。忧国忧民的爱国思想在他的心灵中播下了种子。

1915 年，袁世凯与日本签订了丧权辱国的《二十一条》，激起了全国人民的愤怒。在边远的贵州荔波县城也掀起了反日讨袁的爱国运动。邓恩铭积极投入这场爱国运动中，每逢赶场，他就与同学们拿着三角旗逐街逐巷宣传，并发表反日讨袁演说。他还将用过的日本袜子当众烧毁，以示抵制日货的决心。这是邓恩铭第一次参加政治活动。

在反帝反封建民主思想影响下，邓恩铭对妇女平等问题也有自己的认识。一次在放学路上，他看到一位粗壮男人毒打妻子，旁边一位长辈也在数落女子不从夫是失德。他上前质问："现在是民主共和的天下，提倡男女平权，你还讲古代前朝的三从四

① 张业赏、丁龙嘉：《邓恩铭》，河北人民出版社，1996 年，第 5 页。

德，这个不是反对共和、复辟帝制吗?”[①] 这位长辈被问得目瞪口呆，男人也只得住手。此事，在荔波县城传为佳话。

邓恩铭老师的女儿高卓群为不能随父亲参加校方祭孔仪式而啼哭。邓恩铭安慰她说：“孔夫子是专制皇帝的圣人。他从来就不喜欢女子读书，你为什么还要去祭他？现在共和了，男女平权，女子一样可以读书，一样可以立足社会。你应该像你祖母一样，当女教习。你看汉朝的班昭，帮助她哥哥班固修《汉书》，花木兰替父从军，立下汗马功劳，都是扬名史册的奇女子，你也要为女子争光。”[②]

邓恩铭的行为和对话，充分体现了他的男女平权思想。

邓恩铭非常崇敬历史上的英雄人物，如岳飞、文天祥、李自成、秋瑾、潘新简（水族起义农民英雄）。他希望在人生道路上效仿英雄，他用诗歌表达了自己的感想：“甲午战役丧海军，辛亥革命推满清。勾通外国那拉氏，直捣皇陵李自成。”[③] “潘王新简应该称，水有源头树有根，只为清廷政腐败，英雄起义救民生。”[④]

对比邓恩铭的几首诗歌，可以看出，他对社会本质的认识在深化。由不满不平等社会到揭露不平等社会的根源，进而歌颂农民起义英雄李自成、潘新简“英雄起义救民生”。正因为有了这样的社会认识，在离乡求学之际，他欣然写下了以下充满豪情壮志的诗篇：“男儿立志出乡关，学业不成誓不还。埋骨何须桑梓地，人间到处是青山。”[⑤] “赤日炎炎辞荔城，前途茫茫事无分。

① 张业赏、丁龙嘉：《邓恩铭》，河北人民出版社，1996 年，第 7 页。

② 张业赏、丁龙嘉：《邓恩铭》，河北人民出版社，1996 年，第 7 页。

③ 张业赏、丁龙嘉：《邓恩铭》，河北人民出版社，1996 年，第 7 页。

④ 张业赏、丁龙嘉：《邓恩铭》，河北人民出版社，1996 年，第 6 页。

⑤ 黔南布依族苗族自治州《概况》编写组：《邓恩铭烈士专集》（1983 年内部资料），第 198 页。

男儿立下钢铁志，国计民生唤然新。”① “南雁北飞，去不思归。志在苍生，不顾安危。生不足惜，死不足悲。头颅热血，不朽永垂。”②

古人云，诗言志。少年邓恩铭的离乡诗歌，充满了远大抱负和志向。这个抱负和志向就是让“国计民生焕然新”。为此，他不惜献出生命，果然，在后来的革命生涯中，邓恩铭实践了自己的诺言，把宝贵的生命献给了中华民族解放的伟大事业，真正做到了“永垂不朽”!

二、山东求学——投身反帝爱国洪流，在“五四”运动中接受马克思主义世界观

1917 年，邓恩铭离开家乡，投奔山东做县官的二叔黄泽沛，并报考了山东省立一中，由于成绩优秀，被录取。二叔黄泽沛非常高兴，把家族光宗耀祖的希望寄托在邓恩铭身上，叮嘱他刻苦攻读，以便将来出人头地。

此时山东处于北洋军阀统治之下，腐败无能的军阀统治，让帝国主义列强在中国横行霸道。邓恩铭目睹了日本帝国主义在济南的飞扬跋扈行迹，下决心发愤读书，挽救国家存亡。客观地说，此时邓恩铭的思想仍停留在读书救国的理想阶段。考入山东省立一中后，受新文化运动影响，他更加关注国家的命运和前途。《新青年》杂志传播十月革命信息和科学民主思想，引起了邓恩铭极大的兴趣。他经常与同学们讨论问题并进行讲解。五四运动爆发后，山东省立一中也成立了学生自治会，支援北京的学生运动。邓恩铭以极大热情参与学生活动，他的演说、写作和组

① 张业赏、丁龙嘉:《邓恩铭》，河北人民出版社，1996 年，第 8 页。

② 张业赏、丁龙嘉:《邓恩铭》，河北人民出版社，1996 年，第 8 页。

织才能得到充分展现，受到同学们拥护，被推举为学生自治会负责人兼出版部部长，当之无愧地成为济南学生运动领袖。在此期间，他还结识了山东省立第一师范学生领袖王尽美（中共一大代表），并成为知己。有了一批志同道合的青年朋友，更加激发了他的革命热情和斗志。他组织山东省立一中学生参加济南 21 校学生总罢课、学生联合大请愿、游行大示威、绝食抗议、若干演讲团演讲、支持济南商界罢市等活动。

在五四运动实践中，邓恩铭对中国社会问题的认识进一步深化。他认识到仅仅靠读书不足以救国，只有发动和组织广大民众向帝国主义及其走狗进行坚决斗争，才是救国途径。因为在思想上发生了飞跃，他更加主动去寻求、探索组织广大群众持久地进行反帝斗争的道路和方法。而要寻找这种方法和道路，必须有理论上的支持。因此，邓恩铭加大了对马克思主义理论的学习。齐鲁书社成为他经常光顾的书店，他如饥似渴地学习进步书刊。在这里，他读到李大钊《庶民的胜利》、《布尔什维克的胜利》等文章，还阅读了《新青年》、《每周评论》、《曙光》、《资本论入门》、《共产党宣言》、《俄国革命纪实》、《社会科学大纲》、《辩证法》等宣传马克思主义和科学民主思想的进步书刊。通过大量阅读马克思主义书籍和进步书刊，邓恩铭的世界观发生了革命性转化，他接受马克思主义阶级斗争学说，并运用马克思主义观点来观察和分析中国社会问题。他深信，俄国十月革命能取得胜利，中国走俄国革命之路也会成功。

1920 年秋，邓恩铭与王尽美团结齐鲁书社进步知识青年，发起组织了“康米尼斯特学会”（即共产主义学会），作为专门学习研究马克思主义的学生组织。不久，又成立青年学生进步社团——“励新学会”。邓恩铭与王尽美当选为负责人。学会还办有半月刊《励新》，邓恩铭是主要撰稿人之一。同时，他还负责山东省立一中学生会刊物《灾民号》的编辑出版工作。

他先后在《励新》、《灾民号》等刊物上发表《灾民的我见》、《改造社会的批评》、《济南女校的概况》等文章。这些文章，反映了邓恩铭以马克思主义世界观观察社会，对灾民问题、帝国主义和军阀统治问题、妇女平等问题以及中国走俄国革命道路等进行了精辟论述。

三、邓恩铭的马克思主义社会观

经过五四运动的洗礼，邓恩铭从一个忧国忧民的热心爱国青年转化为坚定的马克思主义者。在《灾民的我见》一文中，他初步运用马克思主义观点分析社会产生灾民的原因，并公开号召、鼓励灾民进行社会革命，铲除不平等的社会制度，让中国永无灾民。他指出："世界的人，无论哪一种哪一族，彼此都是一样的人。富贵贫贱等也没有不一样的。按社会学说起来，人人都是有衣穿，有饭吃才对。为什么大大的不然？富的富得不得了，穷的穷得不得了，这是什么缘故呢……灾民生下来就是灾民吗？是替一般军阀、官僚、政客、资本家受灾罢了。所以简单说来，就是因为一般军阀、官僚、政客、资本家'横征暴敛'，'穷奢极欲'，才有灾民，资关天的什么事。"① 他在文中提出的民族平等、人人平等的思想以及贫富不均和灾民产生原因在于社会统治阶级残暴和穷奢极欲的思想，充分体现了马克思主义民族观和阶级斗争观。

在《改造社会的批评》一文中，邓恩铭进一步运用马克思主义观点对当时流行的各种改造社会的主张进行分析。他认为："社会是人创造的，故一代的社会情形，与一代的社会情形，必

① 柏文熙、黄长和：《邓恩铭遗作选》，贵州人民出版社，1990年，第76—77页。

不相同。在不同之间，就发生改造这件事情。改造有没有价值，就看他对于当时，产生什么影响。凡不根据当时社会情形而产生出来的改造。在社会一方面，绝对不会产生什么效果。不但没有效果，并且一定要失败的。”① 这里，既承认了人对改造社会的主观能动性，更强调了改造社会必须从实际出发，尊重“当时的社会情形”（即客观社会物质条件），处处闪现着唯物辩证法的光芒。

文中，他还分析了中国国家性质：“我们中国是一个老专制国家，阶级不平等、贫富不平等、男女也不平等。”② 这个分析，运用了马克思主义阶级斗争学说，揭示中国封建专制的国家性质，阶级不平等导致贫富不均、男女不平等。正因为社会的不平等，劳苦大众对改造社会有强烈要求。邓恩铭把对社会的改造称为“我们中国的一线生机”③。他还分析了改造社会的三种情况：“实行的，空谈的，盲从的。所谓实行的，就是指实在的罢工、罢市、罢课、家庭革命、社会公平。他认为这种改造‘是极有希望的’；空谈的，是指那些口说不一的，‘嘴里说劳工神圣，但是出门，非坐汽车不可’；嘴里说妇女解放，其实家里老妈子、丫头都有，若是高兴起来，赌、吸大烟也干。”④盲从的，指不加分析地盲目学习西方学说的做法。

邓恩铭对空谈和盲从做法进行了批评：“这样空谈的改造，不如不空谈为好……世间事情多得很，有好的，有坏的，有适于这时代，而不适于他时代的；有适于这社会，而不适于那个社会的，我们倘若不加一番研究，难免不走入盲途……要知道西方社

① 柏文熙、黄长和：《邓恩铭遗作选》，贵州人民出版社，1990 年，第 80 页。
② 柏文熙、黄长和：《邓恩铭遗作选》，贵州人民出版社，1990 年，第 80 页。
③ 柏文熙、黄长和：《邓恩铭遗作选》，贵州人民出版社，1990 年，第 80 页。
④ 柏文熙、黄长和：《邓恩铭遗作选》，贵州人民出版社，1990 年，第 81 页。

会情形与我们中国不同的地方很多，情况既是不同，那么，在西洋社会适合的，拿到中国来，更是洪水猛兽了。所以，我们研究一种学说，必定要拿来与我们的比较，究竟不同点在哪里，然后取长补短，才不至于徒劳无功……所以，现在我们一般高唱改造社会的，总要多多注意实际上才好。”① 邓恩铭还看到改造社会的复杂性：“改造社会这件事，实在是不容易的。那么，我们不能不看看人家怎样去改造？我们怎么样改造？人家为什么成功？为什么失败？成功在哪里？失败在哪里？人家是实行的吗？还是空谈的呢？或者是盲从呢……中国的社会一定是要改造的，但是我们的改造非脚踏实地从事不可。若是不然，恐怕我们改造社会不了，倒被恶社会支配。那么，这改造社会这件事，至少也要退下去数十年，我们就是罪人！”②

从上述观点看出，邓恩铭的马克思主义世界观已经成熟。文章明确提出要把西方理论与中国现实相结合，立足中国实际改造中国社会，并且强调这种改造非脚踏实地从事不可，否则，一定会失败。这充分说明邓恩铭用唯物史观指导分析社会的改造，强调社会存在的第一位，强调理论必须联系实际。可以说，他是中国革命史上最早提出把西方理论与中国国情相结合进行社会改造的革命家之一。在《今日的感想》一文中，邓恩铭进一步揭示帝国主义列强和中国的军阀官僚政客双重压迫是中国社会国破家亡的根源。他指出：“中国何以乱，不用说是专横的军阀与顽固的官僚、无耻的政客作的孽了……军阀存在一天，国家多乱一天，想得到国家统一和平与独立，只有推翻军阀政府，建立真正的人民政府，只有真正的人民政府，才会给人民以平等自由……军阀是与洋强盗相互勾结的，所以我们不仅推翻我们‘罪孽深重’的

---

① 柏文熙、黄长和：《邓恩铭遗作选》，贵州人民出版社，1990年，第81页。
② 柏文熙、黄长和：《邓恩铭遗作选》，贵州人民出版社，1990年，第83页。

政府，我们还要同时打倒帝国资本主义的列强，这些恶魔一日不灭，不但中国永无和平的希望，世界也一样永无和平的日子呵。”①

文中，邓恩铭还客观辩证地看到了革命力量与反革命力量在当时的差异，“就实力论，当然敌人超过他们，但公理总有战胜强权之一日，那么此次即使失败了，也是不要紧的……切不可拿成败论人，更不可拿成败来论国利民福的主义”②。

中国革命究竟走什么样的道路？邓恩铭肯定地回答：“劳农的俄国是俄国无产阶级打出来的，独立的土耳其是全土国的人民打出来的。所以，中国的和平统一与独立除了全中国被压迫的人民联合起来一齐向本国的军阀与外国强盗进攻之外没有第二条生路。全中国被压迫的人民迅速联合起来呀！”③

从以上论述，可以看出邓恩铭马克思主义世界观的进一步成熟。他不仅用唯物辩证的联系观点揭示了中国社会动乱、人民受难的根源在于帝国主义列强与军阀政府，而且旗帜鲜明地提出：学习俄国十月革命经验，用暴力推翻帝国主义列强与军阀政府，建立真正的人民政权。同时，他客观地承认革命力量与反革命力量的差异，清醒地看到革命非一次成功，是一个艰辛的过程，因而提出不以一次成败论英雄。最终，他坚信革命终将成功。

妇女解放、和平等问题，是邓恩铭关注的现实问题。少年时代的邓恩铭曾主张妇女平等。接受马克思主义之后，他积极宣传马克思主义妇女平等观，主张妇女走向社会，追求自由平等。他在给家乡女同学的诗中写道：“男女平权非等闲，木兰替父出戍

① 柏文熙、黄长和：《邓恩铭遗作选》，贵州人民出版社，1990年，第92页。

② 柏文熙、黄长和：《邓恩铭遗作选》，贵州人民出版社，1990年，第92页。

③ 柏文熙、黄长和：《邓恩铭遗作选》，贵州人民出版社，1990年，第82页.

边。古今多少忠烈史，谁谓女子甘痴眠。”①在《济南女校的概况》一文中，他进一步分析了中国妇女问题的现状：“世界上各国的女子教育，要算中国为最坏，而山东这个地方的女子教育，又是中国之最坏的了……我想总不外以下几个原因：（1）教育不良；（2）社会黑暗；（3）环境压迫；（4）互动力弱……济南女校，大都是用专制手段对待学生，所以女生的自由权，完全归学校掌管：一举一动，非经学校允许不可。例如有男生来访女生，不管他与女生有如何密切的关系，照例要经过那几层鄙视人格的专制手续……检查信件……我想这实在是蔑视女生人格的一件事，何以呢？男女都是一样的人，彼此立于平等的地位，何以男校不检查信件？女校检查信件……自家想想男人是人，女人也是人，男子的信不检查，女子的信要检查，这是如何的不平等，如何的不自由。”②

最后，邓恩铭号召：“要知道男女平等，妇女解放种种事体，都是要你们自家做主的……不用光指望别人帮你们，赶快起来罢……”③

在《校长和日历》一文中，邓恩铭尖锐地讽刺批评了反对学生用印有美人日历的某中学校长：“反对男女同校的已经是昏蛋了，反对学生用印有一个美人的日历的某中学校长，不更是昏蛋的蛋吗……你禁止学生不看纸上的美人，如何能禁止学生看社会上的活的美人？即便你能禁止学生看见社会上的女子，决不能禁止学生看见自己家里的女子。那么这个办法也不彻底，还是想更彻底的法子才能免去男女相见。那只有反对人类存在了，因为男

① 张业赏、丁龙嘉：《邓恩铭》，河北人民出版社，1996年，第31页。

② 柏文熙、黄长和：《邓恩铭遗作选》，贵州人民出版社，1990年，第87—88页。

③ 柏文熙、黄长和：《邓恩铭遗作选》，贵州人民出版社，1990年，第89页。

女都不能单独生存。”①

邓恩铭堂弟媳腾尧珍在回忆录中说：“在家中，邓恩铭经常对我们讲些革命道理。他常开导我，妇女也要读书识字，也要走出家门，走上社会，争取男女平等，不然的话，仍要受别人的欺压……共产主义好，紧靠我们国家的隔壁有个大国叫苏联，现在在共产党的领导下，推翻了反动派，穷人当了家，真正做到了男女平等。我们也要走苏联的道路。要推翻旧社会，分田分地给穷人，让人民当家做主，实行男女同工同酬。”② 在给父母的家信中，邓恩铭对父母包办自己婚姻表示了自己的不满：“最头痛是替儿女订婚……不过盼望父母改换方法来爱儿女就行了……此刻比以前不一样了，男女都是一样的，男子能做官做议员等，现在女子都能做了，总而言之，叫做男女平权。”③

由上可见，邓恩铭在妇女问题上，明确地树立了马克思主义妇女观，他主张妇女自我解放，男女平等，同工同酬，婚姻自由，妇女走出家门、走向社会、接受教育。这些思想，对中国妇女解放运动起到积极作用。

四、参与创建中国共产党，献身中国革命事业

1920 年冬，邓恩铭与王尽美在济南筹建共产主义小组。1921 年春，济南共产主义小组成立。同年 6 月，上海共产主义小组向全国 6 个共产主义小组发出召开第一次全国代表大会的通知。济南小组推选王尽美、邓恩铭与会。1921 年 7 月 23 日，具有划时代意义的中国共产党第一次全国代表大会胜利召开，邓恩铭作为

① 柏文熙、黄长和：《邓恩铭遗作选》，贵州人民出版社，1990 年，第 90 页。
② 载《贵州日报》1980 年 7 月 12 日。
③ 柏文熙、黄长和：《邓恩铭遗作选》，贵州人民出版社，1990 年，第 15 页。

山东代表与会，为中国共产党的创建作出了贡献。在与会12名正式代表中，邓恩铭是唯一的少数民族代表，这也说明中国少数民族为中国共产党的创建作出了贡献。一部中国革命史，也是中国各族人民共同奋斗取得胜利的历史。

中国共产党第一次全国代表大会后邓恩铭回到山东，开始了他的职业革命家生涯。他带回了《共产党宣言》、《马克思主义浅说》、《工钱劳动与价值》等大批书籍，进一步宣传和研究马克思主义。1921年9月，在励新学会基础上，他与王尽美成立了马克思学说研究会，成员多达五六十人，有知识界学生和工厂工人。这批人中，后来参加中国共产党和中国社会主义青年团，成为山东革命事业的骨干力量。

作为职业革命家，邓恩铭不仅仅停留在读书研究上，而是结合山东实际进行一系列的革命活动，工作重点是发展党组织和工人运动。在他与王尽美的努力下，先后成立了济南支部、洪山矿支部、青岛支部、青岛市委、青岛社会主义青年团、胶济铁路总工会、青岛市总工会，发展了一大批优秀分子入党入团和加入工会。他还领导了胶济铁路大罢工、青岛纱厂工人大罢工，并取得胜利，推动了山东工人运动向纵深发展。

由于出色的工作表现，1925年8月，中央调邓恩铭任中共山东地区委员会书记，领导全省工人运动和农民运动。在短短的几年内，他由一名学生领袖成为党的职业革命家，直至领导山东省委，这充分显示了邓恩铭卓越的领导才能。

在实践中，邓恩铭还十分重视妇女运动和解放问题，把妇女作为反帝爱国斗争中不可缺少的力量。他在青岛发展赵鲁玉、丁祝华等青年妇女加入社会主义青年团。赵鲁玉后来加入中国共产党，成为青岛妇女运动的骨干，领导了胶澳电话局司机生罢工，并取得胜利。青岛成立了女界联合会、女权运动同盟，会员达200多人。青岛女工运动，构成青岛工人运动的重要组成部分，写下了中国妇女运动史上光辉的一页。

邓恩铭不仅在理论上主张妇女解放、平等自由，而且亲自实践，领导和组织了青岛妇女运动，培养了一批妇女运动骨干，为中国妇女运动发展作出了积极贡献。

在政治实践中，他十分重视用马克思主义方法去解决实际问题。在国共合作时期，他采取让进步分子加入国民党和介绍国民党中进步人士加入共产党、青年团等方法，加强国民党中的进步力量。这个行之有效的方法，使“左派”力量在青岛国民党组织中占主导地位，共产党在国共合作中占指挥地位。“在青岛的国民运动以我们为中心，在民校（国民党）的各区党部、区分部均有我们的同意。青岛民校市党部委员七人，有我们同志四人。我们在民校的同志与C校（社会主义青年团）同志合组一党团，在校一切活动，均由党团议决进行。”①邓恩铭把马克思主义联系方法论运用于国共合作实践，你中有我、我中有你，让青岛国民议会组成人选中共产党员和青年团员占三分之一，国民党“左派”占三分之一，我党牢牢掌握了合作中的主动权。青岛因国共合作成为全国最活跃的地区之一。

1927年4月，蒋介石发动政变，背叛革命，血腥屠杀共产党人。党的“八七”会议确定了秋收起义和武装反抗国民党屠杀政策总方针。邓恩铭在山东坚定地执行“八七”会议决议，制定了“领导农民夺取军警武装，在暴动中没收地主土地，一切归工农兵”的斗争策略，派党员去参加农村的自发性暴动，争取党对农民暴动的领导。这说明，邓恩铭对十月革命道路坚定不移。

1929年1月19日，由于叛徒出卖，邓恩铭第三次被捕（前两次皆被组织营救）。在狱中，他坚贞不屈，对党忠心耿耿，坚

---

① 中央档案馆、山东档案馆：《山东革命历史文件汇集》（甲种本第一集），第329—330页。

信革命事业终将胜利，组织党员和狱友开展斗争，曾组织两次越狱（未果）。1931年4月5日，他被国民党枪杀于济南。英勇就义前夕，他写下了气壮山河的诀别诗："卅一年华转瞬间，壮志未酬奈何天。不惜唯我身先死，后继频频慰九泉。"① 邓恩铭为中华民族解放事业献出了宝贵生命，他短短一生留下的思想财富，是我们民族宝贵的思想财富，并将永载史册。

毛泽东同志在新中国成立后深情地对山东负责人讲："革命胜利了，不要忘记老同志。你们山东应该把王尽美、邓恩铭同志的情况搞清楚，应该收集烈士文物。"② 国家先后在济南、青岛、贵州荔波建立邓恩铭烈士纪念馆。董必武同志写诗缅怀邓恩铭："四十年前会上逢，南湖舟泛语从容。济南名士知多少，君与恩铭不老松。"③ 江泽民同志题词："学习邓恩铭烈士追求真理献身革命的崇高精神！"司马义·艾买提同志题词："革命的先驱，民族的骄傲！"

党和国家领导人的讲话、题词，高度评价了邓恩铭献身中国革命的崇高精神，邓恩铭作为中华民族的骄子、中国少数民族的骄傲，永远活在各族人民的心中！

---

① 张业赏、丁龙嘉：《邓恩铭》，河北人民出版社，1996年，第187页。

② 张业赏、丁龙嘉：《邓恩铭》，河北人民出版社，1996年，第38页。

③ 潘朝霖、韦宗林编：《中国水书文化研究》，贵州人民出版社，2004年，第59页。

布依族政治哲学思想浅析

王国勇　刘　洋①

政治哲学是研究社会政治关系的本质及其发展一般规律的科学，又是研究政治理论的方法、原则、体系的科学，是政治学与哲学这两大学科体系的中间层次和中介环节。从哲学角度理解，它是哲学在政治领域的应用；从政治学角度理解，它是政治理论在哲学高度上的抽象和概括。作为方法论，政治哲学有别于行为主义倡导的政治科学。它一方面从大量的事实现象中概括出一般的原则、原理，寻找政治的一般发展规律；另一方面从一定的原理、原则出发，演绎推理，描绘政治的发展趋势，力图为社会政治生活建立规范。

布依族是我国社会主义多民族大家庭中的一员。布依族在其历史发展过程中除受到以汉族为主体的政治哲学思想的影响外，还受着自己民族千百年来逐渐形成的政治哲学的深刻影响。这种影响是多层面、多维度的，并凸显出布依族自己的政治哲学特质。

---

①　王国勇，布依族，贵州民族学院民族学与社会学学院副院长，教授，硕士生导师，华中师范大学政治学研究院政治学理论在读博士研究生；刘洋，汉族，贵州民族学院2009级社会学硕士研究生。

一、实事求是的政治价值观

布依族传统政治哲学中的人本主义思想，使其具有面向客观现实、重视人生的实事求是精神。数千年来，农业是布依族的经济活动。从事农业生产必须遵循自然法则，适时播种、管理、收获，按照农作物规律办事，在生产实践中不断总结、积累经验。这种生产实践活动使布依族形成了注重认识自然规律、重视实践经验、按照客观规律办事的实事求是精神。布依族民间有谚语说：“刀有钢才快，人懂理才智”；“人若不说理，鬼都看不起”；“鱼能跃过龙门，人却不可越理”。这是说的“理”，就是事物的道理，即事物发展的规律性。又有谚语说：“人不要性骄，人要学习并要掏”；“谷子慢慢晒会干，人要坚持学才灵”。这些都反映了布依族尊重客观规律、努力追求真理的实事求是精神。

实事求是在马克思主义的政治哲学中通常可以作广义和狭义两种理解。广义地说，实事求是是指辩证唯物主义和历史唯物主义，即整个马克思主义哲学；狭义地说，是指我们认识不但应从“实事”中求“是”，而且我们行动应按照“是”即客观规律办事。毛泽东对实事求是的政治哲学思想具体体现在《改造我们学习》中的一段论述：“‘实事’就是客观存在着一切事物，‘是’就是客观事物内部联系，即规律性，‘求’就是我们去研究。我们应从国内外、省内外、县内外、区内外实际情况出发，从其中引出其固有而不是臆造规律性，即找出周围事物内部联系，作为我们行动向导。”布依族的这种实事求是的精神在较大程度上与马克思主义的实事求是精神是相通的。因此，布依族只有继承、坚持和发展这一政治哲学，才能真正高举马克思列宁主义、毛泽东思想、邓小平理论、“三个代表”、科学发展观的伟大旗帜，统一认识，在保护、传承和发展民族政治哲学上走出一条自己的道路。

二、集体主义的政治伦理思想

布依族传统政治哲学高度重视群体协调、和谐与统一，强调个体归属群体，群体优于个体存在，群体高于个体。在布依族的生活习俗、道德规范、习惯法规等方面，都要求个体在思想和行动上按照群体的统一规范行事，以维护血缘或小范围地域群体的和谐统一为重要原则。为此，个体不仅应当具有高度自我制约和控制的品格，而且必要时为了群体利益作出自我牺牲。这种强调个体归属群体的原则，导致个体心理上对于群体的强烈归属感、依赖感和献身精神。布依族民间有谚语："鱼打堆容易，人合群才能生存"，"一个人踏不倒地上草，众出踩出阳光道"，"云集必有雨，人多议论多"，"和尚衣食靠个人，孤寡衣食靠寨邻"，"宁愿惹雷公生气，莫要惹众人生气"，"辛苦一个人，换来众人乐"，"只有和气能和人，哪见打骂得太平"等。

布依族的这种集体主义事实上体现出道德至上论，它认为正义高于其他价值，同时它也提供一个框架，规定相互对立的价值和目的。因此，它必须拥有一种独立于那些目的的命令。按照新自由主义的理论，一个公正的社会不是努力促进任何特定的目的，而是使其公民追逐其自己的目的，而不与其他所有人的自由相冲突，所以它必定受那些不预先规定任何特殊的善的规则的制约。证明这些规则的东西首先不是使一般利益最大化，或促进善，而是证实权利的概念，这是一个优先于善并独立于善的概念。布依族在生产实践中所形成的这种集体主义反映出整个民族认为正义是社会制度首要道德的观念。

三、艰苦奋斗、自强不息的民族政治精神

布依族传统政治哲学中沉淀着艰苦奋斗、自强不息的民族政治精神。布依族古歌《十二个太阳》，叙说远古时候，天空出现12个太阳，晒裂了岩石，曝死了草木，人们只能“吃芭蕉树叶润嘴，吃山边东南叶水润喉”。在这种恶劣的自然环境下，布依族先民没有屈服，他们同大自然进行了不屈不挠、艰苦卓绝的斗争，以年王为代表的布依族先民，接连射落了10个太阳，留下了2个即现在的太阳和月亮，创造了适合人类生活的自然环境。与《十二个太阳》相类似的还有《卜丁射日》、《勒戛射日》和《葫芦救人》等古歌或神话。这些民间文学作品表现了布依族先民坚韧不拔的奋斗精神和自强不息的民族自信心。布依族民间谚语也有“困难怕硬汉”，“好马在力气，好汉在志气”，“人穷志气在，马倒鞍不落”等，体现了布依族艰苦奋斗、自强不息的民族政治精神。正是在这种精神鼓舞下，布依族通过世世代代的艰苦创业，改造了他们生存的环境条件，使之适合人们的社会需要；也是在这种精神鼓舞下，布依族人民为民族和国家的发展进步，同历史上的反动统治阶级进行了不屈不挠的英勇斗争。

艰苦奋斗、自强不息的理论与实践是推动生产力发展的重要因素。艰苦奋斗、自强不息作为一个系统在布依族看来由理论和实践两大环节构成，这两个环节都是推动生产力发展的重要因素。首先，劳动者接受艰苦奋斗理论的过程同时是其自身素质提高的过程。劳动者接受了作为改造世界强大武器的艰苦奋斗理论后，其自身意识必然极大程度地得到纯洁，其内心世界会更加充实，同时，在保护环境的前提下认识自然、改造自然的欲望也会异常强烈。这就是说，劳动者的自身素质因接受了艰苦奋斗理论而大幅度提高。而劳动者又是构成生产力的最主要因素，素质提

高了的劳动者必定为生产力的发展提供更大潜力。其次，艰苦奋斗实践就是劳动者运用生产工具作用于劳动对象的过程。这个过程同时又表现为现实生产力的发展、上升轨迹。劳动者在具有强烈的艰苦奋斗意识后，只具备了生产力发展的潜在可能，而要使这一可能变为现实，还需劳动者的艰苦奋斗实践。艰苦奋斗实践就是具备了艰苦奋斗意识、提高了自身素质的劳动者积极地利用生产工具去改造劳动对象，以实现劳动者、生产工具和劳动对象的最佳结合与运行。显然，这个过程就是生产力发展的过程。因为劳动者再加入下一个生产过程时，必定会成为更有力度的生产力要素。这样，他肯定会在更高层次上更有效地进行使用生产工具去改造劳动对象的实践，从而推动生产发展。

四、民主政治的政治理想追求

布依族是一个历史十分古老的民族，在其历史发展过程中逐渐形成独具特色的原始民主形式——“议榔”或“议各习”的群众组织形式。这种组织形式一般是由同宗同寨的人们组成，也有由超越宗族或村寨范围的一定地域的人们组成。这种组织的职能是，对外反抗外来的袭击、入侵，对内维护社会秩序、生产秩序和生活秩序。议榔设有头人，布依族称为“卜板”。“卜板”由议榔组织成员直接选举产生。选举“卜板”时，各户家长到约定地点集会，共同推选一个德高望重的男性长者为“卜板”。“卡板”没有任何特权，他与其他成员的地位是平等的，他的职责是按照议榔组织制定的榔规（类似乡规民约、村规民约）处理民事、刑事纠纷。如果他不称职，群众可以要求召开议榔会议将他撤职、罢免。作为布依族传统社会组织的议榔，具有朴素的民主性质，即比较原始的非国家制度的民主——经济民主、文化民主和社会民主等，正如恩格斯所说的“自然长成的民主制”或“无限制的纯粹民主制”。列宁指出，社会主义民主建设的一项重要任务，就是努力发展具有特殊的经济和生活条件、特殊民族成分等的地方自治和区域自治，使群众直接参加基层社会生活的管理，使社会主义社会不仅是通过无产阶级先进阶层来为劳动群众实行管理的机关，而且是通过劳动群众来实行管理的机关。议榔等社会组织这一具有悠久历史和民族特色的布依族村寨自我管理的传统形式，在社会主义制度的民主性质使其必然具有社会主义民主性质以后，已经获得了新的生命。

五、“做官要为百姓苦”的公仆意识

在布依族传统政治哲学中，人是宇宙万物的尺度，具有高度的人本主义精神。布依族民间有着丰富的关于天、地、日、月形成的神话传说，如《混沌王》、《盘古王》，就是关于混沌王、盘古王创造世界，形成适合人类生活的自然环境的神话传说。然而，在布依族先民的心目中，这些开天辟地、创造日月山川的神明，尽管神通广大、法力无边，但他们却是人的需要和力量的化身，是布依族人民征服自然、战胜自然的代表；是布依族先民的化身，他们所从事的掀天揭地、创造万物的伟业，不过是代表布依族人进行的改造世界并使之适合人们生存需要的社会实践。布依族重视人的作用，以人为万物创造者，一切以人为中心的人本主义精神，在政治哲学上表现为鲜明的民为邦本的思想。布依族民间有谚语说：“百姓本是官之母，做官要为百姓苦。”“没有谷种难出秧，没有百姓官难当。”

“鞠躬尽瘁，死而后已”是社会主义社会人民公仆应具有的思想品德，邓小平晚年在总结坚持和发展马克思主义的历史经验时特别谈到这一点，“老祖宗不能丢”。在马克思主义经典作家那里，社会公仆的理论命题，源于巴黎公社伟大的制度创新：由于公社实行了包括所有公职人员都由选举产生并可随时撤换等一系列措施，工人阶级掌握政权以后，就能够“防止国家和国家机关由社会公仆变为社会主人”。因此，严格地说，社会公仆理论，是“防止社会公仆变为社会主人”的理论。当年，马克思、恩格斯所讲的“社会公仆”，是指国家和国家机关，而今天我们所说的“社会公仆”，不仅是指国家和国家机关，而且是指掌握国家政权的共产党和党的干部。这是因为，国家和国家机关会不会变为“社会主人”的问题，实质上是掌握国家权力的共产党及其干部会不会变为“社会主人”的问题，他们之间是紧紧联系在一起、不可分的。不管“社会公仆”的外延如何，其内涵都是一样的，都指向国家政权。也就是说，“社会公仆”和“社会主人”的一切问题，都是围绕着国家权力展开的。因此，公仆意识是同国家的公共权利紧密联系，同党的执政地位、执政职能和执政责任紧密联系的一种政治意识。对于掌握着国家权力的共产党来说，公仆意识集中体现了全心全意为人民服务的宗旨意识，集中体现了“立党为公、执政为民”的执政理念。只有牢固树立公仆意识，防止社会公仆变为社会主人，才能不断巩固执政基础和执政地位，保证权力不滥用、不变质、不丧失，这应该成为全党特别是党的各级领导干部自觉而严肃的政治要求。

六、“人间祖国亲”的政治认同

政治认同（political identity）是指公民对一定政治体系合法性的依赖和支持，是个人对政治单位的归属感。周平教授认为：“政治认同产生于个人与各种政治单位（如国家、民族、村社、地区、团体等）的相互关系中，当个人认识到体察到自己归属于某个政治单位，就形成了对该政治单位的认同。”个人既可以认同于国家，也可以认同于民族，还可以认同于村社、地区、团体，等等，政治认同表现为个人对政治单位的义务、责任、支持和效忠。在人类政治思想史上最早注意这一问题的是古希腊著名政治思想家亚里士多德，他认为，人类天生就有合群的性情，“人类在本性上应该是一个政治动物”，“人类自然是趋向于城邦生活的动物”。可以说，政治认同是人们政治生活的客观需要。布依族是一个有着较强的政治认同的民族，在与我国汉族及其他少数民族长期交往、团结互助及反抗外侮内辱的斗争中，凝聚成爱国精神及强烈的政治责任感。布依族民间有谚语说：“一支筷子易折断，十支筷子好铁棒”；“一人背一提，万人堆成山”；“世上天空大，人间祖国亲”。

布依族的“人间祖国亲”的政治认同，是布依族人民数千年来维护祖国的独立和统一、增进国内各民族的团结和进步、促进国家的繁荣富强的坚实的思想基础，它有利于布依族与汉族等其他兄弟民族在爱国主义旗帜下，加强相互理解、相互信任、相互依赖，建立平等、团结、互助的社会主义新型民族关系，为祖国的繁荣、富强、进步作出积极贡献。

参考文献：

1. [美] A. 约翰·西蒙斯著，郭为桂、李艳丽译：《道德原则与政治义务》，凤凰出版传媒集团，江苏人民出版社，2009 年。

2. 应奇主编：《当代政治哲学名著导读》，凤凰出版传媒集团，江苏人民出版社，2010 年。

3. 王国勇：《布依族地区村级治理政治文化的影响及意义》，载《贵州民族学院学报》2004 年第 3 期。

简析云南傣族的佛性生活

吴之清[①]

“佛教，一方面是佛陀创造而由僧侣们的学术活动所维持延续的思想体系；另一方面是普通人宁愿从神话角度来理解的宇宙观。前者是人生哲学，后者则是一种宗教信仰。”[②] 佛经里有很多涉及世俗的东西，其中还讲到如何爱护自己的财产、如何支配自己的收入、怎样形成良好的社会习俗、如何处理好家庭伦理关系等，诸如此类的“人生哲学”，可以说，对世俗社会的指导意义是很大的。

一、僧俗社会

“世尊如来佛，能为人解惑；听佛之教法，慧眼必可得；如来之智慧，如暗夜明灯。”[③] 傣民们对这类的教诲并不陌生。虔诚信仰上座部佛教的傣族，男孩在7岁时就要入寺做“嘎比”（学僧），届时由父母带到佛寺，向长老说明来意，若被准予，则由

---

① 吴之清，云南师范大学哲学系主任，副教授，硕士研究生导师，博士。

② 宋立道：《神圣与世俗》，宗教文化出版社，2000年，第49页。

③ 邓殿臣译：《长老集·长老尼集》（南传佛教小部经典），中国社会科学出版社，1997年，第2页。

比丘剃度。比丘备好削发工具，先以右手蘸清水，向男孩弹洒三次，再用右手触摸其头顶，同时念颂《阿左经》约两分钟。其大意是：“你从凡间来，今天开始步入佛门，一切人间的烦恼都要抛在脑后，即使听到、看到，也不要去想、去看。不能想家，要一心一意学好佛法。要遵守教规，尊敬师长。所有的动植物都是有生命的，要爱惜它们。要多多行善积德，才能成为佛的弟子。”之后，男孩朝佛像磕三个头，再由父母代替向佛起誓。其大意为：“菩萨曾讲过，一个人要升入天堂，就要向佛贡献最好的礼品，最好的礼品除了糖果香烛之外，就是自己的一片心血，这片心血就是儿女，今天我把儿子献给佛，以表示我对佛的无比虔诚，佛啊，请您接受我的这份厚礼，免去人间的灾难和我的罪过，请保佑您的信徒们。”最后才湿头削发。

在学僧期间，食宿均在寺庙，身穿俗服，日食三餐，主要学习傣族文化、佛教知识、信仰礼仪，做早晚功课，并负责挑水做饭、打扫卫生、劈柴种菜等杂事。学僧第一学年学习傣文、泰文、缅文的字母，掌握几种文字的拼音，学习时间安排在早餐后，一般为8时至11时；黑板通常挂在佛殿入口处的两边；学僧和沙弥各为一个班级，课间休息时，学僧和沙弥可在佛寺院子里玩打棍子、弹橡皮筋、打“麻领”等游戏，也可以出寺散步。经过一年以上的见习，学僧掌握了基本的教义、教规和礼仪。如果学僧要求出家，则须家庭同意、村寨佛寺管理处批准，这样就可以举行晋升沙弥仪式。在晋升沙弥或比丘之前，要还俗数日，这期间，他可以到干爹干妈家走访，可以与妇女交谈。

二、“来浩”——沙弥尼

沙弥尼，俗称白尼姑。穿圆领斜襟长衫，下系围裙。年轻的尼姑多选用粉红色长衫，橘红色围裙；年长者多选用褐色衣料。

喜欢时常洗足，外出时仅穿夹趾拖鞋。出家时也举办隆重仪式，先拜干爹干妈，由其配备给佛门的用品。届时，将其装扮成公主模样，大宴宾客，并将其欢送至佛寺大殿。剃度仪式必须由一个比丘和资力较深的沙弥尼主持，以担任监护人和师傅之职。湿顶削发，但不燃香痕。沙弥尼一般居住在佛寺旁边的简易茅庵里，茅庵通常为一幢两间，进门为厨房，里间为寝室，设有佛龛。出夏安居期间，沙弥尼都背着布口袋走村串寨化缘，主要化大米和钱；入夏安居期间，一般不外出。沙弥尼生活自理，通常是单独或集体开伙。

《南传大藏经》中部的第 146 经就是讲佛的姨母大爱道出家的情形，经云：

> 一时，世尊住舍卫城只陀林给孤独园。时，瞿昙女摩诃波阇波提与五百比丘尼俱，诣彼世尊之处。诣已，敬礼世尊立于一面，立于一面之瞿昙女摩诃波阇波提，如是白世尊："世尊！请世尊教诫诸比丘尼。世尊！请世尊教诫诸比丘尼。世尊！请世尊教诫诸比丘尼。"
>
> 其时，恰好诸长老比丘顺次教诫诸比丘尼。然，尊者难陀迦不愿由顺次教诫诸比丘尼，时世尊告尊者阿难："阿难！今日由顺次是谁教诫诸比丘尼？"阿难难曰："世尊！依顺次，应是难陀迦教诫诸比丘尼，世尊！彼尊者难陀迦不愿依顺次教诫诸比丘尼。"

古代印度社会对妇女历来持歧视的态度，基本情况是这样的："佛陀诸圣贤，修证成罗汉；其他平庸辈，求得已困难；女流‘二指智’①，绝然不可攀。”② 而“佛教反对种姓压迫和对妇女的歧视，主张众生平等，男女一样；准许女性出家，这为一部分妇女开辟了一条解脱之路。但由于当时历史条件的限制，佛陀的态度也并不十分坚决”③。

可见，沙弥尼的由来是根据佛经记载的故事演绎过来的。佛寺长老向笔者叙述：

> 佛陀的母亲生下佛陀后就病逝了，佛陀是由姨母巴扎八蒂果达密抚养成人的。佛陀出家之前，姨母不同意他出家修行，曾反复劝阻过。释迦牟尼成佛后，姨母打听到他在维刹利传教，就带领500名宫女去找他，仍然苦口婆心劝其还俗。在这劝说的过程中，反而对佛法有了较为深刻的认识，竟一改初衷，要求出家，并向佛陀表达了出家的愿望和决心。佛陀对姨母说：出家可以，但必须接受8个条件：第一，出家后只能穿粉红色和褐色长衫，以便区别男女；第二，无论沙弥尼的佛龄有多长，见了资历比其短浅的僧侣仍要下拜，即使沙弥尼很有学问，亦不能充任僧侣的师傅；第三，不能单独建寺，必须在有比丘或长老的佛寺出家；第四，必须有一位比丘或长老与高资历的沙弥尼为其主持剃度仪式；第五，每月接受比丘或长老的两次教诲，每月入佛寺大殿念经两次；第六，会见比丘、长老时，必须有两位以上

---

① 妇女在做饭时，将米和水放入锅中，待煮到一定时间后，便取出几粒，用两个手指捻一下，以查看米饭是否煮熟。当时的社会普遍认为，妇女的全部智慧唯此而已。

② 邓殿臣译：《长老集·长老尼集》之邓殿臣、威马莱拉担尼合译《长老尼集》（南传佛教小部经典），中国社会科学出版社，1997年，第327页。

③ 邓殿臣译：《长老集·长老尼集》（南传佛教小部经典），中国社会科学出版社，1997年，第325页。

的沙弥尼在场；第七，不许谈论男女之事；第八，妇女出家为沙弥尼的期限是 2000 年。答应了。从这以后，沙弥尼出家就以这 8 条佛规为准绳。

由此可见，妇女所处的地位十分低下，她们在萌发了出家的念头之后，还要冲破重重的阻力。“出家别爱子，牛畜亦舍弃。断除贪与嗔，正道灭痴愚。尘欲连根拔，宁静证圆寂。”① 这可以看出，妇女一旦出家，态度是坚决的，而且勇猛精进。因为释迦牟尼与姨母立约已愈 2000 年，所以南传上座部佛教已不再使用沙弥尼这一称谓，而用傣语“来浩”，意为穿粉红色袈裟的佛门女弟子。据说，从前的德宏有很多的“来浩”，由于超过佛祖所规定的年限，“来浩”就越来越少了。

三、居士晋升

（一）做“坦木”

“坦木”是经书之意，做“坦木”很简单，只需花三五十元钱买一部经书送入佛寺，再请长老念经，即可获得“坦木”称号，此是上座部佛教最基本的佛教职务，而且经济开销小，议程简便，所以几乎每个信徒老人都能取得这个称号。德宏上座部佛教徒皆以获得这个佛教职务为荣耀，尤其是老年人，一个信奉上座部佛教的老年人如果最终未能获得“坦木”的称号，则被视为耻辱。

（二）做“帕嘎贺袤”

“帕嘎”意为佛门弟子，是巴利语“帕拉达嘎”的简称。意

① 邓殿臣译：《长老集·长老尼集》之邓殿臣、威马莱拉担尼合译《长老尼集》（南传佛教小部经典），中国社会科学出版社，1997 年，第 233 页。

指信徒只需做修沟、架桥和铺路等规模稍大的善事，僧侣便可赐其为“帕嘎贺轰”、“帕嘎蚌挡”、“帕嘎盖贺”等相应的称号。

（三）做“帕嘎”

获得“帕嘎”称号的信徒，其地位比“坦木”和“帕嘎贺轰”高，取得此佛阶者被视为功德已初步圆满。做“帕嘎”通常有五种方式：

1. 知识分子做帕嘎：这种帕嘎的议程比较简便，愿意做帕嘎的人，到佛寺里起誓永远皈依佛门，长老便可当场赐其帕嘎称号。据说，这种方式是德宏上座部佛教为广开信众大门，而对知识分子入教特许的“优惠”。

2. 富裕人家做帕嘎：广大信徒，为实现做帕嘎的愿望，平时节衣缩食，积攒了足够的钱财，然后就着手做“帕嘎摆”。做“帕嘎摆”的人家，在正式做摆之前，准备工作就开始了。首先到缅甸购买汉白玉或木雕等做的佛像一尊或数尊，佛像小的高数寸，大的高数尺，佛像大小一般视各家的经济情况而定。佛像买回后，就开始精心制作佛幡、佛伞等装饰物。佛幡、佛伞的制作非常精致，一个佛幡和一把佛伞的制作往往要花3—5个月才能完成。这期间还要到佛寺请僧侣或居士抄写一部经文。做摆前几天，要在自家院内搭一间做临时佛堂的小茅屋，供奉佛像、经书、佛幡、佛伞等。到做摆之日，邀请亲朋好友、乡邻村民来做客，主人要杀猪宰牛，大摆酒席来招待，本寨子的人几乎全体出动，自愿无偿地帮忙，前往祝贺。届时，专请僧侣住在院内的临时佛堂里诵经焚香。这个活动通常要延续3—7天才告以结束。结束前一天，人们载歌载舞，有的敲铓打鼓、有的鸣放鞭炮，热情洋溢地将临时佛堂中供奉的佛像、经书、佛幡、佛伞等全部送入佛寺里供奉。有的人家还给寺里的僧侣每人做一套袈裟，或给寺里布施一些钱物，表示做帕嘎的人决不留恋红尘中的荣华富贵，愿意将自己的一切奉献给佛。做完这一切后，长老即在佛殿念经，赐予“帕嘎”称号。

3. 做“公摆”：这个做法是由数人合伙做帕嘎摆，其仪式、程序等与个人做帕嘎摆大体一样。二者区别在于：做公摆不在家里或村里专设临时佛堂，而是直接到佛寺里举行仪式；不宴请宾客。人们普遍认为做公摆所获得的帕嘎，其功德远不如个人做帕嘎摆的获得，所以做公摆获取帕嘎称号的人较少。

4. 做“帕嘎体”（“帕嘎勒”）：在取得帕嘎称号之后，如果还要再升一级做帕嘎体，就得做第二次帕嘎摆。做法与“富裕人家做帕嘎”的方式相同，即买佛像、大宴宾客数日、长老念经封赐为帕嘎体。获得帕嘎体称号的人，被视为功德已基本圆满，死后即可得到阿罗汉正果。由此可见，帕嘎体的地位要比帕嘎高得多。

5. 做“帕嘎软”（“帕嘎勒相”）：帕嘎软是德宏上座部佛教居士的最高佛阶，也是信徒毕生追求的最高理想。要做帕嘎软，必须先取得帕嘎体的称号。此摆做法与“富裕人家做帕嘎”的做法一样。我们可以想象，信徒一生中连续做这样的摆若干次，所需的财力、物力、人力等不可估计，所以普通家庭、一般的人难以承受，仅有少数的人才有能力做帕嘎软。例如，在潞西的芒市，从1949年至1990年，只有两人获得帕嘎软的称号。取得这个称号的人，标志着其已功德圆满，日后定能进入寂静涅槃。

（四）傣族做摆的意义

德宏的上座部佛教徒普遍认为，通过做摆获取上述佛阶有着非常重大的意义。诸如此类的活动，一方面可以表明自己对佛的极大虔诚，另一方面又可以为自己累积福寿功德。只要取得上述佛阶中的任何一种，尤其是帕嘎以上者，不仅自己能获得正果，而且还福及已逝父母，使他们也得到解脱。做帕嘎摆的时间一天或数天不等，一摆的费用少至数百元、多至数千元，依个人的经济实力而定。信徒在做摆方面不惜花费毕生的钱财，因为他们相信，自已为此所付出的一切能在未来得到应有的回报。

德宏佛教徒的等级观念十分强。如果村寨中谁的名字前被冠以帕嘎以上的称谓，那么他在村寨中就有较高的地位，人们会尊重他、敬慕他。人们还认为，只有做了帕嘎的人，才能正式算作佛的徒弟，佛也只承认具备帕嘎称号者为忠实信徒。人们普遍认同，只有做了帕嘎，日后才能摆脱生死轮回之苦。

自南传上座部佛教进入德宏以来，除“文化大革命”期间停止举办居士佛阶晋升仪式之外，其他类似晋升仪式的活动从未停办过。近年来，随着国家政策放宽，人民生活逐渐富裕，这样的佛事活动已得到恢复，并变得频繁。有时候，在同一天同一村就有几户人家在单独做帕嘎摆。

做帕嘎摆等原是摆奘教派特有的教仪、教规，在德宏，因为摆奘派的实力较强大，所以，朵列、耿润、左底教派相继传入后，也有仿效者。纵观东南亚、南亚等上座部佛教、乃至世界佛教，唯有德宏上座部佛教至今还保留着此类古老而又特别的佛教仪规。

四、傣族社会生活[1]

流传至今的南传上座部佛教，对傣族民众来说，不仅是宗教信仰的问题，而且渗透到社会生活的各个方面。傣民似乎对“死者因贪欲，轮回多苦凄。当办我已办，当依我已依。禅观多喜

① 吴之清：《云南傣族与小乘佛教》，载《宗教学研究》2004 年第 3 期，四川大学道教与宗教文化研究所，第 167 页。

悦，能达安乐地”[①] 有特别的理解。

信徒每家都设有佛龛，傣勒、陇川阿昌族的佛龛均设在堂屋正中央，傣德、德昂傣族则设于楼房客厅的右下角。每日清晨和夜间入睡前，受戒者都要念经拜佛约半小时左右。信众请僧侣到家中念经，摆奘和耿润仅在“帕嘎摆”、结婚典礼、进新房、超度亡灵的时候才接受迎请。做帕嘎摆时念诵的经典，根据做摆的性质，有取舍地选择有关的经文段落；进新房念诵《曼嘎拉》经，系恭贺祝好的内容；结婚念颂《平安经》；超度亡灵念诵《引路经》等。朵列派除上述四种情况以外，还有出征、出门、开业、起事、新车、疾病等时候，要请僧侣念经。出门等念诵《平安经》、开业等念诵《赶帕万》经、疾病念诵《施里拉》经。

值得一提的是，如果一串芭蕉结 24 台或 28 台，则被视为祥瑞之兆，意味着有 24 尊或 28 尊佛莅临人间。主人及寨人颇感荣幸，尽快择日举办庆典，念经迎佛。

（一）德宏傣族的佛教人生

佛陀说：“长者！你今生不如大富人家一般的富有，是前世少种布施因缘及布施时没有信愿心的布施行为所致。如果你今生布施时，仍然用轻率心、不敬心布施，来世纵然财富无量，但是易得易失，不能常有。从现在开始，你应当要用恭敬心、诚意心、欺善心来行布施，发愿求福，来世你的生活，一定会像大富人家一样的家财万贯，享用不尽……”[②] 为此，虔诚信仰小乘佛教的云南傣族在现实生活中有如下实践：

1. 因果报应，生死轮回。佛教宣扬：人有前生、今生、来生

---

① 邓殿臣译：《长老集・长老尼集》（南传佛教小部经典），中国社会科学出版社，1997 年，第 29 页。

② 《增一阿含经》，宗教文化出版社，1999 年。

(即三生三世),“生有所来,死有所往”是其生死轮回观的主要思想;人的灵魂将由其生前的善恶情况决定死后的去向:或升入天堂永享太平、或投胎转世、或轮为牲畜、或堕入地狱做恶鬼;现世的贫富、好坏状况,是前世作恶、行善所造成的因果报应;若今世再不行善布施,后世将被打入地狱,转生为恶鬼和牲畜;不论是富人或穷人,凡行善布施越多,死后就能升入天堂到极乐世界去过幸福生活或转世享受荣华富贵。傣族民众有了这些主宰其言行的人生观,使得他们对现实委曲求全,还要省吃俭用,用节攒下来的钱财“赕佛”,为此不惜倾家荡产。旨在祈求佛祖赐恩,解救其脱离人间苦海。

2. 烧香设供,祈祷许愿。人们相信世间有神秘的力量存在。傣族在崇信祖先的同时,又虔诚地信仰佛教。他们相信,只要通过对神的献祭,就可以达到与神交流的目的。在傣族生活里,每逢节日,都要于家里烧香拜佛,或在家人生病时设供、祈祷,认为烧炷香佛祖就会闻到香味,再磕磕头,佛祖就会保佑亲人健康。

3. 建寺造塔,供养僧侣。傣族全民信仰佛教,村村寨寨都有佛寺。相传,在佛教传入以前,僧侣们没有固定的居所,有一个国王觉得自己应该为僧侣们做点好事,就再三请求佛祖,后来佛祖答应国王为僧侣们建寺造塔,使他们有一个安身之地。从那以后,傣族就认为僧侣是佛祖的弟子,并把佛塔当作至高无上的象征。于是,人们经常建寺造塔,以表达对佛祖崇拜的心愿。

4. 设宴做摆,积功积德。信教群众为了死后能升入天堂,就常设宴做摆,多做善事,累积功德,并不惜把平生的积蓄用在这方面。《赕佛的来源》中讲道:有一对夫妇常煮饭给别人吃、挖路、搭桥、造塔、建寺、栽菩提树,也不杀牲,后来男的做了大官。这个故事就是倡导人们积功积德、专修来世,以求灵魂升入天堂。

5. 赕薄积德，专修来世。傣族信众为了能自我解脱、专修来世而向佛寺献书积德的活动，傣语称为“赕薄”。人们认为赕书越多，来世就越有好日子过。为此，家家户户都要出钱请人转抄自己或父母生前所喜爱的叙事长诗或民间故事，成书后再拿到佛寺去赕，以求生者吉祥、死者安息。人死后，其家人还要买佛像、请和尚念经，为其超度亡灵。

6. 过“泼水节”，不忘禁忌。傣族节日很多，较隆重的要数“泼水节”了。据说，泼水节与佛教有密切的关系，为小乘佛教一岁之首，显然，其来源与佛教的产生和传播有关。“泼水节”又称“佛诞节”、“浴佛节”，是纪念佛陀诞生的节日。在傣族地区有这样一个禁忌：在关门节期间（七月至九月）不准结婚。关门节期间是僧侣们到寺内念经的时期，人们一直认为在关门节期间结婚是不吉利的。佛教不仅对傣族的生活习俗有诸多的影响，还渗透到其政治、经济、意识形态当中。

（二）出生

在德宏，傣族妇女结婚怀孕后，一般都不能随便去别人家串门，以免冲撞别人家的忌讳。分娩后，要做月子，满月后才能走出家门。小孩满月时，一般要请“满月”客，这天亲朋好友前来送礼祝贺，届时可以请有关老人为小孩取名。小孩满岁时，父母要为其操办“满岁”的宴席，邀请亲朋好友再次来家做客。开宴前，为小孩举行一个小小的前途占卜仪式。即将一块席子铺在地面上，其上摆放葱、碗、筷、木锄、书、笔、算盘等物，然后让小孩在席子上坐好，面对这些摆放的东西，任其抓取。如果小孩先拿文具，预示小孩天资聪明，将来是个做学问之人；如果小孩先拿炊具或香料，预示小孩将来一定是个厨师；如果小孩先拿劳动工具，则预示小孩将来一定是个劳动能手。测试完毕，即招呼客人入席，席间，小孩由母亲抱着轮桌拜谢客人，客人则将准备好的贺礼送给小孩，同时说一些吉祥如意、前途光明之类的话。

傣族人自小就受佛教思想的熏陶，孩子降生下来就请佛爷取乳名、写八字算星象；西双版纳等地的傣族小孩七八岁进寺庙当小和尚时，就有了教名；过了几年寺院生活，还俗后根据僧阶高低，又可以取俗名。例如，当过和尚还俗的，在原乳名上加“迈”字，“迈”意为“新”，表示已成新人；当过佛爷还俗的，在乳名上加“康朗”两字，大佛爷还俗后称“康朗弄”，意为“大康朗”；当过枯巴因特殊原因而还俗的，则称为“康朗厅”。凡获得“康朗”称号的人，标志其已有一定的学识和修养，在社会上有了较高的地位。当过“康朗厅”的人数很少，因为僧至枯巴级的人原本就不多，而且其一般都不再还俗，所以“康朗厅”在社会上是颇负众望的。在西双版纳等傣族地区，一个男子如果一生中没有出家当过和尚，那他就会被人看不起，甚至连对象也难找到，所以在这些地区，出家当和尚是一个男子一生中不可缺少的一环。

（三）傣族的取名习惯

傣族信奉佛教，故其取名也无疑带上佛教色彩。如在“豪洼”（关门节）期间出生的人，必须在顺序排行的后面加个“洼”字，如岩洼团，是指吉利的在洼期出生的老大。也有按做“摆”的顺序、次数冠以不同级别的佛名，其顺序从低到高是坦、帕嘎、累、体、约。如果已做了第一、第二次“摆”的，前面就加“坦”、“帕嘎”。如坦究，意为佛祖保佑；帕嘎根丁，意为富裕的帕嘎。如果再做第三、第四、第五次“摆”就必须在前面加“帕嘎”，如帕嘎累（功德如山的帕嘎）、帕嘎体（功德如高山的帕嘎）。以做“摆”来取名（佛名）不能颠倒或跳级，必须从最低的“坦”开始。

瑞丽地区的傣族取名方式别具一格。这里的傣族多数没有姓氏，小孩出生后即取乳名，随着年龄的增长，而请佛爷、寨中老人或家族长辈取“帕嘎”名号。取乳名通常是按传说中七天一周期的属相来取的，这七天分别属虎、狮、象、鼠、牛、蛇、鸟，分别取名为喊、静、坐、灭、散、吞、旺。如果在奘房当过和尚或大和尚，还俗后在乳名或帕嘎名后加上“和尚”、“大和尚”。佛爷还俗后，名字后加“塌”。如是在进洼拜佛期生的，必须在乳名后加“路”；如因小孩生病拜佛，也加“路”。在奘房打过杂、帮过忙的，乳名后加“奘”。

（四）傣族的奘房教育

早些时期，傣族地区的许多寨子里没有学校，人们要认知傣文并进一步学习文化，只有到奘房去才能达到目的，“奘房”是当地的佛教寺庙。这种寺庙教育方式俗称“奘房教育”，是“教教合一”的特殊教育形式，即是由宗教与教育两者结合而成的，这在德宏的傣族地区比较普遍。民国时期的德宏，在稍大一点的傣族村寨几乎都设有奘房，如盈江县、潞西县奘房数目都在100个以上。

由于传播和学习经文的需要，几乎每个奘房都招收“嘎备”，“嘎备”是指没有受过戒的小和尚，即学生而言的。凡进入奘房的“嘎备”，都是经本人自愿、父母亲友许可的，年龄一般在10岁左右，“嘎备”的食宿都安排在奘房里。

“嘎备”每天的寺庙生活既紧张又有节奏：拂晓击磬；早餐后聚集在佛坛前顶礼膜拜、念经诵佛；之后，集体打扫卫生，或种树栽花，或劈柴挑水，或各自学习参禅；正午击磬，共进由善男信女施舍的午餐；下午2时，听大佛爷（召举）或二佛爷（召闷掌）讲授傣文，兼朗读佛经或讲解经文；下午4时以后，“嘎备”相互间切磋习得；晚上点灯击磬；睡觉前又集中到佛坛前拜佛诵经；接着聆听佛爷宣讲清规戒律。

“嘎备”在奘房的学习生活是十分清苦的。这期间他们主要学习巴利文、傣文、佛经、医药、绘画、剪纸、艺术等。虽然“嘎备”通过一年的学习就能读写经文了，但要在3年后经考核合格后才可以还俗。“当年，只有比丘才能在佛寺里受高等教育，也就是在较大的佛寺师从高僧，在其指导下学习巴利文和深奥的佛学知识，包括药典、星象、语法、修辞等。古代的大佛寺培养出不少博学之士，为土司和地方统治机构输送了为数不少的人才”①。

至20世纪50年代前，奘房教育对乡村和城镇的文化教育事业仍有相当的影响，并占有一定的地位。奘房教育是受地理、历史、宗教、民族、习俗、经济等多方面因素的影响，在特定的社会背景中形成的一种颇具民族宗教特色的教育方式。在当时的社会环境下，奘房教育为普及和传播傣族文化知识、净化人们的心灵、提高民族的伦理道德修养、培养民族人才等作出了很大的贡献。

五、献坟不如献佛

德宏傣族有这样的社会习俗，举办丧事的人家应在佛寺院内或附近为死者立一佛幡，这是赕给祖宗和刚去世者的天梯，因为灵魂要以此为进入“勐力板”（天堂）的跳板。死者于同日扶山，自此以后，家人对坟茔墓地就不作任何管理，清明时节也不来祭献坟墓。但到了20世纪30年代，傣勒开始在清明节时献坟，傣德于20世纪80年代亦开始献坟。这种现象来源于以下传说：

很久以前，德宏地区有一户财主，男的叫腊育，女

① 张建章编著：《德宏宗教》，德宏民族出版社，1992年，第211页。

的叫哈木。夫妻俩中年得子，高兴无比，取名叫阿托，并将其视为掌上明珠。阿托在父母的“蜜罐”里泡了十年，长得聪明、可爱。可是好景不长，阿托不幸患上了哑瘴，不久就离开了父母。老两口呼天喊地，哭得死去活来，悲痛欲绝。阿托的葬礼办得非常隆重，老两口还请来工匠专门为爱子于向阳坡上修建了一幢气派的停尸房，然后每天派佣人为阿托送去一日三餐。

三年过去了，佣人送饭时所走的毛毛路已被磨成了光溜溜的小道。一天晚上，佣人照例为阿托送饭，在去的路上突下暴雨，山涧洪水猛涨，无法渡过，佣人望着湍急的涧水无计可施。正在此时，从侧面的山麓上来了五个饥肠辘辘的佛爷，佛爷礼貌地向佣人化斋，佣人也可怜肚饿的佛爷，于是便将所有的饭菜都施舍给了佛爷们。

就在这天夜里，阿托父母做了一个奇怪的梦，梦见阿托回来了，并对父母说：“我走了三年，直到今天才吃到家里人给我送的饭，想我在世时，你们那么疼爱我，为何我一离开家，你们就不管我了呢?”老夫妻俩答道：“这三年我们无时不想你啊！还叫佣人每日给你送去三餐，或许是佣人没有尽责吧。儿啊，这可苦了你!”

翌日晨叫来佣人问话：“这三年，你把阿托的饭送哪里去了？阿托昨晚才吃到你送的饭，你……太可恶了!”佣人辩护道：“主人我每日都按时尽我的职责，把阿托的饭送到，不信可到坟地里看看。”

腊肓随佣人到坟地一看，果然看见了三年来佣人所送的饭，只见坟墓右边饭堆成了小山，左边肉菜堆成了一个塔。腊肓很是纳闷，就又问佣人：“昨晚你是怎样送的饭?”佣人只好“从实招来”,腊肓听了后颇有感触地说:“如此说来,献坟还不如直接献佛啊!”

这事一传开,人们祭祀的观念就发生了质的变化。从此,“献坟不如献佛”就在德宏地区流传开来,家族中无论死者是谁,安葬7天后就不再认坟墓了,至于清明节的祭献活动也不再举行,唯有到佛寺里赕佛。

六、葬礼仪式

大般涅槃经云:

“尔时众中。有未得道比丘人天。既见如来已般涅槃。心生懊恼。宛转于地。已得道者。深叹世间无常之苦。悲号啼泣不能自胜……见诸婆罗门。并及刹利长者居士。力士妻女长幼大小。以妙香华种种供养。自伤贫乏独绝此愿。心自思惟。如来出世极为难值。最后供养复为甚难。而今穷罄无以自表。作此念已。倍增悲恸。临佛足上心大懊恼。涕泣流连污如来足。愿我将来所生之处。常得见佛。诸比丘尼及优婆夷。供养毕已。即还本处……诸天于空。雨曼陀罗花。摩诃曼陀罗华。曼殊沙花。摩诃曼殊沙花。并作天乐。种种供养。供养讫已。即便从城东门而出。往于宝冠支提之所。既到彼处。比丘比丘尼。优婆塞优婆夷。天龙八部。感结悲哽不能自胜。而便聚积牛头栴檀及诸杂香。尊者摩诃迦叶在铎叉那者利国。闻于如来欲般涅槃。与五百比丘从彼国来。欲见世尊。是以如来不令火然。尔时大众闻此语已。深叹奇特……即以香华。供养佛棺。礼拜赞叹。皆悉毕已。于是双足自然还入。迦叶即便还下于地。以佛力故香自然。四面火起。经历七日。宝棺融尽。于时诸天。雨火令灭。诸力士众收取舍利……犹裹舍利。当尔之时。虚空诸天雨众妙华。并作伎乐。歌呗赞叹。供养舍利。时诸来众及以力士。皆悉各设种种供养。诸力士众。即以金罂收取舍利。置宝舆上。烧香散华。作众伎乐。还归入城。起大高楼而以舍利置于楼上。即严四兵。防卫守护。唯听比丘及比丘尼。得入礼拜。种种供养……我已相为和。诸力士皆悉与汝舍利之分。可取宝瓶。为汝分之。八王欢喜。奉授金瓶。彼婆罗门。受诸金瓶。持以还归。于高楼上而分舍利。以与八王。于时八王。既得舍利。踊跃顶戴。还于本国各起兜婆。彼婆罗门从诸力士。乞分舍利瓶自起兜婆。诸力士等取其一分。于阇维处。合余灰炭而起兜婆。如是凡起十处兜婆。如来从始欲般涅槃。及般涅槃后至于阇维。起诸兜婆。其事如是。其后迦叶共于阿难及诸比丘。”① 佛经里还有关于般涅槃、埋葬的叙述，佛说大爱道般泥洹经云：“……佛母般泥洹并五百比丘尼已般泥洹。皆是阿罗汉皆大神足。功德已满。当共好葬之。南方亦尔西方亦尔。北方亦尔东方亦尔。贤者舍利弗罗受语。即东向南向西向北向请诸阿罗汉。即时东方有三百五十阿罗汉来。南方亦尔西方亦尔北方亦尔……”②

因为受上述佛经的影响，在德宏地区，无论是僧侣还是信徒，其丧葬仪式皆有其独特的内涵。

① 《大正藏》卷一（阿含部），《大般涅槃经卷》下，第191页。

② 《大正藏》卷二（阿含部），第144经，第865页。

（一）信众葬仪

在德宏傣族地区，佛教信徒死后皆要沐浴化妆，年长者化淡妆，年少者则化浓妆，之后才能入殓。如果死者是家长，其棺木要放在客厅中央，如果是其他，则停放位置稍偏，一般是男停右、女停左。随即就要请僧侣到家中为死者超度。僧侣坐在右侧，设有坐床，面对棺木念诵《引路经》，约为10分钟，其经文大意主要是为死者歌功颂德，指引道路，恳请佛祖大发慈悲，为其解除生死轮回之苦。在《引路经》中提及了生命价值的概念："生命就如早晨的光阴，比五砣黄金还要贵重。人生在世，自食其力者才会受人尊重，贪图便宜的人如同行尸走肉。一生行善的人，神仙会为他指明通往天堂的路。"同时，全村寨的人都来帮忙。成年男子为其编织死者所使用的冥房；老年人则围着棺木的左、右、下三方席地而坐，同时念诵佛经；年轻的妇女负责炊事工作。七旬以上老人去世可以停放3—7日，视其财力和天气冷暖而定；其他则在当日或第二天择日土葬。停棺期间，傣族与阿昌族的孝子孝女一般身着白衣、戴白布包头。七旬以上老人逝世是寿终正寝，出殡时不可以哭泣，应该敲铓打鼓送至墓地，称为"白喜事"。

出殡的次日，死者重要的家务就是必须用白胶泥拌牛粪或水泥抹刷正房与厨房的地面，傣语称为"打恩茂"，意思为"使亡魂回不了家"。人死后第七日，受佛戒的老人都到死者家中集体念经安魂。午饭后，家属及亲友们端着供品到佛寺里，除了糖果、米线、香烛等物之外，还要赕一部手抄经书、白色佛伞两把、素色彩联一对、白布冥房一个。接着请僧侣念诵《平安经》。《平安经》大意为：

"你安心地做吧，不要再为人世间的事操心，人总是要死的，只不过你先走一步，今后我们也会跟着来，你不用悲伤，眼光要放远一些，你就毫不留恋地走吧。你活着信佛守法，积善行德，死后会有好报，即使轮回也会降生于富裕人家。请不要贪恋人世，赶快走吧，永远也不要再回到我们的寨子。”

若是18岁以上的死者，举办丧事的人家应该在佛寺院内或附近为死者立一佛幡。据说这是赕给祖宗和刚去世者的天梯，其灵魂可以登梯进入“勐力板”（天堂），同日扶山，此后就不再任坟。

20世纪30年代，傣勒开始在清明节时献坟，傣德于20世纪80年代亦开始献坟。

（二）僧侣葬仪

寺里长老或主持圆寂后皆举行火葬仪式，佛教徒认为唯有火葬，其灵魂方可随轻烟上天。沙弥、沙弥尼及一般比丘圆寂后，其丧葬仪式、规模与世间受戒者的葬礼相同，实行土葬。

德高望重的长老圆寂后，要举行特殊、隆重的“拉罗”葬礼，“拉罗”是拉车的意思，俗称“拖棺”。灵柩停放在佛殿长老的坐床处，停3—7日，因该区财力和天气而定。

出殡时，将棺材抬出佛殿，固定在特制的木架车上。车的用料必须为大青树，车为长方形。车有两根边柱，即为蟒车。边柱上安装大木轮，每边三个共六个，车头饰有龙头。在棺盖上罩上高大华丽的冥房（圣梯），模仿佛寺建筑群，主楼为七层，高达七八米。

在木架车的两端拴上长绳数根，以长老生前管辖的信徒为一方，其他村寨的佛教徒为另一方，手持棺绳在空旷平坦的场地上拉来拉去。双方都有乐队为其呐喊助威；同时，各寨的男子纷纷鸣枪示敬。人们以获胜为吉祥，把拖棺、鸣枪等举动看做是行功德、积善根，这种场面尤为热烈动人。

通常，“拖棺”数小时才能决出输赢来。“拖棺”结束后即在原地实行火葬。先架好三盆柴火，把棺材搁在柴架上，在僧侣念完《引路经》后点燃柴火，在围观火葬现场，要给参加者散发1000包蒸熟的饭包，包内分别配有腌菜、肉块、鸡蛋等饭菜。

而后，拣骨灰装入陶罐，安葬于死者生前所在佛寺后的空地或邻近山水秀丽处，并在其上建筑高约2—3米的白塔。

据召苏曼腊长老说：“拖棺源于《唐僧取经》的故事。唐僧西行时，坐骑被小白龙吃了，其徒孙悟空凭其高强的武艺降服恶龙，小白龙即将功折罪变为白龙马。所以，拖棺车的车架有叫蟒的边柱，车头还要扎上龙头。”

（三）抄献经书

佛经里有佛祖报恩的叙述，佛说大爱道般泥洹经云：“……若人阿难。能教人自归佛者自归法者自归比丘僧者。自归习道尽者。受者尽寿命者。迁事所受归教。施与衣食卧具医药。所索不逆。尽寿命如是。尚未能为报师恩。佛言。是故阿难。我于摩诃卑耶和题俱昙弥。有卑恩无量。是时摩诃卑耶和题俱昙弥。并五百比丘尼……”① 为亡者抄献经书，是最好的缅怀方式。

德宏地区的傣族信众，至今仍然保留着为死者抄写经书的习惯。抄写好的经书于死者死后七日送入佛寺，此习俗大致有四种形式：

1.《贡腊》是青壮年男子报答先父先母的恩情，尤其是报答先父先母所抄献的经书。

2.《苏达》系青壮年女子报答先父先母的恩情，尤其是报答

① 《大正藏》卷二（阿含部），第144经，第865页。

先父先母所抄献的经书。

3.《屁解》系死者家属对非正常死亡者所抄献的经书。

4.《贺拍》系死者家属为报答祖父祖母或曾祖父祖母辈的恩情所抄献的经书。

抄献经书旨在超度亡灵，方便其早日解除苦难，升入天堂。一般在死者病重之时，家人便开始请人或亲自抄写经书。

普米族韩规教“人地和谐”的自然观[①]

熊永翔　李鹏辉[②]

韩规教是现今普米族仍然信奉的宗教，也是中国少数民族的一种传统宗教。韩规教起源于西藏本教，流传于民间，后来与普米族原始宗教“释毕教”相结合，又融入藏传佛教的因素。其信仰与普米族传统的思想意识紧密结合，同时吸收周边民族的宗教思想，并将其加工改造成本民族的东西，形成具有民族传统文化特色的独立宗教信仰体系。在滇西北普米族民间社会，实际存在韩规教、藏传佛教、释毕教并存的局面，其中影响最大的就是韩规教。

在韩规教经文中有大量反映普米族先民对人与自然、人与环境和谐关系问题的思想，也有对自然环境进行审美维度的思考。本文所讨论的普米族“人地和谐”，就是指人与自然的和谐共存。我们以云南普米族韩规教文化为依据，从民族宗教和美学的角度对普米族“人地和谐”的自然审美观进行初步的讨论。

---

① 国家社会科学基金西部项目“中国普米族宗教研究”（项目编号：09XZJ014）。

② 熊永翔，又名奔厦·泽米，普米族，云南师范大学文学院，副教授，博士；李鹏辉，云南师范大学文学院美学专业硕士研究生。

一、普米族韩规教的自然观

普米族是云南特有少数民族，主要居住在滇西北高原的兰坪老君山至宁蒗牦牛山一带。普米族原为古羌人的一支，源于先秦时期青藏高原一带的游牧族群，后向南迁移至川滇的越西、冕宁、石棉、九龙、木里及云南宁蒗一带。普米族韩规教在对待"人与自然"的关系上一直保持着"崇敬"的心态，这种"敬畏与禁忌"渗透在普米人生活的诸多方面，最终形成一种"人地和谐"的自然观念。

首先，在普米族韩规教信仰中，对大自然的崇拜充斥着普米人的生活。韩规教中蕴涵着丰富的自然崇拜、祖先崇拜、图腾崇拜的内容。其中，自然崇拜居于基础性的地位，渗透到普米人生活的每一个细节之中。"普米族把各种与自己的生存息息相关的自然物和自然力人格化，在万物有灵的原始思维支配下，把自然物和自然力赋予神性和灵性，对它们顶礼膜拜。在民间有各种反映自然崇拜的祭仪，如祭山林、祭泉水等。"至今，在普米族居住地区，仍把自己境内的山峦奉为"山神"，每一个家族和村庄必定都有自己的"山神树"，并且在特定时节都要举行"钼怎"、"钼达"祭山神仪式。而"水"在普米族的宗教生活中，更被赋予了神圣性而受到尊崇。普米族认为，人之所以区别于动物，是因为人类喝到了"喇孜山"上的智慧水。

韩规经《查子查达》（《创世纪》）中说："古时候人很愚昧，与其它动物没有任何区别。不知道过了多少年，掌管一切动物的天神'诺提'对动物们说'喇孜山'上有两眼泉水，一眼是智慧水，一眼是蒙昧水。所有动物都争相去喝智慧水，人类祖先也去了，在一只大青蛙的帮助下终于喝到了智慧水。人类祖先在喝到了智慧水后立即感觉到'神智清爽、耳聪目明'，从此人类就从动物中分离出来，变成了有智慧的人类了”。在普米人这个有趣的创世神话中，把人类与其他动物诞生的区别说成是某种机缘的巧合，反映出普米族先民关于人类起源的原始思维。我们拨开《查子查达》（《创世纪》）中关于普米族饮了智慧水后，变成有智慧的人类的起源神话，不难看出在普米族独特的创世神话中，水、大青蛙、喇孜山这些大自然的产物，在天神“诺提”的特殊提示下，成为普米人创生的伴随物。

其次，在普米族韩规教的神话传说中，“自然神圣”的观念是民族审美思想的凝结，表现了普米族先民的审美观念和审美心理特征。流传于兰坪白族普米族自治县的民间著名史诗《吉塞哩》（《射鹿人》）中说：远古的时候，在深山密林里，窜出了一只凶残的马鹿……它给人间带来了灾难……是普米族的祖先吉塞诅射死了马鹿，他抽刀砍下鹿头，鹿头变成了蓝天，鹿牙变成了星辰，鹿眼变成了日月。他砍开鹿体，鹿体变成了大地，鹿的心、肝、肺变成了丛谷群山……

这与云南楚雄彝族创世史诗《梅葛》第一部《创世》中造天五兄弟将虎尸解而构成天地万物，虎的头、尾、鼻、耳、眼、须、牙、油、气、心、肚、血、肠、骨、皮、毛等都化生为天地万物有异曲同工之妙。普米族“鹿体化生说”以图腾化身神话方式，在普米族民间广泛流传。该神话隐喻的内在思想是，普米族先民将包括天地在内的自然万物，视为一个犹如鹿体一样血肉相连的有机整体。这种朴素直观的认识，既源于普米族先民对物质世界多样性的直观印象，又反映出普米族先民以游猎生活经验为基础，通过联想方式去体察、洞见各种自然物象之间同源、共体、相互转化等有机关系的努力。

普米族韩规教还认为，人死后灵魂仍然存在，死后的灵魂都可以在韩规《指路经》的引导下，回归祖居地与祖先团聚成神。然而，有的灵魂或因惦记家人，留恋生前所用之物，或因受路途中各种迷惑，甚至难以逾越的困难挡道，从而犹豫躲藏，不愿听从祭司韩规的指引，最终还是留在了人间。但是，原来的形体（肉体）又不复存在，于是只好转生重新投胎为人，或者托生在动植物之上。因此，在专门用于葬礼仪式的《弄克汝》（《竖灵牌》）经中有这样的记载：

> 火化之时，您的骨变成了石头，您的肉变成了黑土，您的血液变成了水，您的气变成了风，您的热（温度）变成了火，您的头发变成了森林，您的思想飘到了天上……今天，我们专为你竖起了“弄克”灵牌，“弄克”上的白线是您的骨头、黑色的线是您的肉体、红色的线是您的血液、绿色的线是您的气流、黄色的线是您的温度，交叉着的树枝是您的头发。现在，“五行”都有了，它是一切物的原态。韩规正为您诵经，请您回到经书里来，您要依附在“弄克”上。

上述记载，从不同方面显示了普米族对人与自然整体关系的形象化、艺术化的思考。他们没有把人独立并凌驾于自然之上，而始终认为人是自然的组成部分之一，并且始终以敬畏的心态来面对自然。这是普米族先民力图在思想上对多样性的自然世界进行整体把握的一种尝试，因而也是普米族的一种原始朴素的自然观。

最后，普米族韩规教中的人与自然和谐相处的思想，塑成普米族社会特有的伦理道德规范。如上所述，由于普米族始终认为人与自然是整体的关系，因此，对自然怀有敬畏与禁忌并存的心理。在这种整体性的自然认识和对自然敬畏的社会心理的综合影响下，形成普米族爱护自然的生态伦理道德。普米族韩规经《查子恰打》中也有这样的记载：“出行不要惊动山神、水神。过往森林间，不轻易用砍刀折断树枝；见到小鸟不去捉，要想到蚂蚁、蝴蝶都是有生命的，是可怜之物，不随意去伤害它们；从水源上跨过，亦要想到别人还要喝干净的水。”

而兰坪地区普米族祭神山的经文中，也处处充满普米人对山的关爱之情：“我们用钢刀来驱赶侵扰您的魔鬼，用生命来保护您，杀死人间万恶之徒，以免除对您的伤害，保佑您青山常在、绿水长流。”

由此看来构成自然之基础的山水，不仅在普米人心中具有神圣性，而且在普米人的思想潜意识中，自然还具有宗教、伦理、审美等多重意义。对普米族“人地和谐”的自然审美观，我们可以进一步展开以下的讨论。

二、当代美学视阈下普米族“人地和谐”自然审美观的特点

普米族在“万物有灵”的思想基础上，产生了诸多对自然的崇拜与禁忌，在普米族衣食住行、婚丧嫁娶等民俗生活中，亦反映关于人与自然如何“和谐相处”的内容。普米族以“人地和谐”为基础形成的自然审美观，明显有别于中国西南其他族群的自然审美观。它是建立在普米族对自然规律的认识和掌握基础上的一种理性的信仰，是普米族基于人的伦理道德的认识，目的在于自我超越，以实现人类生命体验的完善。

第一，自然审美的“无功利性”。这是根植于普米族的生存环境和淳朴的民风民俗。由于世代居住在云贵高原之上，生活在横断山脉的大山密林河谷之中，普米人对自然“物质”的索取，也仅限于“粟食（草）以畜而养（存）人”的游牧者对水草的追逐，与大自然长期处于满足基本的生存需求即可的依存关系。而非现代人所追求的疯狂砍伐树木、挖掘矿产、猎杀野生动物，以换取最大化的金钱物质。因此，“无功利性”的自然价值思想，

逐渐成为普米族自然审美价值的基础。普米族“粟食以畜而存人”的自然观，是基于人、畜、物之间的简单的依存关系，而建立起来的“人地和谐”自然审美与生存逻辑，是普米族在特定的生产条件和生活环境下，保障自身生存和持续发展的生活智慧。这种看似简单的自然价值判断，在生产力极低的远古社会历史发展阶段，已经是人类生存与发展的最高哲学理念。

第二，自然审美的整体性。普米族把自然看成“人”或“人的延伸”的存在，因而视万物如一个个生命体，进而体察到其中内在的“自然的规律”。无论是“鹿体化生说”还是“卵生说”，它们的共同点都在于用宗教性的神话，来表达“人地和谐”的自然观，即认为人和自然万物相互依存在一起，人类是自然的一部分，一切自然物亦与人一样，都是生命体的存在，而且自然的一切都是彼此联系的，在特定的条件下可以相互转化。因此，人与自然是平等共存的，两者是不可分割的整体。正如安乐哲教授所言：“在最基本的层面，各个国家、各种文化的美学是相同的。最基本的事实是，美学不是一般的文化概念，而是一种宇宙观的概念，美学表达的是一种整体论的思想，也就是说美学其实是把所有东西融入经验当中去，英国哲学家怀特海提出的‘审美秩序’就表达了这样一种思想。”显然，普米族这种物我同一的整体观念及日常生活与宗教活动中体验和践行的自然审美观，都反映出世界各国自然审美的同一性。

第三，自然审美的未来性。普米族对“人与自然”更多地着眼于未来的审美或宗教的意义，并不偏颇于眼前或当下。普米族建立在自然基础上的朴素的哲学观已经认识到世界上事物是普遍联系的，而且存在一种因果的关系。这些认识使得普米族在思考人与自然关系时，就会用辩证的发展的眼光看问题，不只是追逐当前利益而损害自然物。

在普米族生活的村寨，不仅有家族和村庄的“山神林”，韩规教经文还把普米族境内的大小山峦，以及远离普米族居住地区且如今已是其他民族聚居区的山都奉为“山神”，赋予特殊的神圣性而备受尊崇。普米族“吾昔”（新年节）时，专门用于祭祀山神的《卡尔莎》经文中，有用以祈祷氏族性的山“阿算日增史贡乌”（父亲山或者祖先山）的颂词，要念诵普米族聚居区的“甲布甲雅让果罗”（兰坪老君山）、“惹篙莎朵吉”（丽江玉龙雪山）、“贡嘎惹耸”（川西贡嘎山），同时还要念诵“罗洛玛戴吉”（彝族人聚居的峨眉山）等山神名，以此祈求现实居住地周围的山、普米族历史上曾迁徙居住的山不受毁坏。

我们在田野调查中还发现，川滇各地普米族居住区周围的森林普遍保护较好，大多数村寨森林覆盖率达90%以上。宁蒗县新营盘朵碧村普米族老人奔厦·扎西慈仁[①]就其原因介绍说：“（我们）普米人对于田地和林木都有明确的使用范围和严格的使用禁令（权限）。村寨周围的山都各有其主，既有氏族性的‘若汝朵季’（坟山）林地，还分本村林地与其他林地（包括本民族其他村寨和异族村寨林地）。普米老人不在（去世）后，（灵魂）经常在房前屋后的树子上呆着，如果你碰着（砍伐丫枝）它（树），老人（已故者）会给你肚子痛、脑壳痛（头疼），年轻娃娃压不住，我们年纪大的人，不怕看见他们（已故者），所以，可以砍一点丫枝烧，但是如果你把树砍倒了，他们也会把你带走。所以，年轻娃娃（年轻时）只能到远处（离村寨较远）的树上砍点丫枝做柴烧，但也不能把树砍倒，如果你砍伤、砍倒了树，山神会给你掰手脚（瘫痪）！”这些话语中透露出普米族对自然的朴素的认识，反映出对世代栖息相伴的神山普米先民懂得敬畏、爱护的生存智慧。

① 奔厦·扎西慈仁，普米族，原籍宁蒗翠玉人，1982年迁至现居住地，在我们采访后不久，即2008年11月病故，享年78岁。

由于相信房屋和神庙周围的树木有各种神灵（山神、树神、先人灵魂等）栖息。如果触犯神灵，山神、树神、先人的灵魂就会发怒，从而给自己和家人带来灾难。于是，对于取柴木这种日常起居所需的简单行为，亦赋予了宗教性的禁忌，而采伐建房等所需木材时，还必须举行特别的祭祀仪式。即使在现代法治社会，村民在办理了合法的采伐林木手续后，砍树前仍然要举行专门的祭祀仪式。

普米族对于自然山林的保护，以一种宗教式的观念作出禁令，将“年轻人不可在近处（房前屋后）劈柴火”，上升为一种极具宗教禁忌的制约行为，深深根植于其民俗生活中。这样，对于整个普米族村寨来说，其森林不至于过量被砍伐，树木得到了轮休性保护，有利于树木的成长，保证了村民日常生活柴木的可持续使用，这也做到了对自然的利用与人的发展的和谐。同时，这种风俗还培养了普米族年轻人辛勤劳动的精神，形成了普米族尊敬老人和敬畏自然神灵的传统，老年人的生活得到了照顾，从而更多地体现出社会生态伦理方面的审美意义。所以说，普米族的“人地和谐”的自然审美观念，在维系普米族社会的持续性发展方面具有重要意义。

三、普米族韩规教“人地和谐”自然审美观的意义

普米族在其独特的社会生态环境和宗教文化背景下，形成的“人地和谐”的宗教伦理观念，促成了普米族独特的“人地和谐”的自然审美观。无疑，这种自然审美观对现代社会具有重要的启示意义。

首先，从“审美现代性”的理论层面来分析。普米族韩规教的“人地和谐”自然审美观蕴涵了自然美的现代意义，为人类重新找回感性的生命存在给出了现实的启示。当前，在人类中心主

义和主客二元思维的影响下，人类始终被认为是世界的主宰，在人与自然的关系上，认为人处于统治地位，自然处于附属地位。这种思维主导之下的人类的言行，必然伴随着对自然的征服与开发利用，当这种单向的行为达到顶峰，就预示着生态灾难的到来，进而使人们陷入精神和信仰困境。在这样的背景下，近代西方社会，在批判和反思现代化及现代性的过程中，深层次地思考了人与自然的关系，提出了生态伦理、审美现代性等。“审美现代性”通过深层次地思考人与自然的关系，试图重新为人类找回感性的生命存在的基础，以缓解人类无家可归的精神困惑。我们结合普米族韩规教的“人地和谐”的自然审美观来看，普米族的很多村寨把古树称为母亲树、情人树，这是一种原始的图腾认亲现象，体现了普米族对万物生灵的博爱之情，也表达了人与自然的和谐关系。普米族把人类与自然看做一个庞大的共同体，将山川、草木、神灵和人类看做是共同存在于“天地”之间的相互关联的存在物。这一朴素的自然伦理思想不是在日常状态中对宇宙万物进行品头论足，而是从日常状态进入本原，通过宗教的方式诱导人们回归人与自然本原性的和谐状态，正好契合了生态伦理学、生态美学和新自然美学的理论核心，这必然是我们重新思考我国少数民族审美文化的重要理论节点，也是所有审美经验所追求的目标。

其次，从人类生存发展的生态伦理角度审视，普米族韩规教“人地和谐”的自然审美观在现今社会仍然显示出独特的价值。人类的文明史是一部人与自然关系的发展史，人类从认识自然到利用自然，然后从人与自然的斗争到人与自然的和谐相处的过程，都是人类的自我反思的过程。当前，如何正确对待人与自然、人与环境的关系问题，仍然是全人类所面临的一个重要的时代课题，生态恶化的现实要求人类社会努力实现人与自然的和谐共存。普米族韩规教中有关人类与自然（土地）关系的思考，所表达的正是人类生存与发展的重要问题。

由于长期受韩规教“人地和谐”思想观念的浸润影响，在普米族社会中，许多宗教禁忌成为人们日常行为的自觉约束力，特别是对于人类赖以生存的自然生态的保护，即使20世纪70—80年代，在“采伐林木支援国家建设”的号召下，普米族仍然进行了一系列旨在保护“自然林地”的“保卫战”，许多普米族居住区的森林得以很好地保存下来。1983年，兰坪县林业局木材公司在德胜河边建立采伐场，1984年，怒江傈僳族自治州林业局投资在河西乡建立州林业局清水江林场。两个采伐场以南北夹击之势直逼普米族居住区玉狮场。“1986年，当怒江傈僳族自治州清水江林场的林区公路修到玉狮场后山集体林，并开始砍伐林木时，被玉狮场人坚决阻止。杨金辉记述了这一过程：‘怒江傈僳族自治州下来的伐木工人要砍树，我们和乡单打官司，没用，就组织了五六十个村民拿刀将伐木工人已经切割好的木板全部砍坏。’因这一事件的发生，林区公路也就没能继续修到村了。”无独有偶，2008年，笔者在宁蒗普米族地区调研时，亦听到当地人讲述普米族因保护山林而与外人（开发商）冲突的事例：1996年，丽江宁蒗林业局欲开发佳才普米族居住地区的林木时，受到古鲁甸、聪匹甸等村普米族村民的集体抵制。提及这次冲突，村民地基甸都（化名）说：

> 当时对抗很严重，他们（开发商）要伤我们的祖宗（神），我们后人咋个会同意。村子里派会说的（人）到乡、到县里与他们讲理，没用，挖公路的人还是强行进入了林区，我们全村老少包括妇女都上山与他们说理，他们要给我们钱，我们日子过得穷，但是怎么能把老祖宗卖了吃，老人都给他们磕头了（普米族人求情的最高礼节），他们不听，因此，我们不得不向他们烧香（这

> 里有诅咒之意）。懂规矩（信神）的几个人扛着锄头回家了，现在都好好地在着（活着）。不懂规矩的倒霉了，开发公司老板没得几天就突然（暴病）死了。之后，天菩萨也出来说话，没有多久，上面通知不能砍树（这里指1998年国家推行的天然林禁伐政策），他们的钱白白丢在山上，人死财空（投资白费），伤山神的事搞不得。

笔者调研期间，正值村寨不远处的丽江至泸沽湖旅游环线公路施工，当问及为何不制止本次修公路时，报告人述及："这次修公路之前，上面（政府）就来做我们的工作，说这次修公路不是来砍树的，他们测路时也尽量不从林子里过，还要绕开我们的神林地。公路修通后，一方面方便大家出行，另一方面万一山着火了，国家的消防队还可以来帮忙。因此，我们同意了，但是公路修到我们地盘时，全村人还是宰牛杀羊，给山神作了交代（意为祭祀山神）。"

普米族对自然生态的保护，既有宗教的思想观念，也有世俗的利益诉求。一方面，由于担心破坏氏族林（墓）地，死后将"无家可归"而捍卫林地。这是基于韩规教"灵魂转生"而形成的"人地和谐"自然观。而从世俗角度（现实生存需要），当看到周边村寨或者媒体关于外地诸多因生态环境被破坏而带来的现实恶果的报道，不能不让普米族更加警醒。如兰坪地区的普米族当看到邻近的河西村由于大肆开采铅锌矿，植被被严重损毁，河水变得浑浊不堪，人畜饮水和农田灌溉成了问题；箐口村由于树林被大量砍伐，在祭龙潭时遭遇尴尬，原来水源充沛、清澈的"龙潭"竟枯竭和淤塞，人们不得不到更远的山中引水；2008年6月，啦井村发生泥石流灾害，造成14户农户受灾，道路阻塞，人畜饮水设施遭到损坏，直接经济损失计约15万元。这些现象使生活在山坡上的普米族更深刻地意识到生态环境与自己生产生活的直接关系，从而更加关心爱护自己的生存环境。

关于普米族保护山林的行动，朱凌飞先生谈到："在长期的意识形态教育过程中，无神论和科学理性的观念正逐渐被普米族人所接受，玉狮场人的祭祀活动已更多地出于一种传统习惯和维系其社会结构的内在需要，而不再是具有神秘色彩的泛神论崇拜。在玉狮场人的生态伦理中，一种更具'实用'价值的现代观念正在取代基于宗教信仰的传统观念，他们已甚少使用'神树'、'龙潭'、'墓地'等说法，更愿意强调'防风林'、'水源林'、'肥源林'等概念，并以此与现代生态观念形成对话。但是'地方性知识'与'现代性知识'并不对立，而是形成一种巧妙的转化。"

笔者以为，朱先生所言的地方性知识与现代性知识，实际指的是"宗教性"与"科学性"在自然保护中的同一。无论是基于宗教还是世俗，普米族人强烈的生态保护意识至今仍然延续着。2003 年，N 县在普米族居住地开发水库，因隧道设计穿过普米族氏族神山，邻近村寨全村老少起来抵制，而与开发商发生了严重的冲突，尽管在政府的干预下事态得以控制，但是"无奈的伤痛"及"不服气"依然长时间地留在当地普米族人心中。2006 年 7 月间，有外地客商看中了玉狮场丰富的森林资源，欲与当地政府合作开发松脂，并给予村民每公斤松脂 1.4 元的优惠价格，可观的经济收入几乎唾手可得，不啻为一个巨大的诱惑。但村民们商量后一致决定拒绝这个"项目"。他们认为："树和人一样，它的生命就是通过这些松脂来养活，你把它的血都抽了，它就会像人一样死去，我们就不同意。"但客商仍不甘心，坚持开采，最后村民们放出"狠话"："如果你要割它的话，我们准备动手，你要割松香就要先割我们大家好了。"在村民的坚决抵制下，客商停留数日后只得选择放弃。由此看来，普米族韩规教的土地伦理，暗含着对每个成员的尊敬，也包括对这个共同体本身的尊敬。这如奥尔多·利奥波德（Aldo leopold）在《沙郡年鉴》（*A Sand County Almanac*）中所说："我们蹂躏土地，是因为我们把它看成是一种属于我们的物品。当我们把土地看成是一个我们隶属于它的共同体时，我们可能就会带着热爱与尊敬来使用它。"这是一种道德观念的延伸。

最后，普米族韩规教"人地和谐"的自然审美观还具有美学哲学意义。从哲学思维方法来说，普米族先民的思维方法是在其原始的哲学意识基础上形成的，他们是以朴素的超二元对立的整体性的思维方法来看待世界，这就区别于人的理性高扬之后的主客二元对立的思维方法。由于受普米族先民早期朴素的宗教哲学意识的影响，普米族的思想意识中逐渐形成对人与自然和谐关系的认识，即只有敬重自然才能与自然和谐共存，从而得到一种富于生机的和谐之美。这种自然审美观以其宇宙观和人地和谐的哲学观为基础，形成具有整体性的"人地和谐"的美学观念。实用主义哲学家、美国哈佛大学普特南教授谈到："各种文化在审美体验上的相通性就根植于对审美经验的追求上。理想的审美体验不是某一种的体验，不能把这种经验和理性的经验、宗教的经验分开。理性经验和审美经验可以是宗教经验，也可以是理性经验，这比较像西方的'宗教感'概念，宗教感宗教经验都是我们每时每刻要追求的经验的品质，或者说审美的感受，这不只是我们欣赏一个事物时才会获得。"显然，普米族韩规教在日常生活中所形成的"宗教感"，也就是我们常说的审美经验和审美意识的集中体现。因为普米族的宗教经验和审美经验大多数时候是根植于对审美经验的追求的。这样的理论观点正是普米族在日常活动与宗教活动中一直体验和践行的自然审美观。

四、结语

普米族韩规教教义思想中的大部分内容是关于人与自然是如何“和谐相处”的，即人类如何更好地在自然中生存，如何在精神上得到自然的护佑。这种对自然极具宗教韵味的独特理解，构成了他们人地和谐自然审美观念的基础。当然，这种宗教式的理性是建立在他们对自然规律的认识和掌握基础上的。从某种程度上说，普米族是感性地生活在这块土地上，他们以诗性智慧来对待自然，对待理性的物质欲望，是“诗意地栖居”在横断山脉大地之上。

普米族“人地和谐”自然审美观，充盈着自然生命的动态之美，即一种超越自然与人类之上的人与物混同的动态生命之美，是一种整体性的和谐之美。这一文化尽管产生于复杂多元的宗教文化背景，但它并不是封闭停滞的，而是具有活力与开放性。即使在当下面临文化转型与民族发展的新时代，我们重新认识和发掘普米族的优秀文化遗产显得尤为重要。费孝通先生曾说过，“各美其美，美人之美，美美与共，天下大同”，这种民族宗教文化的自觉影响到普米族的“人地和谐”的自然审美观，也为“藏彝走廊”其他民族的发展和建设提供了有益的启示。

参考文献：

1. 普米族简史编写组：《普米族简史》，民族出版社，2009 年。
2. 杨照辉：《普米族文学简史》，云南民族出版社，1997 年。
3. 熊永翔译国家社会科学基金项目《普米族韩规古籍译注》之《吉塞哩》。
4. 熊永翔译国家社会科学基金项目《普米族韩规古籍译注》之《弄克汝》。

5. 熊永翔译国家社会科学基金项目《普米族韩规古籍翻译》之《查子恰打》。

6. 陈晓凤、祁尤生：《谁来拯救普米族和他们的森林》，载《中国社会刊》2006 年第 20 期。

7. 吴子桐：《“大美天成”与“诗意地栖居”——走向“精神时代”的东西方美学》，载《中华读书报》第 289 期，国际文化版，2010 年 8 月 4 日。

8. 朱凌飞、玉狮场：《一个被误解的普米族村庄——关于利益主体话语权的人类学研究》，载《民族研究》2009 年第 3 期。

9. ALDO LEOPOLD. A Sand County Almanac, and Sketches Here and There. New York: Oxford University Press, 1987.

傈僳族的原始信仰与哲学意识

杨燕同[①]

傈僳族是一个社会发展程度处于相对较早阶段的民族，其传统文化中保留着大量原始信仰的成分，影响到文化的各个方面，包括民族文化的核心——哲学思想。傈僳族的原始信仰，不仅以原始宗教的形态存在于其思想文化行为的规范中，而且以神话的形态存在于其观念意识和社会生活中。傈僳族的原始信仰突出地表现为：以“尼”为特征的神灵系统，分为自然神灵和人类鬼灵，前者为自然存在，后者为人类亡灵或特殊灵魂形成；以图腾崇拜为标志的自然崇拜和祖先崇拜；以送魂为特征的丧葬意识和仪式表现的归宿信仰和祖先信仰；以创世神话等方式表现的起源信仰、英雄信仰等；以“上刀山，下火海”，定期祭祀和有事祭祀相结合的祭祀方式，以及“神判”等形式所构成的原始信仰方式。

一、原始信仰观念中的哲学意识

神话是所有民族发展早期都会产生的社会现象，是以虚幻的现象表达人们认识和愿望的主观形式，通常一个民族关于世界产生的观念，即创世史诗，就是以神话的方式表现出来的，傈僳族

① 杨燕同，云南民族大学马克思主义教学研究部，教授。

也不例外。但傈僳族的创世神话中，除了有一般民族共有的元素如“开天辟地”、“洪水泛滥”、“兄妹结亲”等外，还有一些富有民族特色的神话元素，如把人的出现视为演进变化的结果，这种演进变化是分为三个阶段的。① 除创世神话外，在图腾崇拜、英雄崇拜中，也有丰富的神话元素，如虎图腾、蛇图腾的神话，关于谷魂和狗等多种神话，关于创世英雄木布帕的神话等。神话是一种虚幻的反映，本身并不必然构成信仰，只有当神话元素被普遍认同、长期流传，才因此产生相应的祭祀或崇拜，基本成为信仰的一部分，如图腾祭祀、祭谷魂、敬狗习俗等。

神话使人们对外界和自身的想象和猜测以虚幻的情节、人物及故事的方式表现出来，不仅是一种事实性认知的表达，更是一种价值型评价态度和价值取向的表达，如各民族为一母所生之同胞的“同源神话”，就鲜明地表现出各民族平等、和谐相处，犹如一母同胞之愿望。甚至由于分别居住于不同地区，与之相邻的民族不同，各地傈僳族神话传说中一母共生的民族，其数量和族别是有差别的②，更突出地体现了这种价值肯定和取向。

傈僳族信奉的图腾，有数十种之多。而图腾的种类，也大致可分为动物图腾、植物图腾、工具图腾、自然现象图腾。图腾物与氏族成员的关系实质为人与自然的关系。对各种自然物，因其在人的生产、生活中的不同作用而与人密切相关，最终形成了不同的崇拜物。图腾崇拜不仅体现着人对自然的认识，更表达着人对人与自然关系的期望。比如希望人具有图腾物的性质和特点；希望获取更多的、稳定的食物；希望通过崇拜其神灵而使工具带来更多生活资料；某些自然物或现象，可能是对人的生产生活产

① 左玉堂：《傈僳族文学简史》，云南民族出版社，1999 年，第 24—25 页。

② 本书编辑组：《傈僳族民间故事》，云南人民出版社，1984 年，第 7、第 10、第 11、第 23 页。

生长久威胁、伤害，而人却无法抵御而产生望其神灵通好、庇护、保佑形成的崇拜。图腾崇拜体现着人对与其密切联系、至关重要的自然物的依赖感，以及亲近和敬畏之情，这种观念和态度是在长期生存过程中形成的，其基础是对人与自然关系的认知和感悟。

图腾是氏族的标志，傈僳族同一图腾氏族内的男女不能通婚，实行氏族外婚制。因而，同一家庭内部就会有不同氏族的成员、崇拜不同的图腾，并且能够相互理解、相互尊重对方的信仰，而不强求嫁入一方就要改信其图腾。在体现文化的宽容性的同时，也体现出图腾与人的联系是天然固定的、不能改变的观念。

傈僳族认为凡物皆有灵，称为“尼”，把一切自然物都看做是由尼控制和支配的存在。而面对强大、神秘的自然力量和自然现象，因与人的生存活动息息相关，人有求于自然，因此对这些尼顶礼膜拜，祈求保护和赐予。在傈僳族的原始信仰中，这样的神（鬼）灵是很多的，它们不仅在人改造自然的生产活动中产生重大的作用和影响，而且在人的家庭生活、人际交往、自身生存中也会发生作用和影响。

在傈僳族的自然神灵崇拜中，神灵（尼）并未形成一个层级的系统，一切神灵均是某种实体的意志，即某物的神灵，没有抽象的神灵存在，都需以实物为基础，才可发生作用。神灵分管着自己的领域，甚至是自己的特定对象。这些都说明整个自然界并未被视为由一个统一的以最高境界支配主宰一切的存在，换句话说，自然并非一个有机统一的整体。即使有天神，然而都非最大的主宰神，也仅是非为主宰自然的天神；即使有统一的创造神，创造了世界上的一切事物，然而其作用也仅在创造而已，并不能控制和支配一切。而山神米斯，在祭祀中却被视为最显赫、最重要的对象，甚至被称为“最高的神灵”。这并非说米斯尼是最高的大神，而仅是因为山神也管土地，虽然各地有各地的米斯尼，但其地的一切动植物，人们的劳动、生活，都离不开山岭和土地，离不开其中的物产，因此，米斯尼才具有如此的地位和作用。在祭神祈求各种神灵时，一般都要杀鸡宰羊进行供奉祭祀。因为傈僳族人认为，如果不满足各种神灵的欲望，则祭祀就不会显灵。祭祀可分为祈求性的、强制性的和纪念性的3类：祈求性祭祀即祈福消灾，祈求劳作收获；强制性祭祀即通过挖苦、讽刺、咒骂尼，以逼迫、威胁其祛病消灾；纪念性祭祀即喜庆或节日时的欢庆活动，有“与神同乐”之意，也有感激、拜谢神灵之意。

“神判”是处理重大阴暗矛盾的一种手段和裁判方式，其性质属于文化中的习惯法，是习惯法裁决中的极端手段。通常傈僳族在处理矛盾纠纷时，无论涉及经济利益或其他民事纠纷，还是杀人、杀魂这类按现代法律标准归于刑事案件的冲突，首先采用的是摆事实、讲道理的方式。当这种方式不能或无法解决矛盾时，继而采用的是尼扒的巫术、卜卦判定。只有在当事人不服这种裁决时，才会采用神判方式，因此是轻易不用、非常慎重而最后采取的裁决方式。神判是建立在对神灵即尼的信赖和崇拜基础上的，神判的结果为所有人，包括有可能被冤枉的人、村寨头人及能介入神灵世界的尼扒在内，都必须并且会严格遵守的。以“沸水取石”和“拔界桩”为例，前者是在滚开的锅中赤手捞石，后者是赤手拔起被烧得滚烫的界桩，能够捞起石头或拔起界桩，并且手不会被烫伤的人为胜者，否则为输家。

神判体现的观念为：神灵是通晓一切的，通过神判可以弄清事实真相；神灵（尼）能够作用于人，能够保护无辜者、受害者在按常识会被伤害的情形中不受伤害，并惩治诬陷者、施害者，诬陷者、施害者不仅在神判中身体会受伤，而且要承担相应的经济赔偿，遭受经济损失。这种方式可能产生被冤屈者，然而他们也只能接受这种不公平的结果。这种看似不合理、会引发更大矛盾和冲突的方式，却因人们都必须绝对服从的信念束缚，以压制、消解矛盾的方式得以平息。从社会效果上看，是以较少人的牺牲来换取社会秩序的维持和社会关系的稳定。

在日常行为的观念动机中，也大量体现着信仰与哲学意识的结合，例如：

傈僳族长期保留的平均分配的主要形式是“撵山打猎，见者有份”，无论谁获猎野兽，只要路过或见到的人，都有一份。这种分配方式的长期存在，基于一种原始信仰观念，即野兽是属于山神的，猎获野兽实际上是山神把野兽馈赠给大家，因此，不能看成是猎手个人的所得。如果不分给众人，从此以后山神不会再赐给获猎者福气。实际上这是原始分配关系被神化的产物，傈僳族在氏族之间和氏族内部发生冲突时，常会械斗，整个械斗过程带有浓厚的宗教色彩。比如械斗日期一般选择在虎日或猴日，认为虎象征勇猛，猴象征灵活，而械斗是需要勇猛的精神和灵活的动作的。龙日是忌讳械斗的，认为龙象征火山爆发，凶气太甚，如械斗则双方伤亡太大。械斗开始前，用白酒祭山神米斯尼，念咒祈求械斗获胜。械斗获胜方还要祭山神，同时以弩箭试射给山神看，表示感激。而械斗只是手段，目的仍是通过说理谈判、解决矛盾来求得和解。

傈僳族乐于修桥护路，是因为他们不仅相信万物有灵，也相信存在着善有善报的天道、公理的必然：修桥可以让人们在遇到困难的时候像过桥一样渡过去；护路会使人长寿，生命会像道路一样没有尽头。

二、通灵者现象蕴涵的哲学意识

傈僳族文化中存在着一个由神、灵、鬼构成的无形“精神世界”，支配、主宰着现实的有形实体世界，认为世界是二重的。精神世界不为人所见，但其依附于实体，并以实体作为中介而起作用，因此人能通过其作用而知晓其存在。在傈僳族文化中，灵与肉的关系不仅包含狭义的灵魂与肉体相互依存、肉体承载灵魂、灵魂支配肉体、灵魂不灭等多重关系，尚涉及精神与物质的关系的某些特定方面，即一切存在物皆是有灵的，并且是受神灵（魂灵、鬼灵）支配的，不仅在其活动、功能上受支配，如各类自然力、自然现象，而且在其存在上也为魂灵所决定，如人的生存，认为人有多个魂，如部分魂丢失或被吞噬，人就会生病，如魂全部被吞噬或被杀死，则人就会死亡。

在傈僳族处理人神关系的方式中存在三个层次：一是人们通过卜卦的方式了解神灵的意志，由此决定自己的行为。二是通过祭司主持祭祀，诵念祭词以表达人们的意愿，并通过咒语要求神灵予以满足。三是通过巫师，采用巫术的方式，以咒语驱使自己的护卫神，干预、甚至直接作用于对象物的神灵，进而作用于对象，来达到和满足人们的要求和愿望。这是最为直接而有力的。然而巫师本身的能力有高低之分，其护卫神的本事有强弱之别，加之需要作用或对抗的神灵也有不同，所以双方之间是一场斗智斗勇的较量，能否取胜视具体情况而定。

从原始宗教神职人员的地位和作用看，“尼扒”为人与神之间的中介，尼扒借助灵魂与神灵沟通、相互作用，这种能力是天生的，非后天学习、继承所能掌握。尼扒的作用，除向神灵传递人的愿望、要求外，尚可以利用自身的法力，干扰或改变有形物体。但发挥后一个作用时，要借助于自身的护卫神——“尼嘴”（通常为某种动物之灵）。此外，尼扒还能与神灵沟通、叫魂。尼扒属巫师系列；尼玛同属巫师，不过是女性。他们属于“神人”。

“尼古扒”则属祭师系列，靠祖传，需经过长期学习，熟知祭祀规则、祭祀礼仪和祭词，属祭祀主持人一类。尼古扒不能与灵、鬼直接沟通，亦不能操纵自身灵魂而对现实有所作为。“比扒”是祭师的助手。他们都属于常人。

尼扒、尼玛、尼古扒、比扒构成傈僳族原始宗教的神职人员。承担着人与自然之间沟通、协调的作用。除此以外，尚有“扣扒”、“朵玛”能以自身灵魂与神鬼沟通，以灵魂干预有形实体（通过作用于此实体之灵魂或灵、鬼），然而他们不是神职人员。

尼扒与扣扒、尼玛与朵玛皆为通灵者，半神半人，都可以进入尼的世界，以其无形灵魂的力量干预、对抗尼的作用，从而间接影响人与物的存在状况和运动。然而他们之间也有许多重大的差别，一是“扒”为男性，“玛”为女性。男性为主，巫师普遍为尼扒，少有尼玛；男性力量和作用强过女性，扣扒可以杀灭他人灵魂以致人死亡，朵玛却只可令他人生病。二是尼扒与尼玛为正面的，主要作用是消灾解难、护卫群体及其成员平安，并且不脱离生产劳动，不以祭祀、禳灾为职业，不以其收取的微薄报酬为生，其作用是积极的。而扣扒、朵玛则是负面的，其作用是杀魂、致病、制造混乱、危害他人，因而是消极的。三是其能力都源于天赋、非后天习得，但所以形成两类不同的通灵者，发挥两种不同性质的作用，却与其后天作为相关。首先是对天赋的修为、引导必须正确、得法；其次是与个人的本质、品行相关，须正直无私、光明正大。否则就会走上邪路，使天赋发展为作恶的能力。在社会生活中，尼扒和尼玛是公开的，令人尊敬，具有较高社会地位；而扣扒和朵玛则是隐蔽的，是遭人怨恨、被人唾弃的，普通人对其是又恨又怕。因此不仅无人会自认是扣扒或朵玛，而且一旦被指认，将无立足之地，会造成指认者与被指认者的势不两立，乃至要靠神判来决断。

傈僳族原始宗教主要是自然崇拜，试图解决生产、生活中发生的人与自然的矛盾，改善生存环境和条件，因此对神灵的祭祀、祈祷，大部分是针对自然神灵进行的。然而，对于傈僳族群众个体而言，除了这一方面的信仰崇拜以外，灵魂安全及灵魂间的关系也是需要关注、保护，并在遭遇损害时，需要通过巫师、法术来拯救的。其中包括灵魂因受干扰而迷失、受恶灵吞噬而生病乃至因“杀魂者”的邪念恶行而导致的对生命的威胁等。因此调节、约束、干预乃至改变人们的灵魂间的关系，即人与人的利益、利害关系，也是原始信仰崇拜的一个重要方面。

从傈僳族信仰的通灵者现象及其具有的规定性上，我们可以通过对其产生、本质功能等方面的分析，揭示出其中蕴涵的哲学观念。(1) 万物皆有意志，并受其意志的控制和支配。(2) 尼皆是具体的、个别的，不能完全脱离其实体而独立存在并发生作用。(3) 人与万物通过灵（意志）的层面可以沟通并相互作用，它们属于同样性质。(4) 通灵者作用的发挥需要能动性参与，受其制约，并与其后天修养相关。(5) 其间充斥着光明与黑暗、正义与邪恶、美好与丑陋的斗争与对抗，但真、善、美总是占据主动和上风，如扣扒杀的魂，尼扒可拯救，而扣扒却不能完全自如地控制自己的护卫神、准确地杀灭他人灵魂，其护卫神甚至有可能将自己的灵魂都杀死而扣扒却无力干预，需要求助于尼扒来拯救自己，体现出邪不胜正的价值理想取向和信心。

三、原始信仰对哲学形成及发展的作用

人总是生活在一定环境中，人为了生存需要和各种对象打交道，无论在何种处境、何种条件、何种水平中，都需要有能够指导自己对待和处理与对象关系的一般原则，以便于规范和指导自己的行为。反映和表达对自然、社会，对人与自然关系和人与社会关系的一般性质及其发展的展望和态度的哲学，是在生存实践

中为适应这种需要而逐步形成的。每一民族都有自己的哲学，并在早期产生了哲学的萌芽。

生发于不发达的历史阶段上的哲学，必然会与宗教信仰结合在一起。这是因为哲学的本体追问及终极关怀使其与原始信仰有了共同的超验性质，奠定了两者结合的可能的基础；理性认知的不足使得在理性边界外非理性、神秘幻化的感悟大量存在，并会融合在一起。两者的结合，使哲学为信仰提供了本质内涵，规定着信仰的出发点和目的，因为相比较对对象本质的认知性把握而言，哲学更突出地显示着对人与对象关系的本质的价值性关注。并且不仅关注这一关系现状的延续，也关注这一关系的改善和发展。而信仰则为哲学提供了必要的形式和条件，唯有将直观、猜测的认识以神化的方式——通过类比将自己的感知、领悟、幻想和愿望投射外化到物体之上，才能为哲学的解释和应然判断提供广泛、可信的依据和基础。

联想、类比、猜测、直观等认识方式和手段，是在人们缺乏对事物的本质认识的科学、理性方法的情况下所常常采用的。作用在于把握人们无力知晓但又必须掌握的知识，以此来补充知识体系的缺陷，来为更高、更抽象地概括提供思想资料，也为人们确定对外物的态度提供知识依据，以及作为人们行为的指导原则奠定理性的、逻辑的基础。将此类方式获得的知识神化，是确定这类知识的权威性，使其具有普遍认同性，以及确定群体共同观念、共同态度、共同行为准则的重要保障，即形成群体的普遍遵从性。然而这一现象的产生并非来自于有意识、自觉地安排，而是与人类、包括个别群体认识发生和成长的一般特点相一致的。即低下的实践和认识能力，缺乏必要的、普遍的理性和知识，是依靠生活的直观和经验的积累，并辅以联想、想象和猜测，来把握对象、环境、自身，以及对象与自身的关系，由此而自然形成的。

心理、观念、原则、规范乃至仪礼，所有这一切文化的要素，最早都是以神圣化的形式而形成并存在的。因为神圣化最重要的不在于获取或构建什么知识体系，形成或得到什么观念，而在于形成群体认识态度的统一性，树立观念与行为准则的权威性，以保障行为的协调和方向的一致性。在一个民族处于发育的早期、社会发展不够成熟的阶段时，这种神圣化及由此产生的信仰崇拜，即成为普遍的社会氛围和文化特征，信仰使观念（内涵）和规范（取向）模式化、固定化并得以传承。

以信仰的方式来确认对人与自然、人与人关系的认知及其由此而形成的态度，是每一民族早期都必然经历的一个历史阶段，傈僳族也不例外。尤其明显地表现在对人与自然关系的认知和态度上，这是因为缺乏必要的认识能力和知识，面对着自然的强大和变幻莫测，而将自然神化并由此产生对其的崇拜而造成的。但这并不意味着所有民族由此形成的认识和态度是完全一致的，因为受不同环境、不同经历、不同生产形式，以及不同民族性格、精神的影响，民族间也会呈现重大差别，从而形成具有民族特色的观念和文化。如在人与自然关系的认知和态度上，所有民族都是以自身为出发点和归宿的，这是共性的一面，然而在具体认识的内涵和由此形成的态度上，在其体现的主体性的程度上，却是不一样的，具有个性色彩。

傈僳族原始信仰对其哲学的作用，在原始信仰的多个方面表现出来。比如，把自然物拟人化、神化，通过灵魂沟通、意愿交流、意志较量，再以实际行为、活动来解决人与自然的矛盾，抵御灾害、改造自然，满足人们生存和发展的需要，是傈僳族群体的原始信仰的主要方面，它如实反映了在社会发展较早期、生产能力低下的情况下，维系生存成为人们首要任务的社会状况。

而把人的意识、人与人的精神关系神化，一方面是由于对生命及其现象如梦境的不理解，另一方面则是表现为把人与自然连接起来，以自然的神化反观人的存在及其生命，也将其神秘化的结果。甚或是将人与自然联结起来的需要，即神秘化、意志化的自然，需要有一同样神化的意志与之沟通。于是，灵魂离体，亡灵干预，甚至能游走于人尼之间、进而能作用于他人灵魂的特殊灵魂（如通灵者、神媒）等的观念的产生就是必然的。

原始祭祀和巫术能够通过灵魂与神灵、鬼沟通，虽然不是所有人的灵魂都能做到，但毕竟是人与自然相通的一个途径，表现为人与自然统一的方面，是在精神、意志层面上；有形世界与无形世界、经验世界与超验世界正是在这里统一了起来。在这一层面上，人与人、人与自然能够相互影响、相互作用。人与自然关系中的主动者是人，祭祀是因为人们需要保护、帮助、赐予而进行的，目的和归宿也是为了人的生存和发展；人与自然交往的模式是按人与人交往的模式设定的，其基本原则是互相依存、互利互惠。

可以说，在傈僳族文化中，经验与超验、人与自然、人与群体（社会）、灵魂与肉体、观念与行为之间，充斥着的必然与自由、适应与改造、现实与未来（可能）、受动与自主、物质利益与精神价值等矛盾，正是在哲学与信仰的统一、交融中，在一定程度上获得解决的。

论佤族爱国主义研究的视角转换

——“班洪事件”中佤族的爱国主义精神

钟宝云　周本贞[①]

一、问题的提出

历史上外国帝国主义在云南边陲佤山地区曾经发生过多次入侵事件。如1900年1月，爆发了英军企图侵占阿佤山的“黄果事件”；1927年，爆发了英军企图侵占炉房银矿的“渡口事件”；1934年1月21日，爆发了“班洪事件”，其中影响最大、最典型、最能体现佤族抵御外国侵略的事件是“班洪事件”。本文以“班洪事件”为线索，力图在以往研究的基础上转换研究视角，旨在与长期从事佤族爱国主义研究的专家、学者及各级领导共同探讨、商榷。

1. 从阶级、政党、国家层面研究佤族的爱国主义是否全面？对“班洪事件”中爱国主义的研究，国内学者以往主要是从国家或政党的角度出发。问题是20世纪30年代的佤族地区，社会发展程度较低，还带有较为浓厚的氏族、部落特性，在经济、文化、科技方面也比较落后；同时佤族又是一个跨境民族，大量集中在缅甸，与缅甸的佤族有着千丝万缕的联系。此外，在地理上

① 钟宝云，云南师范大学经济与管理学院，副教授；周本贞，曲靖师范学院院长，教授。

他们居住在西南边疆，周边是缅甸、老挝、泰国，尤其是距离"金三角"不远。在这样的条件下，他们的爱国热情为什么会那么强烈，信念会那么坚定，斗争会那么勇猛？

2. 国内外理论界以往的研究结果为什么大相径庭？如对爱国主义褒贬不一，列宁认为：爱国主义[①]"是千百年来巩固起来的对自己祖国的一种最深厚的感情"。这一定义包含以下几个层次：

一是从历史的层面讲，是"千百年"形成的、并且是被巩固下来的，这表明一个民族的爱国主义形成是一个长期的过程，不是一朝一夕提出的。

二是从国家层面上讲，是对"自己祖国"的热爱，"自己祖国"是特定的，不是任意的，是特指一定的时间、空间和制度统一的国度。

三是在道德层面上，"是一种最深厚的感情"，是对自己祖国最深厚的超越了生命价值的感情。伍雄武教授认为："爱国主义是每个中国人、每个中华民族成员内在的道德要求、道德良知……爱国主义作为道德规范，是每个人心中的道德信念、道德理想、道德感情。"[②] 这一观点诠释了列宁所下的定义。

四是在作用层面上，爱国主义"是动员和鼓舞人民团结奋斗的一面旗帜"，特别是在维护祖国统一、民族团结，抵御外来侵略和推动社会进步中需要献出自己的生命和个人利益时，这种道德良知、道德信念、道德理想、道德感情的作用就显得更加突出。因此，江泽民说："在我国历史上，爱国主义从来就是动员和鼓舞人民团结奋斗的一面旗帜，是各族人民共同的精神支柱，在维护祖国统一和民族团结、抵御外来侵略和推动社会进步中，

① 《列宁全集》第28卷，人民出版社，1990年，第168—169页。

② 伍雄武：《中华民族精神》，2004年，第121页。

发挥了重要作用。”①

但国外的一些学者极力诋毁爱国主义，把爱国主义当作洪水猛兽。如安布罗斯·比尔斯称：“爱国主义是一堆易燃的垃圾，任何想照亮自己名字的人只要朝它丢根火柴就可以了。”塞缪尔·约翰逊（Samuel Johnson）博士认为：“爱国主义是流氓无赖们最后的藏身之地”（Patriotism is the last refuge of a scoundrel）。勃特兰·罗素认为：“爱国主义就是积极地为了微不足道的原因杀人并被杀。”乔治·萧伯纳认为：“爱国主义是一种有害的、精神错乱的白痴形式。”这些观点只能说明爱国主义是有阶级性的，不同的阶级所持的态度不同，得出的结论也不同。

3. 爱国主义教育基地在物质形态上能否取代非物质形态的精神内核？21 世纪 90 年代沧源县政府立了一块“班洪抗英纪念碑”，省政府将其列为爱国主义教育基地。纪念碑是历史的记录，是一种有形的形式。但形式和内容如何统一？基地教育的内容如何筛选？怎样找回佤族民族文化、民族精神的缺失？其中对无形的、非物质形态的研究重于有形的研究。

二、对“班洪事件”历史价值的研究考问

关于班洪事件的历史价值，长期从事佤族研究的专家②段世林高度概括为四个方面：

第一，把鸦片战争以来中国民众自发的抗英斗争推向历史的最高峰。

第二，这场抗英战争是中外军事史上的一次奇迹。

---

① 江泽民：《爱国主义和我国知识分子的使命》：载《人民日报》1990 年 5 月 4 日。

② 段世林，临沧市志办公室。

第三，促进了民族的大联合、大团结，为抗日战争时期滇西抗战点燃阿佤山区的抗日烽火创造了良好基础。

第四，班洪抗英的胜利，大长了中华民族的志气，大灭了英帝国主义在亚洲的威风。①

显然，这也是从国家、政党层面上研究的成果，但缺憾的是不能阐释新中国成立以前特别是国民党统治时期会在佤山地区产生影响如此大的爱国主义事件的原因。

三、研究视觉如何转换

针对国内外学者对爱国主义褒贬不一的情况，当今对佤族爱国主义的研究应换一个研究视角，另辟蹊径。本文尝试从民族精神层面，即从佤族的民族文化、民族精神的角度进行研究。把以往“就佤族研究佤族”的视角转向与中华民族“多元一体”的视角去研究；把以往从阶级、政党、国家层面的研究转向道德层面研究；把以往对爱国主义的普遍性研究转向对佤族爱国主义的民族性研究，从民族文化、民族精神的视角来揭示佤族爱国主义的思想基础。

（一）从“就佤族研究佤族”的视角转向“中华民族多元一体”的视角去研究

佤族是中华民族的一员，是“中华民族多元一体”结构中的一部分。在《蛮书》卷四中记载：“望苴子蛮，在澜沧江以西，其人矫健，善于马上用枪铲，骑马不用鞍。跣足，衣短甲才比胸腹而以，股膝皆露而以。兜鍪上插犛牛尾，驰突如飞。”其中讲

① 段世林：《佤族历史与文化探秘》，云南大学出版社，2007年，第316—319页。

的就是佤族。孔子在《论语·颜渊》中提出“四海之内皆兄弟”；荀子在《荀子·儒效》[①] 中提出“四海之内是一家”，四海之内所有人民，包括戎狄蛮夷都视为同胞兄弟。儒家把四夷和华夏都视为王臣，这种观点在先秦就已有之。伍雄武教授认为：“中华民族就是在既定的地理和历史条件下形成的中华多元一体文化的主体，以及中国这一多民族国家的主体。”[②] 佤族也是在既定的地理条件和历史条件下形成的中华多元文化中的一元，它融入中华民族之中，和其他民族一样有自己的“共同语言，共同地域、共同经济生活以及共同文化上的共同心理；和其他民族一道构成了多元一体的中华民族”[③]。多元与一体的统一，共性与个性的统一，就是中华文化特殊的结构。”在这个结构中，作为多元一分子的佤族，同属于中华民族，不是独立于中华民族之外的民族。

在“班洪事件”的抗英斗争中，佤族的精神支柱就是中华民族，有中华民族撑腰，这是抗英斗争获胜的决定性因素。如在抗英的危急关头，胡玉山请求中华各民族支援[④]，“派人持蜡条到勐角董、岩帅、耿马、孟定、双江、澜沧、景谷、镇康、普尔等地四处告急求援”，很快得到了中华各民族的响应和支持[⑤]；“镇康县长纳汝珍带兵20多人来到班莫，补助班洪铅巴子弹100发，铜帽1万发，硫黄药两驮；勐角董土司张万美亲自到班洪，慰问胡

---

① 伍雄武：《中华民族的形成与凝结新论》，云南人民出版社，2000年，第393页。

② 伍雄武：《中华民族精神》，2004年，第247页。

③ 伍雄武：《中华民族精神》，2004年，第225、第247页。

④ 沧源佤族自治县政协汇编：《沧源文史资料选集》（第一辑），1986年，第18页。

⑤ 沧源佤族自治县政协汇编：《沧源文史资料选集》（第一辑），1986年，第18页。

玉山；普洱督办杨益谦大造舆论，争取爱国者支援班洪抗英斗争”[①]；“李希哲在景谷、澜沧、岩帅、双江、勐角、勐角董组织了有爱国农民、盐工、民团、青年学生、爱国华侨、马脚等参加的2000多人的‘西南民众义勇军’于1934年5月6日、13日起程，14日到达班老”，援助班洪、班老抗击英帝国主义入侵。义勇军在佤山期间，军民相处犹如兄弟、姊妹一般。另外，在社会舆论上也得到了各民族的大力支持，“顺宁民众外交后援会致电省府”；《云南民国日报》报道1934年“班洪事件”，《申报》报道了“班洪事件”，在中华大地上广泛发布班洪抗英信息，以求中华各族人民的援助。正是这种民族之间无差别的共同作战，表明佤族离不开其他民族，其他民族也离不开佤族。

（二）从爱国主义的普遍性研究转向民族性视角研究

1. 佤族国家观念的民族性。爱国必须要有国家观念，任何一个民族都是如此，这是共性；佤族的国家观念是何状态？根据佤族的社会发展程度、所处的历史条件和地理条件，如果说他们有很强的国家观念似乎太牵强，但从主权角度研究，国家和领土是统一的，佤族的领土意识很强，他们的国家观念等同于领土意识，这集中体现在班洪十七王《告祖国同胞书》中。《告祖国同胞书》从头到尾都书写了佤族的国家意识，他们认识到佧佤山是祖国的领土，佧佤人民守土有责[②]，“我佧佤山地，西滨潞江，自古我阿公阿祖相传，世世守之。而我佧佤山为中国领土……不论地理或历史，我佧佤山为中国土，应归中国，又何疑义”[③]，“佤

① 沧源佤族自治县政协汇编：《沧源文史资料选集》（第一辑），1986年，第29—30页。

② 段世林主编：《班洪抗英纪实》，云南人民出版社，1998年，第17页。

③ 段世林主编：《班洪抗英纪实》，云南人民出版社，1998年，第2页。

族汉族是一家，九老九代不丢伴。为保中国领土和矿藏，宁死也不投降”。既然国家和领土是统一的，保卫国家就是保卫领土，保卫领土就是保卫国家。佤族保卫班洪领土，就是捍卫国家主权。他们在“班洪事件”中，用血和泪书写了最真诚、最淳朴的捍卫国家主权的道德感情、道德良知；在实践中用鲜血兑现了自己的诺言。

2. 佤族抵御帝国主义思想入侵的民族性。佤族理解“心”的作用，认为要维护民族的独立，必须从思想上保持一致。为此，佤族人民拒绝基督教入侵，不和他们交朋友，在班老地区不准信奉基督教。如[①]1917 年，传教士永伟里和其子永享乐、永文生，在澜沧建立教堂，安下了[②]特务活动据点，企图由澜沧、双江发展去包围沧源，逐渐渗透，欺骗佤族群众入教，但班洪、班老佤族规定“不准信基督教”，直到如今。

3. 佤族捍卫国家主权的民族性。这表现在佤族具有强烈的捍卫领地意识。佤族居住区域是佤族长久生存之基，他们捍卫自己的领地不受侵犯，就是捍卫中国领土，而捍卫每一寸领土的民族特征是挖界桩。如 1936 年 1 月勘界时，英方为了多占土地，擅自偷立界桩，伪造、移动界桩，佤族头人冲在一线率领当地群众挖界桩，保卫国、胡玉山率领当地群众见界桩就挖、见标物就砸，英方白天栽，佤族群众就晚上挖，英方晚上栽，群众就连夜挖，不让英方多占一寸土地。

佤族利用歌谣进行“捍卫领地”的宣传动员。争夺炉房是“班洪事件”的焦点，炉房有丰富的银矿，1929 年美国矿业专家

---

① 沧源佤族自治县政协汇编：《沧源文史资料选集》（第一辑），1986 年，第 8 页。

② 沧源佤族自治县政协汇编：《沧源文史资料选集》（第一辑），1986 年，第 8 页。

发表文章称“茂银厂”是亚洲第一富矿。为捍卫炉房，宣传、发动保卫炉房的抗英歌谣在阿佤山家喻户晓、广为流传，生动表达了佤族人民誓死捍卫银矿的爱国精神。歌谣唱道：“银杵像攀枝花一样盘绕山冈，扭弯了红毛、白莲花树杆；白虎侵入葫芦王地，窥视矿藏，给我们带来了灭顶之灾难；勐黑的象有鼻六个，企图搅动孟定成水塘；勐嘿的水牛有角三只，妄想震荡班老为平地，使我们地方不得安宁；葱绿的竹林是我们的，不许他人挖去一个竹鼠；茂密的森林是我们的，不准外人打掉一个土麻鸡，这是我们欢迎朋友的，接待兄弟的；南奴河水涌，南依河难渡，帕唱山高，布比岭远；我们祖先留下的长刀哟，是铜铸的鞘，是牛皮做的带，是白如芭蕉的刃，能砍断过路的毒蛇，能剁碎挡道的猛兽；我们祖先留下的枪哟，长九拃，准确射苍蝇眼，威力杀恶白虎，来吧，唤起朋友汉和傣；快哟，叫着兄弟拉祜、佤；我们誓死捍卫矿藏！”①

这首歌谣最具民族性特质。佤族惯用的方式是比喻，如把银矿比喻为像“攀枝花一样盘绕山冈”；把英国人比喻为怪兽，即“白虎、有六个鼻孔的象、有三只角的水牛”，这些怪兽是使佤族不得安宁的祸根；在比喻保护矿产时，他们义正词严地说：“葱绿的竹林是我们的，不许他人挖去一个竹鼠；茂密的森林是我们的，不准外人打掉一个土麻鸡，这是我们欢迎朋友的，接待兄弟的”，要用“祖先留下的枪哟，长九拃，准确射苍蝇眼，威力杀恶白虎”，要团结汉族、傣族、拉祜族誓死捍卫矿藏！

4. 佤族“重义轻利”、“杀身成仁，舍生取义”的道义的民族性。中华民族精神的内核从古到今都体现在价值理想和价值目标上。古代人们讲从德重仁、道德至上，如孔子主张“仁人志士，

① 沧源佤族自治县政协汇编：《沧源文史资料选集》（第一辑），1986年，第39—40页。

无求生以害仁，有杀生以成仁”，即杀身成仁、舍生取义，又讲群体高于个人，重义轻利，即义务重于权利；近代讲救亡图存是现代以竞争求进步、求发展。这些价值理想和价值目标是中华民族重要的精神支柱和基本的价值观念，也是佤族的精神支柱，佤族人民在抗英斗争中实践了中华民族“重义轻利”、“杀身成仁，舍生取义”的道德准则。如在抗英斗争的关键时刻[①]，英人送胡玉山1万多银元和毛毯、呢衣等礼物，胡玉山拒绝说：“你就是驮金子来我也不会准许英人开矿!”继班洪之后，班老举行“剽牛盟誓”，英人送班老头人银元5000元，送班洪王1万元，同样遭到拒绝。在一个经济极端贫困的阿佤山区，佤族头人视金钱如粪土，他们如果对阿佤山没有深厚的感情，如果没有坚定的道德信念和道德良知是无法抵御英人重金收买的。

5. 佤族保家卫国、视死如归的民族性。在《告祖国同胞书》[②] 中，充分表达了佤族人民视死如归的中华民族精神：“我佧佤山，虽地瘠民贫，亦有数千里之地，数十万户之民，据天然之险，恃果敢之勇，宁血流成河，断不作英帝国之奴隶，即剩一枪一弩，一妇一孺，头颅可碎，此心不渝，而今而后，本自决自卫精神，置之死地以求生，恃强野横，毫不畏惧……尤念我佧佤山，地处中国极西南境，半壁山河，其关系祖国之国防者，岂浅鲜哉!”[③] “然我佧佤山民众，已早发誓团结，自决方针，告诸天地鬼神，愿断头颅，不愿为英帝国牛马。”这些铮铮誓言，佤族人民说到做到。如胡玉堂因抗英坚决，宁死不屈，被迫到处避难，有家难回；战士向坎被英军剥光上衣用鞭抽打，但他誓不投降，

① 沧源佤族自治县政协汇编：《沧源文史资料选集》（第一辑），1986年，第12页。

② 段世林主编：《班洪抗英纪实》，云南人民出版社，1998年，第17页。

③ 段世林主编：《班洪抗英纪实》，云南人民出版社，1998年，第17页。

最后被英军用汽油烧死；战士达相旦臀部受伤，但他决不离开阵地，后来他拔出长刀向敌人冲去，与敌人同归于尽；妇女冒着枪林弹雨送饭，抗击英军，等等。①

6. 佤族抗英斗争环境的民族性。班洪抗英斗争发生在阿佤山区，山峦重叠，主要山峰有窝坎大山、大黑山等11座。海拔一般为1900—2600米。山高坡陡，荆棘丛生，地理环境极其恶劣，条件极其艰苦，佤族的爱国主义斗争就产生在这种恶劣的地理环境下；与沿海和内地平原地区的爱国主义斗争相比较，条件艰苦得多，斗争残酷得多。如果没有坚定的道德信念、没有本民族刚直不阿、勇猛顽强、不畏强暴、敢于牺牲的民族精神，抗英斗争是不可能取胜的。

7. 佤族爱国主义“盟约”的民族性。“盟约”是一种信用形式，如李希哲率援军支援佤族抗英，但也与胡玉山签订盟约，双方把各自的权利、义务通过盟约形式确定下来，以确立一种诚实、守信关系，这是佤族不成文的规矩，是具有民族性特征的典型。其中②盟约第三条规定：“阿佤山各王要服从中国政府，无论何时不得背叛祖国”；第四条：“实行汉佤联络，以巩固中国边境”；第六条：“炉房厂地为中国政府所有，他人不得侵占”；第七条：“汉兵有保卫佤族人民的义务”。李希哲援军在驻班老期间，军纪严明，视佤族人民为兄弟姊妹，充分体现了中华民族“四海之内皆兄弟”、“四海之内是一家”的民族精神。

8. 佤族团结抗敌动员方式的民族性——“剽牛盟誓”。中国自古以来，动员民众积极抵御外来侵略的常见的方式有宣传、演

① 沧源佤族自治县政协汇编：《沧源文史资料选集》（第一辑），1986年，第19页。

② 沧源佤族自治县政协汇编：《沧源文史资料选集》（第一辑），1986年，第22页。

讲、誓师大会、游行示威、结拜兄弟、盟誓等。盟誓在少数民族中是一种历史悠久的不成文的习惯或信用制度，是一种在“原始宗教”即“神灵崇拜”下的一种自我约束机制。参与盟誓的人通过直面神灵，在神灵面前表达自己内心的道德良知、道德信念、道德感情，就某事与他人建立起一种牢固的守信关系。一句话，盟誓是在神灵监督下承诺自己守信的一种行为方式。

佤族凡重大的活动都举行“剽牛盟誓”，用这种方式来建立人民之间牢固的信用关系，以便统一思想、统一行动。在“班洪事件”中，班洪王胡玉山召集阿佤山 17 部落头人及民众在班洪“剽牛盟誓”。各地王、头人、代表共饮鸡血酒，立下誓言：“为了民族的尊严和荣誉，一定要有难同担，活在故土，死在家园!”[①] 通过“盟誓”来动员、发动群众的方式不足为奇，中国自古有之，也是各民族通用的一种方式。但通过“剽牛”来看吉凶，看神灵是否同意、是否支持，凡重大活动都要剽牛，这是一种典型的佤族民族性特征。

9. 佤族爱国斗争手段的民族性——“狩猎方式”。“狩猎方式”可谓是一种战术。从技术上看，在班洪抗英斗争中，英军用的是机枪、大炮、飞机、燃烧弹等先进武器，而佤族民众用的是弓箭、大刀、标枪、火药枪、土炮，最好的武器是“义勇军”的“七九”步枪，通讯工具是火或牛角号；从战术上看，英人是军事战术，佤族的狩猎方式是围堵、追赶等。如此悬殊的武器和作战方式，竟然抵御了英帝国主义的入侵，如果对祖国没有深厚的道德感情，没有坚强的意志和勇猛顽强、敢于牺牲的民族精神是不可能获胜的。

---

① 沧源佤族自治县政协汇编：《沧源文史资料选集》（第一辑），1986 年，第 13—14 页。

（三）从政治性视角研究转向对佤族的民族文化、民族精神视角研究

佤族民族精神的核心是主张“人人平等、和平共处、团结和谐”，对一切不平等的思想和行为深恶痛绝，其思想基础源于民族史诗《司岗里传说》。传说中记载：佤族是个信奉多神教的民族，一贯主张各民族平等，认为众神一律平等，众神各司其职，无高低贵贱之分。[①]“既然万物都是有生命、有神灵的，那么大家都是平等的。无论是谁，无论大小强弱，大家都有自己的权利和义务，都有自己的作用。例如，小米雀虽小，但它却成了打开司岗山洞的英雄；蚯蚓在洪水泛滥期间作了自己应有的贡献，以至献出了自己高贵的头；蚱蜢给人类带来了火，改变了人类的生活方式；蛇带来了谷种，解决了人类的生存问题；蜘蛛制伏了大树，使人类摆脱了植物的威胁；燕子教会了人类建房等；谷神、棉神这些植物各司其职，各有其用；至于梅依格、利烨神、达能、烨奴姆、安木桂、达惹敢木这些智慧和创造之神，即使他们能耐大一些，也不会居功自傲，大家一样平等相处，友好相待。”这一思想塑造了佤族世世代代“追求平等、和谐相处，反对欺辱”的民族性格。

佤族反对“强权政治”的民族精神。佤族坚决反对强权政治，一贯主张各民族和平相处，大不欺小，强不欺弱，倡导和谐稳定。如佤族民间流传的《虎霸王的故事》，教育后代不要欺弱怕强，要敢于同一切强暴作斗争。故事讲的是，自地球上有了动物那天起，各种动物都在森林里自由自在的生活，自从森林里突然出现了老虎后，就给森林带来了恐怖。老虎嫉妒大象粗壮的身子，嫉妒其他动物的自由，它生来贪婪凶猛，一心要当森林的霸王，在森林里横行霸道，宣布一切动物要服从它，称它为“虎大

---

① 魏德明：《佤族历史与文化研究》，1999年，第113、第118页。

王”，连叫声都要跟它一样，否则就要被它吃掉。佤族在强权政治面前，绝不改变自己刚强的本性和气节，只是用小兔、蜗牛、老鼠、蜘蛛等小动物可以制伏老虎的比喻来提醒强权者要明白“小能胜大，弱能胜强”的道理，这一思想塑造了佤族自信、自立、自强、勇敢的民族个性，反映了佤族大不欺小、强不欺弱、爱好和平的民族精神。[①]“爱好和平源于民族精神。爱好和平与团结互助是一致的。爱好和平是对外而言，团结互助是对内而言。”在对外关系上，佤族不会欺辱别国，但也不怕外国侵略，一旦发生外国入侵，他们就会团结本民族人民和其他民族一道进行顽强抵抗，决不允许一切破坏和谐稳定的行为猖獗。

佤族的民族文化、民族精神涉及面很广，不再一一赘述，上述个例只是用以说明，佤族的爱国主义精神有其深厚的思想基础，他们的爱国行为，主要来自于传统的民族文化、民族精神、道德良知、道德信念、道德感情，来自于本民族个性的张扬。无论在什么历史条件下，这种民族文化、民族精神都会产生巨大的作用。

四、转换研究视觉的意义

（一）理论意义

一是校正以往理论研究的形而上学倾向，用全面的、历史唯物主义的观点来研究佤族的爱国主义精神，还其历史的本来面目。

二是科学研究佤族的意识形态，建构既有民族特色、又同社会主义核心价值体系相统一的佤族意识形态体系。

---

① 伍雄武：《中华民族精神》，2004 年，第 169 页。

（二）实践意义

首先，还佤族爱国主义精神以本来面目，可以增强佤族人民的自尊心、自信心和自豪感。用佤族的民族精神来激励和鼓舞佤族地区的干部群众积极投入到当地的经济建设、政治建设、文化建设、制度建设和社会建设当中。

其次，对佤族地区的青少年进行民族文化、民族精神教育。可以利用佤族地区的自治政策，将佤族的爱国主义编入地方教材，找回即将丢失的本民族精神的精华。

最后，站在不同国家、不同地区的高度，找回整个佤族都认同的民族精神，增进不同国家、不同地区佤族的团结，维护边境的稳定。

元朝哲学的融合与创新

刘成有[①]

成吉思汗的西征，忽必烈的南伐，使蒙古族的文明形态发生了重大的变化。西征路上遇到的伊斯兰文化，伴随着穆斯林商人的奇珍异品和精湛的制造技术，走进了蒙古草原部落；南伐过程中遇到的儒家文明，也随着大量儒家知识分子贡献的治国谋略，走进了蒙古可汗的帐廷。这样的过程，把蒙古民族原有的“部落眼光”改造成了“世界眼光”，促使蒙古民族的文明形态发生了重大的变化。这个变化，正是从融合开始的，并在融合的基础上，展开了富有创新意义的哲学探索。元朝哲学的融合与创新，其根本原因，就在于元朝所代表的国家形态是包括各个民族成分的整个中国，蒙古民族仅仅是统治民族中的主导成分。

一、元朝理学主导地位下的三教融合

（一）理学在元朝意识形态中的主导地位

消灭南宋的任务，是忽必烈率军完成的。忽必烈（1215—1294）即元世祖，基于适应蒙古族统治整个中国的需要，他的哲学思想体现着一种不同于原来蒙古族宗教思想的新的“时代精

---

① 刘成有，中央民族大学哲学与宗教学学院，教授。

神”。忽必烈根据时代与任务的变化，在“仪文制度”的“旧序”与“汉法”之间，强调“祖述变通，正在今日”[①]。这一思想有两个方面的内容：一是“宜新弘远之规”，皇朝的“仪文制度”要适应新的形势有所变革，更要有长远打算，不应该是权宜之计的变革；二是“务施实德，不尚虚文”，强调新的皇朝的“仪文制度”，一定要重视道德教化、移风易俗，而且能够落在实处，具有可操作性。基于制度方面的考虑，他强调“应天者惟以至诚，拯民者莫如实惠”[②]，在“天人关系”上强调“诚”，而且是“至诚”；在君民关系上强调“实惠”。统治阶级的“应天至诚”与“拯民实惠”，一如理学要籍《大学》中的三纲领：“大学之道，在明明德，在亲民，在止于至善”，反映了上升时期蒙古民族“达则兼善天下”的民族精神与包容胸怀。忽必烈的这一思想，既是形势所迫，也是受理学思想影响的结果。他在即位之前长期与宋朝作战，接触到大量的宋朝文明与儒家知识分子，较为明显地受到了儒家文明的熏陶。我们在相关史料中不难发现，他反复强调实行“汉法”，强调“帝中国当行中国事”[③]。

“帝中国当行中国事”的表现之一，就是忽必烈对于儒家文明的态度。他对于儒士许衡、刘因等都极为尊重，称之为“元之所以借以立国者也”[④]。其结果，导致大量江南儒士来到都城大都，成为大都政治、文化舞台上一个非常活跃的社会群体。尽管江南儒士在大都的生活也有不尽如人意的地方，但他们中的大多数人还是坚持了下来，一些人在京城做了官，更多的是得官而归。但京城大量江南儒士的存在，不仅在蒙古、色目人占优势的

① 《元史·世祖一》。

② 《元史·世祖二》。

③ 《元史·徐世隆传》。

④ 《宋元学案·静修学案》。

元朝都城传播了传统儒学文化，也为元朝政权实行汉法提供了重要的舆论支持。江南儒家知识分子，虽然被元朝视为“南人”而位列“四民”之末，无法获得蒙古统治者的信任，并限制其进入中央和地方决策阶层，但儒士作为汉文化传统的承载者，具有丰富的治国经验，而且儒士集团的政治取向、活动，是影响元代江南社会稳定与发展的重要因素之一，因而在一定程度上也受到了保护。甚至对于坚持不与元朝合作的儒家知识分子及其群体，忽必烈也能礼遇有加，至少不去迫害。比如黄震（1213—1281），字东发，慈溪人，南宋进士，因上疏建议停办僧道度牒、收回庙宇土地、经纾民力而触怒度宗，被贬官三级。次年出为广德军通判，禁淫祠恶俗甚严。1270 年因指责郡守不法而被免职。他为官清廉，自奉俭薄，激励贤善，修明文教，宋亡不与元朝合作，隐居于定海灵绪乡之泽山。元至元十八年，病逝于故里（《宋元学案》称饿死于宝幢山），门人私谥为文洁先生。元至正中，门徒建泽山书院以纪念黄震，元朝政府并未制止。

总之，忽必烈实行汉法，以儒家学说定朝纲、立法纪及各种典章制度，反映了元初统治者的文明选择。元朝的文明选择，实际上就是元朝继承唐宋道统的文化“正统地位”的标志，这恰恰是中国历史上王朝更迭获得“合法性”认可的重要指标。

（二）藏传佛教在蒙古民族中的传播与渗透

中国历史上三教融合源远流长，到元朝已有千余年的历史。在元朝，儒、释、道三教之间的关系，主要表现在地位交争上。释、道的消长与儒教的“中立”，反映出元帝国的治国与治心两个方面的矛盾与冲突。如蒙哥、忽必烈时代，“三教何教为尊？何法最胜？何人为上？”两次佛道之辩，表明了当时文化争论的激烈程度。在这些争论中，儒士奉命以为“证义”。这已经表明元帝国对儒教（家）的依赖。与此同时，蒙古民族作为统治民族，其民族内部社会各个阶层的精神世界，也面临着继承与创新的问题。藏传佛教，在各方面发挥着重要的作用。

藏传佛教，尽管从文成公主入藏开始就受到了汉地佛教较大的影响，但具有中观派、瑜伽行派以及密宗化相融合特点的印度后期佛教，对藏传佛教的产生与发展，具有更大的影响。导致这种状况的原因可能有很多，但印度佛教后期密宗化的倾向，与藏族原有的宗教信仰——本教之间的相似性，应该是一个十分重要的因素。进一步讲，藏传佛教密宗化的特点，与蒙古族原有的萨满信仰，也具有一定的相似性。这至少应该是蒙古族地区比较盛行藏传佛教的一个因素。当然，蒙古族上层人物对于藏传佛教的崇信、对于控制藏族地区的政治需要，无疑是更重要的考量因子。

藏传佛教在蒙古族社会中崇高地位的获得，与忽必烈有关，更与八思巴有关。八思巴（1235—1280），本名叫洛哲坚赞。他是萨迦班智达的弟弟索南坚赞的儿子。正如《西藏王臣记》记载："幼而颖悟，长博闻思，学富五明，淹贯三藏。"他 10 岁左右随伯父萨迦班智达赴凉州与蒙古汗王谈判，17 岁时被临终的萨迦班智达任命为自己的法位继承人，成为萨迦派第五祖。1253 年，八思巴应召谒见忽必烈，当时忽必烈夫妇及其子女共 25 人以世俗人拜见上师的礼节会见八思巴，受密宗灌顶。1260 年，忽必烈继任蒙古汗位，立即封八思巴为国师，赐玉印。1264 年，忽必烈迁都大都（今北京），在中央政权内设置总制院，掌管全国佛教和藏族地区事务，又命八思巴以国师的身份兼管总制院事。后来八思巴还奉忽必烈之命创制"蒙古新字"。1270 年，八思巴第二次向忽必烈授予密宗灌顶。由于八思巴为元朝中央创制新文字，为元朝皇帝授予神圣灌顶，深得元朝皇帝器重，忽必烈进一步封八思巴为"普天之下，大地之上，西天子，化身佛陀，创制文字，护持国政，精通五明班智达八思巴帝师"，又称帝师大宝法王，简称帝师。1280 年，八思巴在萨迦寺拉康拉章英年早逝，忽必烈又赐封号为“皇天之下一人之上开教宣文辅治大圣至德普觉真智佑国如意大宝法王西天佛子大元帝师”。1320 年，元仁宗下诏，在全国各路建造八思巴帝师殿。八思巴在世任国师或帝师期间，为元朝的稳定、发展以及全国各民族间的团结和文化交流，均作出过巨大贡献。正如王森先生指出：“看起来，八思巴首先是继承了他伯父萨班贡噶坚赞的内向政策，进一步巩固了西藏地区和祖国中央的关系，而且还带动了汉藏、蒙藏之间的经济、文化交流，虽然实际上他们只是蒙、藏两族统治者之间的结合，但是在客观上他也起了密切祖国人民之间的关系的作用。”此后，元朝的萨迦派担任帝师的政策没有改变。在此影响下，藏传佛教迅速普及并渗透到蒙古族的生活之中。

从哲学的民族性上说，八思巴应是藏族哲学家，但就思想影响来说，他的哲学应是蒙古族统治阶级的哲学；从其为促进西藏在政治上统一于元朝、推动民族团结而言，他的哲学也是当时“国家哲学”的重要组成部分。在八思巴的著作中，《彰所知论》是一部较为重要的著作。据记载，1276 年，八思巴返藏，由太子真金护送，他在途中专为真金著述并讲授了《彰所知论》。该书中阐述了“器世界品”与“情世界品”等五个部分。所谓“器世界品”，即其所论之宇宙、日月星辰、自然界的形成与发展，实质上指的是大自然的物质世界；所谓“情世界品”即地狱、饿鬼、傍生、人、非天、天，共六大类，在很大程度上指的是精神世界。从政治哲学的层面看，“器世界品”与“情世界品”的划分，对于元朝“政教并行”的制度具有一定的启发意义。忽必烈时代的《白史》，又称《十善福经白史》，多论忽必烈时代的法规典章、政教并行制度等，其核心思想是把佛教的“经教之律”喻为护身绫结，将政府的“皇权之法”喻为金制镣铐，前者牢不可解，后者坚不可摧。这种论述，实际上就体现着元朝政教并行的制度化建构特征。[①]《白史》中的这种思想，对后世蒙古族思想家进一步论证“印、藏、蒙同源”说以及“天、佛、汗合一”说，具有重要的启发。恰恰是后者，对于蒙古族盛行藏传佛教信仰，具有极为重要的意义。

二、元朝伊斯兰教中国化的尝试

成吉思汗的西征，对中国哲学而言，带来的最重要变化，就是中亚各个民族成分融入中华民族大家庭之中，伊斯兰教哲学开始与中国固有文化相调适。

由于元朝的穆斯林几乎遍布全国，而且政治、经济和社会地位又较高，所以，其宗教信仰的独立性和自觉性也都较为迫切。广大穆斯林力图保持自己的文化特质，扩大伊斯兰文化的影响，抑制其他文化对于伊斯兰文化的渗透。这一点突出地表现在礼拜寺的建筑上，从而在中国较大规模的建寺活动也就开始了。当时来华的穆斯林旅行家伊本·白图泰报道说：中国每个城市都有穆斯林的居住区，穆斯林都在自己的居住区内建有礼拜寺，以为祈祷之所。定州《重建礼拜寺记》中也说：“今近而京城，远而诸路，其寺万余，俱西向以行拜天之礼。”足见元时穆斯林建筑礼拜寺的风气之盛，同时也昭示出元时穆斯林宗教信仰上的独立意识增强了。

同时，在儒家文化占据主导地位的社会环境中，伊斯兰教的存在与发展，也客观上需要进行“本土化”的工作，开始把伊斯兰教教训和当时的儒家思想附会结合。这包含以下几个方面：

1. 伊斯兰教教职人员的“职业化”。答失蛮（伊斯兰教教士）、和尚（佛教徒）、先生（道士）和也里可温大师（基督教

---

① 鲍音：《〈十善福经白史〉浅译》，载《蒙古学情报与资料》1987 年第 2 期。

教士)，在元朝同被视为“告天祝祷的人”，享受免除赋税的特权，但规定需是“在寺住坐”，不得经营其他产业，否则将按照一般民户的办法收取差税。在这种政策导向下，元朝的伊斯兰教宗教人士出现了职业化的倾向，这与阿拉伯伊斯兰教宗教人员的非职业化不同。

2. 元朝政府设置的掌管伊斯兰教教法、处理穆斯林事务的官方机构“回回哈的司”，除掌教念经这一传统的职能以外，元朝又增加了“为国祈福”的新任务。1252 年，伊斯兰教开斋节日，众多穆斯林集于皇帝朝廷，为蒙哥皇帝祝寿，为大元帝国祈福，蒙哥命其重祷数次，遂以金银及贵重布帛数车赐之，并于此日大赦。“为国祈福”活动的新任务，显示了元朝伊斯兰教满足统治者需要的特殊使命，以至于到了明清时，中国穆斯林进一步有了“祝延圣寿”的说法，修建礼拜寺也向教外和官方解释说是给皇帝祝寿。这样的做法，显然是伊斯兰教对中国文化的妥协和让步，也可以说是调适。

3. 以儒释伊，乃至以禅释伊的倾向十分明显。这些材料出现在元朝的一些碑文中。定州《重建礼拜寺记》一文中，为了要说明其对伊斯兰教“无所訾议”的完美和“真且纯”的观点，曾把伊斯兰教和儒、道、佛作了简单的比较，说“予惟天下之教，儒教尚矣，下此而曰释与老”，佛道“虚无寂灭不免于妄，且其去人伦，逃租赋，天下之人而入无父无君之域，则其教又何言哉!”（文见《伊斯兰教在中国》，第 58—60 页）正是由于碑文的作者对儒家学说采取崇尚肯定的态度，所以他在称赞伊斯兰教完美无瑕之后，就着意论述了伊斯兰教和儒家思想的相同之处。碑文说：“奉正朔躬庸祖，君臣之义无所异；上而慈下而孝，父子之亲无所异，以至于夫妇之别，长幼之序，朋友之信，举无所异。”接着对伊斯兰教的认主、五功等根本教义问题，亦在传统的儒家思想中找到了与其相同的地方，说什么“夫不惟无形无象”与

《周易》的“无声无臭”之旨相吻合，抑且五伦全备与《周书》的“五典五惇之义又符契而无所殊焉”。对儒家思想与伊斯兰教思想的比较甚至附会，显示出元朝伊斯兰教与儒家文化进行调适的努力，从而使元朝伊斯兰教开始明确涂上了儒家学说和儒家思想的色彩。

不仅如此，广州《重建怀圣寺记》（文见《伊斯兰教在中国》，第77—78页）碑文更体现出以禅解伊的特色。碑文中说：“兹教崛于西土……且其不立象教，惟以心传，亦仿佛达磨。今觇其寺宇空洞，阒其无有象设。”把伊斯兰教的基本信仰——认主独一与禅宗的“教外别传，不立文字，直指人心，见性成佛”相联系，很有特点。当然，这种禅化伊斯兰教毕竟也属于元朝伊斯兰文化的一个组成部分，是元朝穆斯林努力适应中国文化的又一例证。

三、元朝哲学的特征与地位

元朝哲学体现着元朝国家哲学融合与创新的重要特征。元朝统治在中国王朝更迭中的合法性，不仅仅来源于军事战争的胜利与君权神授的宗教解释，更重要的是来源于元朝统治阶级在原有宗教思想基础上对以儒家思想——程朱理学为主导的中国传统文化的继承与发展。此外，藏传佛教基础上的蒙藏融合与汉藏佛教对话、伊斯兰教基础上民族融合与穆儒会通、穆释穆道对话，都是中国哲学史上的里程碑事件，具有重要的创新价值。此后明清时期的三教融合、明末清初的伊斯兰教汉文译著运动与启蒙思潮的出现，应该说与元朝时期哲学的融合与创新有一定的关系。

元朝是中国历代王朝更迭历史中的重要一环，因而，元朝哲学也是中国哲学发展历史上的重要一环。元朝哲学体现着儒、释、道三教合流的重要内容，体现着宋代以后中国哲学发展的基本脉络。如此，才可以理解中国哲学的整体性与连贯性。许多中国哲学史教科书中，讲到南宋的陈亮、叶适之后，接下来就讲明朝中叶的王阳明，整整300年的中国哲学史出现了断档！这种做法显然极不科学、极不严谨。深入研究元朝哲学融合与创新的特征，对于理解中国哲学的整体性与连贯性，意义重大。本文冒昧抛砖引玉，敬请方家教正。

浅析云南少数民族儒学家的民族思想

张　刚[①]

自汉代开始，儒学就开始在云南传播，后经历代统治者的大力提倡及各民族知识分子的努力学习，云南儒学不断取得进步。尤其明清时期，在云南知识分子中产生了一大批足以与中原相媲美的儒学大家，他们不仅有鸿篇巨制传世，而且有迥异中原儒学的独特思想，其中民族思想就是典型的代表。

一、“大一统”的国家认同意识

儒家“大一统”思想源远流长。早在春秋时期，孔子就一再强调“礼乐征伐自天子出”；《诗经·小雅·北山》中的“溥天之下，莫非王土；率土之滨，莫非王臣”也表达了类似的思想倾向。大约产生于战国晚期的儒家经典《春秋公羊传》则更加明确地提出“大一统”思想：“何言乎王正月？大一统也。”[②] 汉代儒学家大多继承了先秦儒家“大一统”的思想。如董仲舒说：“《春秋》大一统者，天地之常经，古今之通谊也。”[③] 何休也说：“夫

① 张刚，玉溪师范学院政法学院副院长，教授，哲学博士（后）。

② 王维堤等：《春秋公羊传译注》，上海古籍出版社，1997 年，第 1 页。

③ 《汉书·董仲舒传》。

王者始受命改制，布政施教于天下，自公侯至于庶人，自山川至于草木昆虫，莫不一系于正月，故云政教之始。”① 这种“大一统”思想表现在民族问题上，即要求维护中原君主的至上尊严，反对少数民族政权对峙中原政权，最终实现“天子守在四夷”的政治目标。云南少数民族儒学家基本上都主张“大一统”思想。如李元阳在《云南通志》序言中说：“云南在汉，文献之所渐被，声教之所周流，其来久矣。”② 开宗明义地强调了云南自古就是中国的一部分，说明自从汉代在云南设立郡县以来，不仅政治上确立了中原王朝对云南的统治，而且中原文化已深入云南；不仅云南是汉王朝版图的一部分，而且汉代在云南“授经教学”，使云南的思想文化也成为中国文化的一部分。对中原王朝在云南的统治，云南与内地的密切关系他详加记述，认为“今之云南，即汉唐之云南也；云南之郡县，即天下之郡县”③。对于南诏脱离唐朝建立独立政权的史事，他如实记载，但也指出“不观土壤分裂之乱，何以知大一统之治”④。这充分说明李元阳始终坚定地从“大一统”角度来理解和审视云南与中原的关系。云南少数民族儒学家甚至还进一步分析了这种“大一统”关系产生的原因。如高奣映在《滇鉴》序言中，觉察到一个非常有趣的现象，他说：“天下谓甲申之变极已，滇仅一区，远土也，亦咸相曰甲申之变极已……今滇远于神都，而亦曰甲申之变，同是鼎烹而釜泣，一与天

---

① 李学勤主编：《春秋公羊传注疏》（十三经注疏本），北京大学出版社，1999年。

② 李元阳：《李元阳集》（散文卷），云南大学出版社，2008年，第232页。

③ 李元阳：《云南通志·羁縻志》，载方国瑜主编：《云南史料丛刊》（第六卷），云南大学出版社，2001年，第657页。

④ 李元阳：《云南通志·羁縻志》，载方国瑜主编：《云南史料丛刊》（第六卷），云南大学出版社，2001年，第656页。

下分甘共苦者，夫恃远也，岂独能免也哉!”[①]　“甲申之变”指1644年，李自成领导的农民起义军攻克北京，统治中原276年的明朝宣告灭亡的事件。但是这件发生在遥远北京的中原王朝兴衰更替的政治事件，却使远在西南边疆的云南各族人民痛心疾首，甚至有“鼎烹釜泣”的感觉，如高奣映的父亲就是因效忠明王朝而在明灭之际选择了出家归隐。究竟是什么导致了云南与中原之间“一与天下分甘苦”的血肉相连的关系？这是高奣映撰写《滇鉴》最想要弄明白的问题。他说：“由是以思前明一家之治乱，转而思滇之为滇，亦譬如一家之治乱。”[②]　最初是为了思考明朝治乱成败的原因，最终却升华至对云南与中原“譬如一家”的共生共存命运的思考。首先，高奣映认为，这种紧密相连的关系并不是自古就有的，而是在历史发展中逐渐形成的：“自孟津首会，筇筑塞通，内之外之，木之托始于勾芽，蛮弱必化为华蔚。”[③]　从武王伐纣始，云南与中原就初步建立起联系，秦汉时期又开辟了交往通道，之后分裂、统一间歇有之，但从整体上看云南与中原的联系在逐步加深。其次，高奣映认为，这种紧密联系来自儒学在云南广泛的传播和认同。他说：“云南未服中国以前，为徼外西南夷地，其种类不一……大抵各据一方，不相统辖。至汉武帝时，始通圣教，于是设郡县，隶职方。其时，张叔、盛览辈受经于司马长卿，归教乡里，即已习诗书，明礼义。虽自唐以后，叛服不常，蒙、段两姓窃据数百年，然亦知延师儒，兴文学。迄于有明，熏陶培养，风气日开，礼俗、人文无异于中州矣。”[④]　这段话被高奣映安置在《滇鉴》首页，其用意就是用来回答在《滇

① 高奣映：《滇鉴》，云南大学出版社，2011年，第1页。

② 高奣映：《滇鉴》，云南大学出版社，2011年，第1页。

③ 高奣映：《滇鉴》，云南大学出版社，2011年，第1页。

④ 高奣映：《滇鉴》，云南大学出版社，2011年，第4页。

鉴》序言中自己所提出的问题。在他来看，云南这几千年最大的变化，就是从未开化的蛮夷之地成为可以与中原相媲美的礼仪之邦，正是这种深层次的文化认同导致云南与中原紧密地联系在一起。再综合起来看，高奣映认为，云南各民族对儒学的认同程度直接决定着云南与中原之间的关系，云南成为中国不可分割的一部分的历史就是儒学在云南传播认同的历史。如同李元阳、高奣映一样，清代云南白族大儒王崧始终强调云南自古就是中国不可分割的一部分："云南于古梁州为边裔，三代盛时，要服者贡，荒服者王，固尝与朝会之数也。汉置益州，云南隶之。"① 这就把云南与中原王朝的联系推至三代时期，借此佐证云南从属于中国的历史合法性。因此，王崧特别反对中原王朝与云南割据势力之间的妥协行为，认为违背了最基本的君臣隶属关系。如在评价南诏与唐王朝的关系时，他说："南诏始受唐封，既而废，臣吐蕃，及韦皋镇蜀，复归于唐，其反覆无常，视边将得失以为向背也。世隆僭称大号，唐无如之何，至以公主妻隆舜而讲舅甥之礼，何其悖哉！"② 由于在天宝之战中取得胜利，南诏脱离了唐王朝的统治，并僭越称王，欲以兄弟或舅甥关系来处理与唐王朝的政治关系；对此，王崧视之为悖乱礼法纲常的事情。

二、"无间华夷"的民族平等意识

身为少数民族，云南少数民族儒学家都积极追求少数民族与汉族的平等关系，反对歧视和误解少数民族的思想观念。如李元

---

① 王崧：《道光云南志钞》，云南省社会科学院文献研究所，1995 年，第 199 页。

② 王崧：《道光云南志钞》，云南省社会科学院文献研究所，1995 年，第 179 页。

阳说："元儒李京景山传夷方风俗之陋，以今观之，绝不相类，乃知秉彝恒性，无间华夷。"[①] 元儒李京曾在自己撰写的《云南志略》一书中，专门介绍当时云南各少数民族的生活习性，认为"其人生多犷悍，不闲礼教"[②]。但经过几百年的发展，李元阳却看到云南各民族"道不拾遗，外户不闭，归敬其夫，妻妾不相妒，尊其长上，虽暗室闻传必跪，织者下机，业者停手，盖有古封建之遗风焉"[③]。根据云南各民族前后生活习俗的巨大变化，李元阳意识到不同民族在本性上是相同的，都具有仁、义、礼、智、信的禀赋，只要加强教化都可以成为谦谦君子。因此，他引《元御史郭松年记》中的话说："教无类也，孰谓异俗之不可化哉！今夫云南荒服之人，非有故家流风以资于闻见也，又非乡党师友之习也，一旦举中国之治以加之，皆反心革面，若其固有者，于以见王者之德大以遐，夫子之道尊而明，而异俗之果不难治也，他日化成俗定，人才辈出，彬彬乎齐鲁之风。"[④] 这是李元阳通过亲身经历验证了少数民族在德性、才性上无异于汉族的结论，体现了民族平等的观念。清代回族儒学家马注则从各民族同根同源的角度来谈这个问题。他说："阿丹首出之君，即《通鉴》所谓盘古。朱子云：'天地开辟而盘古生焉，神于天，圣于地。天数极高，地数极深，盘古极长。'西洋又名亚党，即天下古今共祖。故曰'人祖'。"[⑤] "阿丹"是伊斯兰教认定的人类始祖。

---

① 李元阳：《云南通志·羁縻志》，载方国瑜主编：《云南史料丛刊》（第六卷），云南大学出版社，2001年，第642页。

② 李京：《云南志略·序》，载方国瑜主编：《云南史料丛刊》（第3卷），云南大学出版社，2001年，第124页。

③ 李元阳：《云南通志·地理志》，载方国瑜主编：《云南史料丛刊》（第6卷），云南大学出版社，2001年，第590页。

④ 李元阳：《云南通志·学校志》，载方国瑜主编：《云南史料丛刊》（第6卷），云南大学出版社，2001年，第596页。

⑤ 马注：《清真指南》，云南民族出版社，1989年，第104页。

在马注看来，“阿丹”与汉族始祖“盘古”及西方人始祖“亚党”实乃同体异谓，因此世界各民族“实同一体”①。更可贵的是，马注不仅强调“天地一物，人身一用，造化一理”② 的世界各民族的一体性，也看重不同民族的多元性。他说：“盖天有时令，四时之变幻不同；国有俗，万国之语音不一。如欲强合为一，是春夏同于秋冬，蛮夷同于中夏，岂足以见造化之全能？”③不同的民族特性如同天地四时的差异，是客观必然的，如果一味求同就如同把“春夏同于秋冬”，破坏了民族发展的生机性。这可以说是在更高层面对民族平等内涵提出了诉求。在民族平等理念的引导下，云南少数民族儒学家坚定地宣扬“仁及夷狄”的大爱精神，要求中央朝廷给予云南各民族应有的尊重和关注。如李元阳从边疆少数民族思想家的角度，吸收儒家传统中重民爱民的思想，认为统治者为了一己之功名、私利，“兴无名之师，杀无辜之民，费帑藏之金，破边氓之产……杀人盈野，草原为赤”④的行为是绝对错误的。因此，他大声疾呼：“万里边氓亦国家之赤子，何忍急一己之功名，而视民曾草菅之不若耶？”⑤ 为边疆的安宁、少数民族的生存权益发出热忱的呼唤。最后，他们都坚定地主张“夷狄可化”的思想。由于长期处于相对落后的生产、生活状态，云南各民族被中原汉族统治者经常藐称为“夷”或“狄”，由此动辄对云南边疆少数民族施以武力，视征讨杀戮为当然，从而给云南各民族带来惨祸。而云南少数民族儒学家大力宣传“夷狄可化”的思想，认为云南各民族尽管处于落后未开化的状态，但只要坚持教育就可以把云南变成和中原相媲美的礼仪之

① 马注：《清真指南》，云南民族出版社，1989 年，第 111 页。
② 马注：《清真指南》，云南民族出版社，1989 年，第 226 页。
③ 马注：《清真指南》，云南民族出版社，1989 年，第 573 页。
④ 李元阳：《李元阳集》（散文卷），云南大学出版社，2008 年，第 357 页。
⑤ 李元阳：《李元阳集》（散文卷），云南大学出版社，2008 年，第 357 页。

邦，所以不需要动辄施以武力。

三、“用夏变夷”的文化认同意识

“用夏变夷”一直是儒家族群思想的核心，是儒家企图通过文化征服周边少数民族的重要手段。对儒家这样的思想观念，云南少数民族儒学家不仅没有立足于本民族文化大力排斥，反而给予了高度认同，这不能不说是个很奇怪的事情。如李元阳引《元御史郭松年记》中的话说：“惟夫子之道，与天地并，语小则无内，语大则无外，固不可以古今夷夏为限阂。”① 言下之意，以孔子为代表的儒学如同天地万物的自然规律，所以无论夷夏都必须学习掌握。甚至把儒家“用夏变夷”的主张视为神意的安排：“帝之昭灵于兹山，所以警群欺而化南服、变遐荒以匹中原，此理之所必有，不待卜而知其然矣。于惟重臣硕僚，会其时亦莫不怀临汝之惕而操用夏之权者。”② 万历三年（1575），云南马龙州中和山现祥瑞，李元阳认为，这是上苍要求地方官员积极推行“用夏变夷”之道的征兆。更重要的是，他还把推行儒家文化当作凝聚各民族的精神纽带：“云南古荒服之地，自汉始通中国，然未有若今日之盛者也。惟纲常之道粲然明于世，而礼乐刑政所以管束人心，维持世道之具胥此焉。”③ 换言之，只有努力推行儒家文化，最终达到云南与内地“车同轨，书同文”，才能保证边疆的稳定与巩固。清代回族儒学家马注不仅强烈认同儒家文化，而且认为儒学与伊斯兰教教义在本质上是相通的。他说：“西域

① 李元阳：《云南通志·羁縻志》，载方国瑜主编：《云南史料丛刊》（第六卷），云南大学出版社，2001年，第596页。

② 李元阳：《李元阳集》（散文卷），云南大学出版社，2008年，第101页。

③ 李元阳：《云南通志·建设志》，载方国瑜主编：《云南史料丛刊》（第六卷），云南大学出版社，2001年，第522页。

圣人之道，同于中国圣人之道。其立教本于正，知天地化生之理，通幽明死生之说，纲常伦理，食息起居，罔不有道，罔不畏天。”[①] 从道的层面看，伊斯兰教与儒学根本没有差异，都敬畏天命，穷究天地生死之化，遵守人伦纲常。因此，彼此之间的差异完全是由偏执之见造成的：“东方有圣人焉，西方亦有圣人，东方治东，西方治西，执东方以论西方，则道不同。”[②] 由于伊斯兰教主要在西方传播，儒学则在东方传播，彼此一直缺乏必要的交流和了解，所以习惯上从东方人的生活习性去观察伊斯兰教或从西方人的生活习性去观察儒学，最终都不免“是己而非人”，从而把两者视为完全不同的两种存在。清代白族儒学家王崧也说：“夫儒者诵法周、孔，其道本于尧、舜、文、武，薄海内外，罔不遵循。”[③] 因此，云南少数民族儒学家都非常自觉的认同儒学，视之为立身处世乃至治国安邦的根本之道。

四、结束语

综合上述，云南少数民族儒学家对儒家民族思想不仅仅是简单地接受，更是结合云南民族实际情况对其进行不断地调整，从而在某些方面矫正了儒家民族观的缺陷。

第一，从排外的华夏文化中心主义走向文化包容。文化虽是儒家识别民族身份的根本标准，但在他们看来，以儒家为代表的华夏文化始终是天下最先进的文化，周边少数民族文化则是野蛮未开化的，所以只允许少数民族学习华夏文化而反对汉族学习少

---

① 马注：《清真指南》，云南民族出版社，1989 年，第 15 页。

② 马注：《清真指南》，云南民族出版社，1989 年，第 61 页。

③ 王崧：《道光云南志钞》，云南省社会科学院文献研究所，1995 年，第 299 页。

数民族文化。因此，儒家民族思想始终关切华夏文化延续与统一的问题，不容许任何外来文化威胁其正统地位，这直接导致儒家民族理论在文化层面的排他性。如在南朝刘宋时期，顾欢曾著《夷夏论》以明佛教之与华夏的利害关系，认为佛教违背华夏礼俗，不适宜为华夏族所信仰，坚决要求“辟佛”乃至“灭佛”。这在民族文化方面明显具有妄自尊大、抵制文化交流的倾向。而云南少数民族儒学家虽然都非常认同儒家文化，但不代表他们也坚持“华夏文化中心论”。如马注就始终强调文化多元性存在的必要性。在儒佛关系上，云南少数民族儒学家基本都持儒佛兼容的观点，如李元阳说：“志于道者，不主儒、不主释，但主理。”①又说：“良知与良能，日月悬中天。老释方外儒，孔孟区中禅。”②反过来说，云南少数民族儒学家身为少数民族却能够抛开传统习见，勇于接受儒家文化，这本身就体现了文化包容的精神。

第二，从民族立场的两重性走向坚定性。儒家民族理论具有明显的两重性特征：一方面积极提倡“用夏变夷”，用仁爱之道去融合边疆少数民族，要求实现“华夷一体”；另一方面又主张“内诸夏而外夷狄”，企图将华夏与少数民族、中原与边疆隔离开来。这两种相反的思想倾向一直交替出现在儒家民族理论的发展历程中；当中原王朝实力强大时，儒家就强调夷夏之间的融合，反之就要求严“夷夏之防”。而云南少数民族儒学家在民族思想立场上始终是坚定的，自始至终认为云南自古就是中国不可分割的一部分，为此他们分别从历史、地理、文化多个层面论证了云南与中原内在的紧密联系。

---

① 李元阳：《李元阳集》（散文卷），云南大学出版社，2008 年，第 204 页。

② 李元阳：《李元阳集》（散文卷），云南大学出版社，2008 年，第 4 页。

试论蒙古族史诗《江格尔》中的伦理思想与江格尔的理想人格

周海亮[①]

在鸿篇巨制蒙古族英雄史诗《江格尔》中，无处不体现着蒙古族丰富的伦理思想，毫无疑问，这是蒙古族黄金时代道德发展的一个阶段。研究民族伦理，不仅要研究以一种社会意识方式存在的道德意识，而且要研究社会上存在的普遍道德现象、道德实践，还必须揭示这一系列系统化体系存在和产生的根源，“我们断定，一切以往的道德论归根结底都是当时的社会经济状况的产物”[②]。

一、史诗产生的社会历史背景

关于《江格尔》的形成年代这一问题，史学界至今仍旧没有一个公认的观点，其中曾经流行一时的所谓“定型论”认为，“从《江格尔》反映的社会生活和语言特点来考察，它的某些篇章产生在蒙古族的氏族社会末期，经过奴隶制社会到了封建社会

---

① 周海亮，蒙古族，中央民族大学哲学与宗教学学院，2010 级博士研究生。

② 《反杜林论》，载《马克思恩格斯选集》第 3 卷，第 133—134 页，人民出版社，1972 年。

才基本定型”①。但宝音和西格在《关于〈江格尔〉研究中的几个理论问题》一文中对“定型论”进行了剖析和论断，认为“‘定型论’者机械地理解了恩格斯的话，把19世纪初至20世纪末搜集整理的《江格尔》和公元前800年的《伊利亚特》、《奥德赛》等同起来，都看成是氏族社会末期、奴隶制社会初期的作品。但又无法解释《江格尔》中所反映的后期社会生活内容和思想意识，提出了在民间文学研究领域中从未有过的所谓‘定型论’理论”。从蒙古学以及史学界研究的成果来看，其主流是赞同《江格尔》的产生年代为13世纪到18世纪的500年间。伦理学史的研究或许重视时间概念的追究和分析，因为是依据学科发展的历史进程按照阶段来界定的，本文在这里只对著作中蒙古族伦理思想做一个定性的概论和总结，也就没有必要在时间这个元素上纠结。此外，其流行的区域借鉴了既成的观点，“至今还在蒙古族民间以口头形式流传着。这部史诗广泛地流传在我国新疆的卫拉特蒙古人和17世纪20年代从新疆阿尔泰山一带西迁到俄国伏尔加河下游的卡尔梅克蒙古人中间。此外，在我国内蒙古鄂尔多斯巴林察哈尔等地区以及蒙古国的卫拉特人和喀尔喀人中也有一定的流传，在俄罗斯境内西伯利亚的布里亚特蒙古人及突厥语族民族的图瓦人和阿尔泰人中也发现了《江格尔》的一些故事，《江格尔》是在中、蒙、俄三国境内流传的跨国史诗”②。但是有一点是肯定的，如果单纯地从政治制度来推断和分析，那是站不住脚的，因为世界上不同地域的经济发展程度和政治制度变革属于不同的类别和序列，即使在《江格尔》中所表现的都是禅

① 色道尔吉：《蒙古族英雄史诗“江格尔”》，载内蒙古自治区哲学社会科学学会联合会编：《一九八一年论文选编》（上册），1982年。

② 仁钦道尔吉：《江格尔永远的故乡：宝木巴》，载《中国民族》2001年第3期。

让制，也不能说明故事的发生、形成年代就是先民社会，因为就当今的政治制度而言，在不同的区域和国家仍旧存在着奴隶制甚至上古时代社会政治制度的痕迹。比如由中东阿拉伯世界和中非国家的酋长制，就能推断说这些国家还处在原始部落阶段吗？这种制度已经延续 3000 余年，对于它的开端史学界也难以考证，《江格尔》亦是如此。单纯地根据《江格尔》中存在的片面遗迹来断定其产生年代是极端不负责任的，我们应该从史诗的整体内容出发。

此外，《江格尔》产生的历史社会背景确定还可以从文学价值方面来分析。具体而言，从文学发展形式角度来看，根据仁钦道尔吉先生的研究，《江格尔》属于蒙古族英雄史诗中单篇史诗、串联复合史诗、并列复合史诗三大类型中的第三类，这三大类型反映了蒙古英雄史诗的三大发展阶段，并且在体裁、题材、主题、情节、结构、母题、人物、创作方法、表现手法、套语、固定诗句等方面对前两类在一定程度上有所继承和发展，从而使蒙古族英雄史诗进入最高也是最后一个发展阶段。① 因此，可以认为《江格尔》是一部系统性、集约性很强的史诗，并且其最终成型的时间也不会太早，但这里没有具体指出历史阶段。

至于《江格尔》的历史价值，也即是《江格尔》的真实性，在笔者深思熟虑地读了数遍又把视野投到其他蒙古族学著作以及与相关的蒙古族学者探讨后，认为《江格尔》中的一切故事情节都是虚构的，这与学者宝音和西格的论断不谋而合，宝音和西格认为："始于 19 世纪末突厥—蒙古史诗的大量挖掘、研究成果证明，其中基本上没有历史人物和历史地理的影子，在那里描写的自然、发生的战争、活动的人们都是虚构的。经过多次讨论，学

① 色道尔吉：《江格尔与蒙古人民英雄史诗传统》，载《叙事文学与萨满文化》，内蒙古大学出版社，1990 年，第 45 页。

者们的意见基本一致，认为史诗有两种，欧洲史诗为代表的一部分史诗与历史人物和历史事实有一定的联系，而突厥—蒙古史诗与历史人物和历史事实没有关系，只通过主题思想反映某一个时期的人民的思想意识和愿望。"[①] 这就是关于《江格尔》历史真实性的定论。

2005 年 9 月由贾木查先生主编的集蒙古、汉、拉丁、英 4 种文字合璧出版的 200 万字的文学巨著《史诗〈江格尔〉校勘新译》，对 19 世纪以来国际《江格尔》研究中悬而未决的《江格尔》源流问题、"江格尔"一词的含义与出处及史诗主人公生活原型做出了探索性的实质论证，提出"《江格尔》发源于中国漠西卫拉特蒙古"的观点，阐明了"江格尔"这一名词出自"波斯 Jihangir——世界征服者"之意；贾木查先生又从《江格尔》的情节探究蒙古民族历史事件在《江格尔》中的痕迹，以确凿的论据证明了 200 年来一直未解开的江格尔可汗的艺术形象，源于以成吉思汗为首的历代蒙古族英雄豪杰们的群体形象。

二、史诗中的社会理想范型——宝木巴

蒙古族是一个富有道德观念、道德思想和道德传统的民族，他们在长期的生产实践和社会交往活动中逐步形成并持续发展了具有本民族特点的伦理道德思想。这在史诗《江格尔》中也得到了充分的印证。《江格尔》不仅描绘了具体社会历史形态的理想范型，而且在很大程度上表达了蒙古族卫拉特部向往与追求并极力创造的人间天堂——宝木巴的社会道德理想。

① 宝音和西格：《关于〈江格尔〉研究中的几个理论问题》，载《内蒙古大学学报》（人文社会科学版）1999 年第 4 期。

（一）宝木巴是真善美三位一体的人间天堂

在《江格尔》的描述中，宝木巴是这样一种景象：江格尔的宝木巴地方/是幸福的人间天堂/那里的人们永葆青春/永远像25岁的青年/不会衰老，不会死亡/江格尔的宝木巴地方/是人间天堂/孤独的人到了那里/人丁兴旺/贫穷的人到了那里/富庶隆昌/那里没有骚乱/永远安宁/有永恒的幸福/有不尽的生命。[①] 可见宝木巴是富饶美丽、人人平等、和谐相处、社会秩序安定的人间天堂。这体现了蒙古族向往建立的国家理想，他们希冀一种和谐安宁的社会生活方式。这也从反面反映出蒙古族讨厌征战、向往和平，追求理想社会的求安求福心理。

（二）宝木巴社会伦理是少数民族伦理思想的典范

《江格尔》不仅涵盖了我国少数民族社会伦理发展中的各种伦理关系，并且还明确了伦理关系处理的标准和原则，实现了个人利益和社会道德、家庭伦理和社会伦理的调和。

《江格尔》中有许多集中反映社会人伦道德的诗句，包括君臣关系、父子关系、夫妻关系、兄弟关系，这和儒家伦理道德所倡导的五德“仁、义、礼、智、信”不谋而合。诸如在萨纳拉远征忽德里·扎嘎尔国篇章中反映社会伦理关系的场面，“萨纳拉起身摘下灿烂的金盔，走到江格尔的宝座前叩头，流着清泉般的眼泪说：‘我离开了/福德双全的父亲，让他失去了福祉；我撇下了/菩萨般慈爱的母亲，让她失去了儿子；我抛弃了/亿万奴隶让他们失去了主子；我离开了/红花般美丽的妻子，让她失去了丈夫。’接着又说道：‘我只跨了红沙马/跟随了您，荣耀的圣主。’”其中不仅反映了蒙古族“孝”的伦理思想，而且特别强调了“孝

① 色道图吉：《江格尔》，人民文学出版社，1983年，第51页。

父”服从于“忠君”的思想，表面上是维持子对父的“孝”，其实更重要的是实现对君的“忠”。《汉书·艺文志》说：“夫孝，天之经、地之义、民之行也。”《孝经·士》也提到：“资于事父以事母，而爱同。资于事父以事君，而敬同。故母取其爱，而君取其敬，兼之者父也。故以孝事君，则忠以敬事长则顺，忠顺不失，以事其上，然后能保其禄位，而守其祭祀，盖士之孝也。”“君子之事亲孝，故忠可以移于君”，可见，忠君思想是孝道的一种变体表现，忠君是孝道思想的一种终极追求和至高境界。此外，江格尔治好了萨布尔的伤口，萨布尔苏醒过来后，一连三次宣誓：“我把生命交给你高尚的洪古尔，我把力量奉献给荣耀的江格尔！”洪古尔也庄严宣誓，跟萨布尔结为兄弟。回到宫中后，江格尔举行了盛大的宴会向他们表示祝贺。又如揭示兄弟情谊的出征壮词，铁臂力士萨布尔美男子明彦说：“今生我们结为兄弟/来生我们一同投生到圣地/你的尸骨不会抛在托尔浒/我和我飞快的栗色马/再进桥畔迎接你胜利归来。”左席雄狮洪古尔说：“亲爱的明彦/今生我们结为兄弟/来世我们一同投生到福地/我和铁青马/在银桥畔迎接你。”① 诸如此类的雄壮场面，不胜枚举，无一不体现了蒙古族人民的豪放情怀和视死如归的英雄主义精神。

《江格尔》是反复传唱的文学表达形式，每一个章节都反复吟唱相关的主题，诸如此类的还有很多。可见，注重社会伦理不仅是文化比较发达的汉族的一种伦理思想倾向和发展维度，也是中华民族每一个民族的传统美德。

（三）宝木巴中的战马

在蒙古族文化中，马的文化占有重要的地位，甚至蒙古族被称为“马背上的民族”，蒙古文明被称为“马背上的文明”。蒙古

---

① 色道图吉：《江格尔》，人民文学出版社，1983年，第380页。

族与马相处的历史可以说源远流长，几乎可以说是和蒙古族的形成与发展相伴生的。蒙古族依靠铁骑不仅创造了一个个军事奇迹和浩瀚雄伟的大元帝国，而且铁骑的威力让许多欧洲国家的军队闻风丧胆，不寒而栗。在史诗中，马被赋予了人格化和神性化的特征，马是神性、人性和兽性三位一体的载体。人与马的关系中显示了蒙古族独特的伦理思想。

在《江格尔》的每一章节中每一个战斗场面、每一个重要瞬间无一不对勇士战马的英姿作了细致入微的描述，“马”在蒙古族社会中是一种奇特的文化象征符号。最有魅力的马莫过于江格尔的坐骑“阿兰扎尔”，“江格尔心爱的阿兰扎尔/是无价的珍宝，罕见的坐骑/它有宝石的长鬃、珊瑚的尾巴/阿兰扎尔的父亲是驰名的赤骥/阿兰扎尔的母亲是罕见的神驹/它们没有给它一根杂毛/它们没有给它微小的斑疵/阿兰扎尔的身躯/阿尔泰杭盖山方可匹敌/阿兰扎尔的胸脯/雄狮一样隆起/阿兰扎尔的腰背/猛虎一般健美/阿兰扎尔的毛色/鲜红欲滴/阿兰扎尔的八十一尺长的长尾/翘立如飞/阿兰扎尔跑起来/疾风、闪电都不能相比。”① 阿兰扎尔的思维能力和人不相上下，有时甚至比人还高并且具有预知凶恶的能力。此外，像洪古尔的铁青马，不但会多样变化，而且还能开口说话，在洪古尔处境困厄时鼓励洪古尔说：“你是西鲁盖得后裔，是山丹格日乐夫人的骨肉，你不惜粉身碎骨英勇战斗，单人独马征服过七十个可汗的国土……”这些描述战马神性化和人性化形象的语言，旨在突出马在蒙古族社会关系中的特殊地位和重要性，这是蒙古族人与人之间社会伦理关系的延伸、伦理空间的扩张、伦理思想在具体客观对象上的体现。

在蒙古族实际生活中，马和人具有同等重要的地位，马与人之间有着亲密而浓厚的感情，在某种程度上，马是蒙古族家族中

① 色道图吉：《江格尔》，人民文学出版社，1983年，第298页。

不可或缺的一员，蒙古人在和战马的交往和交流中，都怀着一颗仁爱之心和尊重之情。无论是在战斗还是日常生活中，几乎没有出现过虐待自己坐骑的现象，除非是在迫不得已的情况下。马驹出生时牧人为它歌唱，马死亡时牧人为它祈祷。马是有灵性的动物，它能理解骑手的一言一行，它甚至能从骑手的眼神里觉察到骑手的情绪变化和动机，史诗中战马和骑手之间的交流和沟通已经消灭了物种之间的差别，超越了不同种族之间只能依赖语言沟通的鸿沟，而真正实现了心与心的交流和神与神的交往。这是人与自然之间伦理关系的一种展现。在蒙古族文化中，马是禁食的，这并不是一种宗教禁忌，而是一种对生命表示尊重的终极关怀。人类是智慧的化身，而马是力量和速度的载体。没有蒙古人的智慧，战马的力量和速度将失去方向；而没有战马的力量和速度，蒙古人的智慧将鞭长莫及。这两者在草原上缺一不可，无论缺失了其中的任何一环，都将无法从事有效的实践创造。在前工业时代，唯有二者结合才能实现基本的实践绩效。然而在工业化时代，由于草原地理条件的变化和经济发展，马匹的使用逐渐被机械化代替，但马的文化内涵却以旅游、竞技等休闲类项目的形式保存了下来，并且创造着客观的经济效益，实现着产业的转换，这比单纯的牧马交易和作为交通工具更具有潜力和效率空间，这也象征着马的形象随着社会的发展由粗狂体力型向精细娱乐型转化。马可能会随着现代化的进程而逐渐消失，马的战争功绩和文化内涵也将永远保留在历史的长卷里，但战马对宝木巴的功绩却是不可磨灭的。

（四）侵略是宝木巴最大的威胁，保卫宝木巴是维护理想社会范型的必然

江格尔的对外征服战争和宝木巴保卫战是史诗自始至终的一贯主题，战争虽然在整个蒙古族各部族的交往和发展中占了绝大

部分，但这也不能表明蒙古族就是一个嗜血成性、践踏生灵、尚战好武的民族。史诗向人们表明，征战不是实现和平的必然途径，而是迫不得已的手段。按照马克思主义历史唯物主义的观点，征战只能归结于当时草原特殊的生存环境、社会形态与社会状况，征服的目的不是杀戮，也不是单纯地满足政治扩张欲望，而是为了实现整个部族的统一，建立统一的国家——宝木巴，进而提高整体对抗自然灾害和其他族侵略的能力，创造一种安宁的社会生活形态。

同时，史诗还体现了征服但并不意味着能够实现有效地管理国家——宝木巴，获取和平的方法不是征服，这样的征服只能增加宝木巴整体的负担。江格尔对被征服者的管理方法采取了以下两种手段：一是把他们迁移到宝木巴；二是派官员去行使统治权力。例如，洪古尔征服兄弟三个蟒古斯后下令他们全部迁到江格尔那颜附近的地方。这样的例子不少。又如，洪古尔与凶暴的哈日黑纳斯的使臣布和查干搏斗失利，被捆绑起来。江格尔为了搭救洪古尔赶赴黑纳斯国，一个宝木巴老人密报了洪古尔的下落。当江格尔救出洪古尔并征服黑纳斯后便委派那位宝木巴老人去统治黑纳斯国。这些例子都可以表明，征服不是为满足占领的贪欲，而是为实现和平相处。

三、史诗中的道德评价标准

蒙古族在悠久的历史发展和生产生活实践中不仅逐渐形成了系统而完备的道德思想和道德哲学，而且还逐步确定了独特的道德评价标准。

所谓道德评价标准即是判断道德善恶的价值尺度。具体而言，道德评价标准是社会个体道德观念和道德实践中的一个重要环节，每个民族或民族成员总是要依据一定的道德标准或价值尺度对本民族或他民族集团和个人相互之间的行为进行善恶判断。这种判断主要通过自我评价和社会评价两种形式来进行，一般采取肯定或否定、赞扬或谴责的方式来实现。它是社会个体对各自的道德行为所进行的全面考察和定位，通过考察来明辨是非。理析曲直，进而引导人们明确道德选择的方向，形成合理的道德意识和道德行为并承担由道德实践所导致的道德责任。

史诗中不仅宣扬了蒙古族独有的承天景命（长生天）、敬天慎行（萨满教）、崇敬喇嘛（黄教）、敬仰英武（英雄主义）的道德评价标准，而且还渲染了忠于君主、尽忠国家、孝敬父母、尊老爱幼、重义轻利、扬善抑恶等中华民族的传统道德评价标准，而对于那些不敬不拜、不忠不孝、投敌叛国、重利轻义、阳奉阴违之徒给予了冷酷的鞭笞和无情的唾弃。

道德评价标准是一种特殊的社会意识，具有强大的社会精神导向作用，不仅能引导和促使社会群体和个人向善、求真，而且还能对邪恶丑陋、卑鄙下流的道德败坏现象进行针锋相对的批判、规劝和教化。就民族伦理而言，各个民族的道德评价标准对内主要是调整民族内部成员之间在生产生活交流中涉及道德范畴的社会关系，对外主要是调节民族与民族之间、民族成员与其他民族之间或其他民族成员与本民族之间、民族成员与其他民族成员之间的伦理关系。

普适的客观标准是道德评价的基本依据和参照，是评判道德现象和道德行为的标准，但它又往往随着社会经济、政治、文化、宗教、战争等各种关系的变化而变化，所以道德评价标准不仅具有阶级性和普适性，而且还具有特殊性。（1）在阶级性与特殊性方面，不同的社会有不同的道德评价标准，如周代实施“同姓不婚”制，而殷朝时同姓却可以婚媾。（2）同一社会的不同的阶级之间有不同的道德评价标准，如“刑不上大夫，礼不下庶人”（孟子）。（3）同一社会的不同历史发展阶段也有不同的道德评价标准，如奴隶社会早期奴隶主在葬礼中讲究“人殉”，而到了奴隶社会末期，除了个别的例子，“人殉”现象几乎已经没有了。在普适性方面，中华民族各个历史发展时期，其社会形态都有父慈子孝、兄亲弟悌、尊老爱幼、扬善抑恶、重义轻利的优良道德传统。所以在建设社会主义和谐社会的新时期，道德评价标准不仅是道德发展的重要环节，也是社会主义精神文明建设的重要方面，探讨道德评价标准仍有现实意义。

四、江格尔是蒙古族人民的理想人格典范

所谓道德理想人格即道德楷模，是指社会个体道德修养所应具有的品质和达到的境界，其特点就是完美性、理想性和典范性。

在蒙古族人民的心中，江格尔具有集圣、勇、智、信、义（阿拉谭策吉归顺江格尔之部）为一体的英雄主义人格，江格尔是神、法、智、勇的英雄，江格尔是至尊三宝（佛法僧）的化身，江格尔是蒙古族人民追求的道德典范。

史诗开篇便渲染了江格尔神秘的出身和经历，当江格尔 3 岁时冲破三大堡垒，征服高力金蟒古斯，4 岁冲破四大堡垒，降伏四大蟒古斯汗，5 岁活捉 5 个魔王，6 岁降服了显赫的阿拉坦策吉，7 岁征服了七大汗国，建立宝木巴，其英名传遍四方、威震天下。江格尔是至尊三宝的化身，他永葆青春，永远像二十五岁的青年。[①] 这种通过夸张的文学手法对江格尔光辉形象的渲染，把江格尔的人格塑造得淋漓尽致，而更具特色的是，所有魔力并不都集中在江格尔一个人身上，而是分化在 12 名雄狮、32 名虎将和 6000 名勇士身上。这些都反映了蒙古族人民心中所向往与

① 色道图吉：《江格尔》，人民文学出版社，1983 年，第 313 页。

追求的理想人格以及集体英雄主义的民族精神。

江格尔的理想人格主要是通过他所肩负的重整蒙古各部、建立统一的宝木巴的历史使命表现出来的。江格尔先后征服了42个部落，被推选为宝木巴的汗，逐渐确立了不可撼动的政治地位和以中为首、左右席辅佐的政治权力管理模式以及臣众不及的政治威望，在他的宝木巴和黄金宫殿中部下们对他唯命是从、忠心耿耿。

从马克思主义辩证唯物主义的层面来分析，社会存在决定社会意识，社会意识是社会存在的反映。理想人格作为一种普遍公认的社会意识是社会经济形态发展到一定历史阶段，代表一定阶级利益和道德原则的必然产物，体现着社会不同阶级或不同阶层以及同一阶级或同一阶层内部道德选择的基本方向和人格标准。马克思在《关于费尔巴哈的提纲》中关于人的本质论述到："人的本质并不是单个人所固有的抽象物。在其现实性上，它是一切关系的总和。"所以理想人格是在一定的社会关系中形成的，是具有相对意义的评价标准和道德楷模，而不是绝对意义的"全知全能"的上帝，这是费尔巴哈的宗教神格的道德理想。史诗所塑造的理想人格是社会动荡不安、连绵混战、生产关系不断被破坏、人民生活无法保障环境下的客观要求；江格尔的文治武功、道德凝聚力和感召力以及宝木巴臣民众望所归的选择是其形成集圣、勇、义、智、信为一体的英雄主义理想人格的必然结果。

江格尔的思想人格不仅对当时的政治、军事和社会道德的发展等方面起到了重要的作用，而且对后世君主和蒙古族文明也起了积极的导向作用。

作为三大史诗之一和国家级非物质文化遗产保护代表作的《江格尔》是一部涉及蒙古族先民社会制度、经济形态、政治模式、伦理道德和民俗风情的经典史诗，这里对其理想社会范型——宝木巴的研究和对江格尔理想人格的剖析只是管窥一斑。在批判地继承传统民族文化的潮流中，许多具有现实意义、涉及道德范畴的道德现象和道德实践还具有较大的挖掘空间，要彻底地实现《江格尔》中的真善美价值体系研究，还需要我们不懈地努力探索。

参考文献：

1. 色道图吉：《江格尔》，人民文学出版社，1983 年。

2. 张岱年：《中国伦理思想研究》，上海人民出版社，1989 年。

3. 罗国杰主编：《中国伦理思想史》，中国人民大学出版社，2008 年。

4. 熊坤新：《民族伦理学》，中央民族大学出版社，1997 年。

5. 佟德富：《中国少数民族哲学概论》，中央民族大学出版社，1997 年。

6. 《蒙古语族诸民族宗教史》，中央民族大学出版社，2007 年。

7. 恩格斯：《家庭、私有制和国家的起源》，人民出版社，1972 年。

8. 吕大吉主编：《宗教学纲要》，高等教育出版社，2003 年。

9. 《中国少数民族哲学专题研究》，中央民族大学出版社，2006 年。

10. 仁钦道尔吉：《江格尔永远的故乡：宝木巴》，载《中国民族》2001 年第 3 期。

11. 斯钦巴图：《江格尔汗宫与萨满教》，载《民族文学研究》1999 年第 2 期。

12. 铁环：《试论英雄史诗〈江格尔〉中的社会空想论》，载《内蒙古师大学报》（哲学社会科学版）1998 年第 3 期。

13. 贺希格陶克陶：《〈江格尔〉所描绘的蒙古人早期国家形式》，载《民族文学研究》1997 年第 2 期。

民族价值观及其当代意义

——以西北少数民族为例

娜　拉[①]

一

关于价值观的定义至今未有统一释义，人们从不同的角度对价值观进行了定义。kluckhohn 收集整合多种文化的定义，认为文化的内核部分是由传统观念及其附属的价值观组成的，而价值观是一套观念系统；价值观即“价值取向”，是一种外显或内隐的、关于什么是“值得的”的看法，“值得的”背后是一整套具有普遍性、组织性的观念系统，它是个人或群体的特征，影响人们对行为方式、手段和目的的选择。[②]

Schwartz 和 Bilsky 认为价值观是进行判断和选择的标准或尺度，他们总结了价值观的 5 个普遍特征：是信仰的观念、关于值得的终极状态或行为、超越具体情境、引导选择或对行为及事物的评价、按照相对的重要性而排列。并且提出了一个被广泛使用

---

① 娜拉，天津师范大学历史文化学院，教授。

② kluckhohn C. （1951）. Values and Value - Orientations in the Theory of Action：an exploration in definition and classification ，in：T. Parsons and E. Shils（eds）.

的定义：价值观是令人向往的某些状态（如愉悦）、对象、目标或行为，它们是超越具体情景而存在的，可以作为在一系列行为方式中进行判断和选择的标准。①

一般情况下，价值观往往被看做是个体人格体系和精神体系中的一个核心概念，对个体行为起着重要的描述、解释、预测和导向作用，同时价值观也是社会发展和文化变迁的重要测量指标。广义的价值观是指在特定历史条件下，在长期的实践活动过程中，人们形成的相对稳定的思维方式、观念取向、心理习惯和行为模式。价值观是人类世代传袭的生活方式、生产方式的积累结果在群体和个体主体意识中的表现，渗透于现实生活的方方面面，人类创造的一切物质财富和精神文明都体现了人类的基本价值取向。狭义的价值观仅指存在于人类头脑中的主观意识和观念取向。价值观具有相对稳定性，一经形成并被价值主体接受，便成为对这种价值活动起导向作用的知识背景和思维框架，决定了价值选择取舍的意向和态度。价值观就其本质上来说，是一种指导人类生活的实践观念，是连接客观世界与人类实践活动的中介环节。价值观将客体事实和主体要求联合起来，既体现了人类作为价值主体的本质力量，又体现了特定历史条件下人类改造世界的客观认识水平，是物的尺度和人的尺度、合规律性与合目的性、外在与内在、个人与社会等标准的统一。

民族是文化的载体，文化是民族生活、民族经验和民族精神的集中反映。我国是一个多民族国家，各民族在繁衍生息中延续本民族的历史，并在历史延续的过程中形成本民族的传统文化，它包括这个民族的价值观、行为方式、礼仪习惯及各种物质载体和符号系统。中国传统文化既包括以儒家文化为主体的传统文

① Schwartz S. H., Bilsky W. Toward a Universal Psychological Structure of Human Values. Journal of Personality and Social Psychology, 1987, 53: 550—562.

化，也包括各少数民族的传统文化。研究我国少数民族文化，不能忽视对少数民族价值观的探究。不同的族群文化，有不同的价值观念。少数民族价值观是不同少数民族基于各自的历史文化、生产方式、生活习俗、地理环境等因素所形成的具有地域特色或民族特征的价值观。一个民族所共同接受并遵从的价值观，集中代表了该民族的文化精神，反映在本民族独特的、与其他族群相区别的语言、宗教、风俗中。文化反映了一个民族或社会所共有的理念和传统，价值观是民族文化的内核，民族文化精神是凝聚民族群体的伦理道德、思维方式、价值观念而形成的。在C. Geerts看来，文化并不是锁定在人们头脑中的东西，而是体现在公共象征符号中的东西，而所谓象征符号就是社会成员得以相互之间，或与后代以及与人类学家相互间进行交流的世界观、价值取向、民族精神等象征符号。① 少数民族群体通过共享的符号系统形成对本族的认同，进而发展和聚合为本族的民族价值观。

民族价值观是一个多层次的观念系统。祁庆富先生归纳出中国少数民族传统文化的价值结构，认为民族价值观的结构可分为4个方面：少数民族传统文化的核心——本族认同的价值观，社会行为规范——外在化的价值观，民族传承物——价值观的物质载体，文化传承的象征符号体系。同时民族价值观的结构四层次通过本族的民族语言、图画、文字或其他非语言文字等象征符号的传承作用，形成一整套涵盖本民族群体共有的价值体系，渗透在每个民族成员的生活方式和行为方式之中。②

---

① 克利福德·格尔茨著，纳日碧力戈等译：《文化的解释》，上海人民出版社，1999年，第5页。

② 祁庆富：《试论中国少数民族传统文化的价值结构》，载《中央民族大学学报》（哲学社会科学版），2000年第1期。

二

在长期历史发展过程中，中华各民族逐渐形成了以崇尚爱国主义、维护祖国统一为核心内容的“主流价值观”。中华民族传统的价值观念和文化品格概括为以土地为基础的人生本位、以宗族家庭为基础的群体本位和以伦理为基础的道德本位。少数民族在中华民族主流价值观和文化品格的框架中，又具有每个民族自我认同的民族价值观，即“非主流价值观”。少数民族价值观是少数民族传统文化的内核，是这个文化系统构成的基因，或者说构成了该民族的“文化精神”，是各少数民族经过历史积淀下来的执著和信念，它渗透在每个民族的生活方式和该民族成员的行为方式之中，展现在社会生活的各个方面，特别是展现在风俗习惯和道德规范之中，并在一代一代传递中影响着几代人甚至几十代人的思想、感情、心理、性格、行为。每一种民族文化都为自己的民族成员提供一系列评价行为的范畴和标准，而这个民族所共有的选择或判断标准，就是这一民族的价值观。不同环境下的文化特质不仅造就了不同民族的特殊习性，决定着人们生活方式的内容和形式，而且一定程度上决定着不同民族的价值观。一定的风俗习惯、伦理道德、宗教信仰以及哲学、法律、政治观念等社会文化，不仅赋予人们的社会生活以及一定的思想和感情，而且造就人们对人生、对生活特有的价值观念和价值取向，它既影响人们的物质生活，也影响人们的精神生活。一个族群越有强烈的民族价值观，越能培养其成员的认同、归属心理，因而也就越能支配他们的文化行为。

民族价值观影响着不同民族成员形成各不相同的心理特征和行为取向。从心理学角度来说，民族价值观是民族成员从自身需要出发，按照自己对事物所理解的重要性，经过多次反复所形成的相对稳定、包含情感和认知成分的进行评价和抉择的观念系统。民族价值观强调从族群的角度考察某种民族精神世界中最深层次的因素，它凭借少数民族的风俗习惯、宗教、艺术等意识层次体现出来，是一个民族群体的集体意识。民族价值观是隐而非外显的，是一种稳定的心态和观念，是知、情、意等心理因素的统一，可在此基础上大致推测出民族群体的行为和态度。人的心理和行为是一定社会文化环境的产物，是文化熏陶、感染、教化的结果。人类社会由不同民族组成，民族的形成过程，就是民族文化的形成过程。这种文化影响着该民族群体及其民族成员，而一个民族群体又靠这种文化紧紧凝聚在一起。文化类型的差异点又主要表现在不同文化的构成方式及其稳定特征——文化精神方面，凝聚了民族群体的伦理道德、思维方式、价值观念的民族文化精神，在以不同形式、不同程度地影响和规定着人们的价值取向和行为取向。本尼迪克特认为，每一个民族都有自己独特的文化，每种文化模式都有一种主要目的、一种主题、一种主导观念，表达着一种文化心理趋向，也可称之为文化价值观。一定的文化体系和社会结构，会把某种价值体系传递给人们，使人们成为文化的传播者和保存者，并塑造一代代人的价值观。一种文化的历史愈悠久，时间延续愈长，它的特点就愈稳定，其个性就愈突出，价值取向也就愈明确。

西北地区（陕西、宁夏、甘肃、内蒙古、青海、新疆）地处中国内陆，是少数民族聚居地区，土地面积辽阔，根据自然环境的不同，可划分为三大片：贺兰山以西的内陆干旱区（简称内陆干旱区）、贺兰山以东的半干旱草原区（简称半干旱草原区）、半干旱和半湿润区的黄河流域（简称黄河流域区）。独特的自然地理环境、历史传统孕育了西北民族独特的文化生态。农耕文化、高原文化与游牧文化汇集一体，成为西北地域性的文化生态类型，西北地区民族文化呈现出地域色彩与民族风情交融的多样性特征。西北地区自古就是个多民族聚居地区，历史上氐、羌、匈奴、柔然、鲜卑、党项、吐谷浑、突厥、回鹘、吐蕃等民族在这里生息繁衍，现在生活着藏、回、维吾尔、哈萨克、裕固、保安、撒拉、蒙古、锡伯等几十个现代民族。西北地区不论从历史还是从现实来看，一直是一个多民族多文化多宗教共存的社会，虽然在不同的历史时期，不同民族不同文化之间的关系各不相同，但总体趋势正如费孝通所指出的是一种“中华民族多元一体的社会格局”，或者说，西北地区自古就是多元文化共存，不断冲突、不断融合发展的社会。我们可以将西北少数民族文化归入两大文化圈框架中：一个是以藏族、蒙古族等全民信仰佛教（藏传佛教）的少数民族为代表的佛教文化圈；另一个是以回族、维吾尔、哈萨克等全民信仰伊斯兰教的少数民族为代表的伊斯兰文化圈。

西北城乡社区的民情、风俗、习惯、语言、生活方式等方面都具有明显的地方特色和民族特色，渗透在西北民族社会关系中。在生产和社会生活中，西北少数民族重诚信和以农牧为本，重视善良、互助、谦虚、勤俭、坚韧等伦理道德，并形成了稳定的民族价值观。同时，西北大多数少数民族传统文化具有很浓的非商品性、非经济性，存在着重农（牧）轻商、重伦理轻功利、重群体轻个性的价值取向。贯穿其中的非竞争要素，以观念意识、大众心理、潜意识及习惯行为等种种方式，也渗透到民族社会各种基本关系准则和各种新建立的体制中。

三

民族传统文化通常是一个民族对生活于其中的自然环境的适应性体系，它包括这个民族的宇宙观、生计方式、生活方式、社会组织、宗教信仰、风俗习惯等。Hofstede G. 认为在文化模式的核心部分，存在着包含社会主要群体价值系统的社会规范，社会群体可能会改变，如家庭、教育系统、政治、法律，但社会规范（包括价值系统）是很难改变的。① 以我国生态移民为例，我国西北地区传统游牧民族为适应游牧生产生活环境，在长期历史过程中不断与生态环境调适，形成了一套人与自然环境良性互动的生态文化体系，而制度设计下的生态移民生产生活方式的变迁实际上更是价值系统的调适过程。要改变牧民千百年以来遵循的传统生计方式是一件艰难的工作，改变固有的观念和风俗习惯，往往比教会一种生产技能更加困难。

在我国社会转型中，随着不同文化交流的空间不断扩大，各种传统文化受到空前冲击。在现代性力量的冲击下，民族价值观的非核心要素也随之产生变化。随着市场经济的发展，近年来出现了忽视民族价值观形成而发展自身规律的现象，将市场经济规律视为一切社会领域包括文化道德领域中的支配规律。

民族文化的变迁是在继承、发展和扬弃传统的基础上形成的，有一个重组、建构的过程，而民族价值观的变迁是一个以现代物质文化为推动力的可能性的工程。美国社会学家威廉·奥格本提出的“文化堕距”理论提出，物质文化的变迁先于非物质文化。非物质文化中，首先是制度变迁，其次是风俗、民德变迁，最后才是价值观念变迁。“多元文化共同发展在一定意义上是和谐社会的重要表征，和谐的社会状态必然孕育着多样性文化的和谐发展”②。在民族传统价值观、当代价值观和外来价值观多元混

① Hofstede G. Cultures and organizations : software of the mind : intercultural cooperation and its importance for survival . New York : McGraw - Hill, 2010.

② 邱仁富：《论多元文化视阈下民族地区和谐社会的构建》，载《广西民族大学学报》（哲学社会科学版）2007 年 6 月人文社会科学专辑。

杂的复杂人文背景下，构建西北地区和谐社会，促进文化和谐，包括少数民族与汉族之间文化关系的和谐、少数民族与少数民族之间文化关系的和谐，还有赖于人们对民族文化价值观多样性的尊重，有赖于社会成员从文化差异中寻找价值认同，在文化包容中达成思想共识，从而汇聚促进社会进步的强大合力。没有文化间的差异、矛盾和交流，就不会有文化发展的内在动力、生命力和新鲜活力。不同民族在观念文化、宗教文化、社会心理等方面的差异，会在很大程度上影响彼此交往合作的价值判断。要尊重各民族文化的多样性，以健康的心态对待其他民族的文化，以宽容的心态相互理解，推动不同民族间的文化认同，在多元中求同，有效避免因认识差异引发社会动荡。

费孝通提出“文化自觉”的概念，认为在全球性的文化转型潮流中，我们要对自身文化有自知之明，充分思考在全球文化发展和交融的时代，在一个大变化的时代里如何生存和发展，怎样才能在多元文化并存的时代里真正做到“和而不同”。“在和西方世界保持接触、进行交流的过程中，把我们文化中好的东西讲清楚，使其变成世界性的东西，首先是本土化，然后是全球化”①。要以文化自觉的思想指导我们处理不同文化之间的关系，做到“各美其美，美人之美，美美与共，天下大同”。②

以爱国主义为核心的民族精神和以改革创新为核心的时代精神，是社会主义核心价值体系的精髓。如何将一元主导与多元并存统一起来？民族价值观作为民族文化的核心，在当今构建和谐社会中具有举足轻重的作用。民族传统文化无疑是一个民族的文化之根，是民族价值观的基因所在，然而民族传统文化中也有许

① 费孝通：《费孝通九十新语》，重庆出版社，2005 年，第 214 页。

② 费孝通：《文化自觉的思想来源与现实意义》，载《学术研究》2003 年第 7 期。

多糟粕是需要抛弃的。西北少数民族传统文化中的落后因子，一方面直接影响着少数民族参与现代化建设的积极性、创新性，阻碍着民族自身的进步、民族地区社会经济的全面发展；另一方面民族之间深层次的社会交往、互助合作、共同发展产生了不利的影响。任何民族文化中都有积极成分和消极成分，我们要尊重不同民族文化的价值观，更要弘扬民族文化中的优秀成分——民族精神，促进适时的、改革创新的民族价值观重构，提升民族自我发展能力，实现文化自觉，正如伍雄武先生所说“民族精神就是推动民族生存、发展的精神力量，是凝聚民族的灵魂”①。西北民族社会属于重传统的封闭型社会，少数民族长期保持着浓厚的族群文化与族群意识，成员往往具有依附性人格特征，即对经济生活环境的依附、对土地的依附、对血缘家族的依附等。外部现代性力量的渗透对民族价值观只起到冲击作用，而只有文化持有者的文化自觉，民族文化结构自身的生态制衡，才将最终决定其民族文化的发展方向。现代性元素（现代思维方式、现代知识结构、现代科学技术）渗入过程中，传统与现代的调适、文化自觉是西北各少数民族所不可回避的现实。不满足时代的要求，不去营造现代性的民族文化心理是不合时宜的。必须从文化心理发生的多层次现象中，营造出促进民族社会发展的民族价值观重构环境，构建与时代同发展、与现代化相适应的现代文化价值观。首先，在思维方式上，必须变“守成”型思维方式为“求新求变”型的思维方式，即要转变思维模式。其次，发挥民族主体的能动作用，确立竞争、协调的新伦理观念，注重在市场中自觉参与精神的培育。民族价值意识非一成不变，而是一个由认同、顺应到觉醒，实现自我超越的文化历史过程，是以整体面貌存在，以流

① 伍雄武：《哲学、民族精神与构建和谐社会》，载《玉溪师范学院学报》2006年第7期。

动的民族成员集体性的心理走向、精神状态而定位的，这种走向、定位，起伏不定，绵延不止，既承传文化，又不断创新。“不同文明和文化的形成过程，事实上也是一个对价值的不断探究、选择和确立的文化自觉过程。文化自觉的深层次意义来自于其价值性的最大体现”[①]。价值观既决定着人类行为，也为人类行为所形塑，民族的价值观亦如此。

① 欧阳剑波:《文化自觉的价值性探究》，载《天府新论》2011 年第 3 期。

少数民族伦理道德与社会主义荣辱观

周　密　张荣华[①]

一、少数民族伦理道德和社会主义荣辱观的界定

在改造自然和改造社会的过程中，各少数民族形成了对善恶的评价标准，形成了一系列用以调节人与人、人与社会、人与自身关系的社会舆论、传统习俗和内心信念，由它们构成的维系和调节关系的行为准则和伦理意识、生活风范的总和，即少数民族伦理道德。礼仪人伦、节庆风俗、交往方式、诗歌文学、艺术活动、宗教传统等都是少数民族伦理道德的表现形式，而且其所包含的内容十分丰富，爱情婚姻、家庭道德、职业道德、社会公德、个体道德、交友道德、闲暇道德、劳动道德、学习道德、道德思想以及道德教育、道德修养等都是少数民族伦理道德所涵盖的内容。通过学习、效仿汉族伦理道德，少数民族伦理道德将其与自己的伦理道德传统和实际相结合，并运用各种方式表达和维系自己民族伦理道德的独特性，具有强烈的民族团结和民族共生意识。

荣辱之心，人人皆有，荣辱观在古代社会就已形成。两千多

---

① 周密，中国石油大学（华东）马克思主义中国化研究专业2010级博士生；张荣华，中国石油大学（华东）马克思主义学院副院长，教授，博士生导师。

年前，先秦儒家就提出了以“仁”、“义”为标准的荣辱观。在不同的时代，对不同的民族，人们所持有的世界观、人生观、价值观都不一样，其荣辱观也不相同。恩格斯说：“每个社会集团都有他自己的荣辱观。”在人类社会发展的不同时期，社会中占主导的荣辱观各不相同，但无一例外地都具有鲜明的时代特征。社会主义荣辱观是社会主义社会的道德评价体系和道德评价标准，继承了中华民族历久弥新的民族精神和优良的传统美德。在漫长的历史发展过程中，无论历经多少风云变幻、多少艰难困苦，我们的民族总是坚持着对真善美的崇高而纯粹的追求。在国家危亡的战争时代，挺身而出、舍生忘死、前仆后继者为荣，贪生怕死、苟且偷生者为耻；和平时期在日常工作学习中，爱岗敬业、勤奋进取、勇于创新者为荣，好逸恶劳、奢侈浪费、不思进取者为耻。以“八荣八耻”为核心的社会主义荣辱观，继承了中华民族几千年来形成的民族精神和传统美德，发扬了我们党和人民在长期革命斗争与建设实践中形成的优良传统，应在全社会大力宣传和弘扬。

二、少数民族伦理道德和社会主义荣辱观的有机结合

以“八荣八耻”为主要内容的社会主义荣辱观，涵盖了我国当前思想道德建设的方方面面，既有先进性导向，又有广泛性要求，并具有很强的可操作性，可以有效引导人们摆正个人、集体、国家的关系，正确处理个人与社会、竞争与协作、先富与共富、经济效益与社会效益等关系，确立了在社会主义社会全体公民普遍认同和自觉遵守的行为准则。几千年以来，除汉族外各少数民族在生存、发展的过程中形成了自己民族的社会习俗和内心信念。在民族融合、国家统一的过程中，少数民族的伦理道德借鉴了汉族的伦理道德，进一步发展和丰富了自己民族的伦理道

德。少数民族伦理道德很多方面的内容与社会主义荣辱观的具体要求是一致的，特别是在热爱祖国、集体主义、团结互助、热爱劳动、艰苦奋斗等方面有着丰富的例证。

（一）热爱祖国

爱国主义就是对自己国家的热爱和忠诚。它是人们对祖国的深厚感情，是调整和维系个人与国家、民族关系的基本道德规范和基本价值认同，是鼓舞和凝聚各民族的精神支柱。如果没有爱国主义情感，国家将不再是一个国家，而只是一盘散沙，遭受其他国家的欺辱。一直以来，中国各民族人民团结奋斗所高举的旗帜就是爱国主义，中国少数民族都具有历史悠久的爱国主义优良传统。在近现代史上，当国家遭受列强侵略，中华民族到了生死存亡的紧急关头，正是依靠爱国主义精神，才将各民族团结起来，共同反抗帝国主义列强对中华民族的压迫和剥削；正是依靠爱国主义精神，在日本帝国主义侵略中国、意图灭亡中华民族的时候，才能使各族人民万众一心、同仇敌忾，取得了反侵略的完全胜利；正是依靠爱国主义精神，在建设社会主义新中国的道路上，才能使各族人民为了国家的繁荣富强而艰苦奋斗。回族历来就有忠于真主和君主的“二元忠诚”伦理哲学，这种伦理哲学要求回族的人们热爱自己的宗教信仰，热爱自己的祖国，以叛国叛教为最大耻辱。满族的伦理哲学以德为本，提倡忠于祖国，孝敬父母。

少数民族都懂得分则弱、合则强的道理。成吉思汗出生以前，蒙古族各部落处于相互争斗、相互独立的状态，整个民族分成许多个大小不一的部落，当某一个部落受到外族的欺辱时，其他部落都冷眼旁观，不施以援手，所以整个民族虽然人数不少，但由于不团结，也经常受到其他民族的欺辱；成吉思汗统一蒙古族之后，整个民族拧成一股绳，蒙古族成为当时军事实力最强大的民族。因此，只有民族统一、团结一心，民族才能强大；只有民族共同对外，才能免受外侮。南朝至隋代俚族首领冼夫人，带领广东西南和广西东部的少数民族共同对抗敌人，为了民族的统一大业作出了贡献。后来俚族发展成为今天的壮族、黎族等少数民族。壮、傣、彝等族人民在抗击法国对广西、云南的侵略时表现出来的大无畏的精神，是爱国主义的真实写照。苗族、瑶族、壮族、回族、彝族、布依族、侗族等少数民族，在第二次鸦片战争、中法战争、中日战争等反民族侵略的战争中，英勇作战，团结一致抗击侵略者，表现了反对民族侵略的爱国主义精神。

在维护国家独立和主权完整的道路上，少数民族之间也会互相帮助。瑶族、苗族、壮族、侗族、仫佬族等西南少数民族之间和谐共处，互惠互利。临近壮族的毛南族、仫佬族遭到抢匪来袭的时候，壮族人就会拿起武器前去营救，体现了壮族人民扶危救难的民族精神。瑶族聚居地杂居着壮、苗、汉、侗等族，抗战时壮族因家乡沦陷逃到瑶族村寨去避难，得到瑶族人民的热情接待；瑶族人民反抗侵略的时候，附近的汉、壮、苗、侗等族人民也积极响应，帮助一同抗敌。

土家族以良心为本的道德伦理，使土家族以民族大义为先，他们认为“有国才有家，有家才有我；只有国泰，才能民安；只有公益，才有私利”[①]。这正是各少数民族所具有的浓厚的爱国主义情怀。

（二）集体主义

人们之间以共同的根本利益为基础形成的关系以及符合共同利益的社会意识即集体主义的范畴，它表现为人们对公共事业的

① 邓文杰：《广西少数民族传统伦理与民族干部道德素质培育研究》，载《广西师范大学》。

忠诚、对集体的崇高责任感、时刻给予他人的无私援助等，是社会主义荣辱观的具体体现。中国少数民族的集体主义精神是在长期与恶劣的自然环境作斗争的过程中形成和发展起来的。在原始社会时期，由于生产力低下，劳动工具简陋，仅仅依靠个人的力量无法生存下去，由此形成了共同劳动、共同分享劳动成果的集体生活，形成了原始的集体主义，即人人都必须维护本民族的利益，否则就无法生存下去。

狩猎和农耕的时候，通道侗族以亲戚或者村子为单位进行集体作业，充分体现了集体主义的优秀品德。通道侗族有一套共用的公共器具，谁家要用的时候都可以拿来用，用坏了就修好放回原处，集体主义精神对于贫穷落后的边远地区少数民族来说是维持生存十分重要的品德。侗族每年都会开百家宴，每家每户都会拿出好酒好菜，回族的开斋日也是如此，这些都是集体主义的表现。

苗族传说中记载着“保生树”的故事：有一年干旱缺水，保生打野菜的时候发现一处水源，天神说如果他保守秘密就赐给他丰衣足食的生活，否则就夺去他父母的生命，把他变成一棵柏树。保生为了拯救集体，把水源的消息告诉了村里人。村里人得救了，可是他的父母死去了，他自己也变成一棵柏树，乡亲们甚至不知道他因为维护集体的利益而牺牲了自身及家人的利益。这种牺牲小我、保全大我的集体主义精神至今令苗族人所称颂。

鄂温克族狩猎的时候，必须把地上的血迹和脏东西收拾干净，以防猎物嗅到后跑开，影响其他人狩猎。正是存在这种时刻考虑他人的利益、时刻以共同利益为先的意识，保证了鄂温克人在共同狩猎的时候不会影响其他人的捕猎，让狩猎的人都能捕到猎物。

（三）团结互助

团结互助是社会主义荣辱观的具体体现，也是民族凝聚力的具体体现。少数民族发展至今，能在恶劣的自然环境中存活下来，团结互助是其赖以生存至今的重要原因。在一个人无法承受的生存压力面前，少数民族学会了团结互助，共同承担生存压力，使他们能在恶劣的自然环境中生存和发展起来。少数民族团结互助的古歌和故事至今仍为人民所传诵。维吾尔族的伦理哲学有着深厚的历史积淀，其族源和北方很多游牧民族有着千丝万缕的联系。“维吾尔”本身就是团结、联合的意思。广西壮、侗、苗、瑶等族认为坑蒙拐骗是可耻的。

满族自古以来就崇尚互通有无和团结互助。乐于助人的理念体现了满族团结互助的风尚。珍视友情和严于律己、宽以待人的道德伦理哲学，使满族人民以损人利己为耻。在满族从事宗教祭祀活动的时候，无论是亲朋好友还是乡里乡亲，都会来帮忙做前期的准备工作，比如洗涤锅碗瓢盆、备好酒食、迎来送往等。如果邻里亲族哪家得了肉食必定要请遍亲族，如果有所保留则被视作不祥。更有甚者，一家升起祭祀的炊烟，他家看到都会来道贺，坐下来就可以割肉吃，吃完不用道谢就可以离开，祭祀之家也不必相送。

通道侗族人与人之间互相帮助，互相接济。对于红白喜事和建屋盖房之类的事情，大家都不分你我，用最大的努力帮助别人把事情办好。比如，盖房子的时候，主家一声招呼，乡里乡亲一呼百应，无偿帮助主家尽早完工；产妇坐月子的时候，家族和亲朋好友都会前去道喜，送上鸡、蛋等补品。通道侗族人在狩猎中遵循着“见者有份”的伦理道德原则，即使是路过的人，也会分得一份狩猎的成果。

壮族重义，以见利忘义为耻。回族也十分团结，“天下回回是一家”的观念古已有之。哈尼族诗歌《哈尼阿陪聪坡坡》中唱道：“哈尼人啊，走到哪里也要记住，或者你都是一个亲娘养，一个哈尼遭了灾难，七个哈尼都要相帮！”[①] 这充分体现了哈尼族人一方有难、八方支援的团结互助精神。傣族历史上流传着互帮互助的信条，认为人家帮助了你，你就要知恩图报，别人有难要及时帮忙。

湘西苗族由于生活环境比较恶劣，生产工具简陋，还采用“刀耕火种”的原始生产方式，在猛兽的侵袭和自然灾害的威胁面前，单个人的力量非常渺小，所以，为了生存，湘西苗族形成了一种团结互助的精神。在湘西苗族的这种精神里，群体是永远高于个体的现实存在，个体必须从属于群体。湘西苗族有句俗语：“生在一块土，便是一家人。”也就是说，把帮助别人看做是自己应尽的义务，把接受别人的帮助看作是一种权利，把个人组合成集体，相互之间互帮互助，共同解决生产和生活中的困难。苗族是这么做的：建造房子，我建你帮，你建我帮，甚至出现一家建房全村帮忙的情况；村寨中遇到老弱病残和鳏寡孤独者生活困难、难以谋生时，全村人都会自发地承担起对他们的抚养和照顾义务；在生产劳动中，对劳动力缺乏的困难人家，同一村落会帮助其进行代耕、代种、代收等一系列劳动。湘西苗族这种团结互助的美德，在沿袭前人的风尚习俗基础上，进一步发展成为每个人都应当遵循的道德准则。

（四）诚实守信

诚实守信是中华民族的优良传统，也是社会主义荣辱观的主要内容。诚实是指道德主体内在的一种真实不欺的品质，表现为真诚、诚恳，反对欺骗和虚伪。守信是指道德主体在社会生活中

---

① 《哈尼阿陪聪坡坡》，云南民族出版社，1986 年，第 186—187 页。

与他人或社会整体交往时所表现出来的讲信义、守信义的具体行为及其价值取向，要求人们要对自己说过的话负责，要言而有信，诺而有行，行而有果。诚实和守信是同义等价的，诚实是守信之后表现出来的品质，守信是诚实的依据和标准。诚实守信，是少数民族的传统道德之一。我国的少数民族，性格淳朴善良、忠厚诚实，人际关系和睦，人与人之间彼此信赖，非常重视荣誉、信誉等道德观念，把诚实守信作为本民族为人处世的基本准则。古代的西瓯人、骆越人，“与而不求其报”，只求给予、不求回报。俚人、僚人有言必信，有约必至，对于失信的人十分反感，甚至绝交。

布朗族村寨的门大多是简单的木插销，家人夜里熟睡或者有事出门也不锁门，只是简单地把门关上，以防止牲畜和家禽进入屋内。在布朗族的语言里没有“锁”这个词，他们借用汉语的读音来指明这一事物。现在布朗族已经学会用锁头，但是他们也只是将锁挂在门上而已，并不上锁，或者把钥匙也插在锁眼里。布朗族人诚实互信。少数民族讲求团结互助，失信的人往往得不到别人的帮助。可见，诚实守信对于布朗族人生存的重要性。

通道侗族以路不拾遗为荣。一个人看到路上有别人遗失的物品，比如衣物鞋帽等，都不轻易去捡。如果众人见了，就会一起把它们捡起来挂在寨门上、凉亭里，以便丢失的人认领。忠厚守信也是回族和仡佬族的伦理道德。仡佬族诚实守信、重礼重情，所以他们和壮、汉、苗、侗、水等民族能够互相通婚或认干亲。瑶族人很讲信用，反对口是心非。壮族人也反对背信弃义的行为。在商业活动中，只要有过约定就会信守承诺，即使情况发展到对自己不利的地步，他们宁愿吃亏也不背弃承诺。

鄂伦春族以狩猎为生，出门几天都不锁门，放置的兽皮、肉干和生活用具从来都不会弄丢。他们还在森林里建造放置生活用具的棚子“奥伦”。其他人在狩猎中一无所获可以到里面享用食物，以后再偿还所用之物，“奥伦”的主人不会计较归还的数目。蒙古族出门放牧的时候，不必有人看管营盘中的用品，也从不丢失。正是少数民族在个人和社会交往中形成了真诚和讲信用的伦理道德，所以在少数民族内部人与人之间关系和睦、真诚相待、彼此信任。宣扬和建立诚实守信的社会主义荣辱观，也是为了使人与人之间形成和谐的人际关系，建立诚信社会。

（五）热爱劳动

劳动是少数民族生存和发展的重要条件。一直以来，少数民族正是依靠辛勤的劳动，才能从大自然中获取生存所需要的物质基础。勤劳勇敢和热爱劳动是少数民族共有的传统美德。千百年来，中国的少数民族一向以辛勤劳动为荣，把好逸恶劳当作民族的耻辱。因为如果不劳动，就无法从外界环境中获取生存所需的食物，民族不能生存，则无法谈发展。

侗族的民谣和传说中就有很多歌颂人们勤劳勇敢的例子，如《懒人做活路》、《懒汉变忙人》等。好逸恶劳的人变成辛勤劳动的人，这样的转变是侗族人乐于见到的，这也充分反映了侗族人热爱劳动的优良品德。通道侗族把勤劳作为择偶的重要条件，他们的歌谣里反映了不怕嫁给穷人和丑人，就怕嫁给懒汉的婚姻道德观念。通道侗族人认为，只要勤劳能干，早晚会脱贫致富。侗族人以亲族或者村落为单位进行集体耕种，劳动成果平均分配，懒惰被认为是可耻的。

苗族的榔规和理词也包含着以辛勤劳动为荣、以懒惰为耻的内容，如“勤快的不能做给懒汉吃”。壮族人民以勤俭持家为荣，认为“说千言万语，勤劳是头条”。布朗族的道德理念要求族人辛勤从事生产生活活动，反对不劳而获。几千年来湘西苗族经过从北到南、从东到西的命运大迁徙，仍然在极端恶劣的环境中生存下来，就是靠勤劳的双手披荆斩棘、无比的勇气开疆扩土，通过种五谷、养禽畜、缝衣织布，自给自足。

广西的少数民族也吃苦耐劳，鄙视懒惰的人。父母会告诫子女做个勤劳的人，为儿女找配偶的时候也是把勤劳作为衡量标准。生活贫困的壮族人，宁愿打工也不愿意行乞讨饭，因为乞讨是懒惰的表现。仫佬族的寓言《柴的故事》，就是告诫族人要辛勤劳动，不要耍滑偷懒。

中国的少数民族正是依靠自己勤劳的双手，使民族能在恶劣的自然环境中生存下来；正是依靠自己不懈的努力，使民族得到了长足的发展；正是依靠辛勤的劳动，为国家的统一和国家建设作出了自己的贡献。

（六）遵纪守法

无规矩，不成方圆。国家和社会能否有序地运行，取决于人们能否遵纪守法。因此少数民族很讲究礼法，形成了遵纪守法的传统，以保证人们的有序生活。通道侗族也要求族人遵纪守法，族里的公共财物任何人都没有借口可以损坏，一旦有人弄坏就要马上维修，而如果是哪家的孩子不小心弄坏了，家长要主动承担修理或者购买的工作，还要教育孩子要爱护公共财产。侗族族规严格，对于乱砍滥伐公共树木的人，族人要共同责备、惩罚他，决不宽容。一经发现，要其父亲补种树木，要其母亲赔礼认错，带头砍树的人要罚两三两银子，随从砍树的人要罚六钱银子。布依族有专门的《护林碑》，规定不许乱砍滥伐。

《苗族古歌》记载的榔规也是对民族礼法的一种规定。它由族中的一个到三个德高望重的人组织，召集族人到指定地点商议而成。榔规在会议中通过后，要向全寨人宣读，并记载下来提醒族人遵守。瑶族的“石牌制”和“瑶老制”与苗族的榔规雷同。瑶族是一个注重伦理道德培育的民族，参加成人礼的受戒仪式上就会立下遵纪守法的誓言。仫佬族的许多村寨都有族规、村约，要求族人严格遵守。如彝谚所云："人们要有礼，牲畜要有圈。前人定礼节，后人有礼节。太阳昼行有路线，月亮夜行有路线，人类生存循礼节。"①

彝族的习惯法规定，不能抢劫与盗窃；伤人致死者必须抵命或被开除出家族；严格奉行家支外婚、姨表不婚；与幼女发生性关系的男方将被处死；拐骗本家族及娶来的妇女，当事人将被处死。因为少数民族对危害个人和集体利益、影响民族发展的行为都通过法规的形式予以禁止，并形成了遵守法规的良好习俗，所以其社会才会处于良性发展状态。

（七）艰苦奋斗

艰苦奋斗不但是社会主义荣辱观的要求，而且是少数民族的优良美德。我国的少数民族大多数生活在条件艰苦、偏僻崎岖的山地和林间，那里生活艰辛、交通不便，少数民族正是凭借着自身艰苦奋斗的民族力量，才得以生存和壮大。如果没有艰苦奋斗的精神，少数民族也无法在恶劣的自然环境中生存下来，而是会被大自然所淘汰。

瑶族的歌谣里就记载着这样的话："个个搞生产，男女齐劳动。"布朗族人要求孩子从小要勤快，肯吃苦，认为肯下功夫就会有收获。通道侗族流传下来的歌谣中说："下雨天晴/都要勤/要知暖时/防寒时/莫怕酷暑/太阳晒/不要冬天结冰/睡觉不起床。"意思是说，不管是晴天还是下雨天，都要从事生产生活活动。夏季酷暑的时候，不要害怕太阳晒到身上；冬天结冰的时候，不要惧怕寒冷，不要窝在被子里不起床。这其实就是通道侗族崇尚艰苦奋斗的证明。

彝族把艰苦奋斗当作他们最高的道德标准，他们认为农夫下

---

① 张继焦：《少数民族礼仪》，中央民族大学出版社，1994年，第180页。

田劳作要晚睡早起，辛勤劳动，精耕细作。只有不怕流汗，不怕吃苦，才能五谷丰登，吃穿不愁。彝族人也经常告诫后辈要发扬自强不息的奋斗精神，正是在这种优秀伦理道德的熏陶下，彝族人民在艰苦的自然环境中生生不息，发展壮大。

少数民族艰苦奋斗的优秀品格铸造了各民族开拓进取、勇于创新的民族精神。中国特色社会主义事业的推进有赖于以艰苦奋斗为核心的民族精神的传承和发扬，在新的历史时期，提倡艰苦奋斗的精神，是社会主义荣辱观的具体要求。

三、少数民族伦理道德和社会主义荣辱观的相互作用

社会主义荣辱观对少数民族哲学有着深刻的影响。社会主义荣辱观主张继承和发扬少数民族伦理道德所固有的优良传统，批判地继承少数民族传统伦理观念，力图摈弃其糟粕，更好地为社会主义精神文明服务。少数民族伦理道德和社会主义荣辱观具有十分紧密地联系。社会主义荣辱观使少数民族伦理道德发展到一个崭新的历史阶段。

社会主义荣辱观是少数民族伦理道德的一个有机组成部分。在党和政府民族政策的扶持下，少数民族伦理道德被注入了新的活力，得到了极大的发展，在继承传统的基础上实现了新的突破。

少数民族伦理道德的发展，有利于少数民族经济社会的发展，有利于社会主义伦理哲学的发展大局，有利于中国特色社会主义事业的发展。西部大开发战略实施后，少数民族伦理道德随着社会主义荣辱观等社会主义伦理哲学思想的融入而提高了现代化水平，对于提高少数民族成员的思想道德素质和发展少数民族伦理道德奠定了基础。随着中国文化的发展和兴旺，少数民族伦理道德也必定会增添新的内容和时代气息。

少数民族价值观与社会主义核心价值体系

刘　佳[①]

所谓价值观念，包括人们的社会信念、人生信仰、政治理想、道德追求、生活原则等，是人们的价值信念、价值标准和价值理想的综合体系，是人们利益、需要、心理和行为的内心定向系统。[②] 作为意识形态的重要组成部分，价值观集中反映了一个社会、一个时代的精神文化面貌，它对于人们的思想和行为具有强大的导向作用。

当前，在全国上下积极倡导践行社会主义核心价值体系的过程中，这种主流价值观念的渗透必然会对少数民族长期以来形成的具有民族特质的价值观产生影响；同时少数民族价值观中积极有益的成分也融入社会主义核心价值体系当中，成为它的重要组成部分。因此，如何正确把握少数民族价值观与社会主义核心价值体系的关系，为少数民族价值观的发展探索出一条正确的道路，对于深化少数民族文化传统的认识，加快少数民族地区经

---

① 刘佳，中国石油大学（华东）马克思主义学院2010级博士生，内蒙古科技大学马克思主义学院教师。

② 袁贵仁：《价值观的理论与实践：价值观若干问题的思考》，北京师范大学出版社，2006年，第18页。

济、社会的发展，促进少数民族地区的稳定乃至整个国家的和谐社会建设，都具有十分重要的意义。

一、特色鲜明的少数民族价值观

少数民族价值观是我国各少数民族在长期与复杂的自然环境和社会环境相互作用、相互调和的实践过程中形成的价值评价与选择的观念系统。作为少数民族文化意识形态的重要组成部分，少数民族价值观能够广泛地反映少数民族社会生活的方方面面，包括政治、经济、法律、哲学、艺术、社会生产生活，具有鲜明的民族特质和地域特色。虽然各少数民族之间由于地理环境、民族习俗、宗教信仰等各方面的差异，他们在政治、经济、文化等方面的发展极不平衡，所反映出来的价值观也不尽相同，但其价值观体系又由于相似的历史进程以及共同所处的大环境而具有相当的共性与规律。

在新中国成立之初，大多数少数民族地区还处于自然经济或半自然经济状态之下，相对来说比较封闭和落后。随着社会主义建设和改革的顺利进行，少数民族地区也进入了全新的发展时期。经济的快速发展带来了新的机遇和挑战，包括价值观在内的意识形态领域也面临着不小的变革。要想走出一条正确的价值观发展之路，必须先搞清楚少数民族价值观具有的共同特点。具体来说，主要包括以下几方面：

（一）根深蒂固的宗教意识

少数民族价值观的形成与发展和宗教信仰有着密不可分的关系。而民族信仰正像精神文明的中枢神经一样，左右着民族的思想和意识，影响着民族社会的发展。简单地说，我国各民族的传统信仰主要集中体现在宗教信仰上。历史上，宗教贯穿了民族的发展历程。在少数民族发展初期，人们的认识水平较为低下，他们对自然万物、神灵、祖先等都有神秘观念，坚信自身能与之发生神秘联系，发自内心对其顶礼膜拜。从这里开始，宗教以神话的方式将世代先辈积累起来的经验、教训与知识加以诠释，形成了维持本民族生产生活所必须遵循的习惯和禁忌。于是，用强烈的宗教情感加以艺术化、神秘化所构成的价值观，就成为少数民族普遍具有的文化特征。它所蕴涵的宗教意识，培养了历代少数民族对于崇高、勇敢、正义的赞颂，以及强烈的生命意识、鲜明的善恶观和朴素的生态观，这种影响一直到今天仍然发挥着重要的作用。

中国是一个有着多种宗教的国家，少数民族所信仰的宗教类型纷繁复杂，包括原始宗教、道教、佛教（包括汉地佛教、南传上座部佛教、藏传佛教）、基督教（含天主教）、伊斯兰教，等等。佛教、伊斯兰教等成熟的宗教在一些少数民族漫长的发展过程中成为其传统文化的核心，主导了人们的思想和行为。藏传佛教、南传佛教和伊斯兰教也在一部分少数民族中有着深刻的影响。而天主教、基督教自近代比较广泛地传入中国以来，与一些少数民族的文化甚至其他宗教产生了深入的结合与交流，在相当长的发展过程中形成了独特的民族特质。

例如蒙古族文化，它受到萨满信仰、佛教的影响是十分明显的。这种影响表现于蒙古族文化的方方面面，也是影响蒙古族文化形成和发展的两大因素。萨满信仰，它不仅主宰着早期蒙古族人的意识形态，而且这种影响随着蒙古帝国的建立得到不断加强，使早期蒙古文化具有浓郁的萨满信仰文化特点。13 世纪以后，随着佛教在蒙古文化中的广泛传播，它逐渐取代了萨满信仰的主导地位。在这个过程中，佛教也逐渐深入蒙古族的生产、生活中，影响和发展了蒙古族文化。

一旦宗教在民族文化中确立了主导和统治地位，该宗教就会成为制约该民族文化发展的重要因素，宗教因素也会随之反射到社会生活的各个方面。因此，少数民族价值观中所带有的强烈的宗教意识也就顺理成章了。无论信仰哪种宗教的民族，宗教的礼仪都能把本民族各个利益集团的价值观加以整合，而形成一个必须共同遵从的规范，使之加强民族成员与民族社会之间的联系。同时，宗教礼仪方式的神圣性同现存社会集团及其制度相关联，也能够得到集团的认可。通过这种宗教社会化的方式，强化了民族成员的宗教信仰，又使民族社会秩序得以整合，对本民族价值观的形成和发展起到了紧密契合的作用。

（二）整体主义的伦理观念

少数民族大多重视整体，天然具有一种向心力和凝聚力。这种整体性的特征，从民族性格到民族心理，涵盖了少数民族文化系统的各个层次。在通俗的少数民族谚语表达中，也有不少关于集体性特征的描述，如“一个人的智慧不够用，众人的智慧用不完”（蒙古族）、“英雄想的是群众，群众爱的是英雄”（维吾尔族）、“前传后教，团结重要”（回族）、“心往一处热，眼往一处盯”（苗族）、“不怕巨浪再高，只怕划桨不齐”（白族），等等，都从一个侧面反映了整体性的价值观。以家庭伦理观为例，中国的少数民族在长期的历史发展与融合中形成的家庭观念，是以家庭关系和家族利益为核心的。其文化传承一方面强调孝敬父母，尊老携幼；另一方面呈现出鲜明的等级关系，强调个体服从家族和群体。这种整体性的伦理观念，不仅使少数民族普遍追求自由平等、真诚的爱情以及夫妻的和睦和谐，而且在生产和社会生活方面，也有利于少数民族重诚信、重善良、互助谦虚、勤俭、坚忍等积极的价值观念的形成。当然，少数民族文化传统中的整体性观念带有比较浓厚的自发性和血缘性，也会在某些时候产生影响团结和谐的后果。

（三）丰富多彩的习俗特质

我国的少数民族众多，不同民族的习俗又各具特色，在每一个民族中，都可以找到符合本民族特色的习俗特质。因此，习俗特质的多样性成为少数民族价值观的普遍载体。从他们的饮食、居住、审美、节日、礼仪等习俗中，我们不难发现属于本民族价值观的特质。例如，传统节日是少数民族传统文化的重要内容，它包含着丰富的传统价值观内涵。这些节日不仅是少数民族欢庆、纪念、娱乐、团聚、休息的特殊日子，也是人们表现甚至传承民族文化的日子。在节日中，人们可以通过宗教祭祀等活动，传达着共享的文化知识和观察生活、了解世界的认知方式，显现了一个民族文化的价值观原型，集中表达了追求安定、企盼丰收富足、热爱生活的美好愿望，以及向往祥和、和谐、团聚、圆满、人与自然和谐相处的价值观。许多民族的集会如传统体育竞赛、文娱活动及其他信仰集会等，无疑是实现民族认同、增加民族凝聚力的一些重要而有效的活动方式。蒙古族的那达慕大会、傣族的泼水节、壮族的三月三、回族的开斋节、藏族的藏历新年，等等。这些各具特色的民族传统习俗，既是民族文化的重要载体与鲜明象征，也是少数民族价值观的形象化、个性化表达。

少数民族极力维护本民族的语言、服饰、风俗习惯的心态，除了有民族独特的审美观与情绪情感的原因外，借此达到民族团体一致、维护民族凝聚力也是原因之一。同样，少数民族的多种艺术形式，也反映了当地人们的精神面貌和价值观念。从音乐歌舞到绘画织绣，从民居房舍到庙宇亭台，从饮食酒水到服装配饰，无不充满了少数民族文化艺术对于生活的写照。比如在牧区，由于藏族人的体格健壮，夜间不必盖被便可和衣而眠，白天阳光充足、气温骤升，又可随意脱出一只臂膀，以调节体温。久而久之，脱下衣袖的装束便成了藏族独有的豪放性格和风度的表现；云南丽江地区纳西族妇女“披星戴月”的服饰，象征着她们“肩挑日月、背负繁星”、起早贪黑、辛勤劳作、任劳任怨的美德。这些生动、形象的民俗文化，能够使少数民族的生活充满审美价值，而这也正是他们生活经验与心灵智慧的凝结。

社会的转型、文化形态的跃迁，深层地表现为人们的思维方式、价值观念、审美意识的变革。如果没有对价值观的深层理解，就难以科学地判定一种文化所具有的真正意义与价值，也就不能处理好民族文化的继承和发展、保护与创新的关系。

二、社会主义核心价值体系离不开对少数民族价值观的扬弃

改革开放30多年来，民族地区经济、政治、文化有了长足发展，民族团结、民族平等意识和认同意识不断加强，这为民族地区建设社会主义核心价值体系奠定了基础。少数民族作为中华民族大家庭中重要的一分子，其价值观的形成与发展，势必影响到全国整体的文化建设和精神文明建设。因此，我们有必要把握好少数民族价值观对于社会主义核心价值体系的影响，对其加以区分，扬长避短，使少数民族优秀的价值观念在祖国大地上发扬光大。

（一）吸收和借鉴少数民族价值观中有益的成分

首先，少数民族价值观中的爱国主义传统，有利于包括核心价值体系在内的国家大政方针的贯彻实施，是整个国家发展与进步的坚实基础。所谓爱国主义，就是指对自己祖国的热爱和忠诚，是人们心中对祖国的最基本的态度和准则，是调整个人与国家、民族关系的基本道德规范和价值认同，是鼓舞和凝聚各民族的精神支柱。

爱国主义是我国历史最悠久的价值观念，在我国上下五千年的文明历程中，爱国主义发挥了巨大的作用，从古至今它一直是国家统一、民族团结的精神纽带，能够把全国人民的心紧紧连在一起，形成强大的凝聚力和向心力，使中华民族能够在漫长的历史发展长河中历尽重重险阻，而始终屹立于世界民族之林。

由于我国少数民族成分的复杂性，各民族间的民族信仰和民族品格又存在很大的差异，因此，爱国主义价值观的作用就显得尤为重要。在我国革命和建设时期，各民族人民正是在爱国主义精神的感召下团结一致，取得了一个又一个伟大胜利。随着时代的发展，爱国主义也被赋予了新的时代特征。现在的爱国主义，已经成为建设有中国特色社会主义的爱国主义，它以实现中华民族的伟大复兴为己任，体现了中华民族的共同愿望和根本利益。以爱国主义为核心的民族精神，能够激发各族人民共同奋斗，不断增强中华民族的凝聚力、向心力和创造力。因此，在当前我国社会发展的新的历史时期，少数民族人民必须更加坚持爱国主义的优良传统，为了实现共同的奋斗目标，更加紧密地团结在中国共产党周围，以各族人民的实际行动推进中国特色社会主义事业取得更大的成绩。

其次，少数民族重整体的集体主义观念，有利于国家团结、社会稳定。人的社会性决定了人天生就具有承担着集体和社会的责任。这种责任是人们之间以根本利益一致为基础的关系以及符合这一利益的社会意识，它表现为人们对公共事业的忠诚，对集体的崇高责任感，在个人利益与集体利益发生矛盾时牺牲个人利益的无私奉献精神等。

我国少数民族普遍重整体的集体主义观念，是由以宗族为核心的血缘关系、宗法制度极其稳定和牢固这样的社会现实为基础，在长期的历史发展过程中逐步形成的。这种集体主义观念是朴实无华的，不掺杂任何复杂利益关系的集体主义。例如，很多少数民族地区从事的生产劳动和社会活动，由于条件的限制，大多只能在团结互助的条件下完成。这种自然的集体主义观念已经凝结成少数民族人们生活中的一部分，成为一种风俗、一种美德，是民族凝聚力的反映，是实现民族和谐的精神纽带。从一种为了维系生活秩序而对自身利益的约束，到为整个民族社会生活的正常进行而形成的道德规范，它既是一个聚合的过程，也在精神层面得到了升华。在当前这个社会主义新的发展时期，人们见得多了，接受新鲜事物的能力强了，而多样化的价值观冲击着我们的思想领域。我们的社会主义核心价值体系建设必须要有像少数民族集体主义观念这样朴素的意识加入进来，它体现了社会主义先进文化的要求，承接了中华各民族优秀文化传统，必将有力推进社会主义经济、政治、文化和社会建设的和谐发展。

最后，少数民族普遍具有艰苦奋斗、自强不息的精神，这是中国大家庭优秀品质的传承。从古至今，一代又一代中华儿女为了祖国的兴旺发达，为了人民的安居乐业，辛勤劳作、艰苦创业，形成了艰苦奋斗、自强不息的优秀品格。它对于各民族性格的形成和文化心理的铸造起到十分重要的作用。尤其在各少数民族地区的经济发展等条件相对滞后的情况下，更要求少数民族群众将艰苦奋斗、自强不息的精神真正发扬光大。这对于增强人们的信心、激励人们的斗志、振奋人们的精神，都具有重要的意义。在建设中国特色社会主义事业进行得如火如荼的今天，这种精神已经成为全国各族人民不畏艰难曲折，坚定不移朝着社会主义现代化前进的强大动力。

（二）抵制和避免少数民族价值观中的不利因素

一方面，少数民族文化浓厚的宗教性从某种程度上说会影响民族团结和祖国统一。江泽民在《论宗教问题》中指出：“宗教的存在，是以大量的群众信奉为前提的。由于宗教的这种群众性，宗教往往构成一种非常强大的社会力量，处理得好，可以对社会发展和稳定产生积极作用；处理得不好，就会产生消极作用，甚至产生很大破坏作用。关键看能否有效地管理和引导宗教，减少宗教中的消极因素，发挥宗教中的积极因素。”① 少数民族文化的宗教性一旦被敌对势力和民族分离主义所利用，将成为他们从事分裂和破坏活动的重要手段。2008 年发生在拉萨的“3·14”事件，是国内外民族分裂主义势力联手破坏北京奥运会和中国政治稳定的一次破坏活动。它与其后发生在奥运圣火传递过程中“藏独”分子的冲击和西方势力的掣肘一道，成为一起影响广泛的涉及民族因素的特殊事件。2009 年发生在乌鲁木齐的“7·5”事件，同样是国内外民族分裂主义势力蓄意制造的破坏民族地区和平稳定的恶性事件。因此，我们必须加强对少数民族文化宗教性的规范，使他们朝着有利于国家发展和民族稳定的方向发展。

另一方面，少数民族地区落后的生产方式和生活方式在一定程度上影响了先进的意识形态在当地的发展与普及。由于地貌复杂、交通不便、居住分散等自然条件的限制，使得少数民族地区与外界联系少。因此，在他们身上还保留着某些原有的生产方式和生活方式。比如，有些少数民族地区仍处于工业化发展的初级阶段，以传统的基础产业、资源开发产业为主体，没有形成较长的产业链，大量的初级能源、原材料进入市场，主导功能不明显，对地区经济发展的带动力较弱。尽管这些地区资源丰富，但由于运输距离长、开发条件差，资源优势正在被逐渐削弱。落后的生产方式保持了他们特有的安宁，但也维系了这些地区贫穷与滞后的面貌。同时，很多少数民族地区的人们把自己生活水平的低下过分地理解为源于自然因素，而很少从自身找原因，只满足

① 《江泽民文选》（第三卷），人民出版社，2006 年，第 376 页。

于现状，惰于进取。这些地区的很大一部分群众对于生活的理解就是温饱，其他更高的目标在他们看来是想都不敢想。封闭的生活环境导致他们很少接触外面的世界，致使包括经济、政治在内的方方面面落后于社会的总体发展。这是少数民族价值观发展过程中必须要解决的问题。

一些少数民族地区人们文化程度和认识水平相对较低，导致形成相对封闭、保守的思想观念。目前西部民族地区的人口文化素质较低，据第五次全国人口普查资料显示，这些地区的文盲中15岁以上人口比例达12.07%，高于全国9.08%的水平，尤其是在云南、宁夏等少数民族聚集区域更为突出。[①] 我国少数民族众多，其宗教信仰、生活方式、风俗习惯又各不相同，因而往往把各自的价值观念当作唯一合理的价值观并作为评判是非的标准，有时盲目排斥和拒绝接受新鲜事物，从而保留了诸如狭隘、保守、被动甚至有些狭隘的落后意识，这也导致民族地区人口素质偏低。总之，这些不利因素是影响少数民族地区发展的重要原因。

三、社会主义核心价值体系为少数民族价值观的发展提供有力的引导和支撑

少数民族地区的发展，不仅要有经济的增长与腾飞，也要有文化的繁荣与和谐；不仅要看它的经济增长与发展的水平，还要看它的文化发展与和谐的程度。因此，意识形态领域必须发挥积极的作用，才能使少数民族地区得以更好更快的发展。

1. 主流价值观对于少数民族多样化价值观的引导。一个国家

① 彭勇：《从生态视角探析少数民族地区经济落后的原因》，载《中国林业企业》2004年第3期，第15页。

的发展依赖于统一的主流意识形态的支撑。这个国家的组成成分越复杂、越多样化，主流意识形态的作用就应该越大。随着时代的发展，我国正处于社会转型的重要历史时期，人们的思想观念、行为方式、价值取向都呈现出多样化的态势。少数民族地区由于先天历史发展的原因，他们的价值观与主流意识形态具有不完全同一性，这就更容易产生价值观迷失的后果，进而必将影响到社会的稳定和国家的发展。因此，必须要求社会主义核心价值体系发挥其固有的核心作用，通过多种方式使少数民族地区的人们与祖国大家庭达成思想共识，凝聚成社会发展的合力。当然，这会在一定程度上对少数民族原有的价值观及思想领域造成冲击，但是，这种冲击所带来的积极效果会远大于消极的效果。少数民族地区的人们可以从接触和碰撞中发现各自的优点和不足，从而选择更适合自身生存和发展需要的价值观念。这对于价值观念的改变会有很重要的帮助。例如，贵州罗甸县为了解决自身财政问题让大学毕业生和干部到发达地区打工，由于在打工的过程中有机会与各种不同的价值观念相接触和碰撞，对改变他们原有的价值观念起到至关重要的作用。

2. 努力在保护少数民族文化独特性方面发挥重要作用，是践行社会主义核心价值体系的客观要求。生活在不同环境中的人们形成不同的物质生产方式、社会生活方式、思维模式、风俗习惯等，也就形成了不同形式的民族文化。这些民族文化在本民族历史发展过程中经过了不断的创新和发展，逐渐具有独特的魅力和鲜明的特色，以一种内涵丰富、形态各样、相互影响的动态过程，以其历史的原生性、连续性和特有的多元性，构成影响中国历史发展进程的重要因素，为中华民族的形成和发展作出了重要贡献。社会主义核心价值体系并不排斥思想文化的多样性，包容多样正是坚持和发展马克思主义的重要环节。尤其是在当前的社会转型时期，主流的价值观念也面临着调整和挑战。建设社会主义核心价值体系应该重视民族文化，对少数民族文化中积极的、有益的部分，要加以借鉴、保护和弘扬。这样，才能使民族文化在社会主义核心价值体系的引领下实现传统意蕴与现代价值的有机结合，进一步增强社会主义核心价值体系建设在民族地区的针对性和实效性。同时，这种价值一元化和多元化的统一，也是中国少数民族走向现代化过程中不得不面对的一个重要的哲学问题。

3. 社会主义核心价值体系是抵御外来腐朽价值观侵袭的有力武器。当前我们建设和谐社会、和谐文化的灵魂就是社会主义核心价值体系的实践。而对我们的价值观构成威胁的主要因素，在很大程度上来自于外来腐朽文化的渗透。这就使少数民族地区成为众矢之的，这是由他们生活的环境所决定的。这些少数民族地区历来就是各种文化思潮相互交融、碰撞的地区，是境外文化渗透的前沿。同时，由于历史的原因，民族地区存在着众多的跨境民族。虽然有着相同的民族性格，但不同的国家观念和爱国情感，致使他们在政治、经济、价值观等方面存在很大的差异。在经济全球化的浪潮下，西方敌对势力正是以此作为他们达到目的的突破口，加紧利用各种形式进行渗透，输出他们的价值观。在这种形势下，建设社会主义核心价值体系，不仅是实现民族地区各民族文化和谐的关键，也是保障整个社会和谐的中心环节。国内政治稳定、国力强大、民生有保障、核心价值体系建设的力度大，少数民族对国家的向心力就强；反之，就会减弱，致使边疆地区不稳定。

综上所述，作为社会主义核心价值体系的重要组成部分，少数民族价值观念对于国家和社会的发展具有十分重要的作用。既能保留独特的民族特色，又使整个国家具有强大的向心力，是今后少数民族意识形态发展的必然趋势。我们只有以经济又好又快发展为前提，根据自身的特殊性，将包括本民族生存环境、宗教信仰、风俗习惯、民族品格在内的民族特色与整个国家的主流意识形态加以整合，按照各自不同的承受能力，积极地、有步骤地向前推进，才能走出一条既为主流意识形态拓展了空间，又具有民族特色的契合社会主义核心价值体系的意识形态发展之路。

参考文献：

1. 李资源：《少数民族优秀传统道德与核心价值体系建设》，载《光明日报》2007 年 10 月 26 日。

2. 周笑梅：《现代化进程中的中国少数民族价值观传承》，载《延边大学学报》（社会科学版）2010 年第 4 期，第 94—98 页。

3. 蒋建华、王双、张韶梅：《论西北少数民族地区社会主义核心价值体系建设》，载《新疆社科论坛》2007 年第 5 期，第 16—18 页。

4. 侯阿冰：《少数民族价值观的结构、特征及变迁研究》，西南大学，2008 年。

匈奴的生态文明及其现代价值[①]

盖志毅[②]

匈奴得以在历史上叱咤风云，称雄几个世纪，与其拥有的生态文明密切相关，它在所建立的生态文明的基础上，拥有了强大的经济基础、国家政治制度、军事制度和璀璨的艺术。在生态文明的语境下，匈奴的生态文明对于我们今天也有重要的启示意义。

一、匈奴所表现出的生态文明

(一) 敬重自然的生态意识

W. 施密特指出："在父权游牧和畜养文化圈中所保持的原始宗教成分比任何其他文明为多。在他们广阔的沙漠和草原中，高而无际的天空下，他们更将至上神看做是他们的天帝，甚至将神与某种物质的天空本身混在一起。父权的氏族制度是畜养文化的特征，也是建立社会阶级的开端，时常将至上神颂扬得高高在上，与人不发生直接的关系，而建立了几种神属下的较低的神的

---

① 本文为内蒙古人文社会科学重点研究基地——内蒙古农村牧区发展研究所项目"中国少数民族生态文明"的阶段性成果。

② 盖志毅，内蒙古农业大学经济管理学院，教授，博士，博士生导师。

等级，世人只能借着他们来与至上神发生关系，而至上神的住处转移到天的高层。”匈奴人有“天所立”、“天地所生”的“天”意识。匈奴人的宗教信仰带有明显的萨满教特点。据记载，匈奴人“五月，大会茏城，祭其先、天地、鬼神”，“而单于朝出营，拜日之始生，夕拜月”，“举事而候星月，月盛壮则攻战，月亏则退兵”。有巫者，出兵必占吉凶，敬仰天地日月，有崇拜偶像的习俗。在诸神崇拜中，特别注重天神，认为天神是诸神的最高主宰，人世间的得失均仰仗于“天”。如果人的行动能顺乎天道，“天”便会给人赐吉祥；否则，“天”便要给人降灾祸。因此每当行事顺利时，便称之为“天之福”。自匈奴始，我国北方草原的各个民族把敬重自然的生态意识流传下来。突厥是一个崇拜“天”的民族，在突厥文碑铭中，有许多“从天生”、“天所生”的概念，在粟特语中也有相同的“天”的概念，蒙古人的“长生天”意识更为人所周知。

“图腾”一名，为北美印第安阿尔衮琴部落奥吉布瓦方言，其实体是某种动物、植物、无生物或自然现象，其含义为血缘亲属、祖先和保护神。原始人把与自己日常生活中密切相关的动物、植物等作为血缘亲属、祖先或神加以崇拜，而产生图腾文化。在所有匈奴的遗址和墓葬中，都有大量以动物为装饰的器物，这种动物造型是匈奴文化的主要特征。动物造型是欧亚草原古代民族通用的装饰题材，分布地域相当广泛，从中国北方草原地区、蒙古国、南西伯利亚、阿尔泰、哈萨克斯坦到黑海沿岸都很盛行，国外学者将此命名为“野兽纹”。匈奴的自然崇拜，当然离不开大自然赋予的动物，马、牛、羊、虎、鹰等都是草原上常见的动物，与匈奴的生活密切相关，很容易成为他们的图腾。祭祀的祖先也与动物图腾有关，匈奴各部落认为草原上生存的动物与自己的来源有关，将之作为祖先崇拜。匈奴有把偶像作为祖先、天地、鬼神的化身而予以崇拜。由于特定的生态环境和生活方式，马、牛、羊、鹿、虎、鸟等动物便成为匈奴的崇拜物，即氏族或部落的标志物。匈奴文化的主要内涵为各种质地上的动物造型，这不仅体现了战国至汉朝中国北方草原地区的生活情景，而且反映了当时与日常生活有着密切联系的原始宗教———图腾崇拜的状况。费尔巴哈曾说："对自然的依赖感，再加上那种把自然看成一个任意作为的，有人格的实体的想法，就是献祭这一自然宗教的基本行为的基础。"① 动物本身来源于自然生态环境，与匈奴的生活有着密切的关系，这就使匈奴对动物有着某种亲近感，最终产生了对它们的崇拜，出现了最初的原始宗教。匈奴人在特定的生态环境中，对牧畜和野兽有着特殊的感情，表现在艺术上便塑造了各种形态的动物图案，并赋予深刻的文化含义，即图腾文化。动物造型不仅体现了匈奴的经济类型、生活情景和剽悍勇敢的民族性格，还上升到观念形态，作为图腾去崇拜。

匈奴的图腾文化对后世北方民族的图腾崇拜有很大影响，动物造型在历代北方民族中都占有重要地位，说明图腾文化为北方草原地区诸民族的文化共性。匈奴人的萨满教信仰在北方民族中也广为流传。在接受佛教、伊斯兰教等宗教信仰以前，阿尔泰语系各民族都曾经信仰过萨满教，他们继承匈奴的生态文明，崇拜自然、神灵、图腾、祖先。时至今日，在通古斯语族的许多民族中以及一部分蒙古人中间，还或多或少地存在着一些萨满教信仰。从匈奴肇始，在我国北方少数民族中形成了保护自然的优良传统和意识，从而形成了天地崇拜、山地崇拜、树木崇拜、水草崇拜、图腾崇拜等多种崇拜。

---

① 《费尔巴哈哲学著作选读》（下卷），上海：生活·读书·新知三联书店，1976年，第460页。

（二）根据气候变化创造伟大游牧文明

早期匈奴人及其先民本来是从事以农业为主的生产活动的。匈奴民族最初并不是选择了以畜牧业为主的经济生活，而农业才是匈奴及其先民最先选择的经济生活方式。但当自然环境和气候发生变化时，他们的生产方式根据地理环境及其所拥有的自然资源做出相应的调整，从农业生产方式变迁为游牧文明，进而适应了自然环境。

在匈奴故地，在公元前 4000 年左右，已有人类在此以农业谋生，农业为当时人们的主要生产活动。在河套以北地区，相当于仰韶晚期的人类遗存是“阿善二期文化”，时代大约相当公元前 3700 年至公元前 3000 年之间。这个时期人类的遗存较为丰富，以农业为主兼营狩猎采集的经济生活特征明显。到了公元前 3000 年，在包头地区，存在着一种遗存被称为“阿善三期文化”。从以上考古学资料得知，匈奴及其先民早期的生产生活依赖于农业的自然环境和气候，从事一种以原始农业为主的经济活动。

气候上的变化是造成匈奴变迁的重要因素。许多古气象学家都曾指出，就全球整体而言，公元前 2000 年至公元前 1000 年，是一个逐渐趋于干旱的时期。这个趋势，到了公元前 1000 年左右达到顶点。有学者指出，公元前 6000 年至公元前 1000 年，华北地区，处于较湿润的时期。在约公元前 1000 年左右，这里最后一期的森林草原消失，干旱或半干旱气候再度形成。在鄂尔多斯地区，由于受青藏高原抬升运动的影响，鄂尔多斯地区的干旱与半干旱气候便逐渐形成并持续加强，致使现在大青山以南的套北地区以及鄂尔多斯东部、土默特平原都属于温暖的半干旱气候；鄂尔多斯西部，则属于温暖的干旱性气候，到了狼山下的套西北地区，年降雨量只有 150—250 毫米。因此大体上说，这些区域干旱的程度是由东南向西北递增的；降水量不平均且变化大。

人类想要在这里生存和发展，只能适应新的自然环境，调整土地利用方式和传统的经济结构。

1世纪以前，匈奴及其先民由从事原始农业转变为从事畜牧业，并建立了一个强大的游牧帝国。据《史记·匈奴列传》记载，匈奴人从远古以来，就居于北蛮，“随畜牧而转移”。《盐铁论》则载，匈奴“因水草为仓廪”，“随美草甘水而驱牧”。史载，匈奴人“自君王以下，咸食畜肉，衣其皮革，被旃裘”。《史记·匈奴列传》中说其“随畜牧而转移，逐水草迁徙，毋耕田之业”。《淮南子·原道训》说：“雁门之北狄不谷食。”《盐铁论·备胡》亦说：“外无田畴之积。”在阴山岩画中发现的众多射猎图、牧马图、穹庐毡帐图，艺术地再现了北方民族的游牧、狩猎生活场景。从匈奴的畜群规模也可以看出当时游牧经济的成果。据《史记》记载，冒顿围汉高帝于白登山时有“步兵未尽到，冒顿纵精兵四十万骑围高帝于白登山”，“匈奴骑，其西方尽白马，东方尽青駹马，北方尽乌骊马，南方尽骍马”。公元前127年，卫青率兵北击匈奴，“得牛羊百余万”。公元前124年，卫青击匈奴右贤王，得“畜产数千百万”。公元前71年，汉校尉常惠获其马、牛、羊、驴、橐驼70余万头。89年，窦宪追击匈奴败兵于私渠比鞮海，“获牲口马牛羊橐驼百余万头”。134年，“掩击北匈奴于阊吾陆谷，获牛羊十余万头”。以上仅就一个地区、一次战役而言，而且又仅是被获之数，每次已多至百万或近百万。汉代匈奴人与内地的边贸是很发达的。杜笃在其《边论》中记有：“匈奴来请降……帐幔毡裘，积如丘山。”135年，“乌恒寇云中，遮截道上商贾车牛千余辆”。这里记述了乌恒动掠汉朝与匈奴边贸商队的情形，但其所记述的“商贾车牛千余辆”的情形，说明当时商贸交易量是十分可观的。[①] 匈奴人驱赶牲畜前来互市时，

① 陶克涛：《毡乡春秋——匈奴篇》，人民出版社，1989年，第245页。

少则万余头，多则十几万头牲畜。84 年，北单于派一个亲王，“驱牛马万余头号，与汉贾客交易”。汉武帝时，把“互市”当作诱歼匈奴的手段。公元前 127 年“互市”时，汉朝突然出兵四万骑，分击上谷、云中、代、雁门，“虏三千余人，获牛羊百余万头”。① 可见当时匈奴的畜牧业比较发达，草原是畜牧业的基础，又足见草原植被之优良。

游牧文明就是在这样的生态背景下产生的，游牧文明显示了顽强的生命力和优越性。显著的优点就是，相比农业，对自然的破坏力小得多。就北方蒙古高原半干旱性草原而言，保持对自然的合理利用是人们赖以长期生存的法则。匈奴人选择游牧，是“适应北方寒冷、干旱气候条件的生产、生活方式的成功选择，是人类延续和发展社会生产力的又一次胜利。游牧经济的诸多优点，更为匈奴之后陆续出现的北方诸民族所沿承和发展，其奠基性是不容忽视的”②。亦邻真先生指出：“游牧经济的产生是蒙古地区上古时期经济发展中的一个巨大的飞跃，是北方民族人民的伟大历史贡献。”③ 这里成为“亚细亚古老畜牧业的发源地”（俄国彼得洛夫语）。匈奴人的游牧业生产方式为后世几乎所有亚欧草原游牧民族所继承。据记载，突厥人“随水草迁徙”，所从事的游牧业生产基本上与匈奴相同，蒙古人也是如此。匈奴人及其先民所创造的家畜的驯养、改良、杂交等生产技能，如骆驼的驯养、骡的生产等，也被许多游牧民族所继承，许多匈奴游牧文明的要素和成果依然在被诸多游牧民族所传承和发展着，有些穿越了两千余年的历史雾霭，流传至今。在后世的毡乡生活中都不免

① 林干：《匈奴史》，内蒙古人民出版社，1979 年，第 59 页。

② 阿其图：《论析匈奴在中国北方游牧经济文化形成中的奠基性历史贡献》，载《内蒙古师范大学学报》（哲学社会科学版）2004 年第 4 期。

③ 亦邻真：《亦邻真蒙古学文集》，内蒙古人民出版社，2001 年，第 56 页。

或隐或显地再现匈奴的身影。

匈奴人轻柔地踏在北部的草原上，尽管他们的戏剧是如此的有声有色，但他们没有在这片草原上留下任何痕迹。在决定本民族甚至他们之后若干民族历史命运的历史关头，他们实现了一次华丽的转身！

二、匈奴生态文明的现代价值

（一）为人类留下了一个在现代社会前较好的草原生态环境

众所周知，从匈奴到蒙古，少数民族所居住的北方草原的降水量少、土壤层薄，是一个及其脆弱的生态环境。所幸有匈奴创造的伟大游牧文明适应了这里的环境，而匈奴之后的少数民族继承和发扬了这一优秀文化传统，为人类留下了一个在现代社会前较好的草原生态环境；否则，这里有可能在早些时候就已经完全沙漠化了。良好的我国北方草原环境对于今天我国，甚至全球的意义我们还未曾完全揭示出来，至少可以从国防、涵养水源、生物多样性的基因资源价值、草原文化等多重价值的视角进行挖掘，需要我们站在一个更高的层次，充分认识蒙古高原所具有的战略地位。现代地缘战略理论的创立者，英国新地理学家哈·麦金德在其名著《历史的地理枢纽》一书中，将蒙古高原称为“世界心脏地带”，足见这里绝不仅仅是饲养家畜的简单“牧区”。

在人类文明史上，并不是每一个民族都像匈奴一样都有根据气候和自然资源适时调整生产方式的文化自觉，文明的故乡最终演化成文明的墓地的案例比比皆是，因为农业文明给人类社会带来的两个最重大的变化就是定居和人口的增长。为满足稠密的人口对食物的需要，人们不得不过度耕种、过度放牧，这导致了草场和耕地的退化，沙漠化和盐碱化接踵而来。巴比伦文明的发源地——美索不达米亚平原——曾被茂盛的森林和草原覆盖着。然而，在公元前2000年前后，汉谟拉比王朝开始大肆砍伐两河流域上游的森林。失去了森林的护卫，上游的水土开始大量流失。日复一日，河流携带的泥沙淤积在河流入海处，河床越来越浅，地下水位抬高，地下水中的盐分随水上升到表层土壤，土质逐渐盐碱化。同时，由于失去了森林的屏障，沙漠开始大举推进。于是，千里沃土的巴比伦王国最终变成了不毛之地。埃及文明、玛雅文明、印度文明也重复了巴比伦文明的宿命。匈奴创造的游牧文明避免了这一问题，在匈奴盛时人口仅在150万—200万人左右。

匈奴所居住的地方最适宜的经济形式就是游牧生产方式。著名学者费孝通指出："靠天种地的粗放农业对牧场草地来说是一种破坏力量。而且凡是丢荒之地，在天旱地区植被破坏后，很快就会沙化，农耕所及，草场荒废。加上农业社区人口繁殖一定要扩大耕田面积，即使在较高的轮作和施肥的农业水平上，也会和牧民争夺土地。所以在这种条件下，农区和牧区既互相依存，需要互通有无，而又互相排斥，难于长期和平共存。这种关系在传统生产技术没有突破以前，决定了过去我国边区农牧接触界限上长期发生的你去我来、我来你去的拉锯局面。"① 种植业涉及清理自然生态环境，自然的平衡和原来那种生态系统内在的稳定就被破坏了。多种多样的植物和长久性的自然植被，被种类很少的庄稼所替代。开辟出来的土地，只有部分时间得到了利用，比起以前来，土壤暴露在风吹雨打之下的程度要严重得多，尤其是当地里没有庄稼的时候，所导致的土壤侵蚀程度远远超过了自然生态系统时的情况。灌草覆盖地的土壤流失量只有粮田的几十分之一，而且可以更充分地利用雨水资源，具有更高的生物量水分生

① 费孝通：《费孝通学术精华集》，北京师范大学出版社，1988年，第89页。

产率。

由于匈奴的尊重自然的意识形态和生产方式的适时调整，创造了游牧这一生态文明的形式，在这两种力量的作用下，尽管蒙古高原生态环境极其脆弱，但在游牧民族居于主导地位时，这里的生态环境是良好的，历史上的内蒙古草原的生态系统的生物量巨大，生态系统复杂，生物层次多重。而且这种苍茫广袤的草原和万木争荣的森林组成的生态系统，并不是昙花一现的历史一瞬，而是从远古一直延续至近代，只是在现代，由于抛弃了这两种力量，才使这一系统以加速度迅速退化。

据史料记载，西汉元帝时，熟悉边防事务的大臣郎中侯应就指出："阴山东西千余里，草木茂盛，多禽兽，本冒顿单于依阻其中，治作弓矢，来出为寇，是其苑囿。"意即阴山和河套一带是匈奴民族依山（阴山）靠水（黄河）在此生息繁衍、猎牧为生的"苑囿"和"治作弓矢"的军事手工业基地。司马贞《史记索隐》引证的文字：（祁连）山在张掖、酒泉二界上，东西二百余里，南北百里，有松柏五木，善水草，冬温夏凉，宜畜牧……（焉支山）东西百余里，南北二十里，亦有松柏五木，其水草茂美，宜畜牧，与祁连山同。《史记·匈奴列传》称匈奴人善骑射，"其俗，宽则随畜，因射猎禽兽为生业"，"儿能骑羊，引弓射鸟鼠，少长则射狐兔，用为食"。据统计，阴山——狼山地区岩画中的动物共有 40 余种，如狐、狼、虎、豹、黑熊、家犬、野马、野驴、家马、岩羊、盘羊、北山羊、羚羊、藏羚、黄羊、绵羊、梅花鹿、马鹿、麋鹿、驼鹿、驯鹿、狍、白唇鹿、大角鹿、野牛、家牛、牦牛、羚牛、双峰驼、单峰驼、野猪、野兔、跳鼠、蛇、草蜥、龟、鸵鸟、鹰、扇形海螺、锥形海螺，等等。广袤的北方草原，不仅是放牧畜群的天然草场，同时也是黄羊和其他兽类以及鸟禽的良好栖身之地。匈奴驻牧时期的祖国北方，全都覆盖着茂密的原始森林，间或有疏林荆棘分布，西起今内蒙古自治区西部的阿拉善盟额济纳旗居延地区，巴丹吉林沙漠南部的合黎山、北大山、龙首山，包括今甘肃省境内的祁连山（及焉支山），腾格里沙漠东端的贺兰山，河套以北的狼山，以及乌拉山、大青山，直到大兴安岭西南的山地丘陵区，到处森林蔽野，禽兽出没，被匈奴游猎民当成制造穹庐、毡车、弓矢、鞍勒的原料取给基地而射猎游牧其间。魏晋南北朝时期，大夏国国王赫赫勃勃在内蒙古鄂尔多斯地区建都，城名为“统万”，在今乌审旗南境，那时的统万，“土苞上壤，地跨胜形”。赫赫勃勃曾在北游契吴（在今乌审旗北境）时赞叹说：“美哉斯阜！临广泽而带清流。吾行地多矣，自马岭已北，大河已南，未之有也。”据北宋沈括的《使辽图抄》记载，在唐、宋以前，内蒙古科尔沁草原上到处都是“木植甚茂”。拉施得在其《史集》中记载：成吉思汗的前七世祖土敦蔑年之妻莫纳伦夫人，“她的马和牲畜多得无法计算，她常坐在山头上，看到从她所坐的山顶直到山麓大河边满是牲畜，遍地牲畜时”，她才意识到其牲畜到齐了。否则她就念叨：“牲畜全聚拢来！”并命令人们去找畜群。[①] 700 多年前，成吉思汗亲率大军西征，路过鄂尔多斯高原时，为这里碧草茵茵的旖旎风光所陶醉，并忘情地说：“我看这个地方很美，死后就把我埋到这里吧。”辽金之际，严羽的《塞下曲》描绘了黄河河套西北部风光：“渺渺云沙散橐驼，西风黄叶渡黄河。羌人半醉葡萄熟，寒雁初肥苜蓿多。”与严羽齐名的严仁也写了一首《塞下曲》：“漠漠孤城落照间，黄榆白苇满山关。千支羌笛连云起，知是胡儿牧马还。”宋代诗人欧阳修、金代诗人赵秉文都曾以诗赞美过科尔沁草原的壮丽景色。元代诗人周伯琦赞扬河套地区“朔方戎马最，趋牧万群肥”。明初僧人楚琦有咏塞北草原的诗作数

① 尤玉柱。石金鸣：《阴山岩画的动物考古研究》，载盖山林：《阴山岩画》附录二，文物出版社，1986 年，第 18 页。

首，对当时的漠北漠南的描写说明了当时的生态环境。如《当山即事》:“水草频移徙，烹庖称有无。肉多惟饲犬，人少只防狐。白毳千缣蝶，清尊一味酥。豪家足羊马，不羡水田租。”又如明代钱逊的《胡人醉归曲》中的“更深宴罢穹庐雪，乱拥旌旄马上归”，描写别有风味；再如于谦《塞上即景》中的“炕头炽炭烧黄鼠，马上弯弓射白狼”及“坐听鸣笳送夕阳”句，李梦阳《云中曲》中的“黑帽健儿黄貉裘，匹马追奔紫塞头”、“白登山寒低朔云，野马黄羊各一群”句，谢榛《漠北词》的“石头敲火炙黄羊，胡女低歌劝酪浆。醉杀群胡不知夜，鹞儿岭下月如霜”句，李攀龙《观猎》的“胡鹰掣镞北风回，草尽平原使马开”等句。直到13世纪，明、清时期，内蒙古赤峰一带是一片松林草原地带，克什克腾旗“傍多松……及佳山水”，这里“甚似江南……树林蓊郁，宛如村落，水边榆柳繁茂，荒草深数尺”。据《经棚图志》记载，当时，“森林滋润，草绿而肥”。1705年康熙皇帝北巡漠南，记曰：“前巡行塞外，见牲畜弥漫山谷间，历行八日，犹络绎不绝。”清代诗人也诗曰：“牛羊自散千屯雪，草木青回万灶烟”，“群牧牛羊量论谷，诸蕃庐帐到如廛”。[①] 17世纪上半叶，清太宗皇太极曾经在科尔沁左翼前旗到张家口一带设置了不少牧场，被称为“长林丰草”。甘肃省民勤县的白海地区在13世纪时水草丰美、湖光粼粼，而今湖水却已经枯涸见底。1936年，著名记者范长江在绥远省进行采访，并在《塞上行》一书中谈到了内蒙古乌兰察布盟（现已改为市)，“绥远境内地蒙古区域，南面河套以内的情形我不很容易，阴山北面乌兰察布盟区域里，大半是水草茂盛的牧地。草地地势平坦润泽，不但行驶汽车相宜，而且风景悦目”。

① 王庆宪:《匈史与北方森林植被》，载《云南师范大学学报》2001年第6期。

（二）为今天保护生态环境，建设现代生态文明提供了宝贵的传统文化精神和生态智慧

卡逊在《寂静的春天》中指出，人类的文明正站在两条道路的交叉口上。我们正在其上高速行驶的工业文明之路，虽然被“认为是一条舒适的、平坦的超级公路”，但“在这条路的终点却有灾难等待着”，只有“另一条很少有人走过的路”才能给人类和地球的其他生命提供希望。卡逊提及的很少的人是谁？又走了一条怎么样的路呢？笔者认为，像匈奴和我国许多少数民族就是这很少的人，他们走过的路就是给人类和地球的其他生命提供希望之路。

从匈奴和其他少数民族那里，我们应重新建立生态文明的价值观，价值观的改变是人类走出目前的困境的关键因素。比如，我们能否摈弃对于“经济主义”的崇拜，像匈奴和许多少数民族一样对自然尊重？今天对自然，也是对人际关系破坏得最厉害的，是“经济主义”（Economism）及其背后的人生观和价值观。正如麦丹尼尔（Jay McDaniel）所说：宗教是一种安排生活的方式。在我们的时代，在这个星球上的主导宗教是“经济主义”。它的上帝是无尽的经济增长，它的祭司是经济学家，它的传教士是广告商，它的教会是商场。在这一宗教中，德行（virtue）叫做“竞争”（competition），而罪叫做“欠缺效率”（inefficiency），拯救则来自唯独购物（shopping alone）。著名学者曼弗雷德·马克斯尼夫指出：“从经济主义的发展眼光来看，只管毫无区别地使用 GNP 一类的累积指标来衡量所有市场交易过程的好坏，而不管它们是生产性的还是非生产性的或是破坏性的，不分青红皂白地开掘自然资源来增加 GNP，这就好像一群病人拼命滥用药和医疗设施一样，药量和费用在不断增加，但病人健康状况改善如何就不得而知了。”

从匈奴和其他少数民族那里，我们应重新唤起人类对自然关

爱的记忆，甚至以宗教为手段，让人类重新产生对自然的敬畏，在“国在山河破”的今天是非常重要的。“生态关怀的发展，可以诱发不同的宗教在伦理思想上的转化，甚至可以启迪宗教间的对话与合作；而宗教人士对生态问题的讨论，对宗教信念、象征、礼仪、故事以至灵性操练的反省、重新诠释及实践，也可促进生态关怀的发展”，“各宗教群体，不论是一神或多神的信仰，皆按其上帝或神明的训令，叫人类爱护并关怀世上的一切野外生物，这在伦理中的理想世界是完全可能的。在一种神秘主义中，把人类理智的最高状态，理解为与自然世界共在的境界，也与尊重自然的道德态度协调”。[①] 学习匈奴的宝贵的传统文化精神和生态智慧，需要正确理解经典作家对于宗教的认识，比如关于恩格斯的精神鸦片说，关于恩格斯指出的：“宗教是在最原始的时代从人们关于自己本身的自然和周围的外部自然的错误的、最原始的观念中产生的。”[②] 这些阐述更多的是从唤醒工人阶级不要被统治阶级用宗教所蒙蔽而说的，今天从建设精神文明的视角，宗教则有一定的文化约束作用，笔者在牧区调查时发现，凡信仰萨满教的牧民，在家畜载畜量方面确有禁忌。

从匈奴和其他少数民族那里，我们应学习匈奴宝贵的传统文化精神和生态智慧，需要正确对待少数民族的文明，避免民族中心主义的思维定式作祟。不应认为，汉族的所有文明都是高于少数民族的以及所有西方文明都高于东方文明，至少在生态文明的视阈下这种认识是不成立的。美国著名人类学家 C. 恩伯（Carol Ember）和 M. 恩伯（Melvin · Ember）在《文化的变异》一书中指出：“民族中心主义阻碍我们理解其他民族的文化，与此同时，也阻碍了我们对本民族文化的理解。如果我们认为我们所从事的

① Taylor, Respect for Hature, P. 309.

② 《马克思恩格斯选集》第四卷，人民出版社，1972 年，第 250 页。

一切都是最好的，看来我们就不会问一问为什么我们要按我们的办法行事，更不会问一问为什么别人会按他们的办法行事了。”①比如长期以来，将游牧文化与落后愚昧画等号。而事实上正如俄罗斯著名学者古米列夫所评价的“游牧民族在他们自身发展的历史进程中创造了独具特色的社会文化类型。对此，人们不应认为是粗俗、落后和停滞不前的”。比如早在2100多年前的匈奴时期，蒙古草原上的游牧民族匈奴就已经知道了通过牡牝分牧，实行人工控制生育期的方法来繁殖羊了。1978年，达拉特旗出土的西周到东周时期（约公元前11世纪至前256年）的青铜针，经鉴定认为是医畜用针，说明内蒙古地区的先民至少在匈奴时代已运用针刺和放血疗法。匈奴时代，在北方蒙古高原地区的兽医药方面（包括给人看病）不仅广泛地使用了针刺、放血、灸等外治法，而且也有了普遍应用草药治疗疾病的内治法。《史记·匈奴列传》载，匈奴“士力能弯弓尽为甲骑”。马在游牧战争中起着重要的作用，由此产生了“养马术、驯马术以及训练战马的技术”，发展了制作各种马具的工艺，包括马镫。正因为这样，李济先生在《中国文明的开始》一书中指出：“治中国古代史的学者，同研究中国现代政治的学者一样，大概都已感觉到，中国人应该多注意北方：忽略了历史的北方，我们的民族及文化的原始，仍沉浸在‘漆黑一团’的混沌境界。2000年来中国的史学家，上了秦始皇一个大当，以为中国的文化及民族都是长城以南的事情。这是一个大大的错误，我们应该觉悟了！我们更老的老家——民族的兼文化的——除了中国本土以外，并在满洲、内蒙古、外蒙古以及西伯利亚一带：这些都是中华民族列祖列宗栖息坐卧的地方。到了秦始皇筑长城，才把这些地方永远断送给‘异

① C. 恩伯、M. 恩伯：《文化的变异》，辽宁人民出版社，1988年，第26页。

族'了。"①

从匈奴和其他少数民族那里，我们应在草原牧区尊重生态规律进行生产方式的调整。对于脆弱的草原生态环境，考虑到草原生态系统的巨大经济外部性特点，在草原牧区要树立千规律、万规律，生态规律第一条的思想。摒弃在草原牧区进行种植业的政策偏好和发展传统工业偏好，走一条符合草原生态环境的产业发展之路。在环境完全破坏的情况下，人类没有生存的条件，任何经济行为都不可能发生。法国经济学家勒内·帕塞在谈到经济发展和人文与环境的关系时，指出："我们要维持环境的运作状态，因为生命，特别是人类生命，以及经济活动，都有赖于环境。你若破坏环境，你就毁灭一切，包括经济。"

在生态文明的语境下，我们到了用少数民族的生态文明对目前的主流文明——现代文明逆向传播的时候了！是对包括全球化在内的现代性全面反思甚至批判的时候了！包括匈奴生态文明在内的一切有利于生态文明建立的宝贵的传统文化精神和生态智慧都是重要的思想武器。正如内蒙古政协主席陈光林指出的："在当代世界人类生产发展普遍面临日益严峻的生态环境的形势下，历史上以游牧文明为基础的草原文化这种固有的先进生态理念，更彰显出新的生命力和价值，实为不可多得的思想源泉。"

参考文献：

1. W. 施密特著，萧师毅、陈祥春译：《宗教与神话》，上海文艺出版社，1987 年（影印本）。

2. 《费尔巴哈哲学著作选读》（下卷），上海：生活·读书·新知三联书店，1976 年。

3. 陶克涛：《毡乡春秋——匈奴篇》，人民出版社，1989 年。

① 李济：《中国文明的开始》，香港：凤凰出版传媒集团，2005 年，第 1 页。

4. 林干：《匈奴史》，内蒙古人民出版社，1979 年。

5. 阿其图：《试析匈奴在中国北方游牧经济文化形成中的奠基性历史贡献》，载《内蒙古师范大学学报》（哲学社会科学版）2004 年第 4 期。

6. 亦邻真:《亦邻真蒙古学文集》，内蒙古人民出版社，2001 年。

7. 费孝通:《费孝通学术精华集》，北京师范大学出版社，1988 年。

8. 尤玉柱、石金鸣：《阴山岩画的动物考古研究》，载盖山林:《阴山岩画》附录二，文物出版社，1986 年。

9. 王庆宪：《匈奴史事与北方森林植被》，载《云南师范大学学报》2001 年第 6 期。

10. 拉施得著，余大钧等译:《史集》第 1 卷第 2 分册，商务印书馆，1983 年。

11. 卢明辉:《清代蒙古史》，天津古籍出版社，1990 年。

12. Jay McDaniel, "The Sacred Whole: An Ecumenical Protestant Approach", The Greening of Faith, ed. by John E. Carroll, Paul brockelman and Mary Westfall (Hanver and London: University of New England, 1997) .

13. 赖品超:《宗教与生态关怀》，载《江海学刊》2002 年第 3 期。

14. Taylor, Respect for Nature.

15. 《马克思恩格斯选集》第四卷，人民出版社，1972 年。

16. C. 恩伯、M. 恩伯：《文化的变异》，辽宁人民出版社，1988 年。

17. 李济：《中国文明的开始》，香港：凤凰出版传媒集团，2005 年。

俄罗斯与蒙古族生态哲学比较研究

杜学军　朝　克[①]

满洲里市位于内蒙古呼伦贝尔大草原腹地，西邻蒙古国，北接俄罗斯，满洲里市原称“霍勒津布拉格”，蒙语意为“旺盛的泉水”。1901 年，因东清铁路的修建而得名，俄语为“满洲里亚”，音译成汉语为“满洲里”，是一座独领中俄蒙三国风情、中西文化交融的口岸城市。中国的传统文化、蒙古族文化与俄罗斯文化在这里相互碰撞交融，这在俄罗斯民族和蒙古民族生态哲学的相互融合中可以得到印证。本文试对两种生态哲学进行比较研究，从中得到加强口岸生态建设的理论启发，并在满洲里市经济可持续发展的现实中进行实践，为促进科学发展、和谐发展和率先发展提供理论依据。

一、生态哲学上的共性研究

法国地理学家白吕纳认为：“一地的位置、地形、地质构造

---

① 杜学军，蒙古族，满洲里市市长，研究员，中国石油大学（华东）博士生；朝克，蒙古族，中国石油大学（华东）马克思主义中国化研究所所长，马克思主义学院教授委员会主任，博士生导师。

和气候都可以解释一个民族的历史。”① 俄罗斯民族和蒙古民族皆世居北方，在生态哲学上有共同之处，主要体现在其生态哲学所产生和存在的环境方面具有较大的相似性，因而其一些生态哲学的看法和观点也具有共同性。主要反映在两个方面：

一是在生态哲学产生的地理环境方面。俄罗斯是世界上国土最辽阔的国家，位于欧亚大陆的北部，包括欧洲的东半部和亚洲的西部。俄罗斯境内自北向南为北极荒漠、冻土地带、草原地带、森林冻土地带、森林地带、森林草原地带和半荒漠地带。这些特殊的地理环境对俄罗斯社会历史的发展有着重要的影响。气候条件差、远离海洋等因素一定程度上滞后了社会经济的发展；幅员辽阔、交通不便增加了行政管理难度，这些特殊的生存环境造就了俄罗斯民族坚忍顽强、吃苦耐劳、崇尚集体的性格。此外，俄罗斯有近一半的领土被森林覆盖，使俄罗斯民族自古就有“森林民族”之称，森林与俄罗斯民族性格的形成有着密切的关系。美丽、恬静、和谐的森林对于俄罗斯人形成沉郁、博爱、虔敬的民族情绪有着很大的影响，所以在俄罗斯文化中，自古就有以祖国的地大物博为荣，崇尚自然、热爱自然、推崇自然的民族情结。

蒙古族从形成以来一直生活在以蒙古高原为中心的地域里，在这些地区从山川、河流、湖泊、沙漠到繁衍生长的动植物，以及地区、城市名称，大都以蒙古语来命名，蒙古高原是蒙古族形成、发展的摇篮。蒙古高原的地形主要是山脉、草原、丘陵、沙漠、戈壁等，其自然环境的优点之一就是热源充足、水草富饶，有利于植物的生长和动物的生存，是得天独厚的天然牧场。蒙古族依据这种自然环境特点把牲畜赶到适合生存和采食的地方，他们盼望的天气和憧憬的生活是：“成群的野兽到处出没；肥壮的

① 陶克涛：《毡乡春秋》（柔然篇），内蒙古人民出版社，1997 年，第 221 页。

牛羊到处游动……那里没有干旱的春天，只有丰硕的秋天；那里没有风沙的灾害，有的是肥壮的畜群；那里没有严寒的冬天，只有温暖的夏天；那里没有贫苦的百姓，家家户户丰衣足食；那里没有可怜的孤儿，户户家家人丁兴旺；那里没有战乱的骚扰，代代过着安宁的生活。”① 于是蒙古族历史性地选择了以游牧为主的生产经营方式，这是蒙古族认识自然、利用自然、改造自然的必然结果。

受类似的地理环境的影响，俄罗斯民族和蒙古族在对自然界的认识上形成了比较相似的自然观，为朴素的生态哲学观奠定了思想基础。在这种朴素自然观的影响下，蒙古族历来崇尚“天人合一”和“回归自然”的生态哲学，把人当作大自然的一部分，认为人是自然秩序中的一个存在；人与动植物都是这个大生态系统中不可或缺的有机组成部分，强调人与自然环境息息相通、和谐一体，这种朴素的生态哲学理念富有生态特色、地域特色。在对自然的理解上，俄罗斯的自然观里含有深沉的大地母亲崇拜情结，天生就有顺应自然、符合自然的理念，注重从整体性、普遍性角度来理解自然，更加注重人与自然的和谐统一。从这一点上来说，俄罗斯和蒙古族的自然观是相契合的。

二是在生态哲学产生的宗教环境方面。俄罗斯族和蒙古族都是有宗教信仰的民族。俄罗斯东正教在近千年的时间里一直被奉为国教，对俄罗斯的民族生态哲学产生了很大的影响。俄罗斯人的宗教情感中包含着较多原始自然崇拜和多神教的元素：对土地、水、树的崇拜，体现了俄罗斯人对自然的崇敬。别尔嘉耶夫曾经说过：“俄罗斯民族，就自己的类型和灵魂结构而已，是信仰宗教的人民，即使是不信宗教者也仍然有宗教性的忧虑，俄罗

① 黑勒、丁师浩译，浩·巴岱校订：《江格尔》，新疆人民出版社，1993 年，第 365—366 页。

斯人的无神论、虚无主义、唯物主义都带有宗教色彩，俄罗斯人民即使离开了东正教，也仍然会寻找神和神的真理，寻找生命的意义。”① 俄罗斯生态哲学宗教色彩还在苏联的生态文学作品中有所体现，如在阿斯塔菲耶夫的《鱼王》、拉斯普京的《告别马焦拉》、艾特玛托夫的《白轮船》和《断头台》中有许多关于大自然的神话，而这些神话往往带有早期泛神论和多神教的特征，塑造了自然神的形象。从中我们可以看出俄罗斯生态哲学更偏重于从宗教信仰角度解说生命的意义，充满了宗教色彩和情感。

13 世纪以前的蒙古族信仰萨满教。13—17 世纪，蒙古族宗教信仰经历了多次的变迁，随着藏传佛教的逐渐传入和扩展，并在与萨满教的斗争中日渐壮大，至清朝成为蒙古地区占统治地位的宗教。在萨满教的观念中，宇宙万物、人世祸福都是由鬼神来主宰的。在萨满教的自然神系统中，天地神系统占首要地位。“敖包”在蒙古族信仰中就是天神、土地神、雨神、风神、羊神、牛神、马神等神灵居住的地方。可见萨满教是多神的、泛灵的信仰，它的神秘吸引力把崇拜引向自然界，并且常常把自然事物本身同神灵等同看待，因而对待自然往往是爱护有加，是自然而然的生态保护论者。佛教传入后，萨满教逐渐衰微，许多王公贵族信奉了佛教，但是萨满教继续在民间流传，成为平民的宗教。萨满教的意识观念早已深入蒙古族广大民众的思维意识中，形成一个民族固定的习俗，萨满教观念的继续存在，也表明人们对人与自然的关系的一种朴素生态观在深深地影响着人们。所以，蒙古族具有优良的生态保护意识传统，反对滥垦、滥伐和污染草原、森林、湖泊、河流。藏传佛教还将自己居住的土地神圣化，认为在自然环境中山山水水都有神灵的存在，对自然界进行神化并加以崇拜；认为人与自然界是共生共存的联系，人依赖于自然、并

---

① 汪利剑编：《别尔嘉耶夫集》，上海远东出版社，1999 年，第 5—6 页。

服从自然，而自然与神也养育了人。在蒙古的藏传佛教体系中，因果法则、慈悲心怀、调和的原则等在事实上孕育了人与自然关系中的生态哲学，此种宗教观又在一定程度上维持了自然的平衡。从宗教信仰方面看，俄罗斯民族和蒙古族对于自然规律的认识和对自然的敬重是相同的，这种宗教观念反映在生态哲学上就是尊重身边的自然、保护周围的自然。

二、生态哲学上的差别研究

一是在生态哲学的连续性、整体性上存在差别。蒙古族哲学是始终如一的，无论在古时候、还是在元朝鼎盛时期，即使是在现在蒙古族的生活习惯中，仍然有他们一直倡导和推崇的生态观念存在，并发挥着作用。比如在生态观念方面，强调“世上万物以天地为根”。在《江格尔》英雄史诗中明确提出：“上面是天父，下面是地母。”在《祭灶词》中也说：“上有腾格里之熳火，下有额托格地母之热力，以精铁为父，以榆林草木为母。”这反映了蒙古族的基本自然观，认为自然界是生命之源，自然界造就了生命和人类。而在生态伦理观念方面，又充分表达了对自然的情感和保护意识，这在一些英雄史诗、神话故事、格言谚语中可以得到充分体现。蒙古民间祭词《午时》唱道：“午时，和风的苍天，祝福，祝福！群马给牧民的恩赐，献给你阿尔泰山，祝福，祝福！物质的恩赐，回报其主人；食物的恩赐，回报其盘器，祝福，祝福！”在长期狩猎、游牧生产中，蒙古族领悟到自然给人以生存、财富和幸福，在他们人心目中，热爱自然、尊重自然、感恩自然，保护草原、森林、野生动物是善，相反则是恶，这种生态价值观念成为蒙古族的实践标准，指导着蒙古族的牧游生产和游牧经济。在生态习惯上，蒙古族有祭敖包的习俗，敖包分盟、旗等不同地域，也按姓氏划分，还可按年龄分类。不管哪一类，一旦建成，便成为神圣的地方，在敖包周围不许有放牧、砍树、狩猎、大小便、倒垃圾等行为。蒙古族的生态哲学不仅表现在其风俗习惯、诗词歌赋和传说故事中，而且在法律层面也有很多硬性的规定。蒙哥汗于1251年发布的登基诏书中写到："要让有羽毛的或四条腿的，水里游的或草原上生活的各种禽兽免受猎人的箭和套锁的威胁，自由自在地飞翔或遨游；要让大地不为桩子和马蹄的敲打所骚扰，流水不为肮脏不洁之物所玷污。"这可以说是世界上最早的生态保护宣言了。此外，李刚芬撰写的《成吉思汗新传》中也记述"禁遗火而燎荒，违者诛其家"的规定。1942年日本学者后藤十三雄在其所著的《蒙古游牧社会》中说道："极为了解土壤荒芜结果的蒙古人，为保全牧场付出很多心血。例如怕秋季野火烧毁牧场而警戒，不耕土地或挖坑穴……结果确实是避免了牧场的荒芜化。"元朝《刑法志》规定："诸每月塑望二弦，凡有生之物，杀者禁之。"元朝忽必烈皇帝下令规定了禁猎区和禁猎种类，禁止捕杀野猪、鹿、獐等动物，保护天鹅、鸭、鹘、鹤、鹧鸪、鹰、秃鹫等飞禽。可见，蒙古族生态哲学不仅从诞生之时起，就在各个发展阶段得到连续性的保持，而且表现得非常全面，几乎涉及生态建设的各个方面，形成一个生态哲学体系。

在俄罗斯生态观念方面则与此不同。俄国著名的哲学史家弗洛罗夫斯基推断，俄国的文化史是从罗斯受洗开始，在此以前的文化是多神教的文化，大量涌入的是拜占庭东正教文化，这种文化是只存在于少数人中的高雅文化，而普通人则仍留恋于多神教。这时的俄罗斯生态观念与蒙古族早期萨满教时期的生态观念没什么两样，都是自由的、多神的、朴素的，甚至可以说是粗俗的文化，都是对自然的原始崇拜。从古罗斯经过彼得大帝时期、白银时代，尽管有部分人对生态问题有所关注，但最终没有引起人们的广泛重视，到苏联哲学时期，从总体上看生态观念出现了断层现象。十月革命胜利后，苏联进入高速发展时期，并于20世纪30年代诞生了苏联哲学，其体系主要是对世界的客观性、必然性、可知性的理解，注重对自然界客观规律的认识，忽视人的地位，“征服自然”被排在了首位。“这时，国家对新工程的唯一要求是高速和高指标，只要求新工程迅速投产和开工”，“随着‘社会主义工业化’的迅速推进，资源的滥用和环境的恶化也在愈益地严重，从事‘社会主义工业化’的人们只想到从大自然中获得资源，却没想到大自然会报复会惩罚”，“俄罗斯人对物质世界的关注远不如对公平、正义、理想、道德、友爱等美好未来人际关系及内心世界的关注深切，这在19世纪下半叶俄国的社会思想史中看得十分清楚”①。这一时期无论是政府还是民间都没有采取切实有效的自然资源保护政策和措施，生态哲学在这一时期出现断层。直到20世纪70年代以后，全球性的生态危机日趋严重，人与自然的关系再次理性地引起人们的普遍关注，俄罗斯的生态哲学以生态文学的形式对生态危机做出了积极回应，这就是苏联生态文化思潮。到1992年召开的里约热内卢国际环境大会后，俄罗斯参与签署了《京都议定书》，这时的俄罗斯对自己的国内环境状况有了清楚的认识，在2003年“世界环境日”到来之前，当时的总统普京指出，俄罗斯国内占领土总面积15%的地区正处于生态危机和亚生态危机状态，西伯利亚和乌拉尔一些工业中心的生态状况尤其令人担忧。于是俄罗斯开始积极进行对可持续发展理论的研究及战略实施工作。所以俄罗斯生态哲学并不是一贯的，而是经历一段的曲折，但俄罗斯一旦认识到生态的重要性的时候，便持之以恒地坚守生态准则不变。

二是对生态哲学观念表达方式上存在不同。蒙古族的生态理

---

① 万长松、陈凡：《苏联（俄罗斯）自然的历史与现状》，载《燕山大学学报》（哲学社会科学版）2002年第1期，第36页。

念载体广泛，归纳起来主要有三大类：第一类是以民间广泛流传的形式记载下来，有的利用神话故事体现出来，有的则是格言谚语，比较多的是祭祀时的祭词。最为著名的是产生于明蒙古族卫拉特部的英雄史诗《江格尔》，被誉为中国少数民族三大史诗之一，长期在民间口头流传，这部史诗具有丰富的生态思想内容。诗中描写英雄江格尔居住的地方是四季如春、百花烂漫、百草芬芳，而邪恶势力蟒古斯居住的地方却是：“找不到润喉的一滴水、找不到充饥得一棵草，红沙马瘦弱疲惫，咬了一棵地构叶，晃倒在路旁的荒坡。”描绘的理想天堂是：“那里人们永葆青春，永远像二十五岁的青年，不会衰老、不会死亡。”这里四季如春，人们过着丰衣足食、相亲相爱的和平生活。第二类存在于法律文件当中。蒙古游牧社会看似松散的、自由的，但其实更是一个法治社会，在传统习惯法和大扎撒、阿拉坦汗法典、卫拉特法典、喀尔喀七旗法典等成文法中，除维护社会秩序、调解人与人关系外，有相当多的条款是保护草原、森林、水源、野生动物的规定，不仅如此，蒙古生态保护法内容丰富、条款具体、便于操作，而且奖罚分明、惩罚严厉、奖励合理、当场兑现，保护生态成为蒙古族普遍遵守的社会风尚。第三类是存在于民族习惯当中。比如，蒙古游牧民族“逐水草而迁徙”，在搬迁过程中，牧民要对蒙古包驻地进行清扫，掩埋垃圾和灰烬，防止荒火，以利于牧草再生；蒙古族有节水习俗，“禁止人们在河里洗涤、洗破衣裳”；重生轻葬，死者旧衣随身而去，或野葬、火葬、土葬，均不修坟冢；还有祭敖包，都内含丰富的绿色环保理念。

而在俄罗斯生态哲学里，集中地从苏联文学中体现出来，形成了苏联生态文学。在苏联和俄罗斯，文学家的“生态意识”是最早觉醒的人。一大批文学家把“人与自然”看成是一个永恒的民族问题和永恒的人类问题，在他们的文学作品中不仅歌颂和赞美大自然，呼吁人们爱护大自然，而且对人类残害自然生物、破坏生态环境的行为进行强烈谴责。作家列昂诺夫创作的《俄罗斯森林》揭开了苏联生态文学的序幕。此后，阿斯塔菲耶夫写了《鱼王》，拉斯普京写了《告别马焦拉》，艾特玛托夫写了《白轮船》、《断头台》，这些都是具有广泛影响的生态小说。苏联生态文学作家把自己的生态哲学融入生态文学作品中，主张尊重生命、尊重大自然，提倡人与自然的平等、对大自然负责等。在谈及人与自然的关系时，阿斯塔菲耶夫就说过："保护地球吧！永远地，随时地保护我们崇高的地球——母亲，保护我们的生命。"① 苏联生态文学在探讨生态问题时的主要特征是强烈地体现理性色彩和宗教意识：在对人类理性的追求中始终伴随着末世论的情绪，或者说是期待着通过末世论的启示来唤回人类的理性。②俄罗斯生态哲学经过了一个从传统末世论到生态末世论的过程。传统末世论来自犹太教的世界末日论述，它主要探讨的是借助于《圣经》的宗教道德标准探讨通向天国、通向人类的终极生命的道路。19 世纪末 20 世纪初，按照犹太教的预言，灾难即将降临的预感笼罩着整个国家，诗人和哲学家们普遍预感到时代末日的临近。索洛维约夫在当时预见 20 世纪是大规模战争和革命的世纪，他认为善的力量最终会被恶的力量打败，文明终将被毁灭。③别尔嘉耶夫人认为："宗教意识把历史看做应以灾祸告终的悲剧。"④ 当苏联的文学家用宗教的末世论思想关注人生的意义、世界的前途、人类的终极方向时，恰逢全球化生态危机，生态末世论开始应运而生。20 世纪 70 年代开始，全球性的生态危机来临

① 《苏联文学》，1992 年第 2 期。

② 梁坤：《当代俄语生态哲学与生态文学末世论倾向》。

③ 张百春：《当代东正教神学思想》，上海：生活·读书·新知三联书店，2000 年，第 84 页。

④ 别尔嘉耶夫人著，董友译：《自由的哲学》，学林出版社，1999 年，第 181 页。

并深深震撼了世界，使得苏联生态文学家们的忧患意识前所未有地爆发，在他们的作品中，用地球毁灭、家园毁灭、孩子死亡的悲剧景图展示了人类的生存的危机。传统末世论将世界末日理解为犹太教做巴比伦俘囚的境遇，发生在《圣经》所说的“彼岸”，而生态末世论认为世界末日随时都会在身边发生。可见，苏联生态哲学主要通过文学的方式用末世论宗教思想和启示表现出来，告诉人们，只有与自然和谐相处，才能实现人类的可持续发展。

三、俄罗斯与蒙古族生态哲学比较研究启示

通过俄罗斯生态哲学与蒙古族生态哲学的比较，我们至少应该得到以下启示：

一是我们建设良好的环境，必须要崇尚自然、爱护自然，符合自然自身内在的规律，合理地开发利用自然。

二是在传统的科学的民族生态哲学的指导下，着力解决全球性生态危机和环境污染问题，创建人与自然和谐统一的现代新型生态文明。

三是对满洲里市来说，需要扬弃蒙古族生态哲学和俄罗斯生态哲学，在二者的文化碰撞中吸收其精华，不断加强口岸生态保护，建设经济可持续发展的口岸城市。

参考文献：

1. 乌丙安：《神秘的萨满世界——中国原始文化根基》，上海：生活·读书·新知三联书店，1989 年。

2. 乌力更：《试论喇嘛教在蒙古地区的盛行及影响》，载《昭乌达蒙族师专学报》（汉文哲学社会科学版）1992 年第 3 期。

3. 乌日陶克陶：《蒙古族游牧经济及其变迁》，中央民族大学出版社，2006 年。

4. 黑勒、丁师浩译，浩·巴岱校订：《江格尔》，新疆人民出版社，1993 年。

5. 汪利剑编：《别尔嘉耶夫集》，上海远东出版社，1999 年。

6. 万长松、陈凡：《苏联（俄罗斯）自然的历史与现状》，载《燕山大学学报》（哲学社会科学版），2002 年。

7. 梁坤：《当代俄语生态哲学与生态文学末世论倾向》。

8. 张百春：《当代东正教神学思想》，上海：生活·读书·新知三联书店，2000 年。

9. 别尔嘉耶夫著，董友译：《自由的哲学》，学林出版社，1999 年。

10. 杨素梅、闫吉青：《俄罗斯生态哲学论》，人民大学出版社，2000 年。

11. 张明达：《俄罗斯东正教与文化》，中央民族大学出版社，2004 年。

大兴安岭林区少数民族的生态哲学

贾冬梅①

在内蒙古大兴安岭林区，居住着蒙古族、满族及鄂伦春族、鄂温克族、达斡尔族等少数民族，在漫长的历史进程中，在人与自然的关系中经历了古代朴素的自然观——近代人类中心主义——现代生态文明的发展历程。本文从生态哲学的角度阐述了大兴安岭林区思维方式的转变带动行为方式的转变。

一

内蒙古大兴安岭林区居国有林区之首，莽莽林海传承着几千年古老的文明。在漫长的历史长河中，生活在大兴安岭林区的北方少数民族在与自然的长期冲突与调适中逐步形成了独特的生态道德传统，这种以“人与自然和谐发展”为核心的传统生态哲学不仅具有浓郁的民族、地方特色，而且蕴涵着丰富的思想内容。

1. 人是自然的产物，自然是人类生存的基础。人类脱胎于自然，是由某种自然物经过长期的演化而生成的，这是北方少数民族先民对人类起源的一种典型看法。鄂伦春族神话传说中曾经记

① 贾冬梅，内蒙古牙克石市市委党校，副教授。

载：天神“恩都力”看到兴安岭有郁郁葱葱的森林，森林里有数不尽的飞禽走兽，却找不到人的影子，于是“恩都力”用飞禽走兽的骨和肉加泥土，制作了10个男人和10个女人，从此就有了鄂伦春人。人不仅来源于自然，而且依赖自然。蒙古族传说中这样写道：人生天地之间，全靠自然的恩赐、养育。天是慈悲仁爱的父亲，赋予人的生命；地是乐善好施的母亲，养育了人之形体。因此人要崇尚自然，敬畏自然，珍爱自然。

2. 人与自然应和谐发展。大自然具有双重性，既有惠泽众生的一面，也有桀骜不驯的一面，特别是当人类对自然资源的利用超过一定限度时，大自然便会肆虐地报复人类。中国北方少数民族都有尊重自然规律的传统意识，对自然资源取之有节，用之有度。在围猎过程中，他们从不搞灭绝性的猎杀，而是放走母畜和仔畜，以保持野生动物的繁衍。达斡尔族人在长期生产活动中，形成了草场轮换放牧、土地歇茬、伏天休渔的良好的生态习惯。正是这种生存原则和生态理念，维护了大兴安岭地区的生态平衡。

3. 保护生态环境是人的道德义务。基于对自然的深刻认识，北方少数民族都以宗教信仰、图腾崇拜、乡规民俗、禁忌律令等方式引导和规范人们的行为，保护生态环境。鄂伦春族、鄂温克族、达斡尔族等少数民族在狩猎过程中都有一定的规则和禁忌，不猎正在交配的野兽，不猎怀崽、产崽、孵卵的动物，不猎正在哺乳的动物。鄂伦春族还禁止猎杀鸿雁和鸳鸯，认为猎杀鸿雁和鸳鸯会破坏夫妻关系，影响繁殖后代。同时，生活在林区，鄂伦春人十分重视防火，当人们搬迁的时候，都会把篝火的灰烬埋在含有水分的土里，再用脚结结实实地踩好；当雷击等原因造成森林火灾时，鄂伦春人都会全力以赴，与大火做殊死搏斗，不惜用生命的代价去保护森林。

千百年来，生活在大兴安岭的北方少数民族在传统生态道德的有效约束下，遵循着“人与自然和谐发展”的生存原则，对自然保持着一份敬畏之心，并将保护生态环境视为自己的道德责任。他们在满足基本生存需求的同时，使自然生态始终保持在一种平衡状况。这种传统的生态道德观念虽然古朴，有的还带有某种神秘、愚昧甚至宗教色彩，但这些质朴的思想却体现了当今全人类的普遍价值理念，极富现代意蕴。可以说，大兴安岭的北方少数民族对自然界的态度、认识和行为从一个侧面反映了森林文化的文明程度和存在价值。

二

大兴安岭林区经历了原始文明、农业文明后开始进入工业文明阶段。工业文明时期的生态伦理观割裂了人与自然相统一的关系，确立了以人的利益作为价值原点和道德评价依据的人类中心主义。人类中心主义核心内容包括以下几个方面：

1. 在人与自然的价值关系中，只有人才是主体，自然是客体，价值评价的尺度必须掌握在人的手中。古希腊哲学家普罗泰戈拉的一个著名命题就准确表达了这样的观点，即人是万物的尺度，是存在的事物存在的尺度，也是不存在的事物不存在的尺度。

2. 在人与自然的伦理关系中，自然是手段，人是目的，大自然不过是为了人类的生存发展而使用的工具而已。亚里士多德认为：植物的存在是为了给动物提供食物，而动物的存在是为了给人提供食物……所有动物肯定都是大自然为了人类而创造的。

3. 人类的一切活动都是为了满足生存和发展的需要。人在满足自己的需要，获得更多的利益需求，必须发挥人的主体作用，征服自然，改造自然。这种人与自然对立的生态伦理观把自然排除在人类共同体及其道德保护之外，大自然被完全无助地暴露在人类的贪欲之下。正是在这种思想观念的指导下，人类对自然资源进行无限度、无休止、肆无忌惮的索取和掠夺，从而导致人和自然环境的严重失衡。

从历史上看，大规模开发利用森林是在工业化初期，许多国家都是通过发展森林工业取得发展其他产业所需的资本和原材料，进而推动整个工业化的进程，这也是发达国家在资本原始积累期间都经历过无林化阶段的根本原因。英国毛纺业等工业的发展，使大量森林消失，到 20 世纪初森林覆盖率下降到 5% 左右。苏联在内战结束后不久，不仅把森林作为获取经济建设所需的原材料和燃料的重要来源，还一度把森林作为获取外汇的重要来源，1921—1927 年木材出口总额占苏联出口总额的 68%—87%。最近 100 多年，人类对森林的利用和破坏达到了惊人的程度。人类文明初期，地球陆地三分之二被森林覆盖，约为 76 亿公顷，19 世纪中期减少到 56 亿公顷，20 世纪末又减少到 34.4 亿公顷，森林覆盖率下降到 27%，地球上半数以上的森林随着工业文明消失了。

大兴安岭森林资源被疯狂掠夺始于 19 世纪末期，从 1896 年沙俄修建中东铁路到 1945 年林区解放为止，沙俄和日本已从大兴安岭掠走木材 1500 万立方米。新中国成立初期，木材作为重要的经济资源，是世界公认的四大原材料（钢材、水泥、木材及塑料）之一，是国家建设和人民生活不可缺少的物质产品。经过半个多世纪的木材生产，内蒙古大兴安岭林区向国家提供木材 1.7 亿立方米。由于过度的采伐，大兴安岭原始自然环境遭受严重破坏，人类生存环境急剧恶化。

大兴安岭林区生态危机主要表现为：

（1）生态环境退化的严重性。从天然林资源的变化看，森林活立木蓄积量严重下降，林地面积大幅度减少，森林质量下降；

从生物多样性的变化来看，许多生物物种在大量消亡，这种人为消亡的速度是自然消亡速度的1000倍，不仅鸟的数量大为减少，而且马鹿、驼鹿、麋等珍贵动物也难觅踪迹。

（2）生态环境平衡的脆弱性。大兴安岭地区地处高寒地带，自然条件恶劣，动植物生存环境差。“春残花始艳，秋老麦初芒，岭积千秋雪，花飞六月霜”是其真实的写照。林区平均气温－5℃，无霜期短，林木生长速度慢。每公顷林地林木年均生长量仅1.14立方米，落叶松生长成熟周期长达110年。大兴安岭生态环境十分脆弱，破坏容易，恢复很难。

（3）生态环境与人的对立性。人类对森林的过度开发导致人类生存环境极具恶化，人与自然的矛盾十分尖锐。20世纪90年代以来，大兴安岭地区干旱、洪涝等自然灾害频繁出现，河流断流，森林火灾现象增多，近几年沙尘暴也时常光顾林区腹地。自然资源的脆弱性和经济社会发展对自然资源高度依存性之间的矛盾与自然资源的有限性和经济社会需求无限性之间的矛盾日益突出，现存的生态环境难以承受庞大林区人口生存的压力，“独木支撑”的林区经济难以维持林区人发展的压力，“资源危机、经济贫困”突袭大兴安岭，林区人民生活水平下滑，城镇基础设施建设严重滞后，林区人一度陷入困惑彷徨的境地。生态兴则文明兴，生态衰则文明亡。树立科学的生态理念，转变经济的发展方式，探索一条科技含量高、经济效益好、资源消耗低、环境污染少的可持续发展道路，成为大兴安岭人的现实选择。

三

森林问题的实质是文化和价值取向问题。传统的森林文化和生态哲学观以人与自然和谐发展为出发点，强调崇尚自然，爱护环境，对森林资源要取之有节，用之有度，从而保护森林生态系统，实现人与环境的动态平衡。近代人类中心主义和狭隘森林资源观以人的利益为出发点，强化森林的经济价值，忽略森林的生态效益和社会价值，从而导致森林资源锐减，环境恶化，生态危机日益严重。历史和现实告诉我们：只有实现自然的价值，人类才能实现自身的价值；只有把自然保护好，人类才能生活得更好。实现由工业文明向生态文明的转型是历史发展的必然趋势，是时代发展的潮流，是当今人类生存和发展的现实选择。

生态文明是以人与自然、人与人、人与社会和谐共生、良性循环、全面发展、持续繁荣为基本宗旨的文化伦理形态、是在工业文明已经取得成果的基础上用更文明的态度、更理性的行为对待自然，努力改善和优化人与自然的关系，认真保护和积极建设良好的生态环境，是一种更高层次、更高水平的生态伦理形态。牙克石是内蒙古大兴安岭林区的政治、经济、文化中心，是通往北部林区的重要门户。牙克石的发展理念、发展战略、发展模式、发展程度不仅关系到大兴安岭林区的前途命运，关系到周边地区的长远发展，而且关系到中国林业发展的未来。几年来，牙克石市委、市政府以全面科学和可持续的发展观统揽经济社会发展全局，突出可持续发展和构建和谐社会两大主题，深入实施“森林立市、工业强市、商旅富市、科教兴市、开放活市”五大发展战略，加快转变经济发展方式，实现经济社会又好又快发展，为资源型城市探索出了一条可持续发展之路。

1. 树立生态环境保护的理念。森林是地球陆地生态系统的主体，大兴安岭与南美洲的亚马逊热带雨林被誉为“地球的两大肺叶”，它是呼伦贝尔大草原和东北平原的绿色屏障，维系着我国东北、华北地区的生态安全，生态价值极其巨大，生态地位举足轻重。牙克石作为经济欠发达地区，经济发展和生态保护的任务十分艰巨。面对周边地区发展带来的竞争压力，牺牲环境、发展经济以求短期效益成为许多人的愿望。但牙克石市委、市政府从生态安全的高度，从子孙后代长远利益的角度提出“大生态保护”的科学理念，确立“森林是立市之本”的战略，把保护好大兴安岭这片绿色林海，建设好祖国北方重要生态屏障，维护好子孙后代生存和发展的权利作为当代林区人义不容辞的责任。

2. 确立可持续的经济发展方式。近几年，牙克石经济发展方式实现了两次提升，即以木材采伐为主的传统森林工业提升到以木材精深加工为主的现代森林工业；由现代森林工业提升到发展森林经济，同时大力培育和发展森林产业，建立起资源科学、合理、永续利用的良性循环的立体森林产业。

3. 建立人与自然和谐发展的长效机制。几年来，牙克石加快植树造林、封山育林、退耕还林还草工作，严格落实森林保护和管理的责任制，强化“禁渔、禁猎”各项措施，为改善生态环境、实现资源永续利用奠定了基础；加快城镇化建设和公共基础设施建设的步伐，实现农村人口向城镇中心转移，减轻人口对环境资源造成的压力；转变人们的生产方式和生活方式，倡导绿色生活方式和绿色消费，建立公正、平等的制度环境，推动大兴安岭地区走上生产发展、生活富裕、生态良好的文明发展之路。

由此可见，“牙克石现象”从一定意义上讲是一种生态道德现象。它是传统生态道德思想长期积淀的结果，是对近代工业文明生态危机反思的结果，是现代生态文明发展的结果。鲁迅先生说过“一个国家的历史和文化指引着这个国家的未来”。牙克石具有悠久的历史和灿烂的文化，在古代文明思想和现代文明之光的指引下，一个山川秀美、鸟语花香、人民安居乐业、盛世祥和的新林区很快会展现在世人面前。

第五篇

少数民族哲学的应用与实践

城镇化背景下少数民族乡村文化的保持

——以壮族布洛陀文化为例

李志强[①]

所谓乡村文化，是源于乡土并依存于乡土的文化，具有很强的地域性和乡土性，具体而言，是存活于乡村田间地头，以活态形式存在于乡村民众日常生活之中，体现村民生活方式和精神意识的文化。它既包括无形的文化，如语言、风俗习惯、思想道德、宗教信仰、娱乐等，也包括有形的文化，如书籍、雕塑、建筑、文物古址、衣着服饰等。前者称为非物质文化，后者称为物质文化。可以说，乡村文化是城市以外广大地区物质财富和精神财富的总和。它不单是以文字典籍的形式存在，而且以乡村日常生活事象的形式体现，如乡风俚俗、礼仪交往、日常起居、耕耘劳作、邻里关系、婚姻仪式、节庆活动等。

乡村文化秉承中国传统文化特点，强调天人合一、以人为本，强调人与自然的和谐统一，扎根于乡土之中，是反城市化的。城市是现代文明的象征，城市化进程不可逆转，在强势的城市文化面前，乡村文化则以被湮没的形式呈现。商品经济意识中唯利是图思想对乡村淳朴而富有人情味的文化基因的侵蚀，使优秀的民间文化尤其是大量的非物质文化遗产濒临灭绝。这就给乡村文化的保护与可持续发展带来了严峻的挑战。现以壮族布洛陀

---

① 李志强，广西百色学院中文系，副教授。

文化为例，探讨城镇化背景下少数民族乡村文化的保持与传承问题。

一、布洛陀文化是壮族乡村文化的集中体现，具有很强的文化凝聚力

布洛陀神话产生于原始社会末期，是世代生活在珠江流域的骆越先民共同创造的成果。壮族文化的精髓集中体现在壮族创世经书《布洛陀经诗》中，《布洛陀经诗》是壮族先民的一部原生形态的百科全书，其中保存着壮族先民对客观世界、对自然环境的幼稚认识，保存着壮族先民与自然作斗争的历史，凝聚着壮族先民千百年来在生产、生活等方面积累下来的智慧和经验，具有独特的历史、文学、宗教学、古文字研究、音韵和音乐艺术研究等学术价值，壮族布洛陀口传史诗还具有满足人们的精神文化生活需求和教化作用等应用价值。

田阳敢壮山是壮族人文始祖布洛陀的栖息地，这里孕育了布洛陀创世史诗，是布洛陀文化的摇篮和传承布洛陀创世史诗、传播布洛陀文化的场所。在这里形成了由宗教信仰、口承文学、民俗活动等多种内容组成的独具特色的布洛陀文化。经广西壮学学会专家多年的研究认定，布洛陀是珠江流域原住民族的人文始祖，田阳县是布洛陀文化圣地，敢壮山是布洛陀文化的圣山，祖公庙是布洛陀文化的圣府。壮族学者梁庭望教授认为，布洛陀文化集中地表现在稻作文化、经诗文化、麽教文化、壮族语言、壮族服饰、壮族建筑风格、壮族山歌、壮族舞蹈、壮族古乐、壮族民间体育等方面。其文化精神可以概括为“开天辟地、创造万物、安排秩序、排忧解难”，其核心是创造和创新。壮族学者覃乃昌认为，和谐有序是布洛陀文化体系的主旨和精髓。

布洛陀文化是中华民族光辉灿烂的文化宝库中的一部分，它

对推动壮族社会的不断发展与进步，维护祖国的统一和民族的团结，具有深远的意义。布洛陀文化不仅在广西的右江、红水河流域与云南红河流域的壮族，黔南的南盘江、北盘江流域的布依族和水族民间广为流传，而且在越南北部的岱、侬族，老挝的老族，缅甸的掸族和泰国的泰族中间以及印度阿萨姆邦等地也流传着类似布洛陀神话，并一致认同布洛陀文化。2010 年 4 月 22 日，在田阳布洛陀文化研究与旅游开发学术座谈会上，泰国的川登喜大学素攀府分校孔子学院管理委员会 Paitoon Patyaiying（派吞）博士的发言也充分论证了泰国民间对布洛陀的认同；广西社会科学院的赵明龙研究员在发言中用音像资料证实了印度阿萨姆邦也有壮族的后裔。

布洛陀文化所蕴涵的强大的民族生命力，是壮族独特的文化符号，体现了壮族人民群众的创造力，是国家的软实力的一部分，可以增强壮侗语系民族人民的自信心、自豪感。布洛陀文化所提倡的和谐文化对乡村社会的和谐稳定，特别是在东盟一体化的今天对促进东盟经济圈的和谐与发展具有重大现实意义。

二、布洛陀文化在城镇化背景下境况堪忧

根据学者观点，“中国城乡一体化用不了 30 年”（党国英）。就大国经济成长历史看，中国的城市（镇）化速度创造了新纪录。近 10 年左右，中国的城市（镇）化率每年大约提高 1 个百分点。这个速度超过了美国最快时期的城市（镇）化速度，它的城市（镇）化速度在最快时期城市（镇）化率每年大概提高 0.5 个百分点。据新华社对 2009 年中央经济工作会议的新闻报道，国家的一系列政策措施将围绕“城镇化”逐步展开。2007 年广西百色田阳县第十四届人民代表大会的《工作报告》中提到：“田阳县的城镇化水平达 26%，比 2006 年提高 3 个百分点。”在每年

提高3个百分点的城镇化进程中，以田阳为中心区域的布洛陀文化在以报刊、影视、网络媒介为主体的城镇大众文化的激烈冲击下，生存境况堪忧：在壮族人文始祖居住地田阳县几乎很难看到穿着传统壮族服装的壮族人了，即使是在2010年的田阳敢壮山布洛陀文化旅游节上数十万人聚集的场所，除了有组织地参加祭拜活动的人员外就没发现几个穿壮族民间服饰的群众；且能唱山歌的大多是50岁以上的中老年人；能吟诵《布洛陀经诗》的布麽也已是硕果仅存了；承载壮族文化的歌谣、神话、民间故事的代继传承已经消亡或弱化；壮族青年人中随着市场经济的发展，人们文化生活日益丰富，现代化的生活节奏逐渐加快，审美需求不断提高，30岁以下的年轻人对传统民俗文化活动逐渐淡化，传统节日逐步被现代节日所代替，能唱山歌的几乎没有了。这些迹象表明壮族的非物质文化遗产正面临城镇化的猛烈冲击，几十年后将有消亡的危险。

三、如何保护、开发与利用布洛陀文化

城市（镇）化背景下少数民族乡村文化的保持，包括保护、传承、开发、创新和转型五个密不可分的方面。2006年5月20日，布洛陀口头文学经国务院批准列入第一批国家级非物质文化遗产名录。在这方面广西各级政府，特别是广西壮学会的专家已经做了大量的工作，如出版了《壮族麽经布洛陀影印译注》（广西民族出版社，2004年版），在“八桂网”上对如何保护非物质文化遗产也制订了一些切实可行的保护计划。但如何在城镇化背景下保持布洛陀文化资源，仍是一个值得我们探讨的问题。

（一）保护乡村文化的最根本的措施是，建立健全与经济发展水平相适应的社会保障制度

社会保障制度作为一种收入再分配手段，事关社会的公平、社会的稳定和国家的长治久安。当农民享受到改革开放的成果，解决了最低生存层次的需要时，就会为了满足精神的需要自觉地保护和弘扬乡村文化，让乡村文化成为农民真正的审美需求。有学者认为每年农历初七至初九，几十万人在田阳敢壮山进行的祭拜布洛陀和歌圩的活动，是一种比较典型的民族宗教信仰文化重构的生活现象，反映了传统的复苏、民众的需要和时代的特点。对这样的群众自发进行的，为了恢复传统以满足群众自身精神需要的活动，它的发展得益于改革开放带来的宽松环境和生活条件的改善。因此，为了增强壮族群众的主体意识，弘扬布洛陀文化，很有必要建立和健全社会保障体系。社会保障体系包括疾病、养老等补助，现全国已经有相关政策，即农村凡 60 岁以上的老人，都可以获得每月 100 元的生活补贴。但这远远不够，特别是针对目前会吟唱布洛陀经诗、山歌的大多是 50 岁以上的中老年人的情况，我们的社会保障体系还需进一步的健全和完善，对能吟唱布洛陀经诗的布麽和群众应适当提高补贴的标准，以解决他们的生活问题，以利于他们传播与弘扬布洛陀文化。

（二）社会主义新农村建设中要把布洛陀文化的保护、开发、利用纳入整体规划

在新农村建设中，可以采取政府拨款、社会能人捐助、群众自筹等办法，有计划地修建一些民俗文化村，把传说中由布洛陀亲自命名的那贯、那宁等村屯纳入民俗文化村建设，把敢壮山景区的资源特色和布洛陀文化品牌进行深入地挖掘与包装，丰富旅游资源。

（三）以科学发展观的标准来不断发掘保护和开发的途径

例如拍摄布洛陀文化电影、电视剧、专题片（中英文字幕），创建布洛陀文化研究网站，开发与布洛陀文化有关的动画、益智网络游戏等适合年轻人特点的娱乐项目，寓教于乐，让年轻人在娱乐中传承布洛陀文化。还可以组织各种全国范围的布洛陀文学征文、摄影、绘画等大赛，制作与布洛陀文化相关的服饰、徽标等相关旅游产品，打响布洛陀品牌，弘扬布洛陀文化。

（四）“活化”乡村传统文化，与乡村文化的产业开发相结合

乡村传统文化的最好保护方式是把它“活化”，使之扎根于当地民众生活中，一代一代地传承下去，与经济社会一起不断向前发展。“活化”的突出表征是每年农历初七至初九的敢壮山歌圩。歌圩上，出现最多的一个词就是歌者反复亲切呼唤的祖公“布洛陀”。田阳县政府、百色市政府在“活化”布洛陀文化方面作出了很大贡献，在民众自发祭拜的基础上由政府、壮学专家共同策划，从2004年起把敢壮山祭拜活动改为“布洛陀文化旅游节”，据统计2009年国内外前来祭拜布洛陀先祖的人数达24万人，今年来祭拜的人数也大致与2009年相当。在此基础上可以把布洛陀文化当作产业来经营，以科学发展观的高标准创新、激活乡村文化产业化的途径。可以在不破坏乡村文化的传承机制的条件下，借鉴阳朔《印象·刘三姐》的经验，在敢壮山开辟合适场地，长年举办布洛陀歌圩、文艺表演等群众性、商业性活动。把传说中由布洛陀亲自命名的那贯、那宁等村屯纳入民俗文化村建设，村中村民的服饰、生活设施以及终日萦绕的吟唱布洛陀的山歌，让游客一进村就能感受到浓浓的布洛陀文化气息，让布洛陀文化真正以原生态形式保存在壮族民众生活之中。

（五）开展多层次的学术研究活动，深入探讨布洛陀文化

在这方面田阳县政府也做了大量的工作。2004 年 4 月田阳县人民政府与中国社会科学院民族文学研究所联合建立中国社会科学院布洛陀文化田野调研基地，开展了对布洛陀文化的田野考察工作。2005 年 4 月以来，在田阳举行了多次壮学学术研讨会，邀请海内外专家、学者到田阳考察、调研，促进了布洛陀文化研究的深入开展。在 2010 年布洛陀文化研究与旅游开发学术座谈会上，广西壮学学会名誉会长张声震提出设想，明年要在田阳举办布洛陀文化国际学术研讨会，广泛邀请国内外专家学者参加。

（六）着力保护和培养布洛陀文化的传承者，保护与创新布洛陀文化的传承方式

传承性是文化的本质属性，对乡村文化的保护也应该站在传承和发展的角度上考虑。政府可以成立布洛陀文化研究院，聘请知名布麽，如布洛陀口传史诗第七代传人、精通山歌，且被人们尊称“布洛陀歌王”的黄达佳等知名布麽，讲习古壮文《布洛陀经诗》，编写地方特色的校本人文教材《布洛陀文化读本》，有计划、分步骤地在田阳县中小学校开展“布洛陀文化进校园活动”，以布洛陀启蒙班等多种形式培养接班人，弘扬布洛陀文化。

（七）找到合适的途径，最终实现与主流文化的整合

独具特色的布洛陀乡村文化在多元共存的文化生态中，要以科学发展观的高标准实现弘扬社会主义核心价值观的主流文化与以百色起义为代表的红色文化的整合，除去原生态的乡村文化的糟粕部分后，发掘共同的价值观念，并将其精华部分发扬光大，使其形成与中华文化一体的核心价值和共同理想。

总之，城市（镇）化背景下布洛陀文化的保持，最终要被纳入中华多元文化体系，成为国家文化软实力的一部分，成为促进

社会和谐发展的原动力。

参考文献：

1. 管宁：《导入产业意识 激活乡村文化——关于农村文化产业发展的一个视角》，载《东岳论丛》2009年第10期。

2. 覃乃昌：《布洛陀寻踪——广西田阳敢壮山布洛陀文化考察与研究》，广西民族出版社，2004年。

3. 覃彩銮：《布洛陀文化考察与研究情况通报》，2010年布洛陀文化研究与旅游开发学术座谈会会议资料。

4. 梁庭望：《壮族原生型民间宗教结构及其特点》，载《广西民族研究》2009年第1期。

5. 覃乃昌：《壮学第四次学术研讨会综述》，载《广西民族研究》2005年第2期。

6. 王光荣、黄鹏：《论布洛陀文化的凝聚力》，载《南宁师范高等专科学校学报》2006年第6期。

7. 白庚胜：《非物质文化遗产法律保护论——我国非物质文化遗产的现状》，载《中国民族》2006年第5期。

8. 牟钟鉴：《从宗教学看壮族布洛陀信仰》，载《广西民族研究》2005年第6期。

加强少数民族地区金融支持体系建设是构建社会主义和谐社会的重要举措

李杰善①

一、支持少数民族地区经济社会发展是社会主义新中国的一项基本国策

马克思和恩格斯都把民族平等作为争取工人阶级解放总斗争的一部分。恩格斯指出："一个民族当它还在压迫别的民族时，是不可能获得自由的。"② 马克思强调："努力做到使私人关系间应该遵循的那种简单的道德和正义的准则，成为各民族之间的关系中的至高无上的准则。"③ 新中国成立以来，党中央一直高度重视少数民族地区发展，确立了少数民族自治、各民族平等、民族团结、共同繁荣的方针政策。1979 年 9 月 28 日，党的十一届四中全会通过的《中共中央关于加快农业发展若干问题的决定》中指出："我国西北、西南一些地区及其他一些革命老根据地、偏

---

① 李杰善，东营市商业银行总经理，高级经济师，中国石油大学（华东）马克思主义中国化研究专业 2010 级博士研究生。

② 恩格斯：《关于波兰的演说》，载《马克思恩格斯选集》（第 1 卷），人民出版社，1995 年，第 309 页。

③ 马克思：《国际工人协会成立宣言》，载《马克思恩格斯选集》（第 2 卷），人民出版社，1995 年，第 607 页。

远山区、少数民族地区和边境地区，长期低产缺粮，群众生活贫困。这些地方生产发展快慢，不但是个经济问题，而且是个政治问题。国务院要设立一个有有关部门负责同志参加的专门委员会，统筹规划和组织力量，从财政、物资和技术上给这些地区以重点扶持，帮助它们发展生产，摆脱贫困。"① 胡耀邦在1982年9月1日中国共产党第十二次全国代表大会上作的《全面开创社会主义现代化建设的新局面》报告中指出："民族团结、民族平等和各民族的共同繁荣，对于我们这个多民族的国家来说，是一个关系到国家命运的重大问题。"② 2006年10月11日，党的十六届六中全会通过的《中共中央关于构建社会主义和谐社会若干重大问题的决定》指出："认真贯彻落实党的民族政策，牢牢把握各民族共同团结奋斗、共同繁荣发展的主题，广泛开展民族团结进步活动，巩固和发展平等、团结、互助、和谐的社会主义民族关系，使各族人民和睦相处、和衷共济、和谐发展。"③

二、当前我国少数民族地区经济社会发展面临的优势和劣势分析

我国少数民族聚居区，多位于祖国边疆山区，相对闭塞，交通不便，经济基础较差，社会发展落后，但又往往山川秀美、风景如画，矿产和土特产资源丰富，同时也存在许多共性问题。

---

① 《十一届三中全会以来历次党代会、中央全会报告 公报 决议 决定》（上），方正出版社，2008年，第30页。

② 《十一届三中全会以来历次党代会、中央全会报告 公报 决议 决定》（上），方正出版社，2008年，第149页。

③ 《十一届三中全会以来历次党代会、中央全会报告 公报 决议 决定》（下），方正出版社，2008年，第898页。

（一）少数民族地区经济社会发展优势分析

1. 地广人稀，人口密度较小，矿产资源丰富。

少数民族地区人口密度远小于东部沿海地区，且蕴藏着极为丰富的矿产资源，如石油、天然气、稀有有色金属等。随着国家西部大开发战略的实施，少数民族地区矿产资源的勘探开发将为这些地方带来致富希望。

2. 文化旅游资源丰富。

少数民族地区往往地处偏远边疆，有着独特的民族宗教历史文化，文物保存较为完整，拥有宝贵的文化财富，吸引着国内外游客纷至沓来。同时，这些地方还拥有多处世界遗产和无数名山大川、森林湖泊，风景异常秀美，许多去处堪称人间仙境，常常令游客流连忘返。在举国上下转变经济发展方式、调整经济结构的背景下，少数民族地区大力规划发展文化旅游产业有着得天独厚的先天优势。事实上，旅游产业在云南、海南等地已经发展成为支柱产业。

3. 土特产资源丰富。

广大少数民族地区分布在祖国绵长的边境线上，气候与内陆和沿海地区迥异，这为一些动植物、瓜果、农业经济作物等的生长创造了非常独特的自然气候条件，使得这些地区往往物产丰饶，瓜果飘香。比如内蒙古的牛奶，新疆的哈密瓜、葡萄和香梨，海南岛的椰子，宁夏的枸杞，云南的茶，等等。少数民族地区的这些特产，大多出自天然，味道鲜美，营养丰富，深受消费者喜爱，有着极为广阔的市场开发空间。

（二）少数民族地区经济社会发展劣势分析

1. 自然条件相对恶劣，经济基础薄弱，社会发展落后。

自然条件恶劣表现为周围环境差，气候或干旱或多雨，冷热不均，区域内不是沙漠戈壁就是崇山峻岭，自然灾害频发，交通极其不便，信息闭塞，自然经济所占比例较高，市场商品经济不够发达，经济基础较为薄弱，基础设施建设不够健全，文教卫生、科学技术等社会事业发展明显滞后，人民群众生活相对贫困。

2. 体制改革滞后，市场发育程度不足，人才严重缺乏。

与东部沿海地区相比，少数民族地区政治、经济等体制改革较为滞后，思想观念不够解放，难以形成各类统一的市场，市场体系不健全，市场分割严重。政府的社会公共管理职能发挥不够充分，资源配置不尽合理，没有形成分工明确的产业链条，产业层次较低，先进的高端产业更是难以形成规模。由于教育落后，自身难以培养社会亟须的各类专业人才；由于环境不佳，更难吸引和留住特殊人才。

3. 经济结构单一，传统经济形式仍占主导地位，对国家政策依赖性强。

有些少数民族地区，工业基础比较薄弱，制造业、服务业发展滞后，传统农牧业仍占较大比重，农业生产方式落后，很大程度还停留在“靠天吃饭”阶段，无法形成优势产业。由于历史原因，有些少数民族地区缺乏依靠自力更生来根本改变经济社会发展局面的动力，长期依赖于国家的扶贫、转移支付等财政救济政策，形成恶性循环。

三、以金融支持少数民族地区经济社会发展存在的主要问题

邓小平同志指出：“金融是现代经济的核心。”实践证明，金融对拉动经济社会发展有着不可替代的重要作用。党的十六届六中全会作出了构建社会主义和谐社会的重要决定，和谐社会建设

从此被纳入中国特色社会主义建设总体布局来抓。少数民族地区经济社会发展是我国这个多民族国家构建社会主义和谐社会的重要组成部分，必须放在突出位置抓紧抓好。以金融支持少数民族地区经济社会发展应有所作为，但由于存在多个因素制约，金融业在支持少数民族地区经济社会发展方面还存在一些问题。

1. 社会信用环境较差，金融生态脆弱，市场体系不健全。

一些少数民族地区自然经济所占比率较高，对商品经济、市场经济的信用特征认识不足，并且对扶贫资金、财政转移资金依赖较强，对资金的有偿使用缺乏认识，社会信用观念淡薄，认为借银行的钱就是国家的钱，贷款不还无所谓，逃废银行债务的事情时有发生，导致各类商业银行“惜贷”、“慎贷”，使得这些少数民族地区的贷款率显著低于全国平均水平。有的少数民族地区地方政府在创建诚信政府、倡导建立诚信社会、培育良好金融生态环境方面的工作力度不够，存在小农意识，地方保护主义问题突出，金融生态脆弱。有的少数民族地区经济的货币化水平普遍不足，金融法制建设落后于经济社会和金融事业发展，有法不依、执法不严、权大于法、情大于法的现象还较为突出，金融法制环境较差。金融市场建设明显滞后，特别是直接融资体系不健全，资本市场发展落后，直接融资比例低，上市公司数量少，筹资规模小，市场融资能力较弱，金融的杠杆作用难以发挥，金融要素难以实现优化配置，金融资源浪费严重。

2. 金融体系不健全，金融服务落后，金融创新不足。

由于经济决定金融，在经济落后的少数民族地区，出于对利润最大化目标的追逐，金融机构设置分支机构和服务网点的积极性不高，不同种类、不同层次的金融机构分布密度小，没有形成功能互补、科学合理的金融机构体系。全国性股份制银行往往只是选择一些中心城市设立机构，不再向下延伸，国有商业银行甚至有计划地将部分效益不佳的基层分支机构撤离，导致一些少数民族地区的金融资源日益稀少和恶化。国家政策性金融机构数量少、覆盖面窄、业务总量小，外资金融机构更为稀缺。由于市场容量有限，非银行金融机构和信用评级、信用担保等金融中介服务机构不健全，信用担保体系不完善，金融监管和服务机构不到位。保险业务处于边缘境地，主要表现为适合少数民族的农牧业保险产品较少，人寿保险业务发展落后。农村金融机构规范化发展程度偏低，民族金融机构缺位，民间金融管理混乱。各类金融机构的服务基本上还只是限于传统存贷款、结算等内容，金融创新动力不足、创新能力欠缺。

3. 资金外流严重，加剧了资金供求矛盾。

我国东部地区经济发展快，投资环境好，资本的边际效率高，投资风险也小，必然吸引资金从其他地区流入。全国性商业银行的管理遵循全国“一盘棋”的思路，不同区域机构的资金统一调配，有的少数民族地区机构吸收的存款投放渠道有限、贷款载体缺乏，必然经由上存、拆借、头寸划拨等形式流出，这使得原本资金短缺的少数民族地区的经济发展更加困难。

四、大力加强少数民族地区金融支持体系建设

改革开放以来，东部沿海地区抢抓机遇，借助天时、地利、人和发展自己，经济社会各项事业取得了长足发展，有些地区的经济指标已达到世界中等发达国家水平。而与此形成明显对比的是，广大少数民族地区经济社会发展缓慢，人民群众生活水平并未得到显著提升，中西部发展差距进一步扩大，引起了党中央的高度重视。区域发展差距的扩大，会影响社会稳定，影响民族团结和共同繁荣，不利于社会主义制度优越性的体现，不利于社会主义和谐社会的构建，必须得到改变。胡锦涛2007年10月15日在中国共产党第十七次全国代表大会上所作的《高举中国特色社

会主义伟大旗帜　为夺取全面建设小康社会新胜利而奋斗》报告指出："缩小区域发展差距，必须注重实现基本公共服务均等化"，"要继续实施区域发展总体战略，深入推进西部大开发，全面振兴东北地区等老工业基地，大力促进中部地区崛起"，"重大项目布局要充分考虑支持中西部发展，鼓励东部地区带动和帮助中西部地区发展。加大对革命老区、民族地区、边疆地区、贫困地区发展扶持力度"①。金融是现代经济的核心，金融发展对经济增长有着显著的促进作用。要想加快我国少数民族地区经济社会的发展，必须充分发挥金融的支持和拉动作用。

1. 加大国家金融政策扶持力度，发挥政策导向作用。

国家层面要进一步出台扶持金融系统支持少数民族地区经济社会发展的政策，譬如：鼓励各类金融机构到少数民族地区设立分支机构，国家财政对新到少数民族地区开设分支机构的，给予一定财政补贴和税收减免；对少数民族地区的信贷投放，国家财政给予一定比例贴息；对少数民族地区的不良贷款比率，制订较高的容忍率，建立特殊的风险补偿政策；鼓励和引导金融机构对其少数民族地区分支机构实施差别化管理政策，如实行倾斜性的考核、授权、投放政策，减少资金外流；对少数民族地区金融机构执行优惠的存款准备金比率、存贷比率、拨备覆盖率、基准利率和再贴现率；对少数民族地区金融机构执行较低的营业税和所得税率；加强民族金融立法；设立民族金融特色机构和少数民族地区扶贫开发基金；多方争取世界银行等国际金融机构的无息扶贫贷款。

2. 加强少数民族地区信用环境和金融生态环境建设。

市场经济是信用经济、契约经济，信用是市场经济运转的润

① 《十一届三中全会以来历次党代会、中央全会报告 公报 决议 决定》（下），方正出版社，2008 年，第 919 页。

滑剂。人无信不立，企业不守信用必将告贷无门。信用环境不佳，势必增加社会运转成本。少数民族地区要以地方政府为主、各有关职能部门配合，大力开展诚信教育活动，把信用环境建设纳入地方政府考核，营造良好的诚信舆论氛围；加快征信体系建设，加大法人和自然人违约成本；切实加强金融法制建设，维护金融债权，严厉打击逃废债行为，维护金融稳定；广泛开展金融知识普及下乡活动，推广金融电子产品，畅通金融服务渠道；创新体制机制，不断推出适合少数民族地区特点的金融产品和工具；增强金融风险防范意识，努力保障金融安全，优化经济金融运行环境。

3. 打造功能齐全、优势互补、分工协作的金融体系。

在少数民族地区健全金融机构体系，鼓励各类金融机构在商言商、在商明政，积极承担社会责任，把自身发展与少数民族地区经济社会发展结合起来，融为一体，互惠互利，共同发展。设立“金融支持少数民族地区经济社会发展贡献奖”，鼓励和引导金融机构为少数民族地区经济社会发展多作贡献。

国家开发银行、农业发展银行、进出口银行等国家政策性银行要各司其职，积极作为，充分发挥政策性金融机构的优惠政策，支持少数民族地区经济社会发展，增加对少数民族地区的金融投入力度。国家开发银行要着重介入少数民族地区交通、水利、通信、能源等大型基础设施建设和城乡建设项目，尽快改善少数民族地区交通状况和城乡面貌；进出口银行要着力支持少数民族地区开展边境贸易，积极促进少数民族地区发展外向型经济，带动少数民族地区经济全面发展；农业发展银行应大力支持少数民族地区农、牧、渔业的发展，鼓励少数民族地区开发特色产业、特色产品，形成规模，扩大销售，脱贫致富。

国有商业银行要发挥自身优势，大力支持少数民族地区实施产业升级、骨干企业技术改造、当地资源开采和冶炼，帮助少数民族地区转变经济发展方式、调整经济结构；中国农业银行可以考虑在设立“三农事业部”的同时，设立“民族金融事业部”，国家和金融监管部门给予一定的特殊扶持政策，鼓励中国农业银行少数民族地区分支机构根植少数民族地区，投身少数民族地区“三农”等事业的发展。农村地区是少数民族地区的主体，农业兴，则少数民族地区事业兴。

股份制商业银行要对少数民族地区的优质产业和好的项目积极提供流动资金支持。少数民族地区地方性商业银行要准确定位，全力服务少数民族地区经济社会发展，倾力打造少数民族地区旅游金融、矿产金融、农副特产金融；同时充分发挥机制灵活的优势，创新担保方式，简化业务流程，力所能及地支持当地少数民族工农业发展和促进人的生活水平的提升。农村金融机构和邮政储蓄机构要多上金融网点，力争实现“哪里有少数民族同胞，网点就开到哪里”，并积极开办少数民族群众急需的小额创业贷款和个人消费贷款业务。

4. 健全和完善金融市场。

把发起设立村镇银行、小额贷款公司等纳入东部发达地区对口支援少数民族地区发展规划；以财政拨一点、企业缴一点、社会筹一点的股份制形式设立财政担保公司，解决少数民族地区企业融资难、担保难问题；在政府引导管控下，由工商联、各类行业协会出面，牵头组建城乡资金互助组织；引进设立各类金融中介，如信用评级公司、金融咨询顾问公司、证券公司、基金公司，等等；成立政策性和商业性保险公司，针对少数民族地区特点开办农牧业保险、养殖种植保险；发展和规范民间融资，加强金融监管；培育农畜产品交易市场和期货市场；证券监管机构每年拿出一定的公开上市指标和额度切分给少数民族地区，引导少数民族开辟资本市场。

五、加强少数民族地区金融支持体系建设是构建社会主义和谐社会的重大举措

“一花独放不是春，百花齐放春满园”。加强少数民族地区金融支持体系建设，从而有效带动少数民族地区经济社会发展，是构建社会主义和谐社会和全面建设小康社会的重大举措，有着极为深远的意义。

1. 加强少数民族地区金融支持体系建设，可逐步缩小东西部发展差距，加快全面建设小康社会进程。

邓小平同志多次指出，社会主义发展的目的是消灭贫富差距、共同致富。邓小平1988年9月12日在听取关于价格和工资改革初步方案汇报时谈到：“沿海地区要加快对外开放，使这个拥有两亿人口的广大地带较快地先发展起来，从而带动内地更好地发展，这是一个事关大局的问题。内地要顾全这个大局。反过来，发展到一定的时候，又要求沿海拿出更多力量来帮助内地发展，这也是个大局。那时沿海也要服从这个大局。”[①] 目前，我国沿海地区已得到了较好的发展，已经到了邓小平同志所说的第二个“服从大局”之时，那就是东部沿海地区要拿出更多力量来帮助内地、特别是少数民族地区发展。少数民族地区既要本着自力更生的原则，又要合理借助东部沿海地区帮助，加强少数民族地区金融支持体系建设，促进少数民族地区生产力的发展，促进少数民族地区实现长期稳定的经济增长，可以加快缩小东西部的发展差距，为国家实现区域经济协调发展、缩小地区发展差距、全面建设小康社会的宏伟目标发挥重要作用。

2. 加强少数民族地区金融支持体系建设，有利于少数民族地

① 《邓小平文选》（第3卷），人民出版社，1994年，第277—278页。

区的社会稳定和祖国边疆安全。

加强少数民族地区金融支持体系建设，可以增强少数民族地区经济实力，提高少数民族地区人民群众生活水平，人人安居乐业，人心稳定，有利于少数民族地区保持社会稳定，有利于维护祖国边疆安全。

3. 加强少数民族地区金融支持体系建设，有利于促进民族大团结，增强中华民族大家庭的凝聚力，是加速社会主义和谐社会建设的重要举措。

加强少数民族地区金融支持体系建设，特别是加大东部地区对西部少数民族地区对口支援的力度，充分体现了社会主义制度的优越性，充分体现了社会主义新中国各民族的互助友爱，有利于民族团结和增强中华民族大家庭的凝聚力和向心力，有利于社会主义和谐社会的早日实现。

参考文献：

1. 张家寿：《加快少数民族与民族地区经济社会发展的金融政策分析》，载《区域金融研究》2009 年第 6 期。

2. 刘磊:《少数民族地区经济发展的金融支持研究》，载《黑龙江民族丛刊》2010 年第 3 期。

3. 谭春枝、张家寿：《美国对欠发达地区的金融支持及其启示》，载《改革与战略》2007 年第 5 期。

4. 范才成、沈再新：《金融服务西部少数民族地区经济发展的瓶颈与矫正》，载《开发研究》2008 年第 5 期。

5. 牛风君：《少数民族地区经济发展的金融选择》，载《合作经济与科技》2010 年 5 月（上）。

6. 曹刚：《金融支持少数民族地区经济发展的建议》，载《中国金融》2003 年第 19 期。

全球化视阈下少数民族医药文化对人类可持续发展的意义浅议

王珍喜　张　丽[①]

人类的主体性、欲望和智慧决定了全球化是人类的必然命运，只不过在这一过程中，许多族群尤其是弱小的族群会被淘汰出局。近代以来，人类全球化的进程空前加速，而在当今，全球化已是世界的客观趋势和历史潮流，呈现出许多新变化和新特点，是一个复杂的社会现象。尽管人们对全球化这个话题有着太多的争论，甚至对什么是全球化都难以有一个统一的说法，但无论如何，今天的人们已经不可置疑地感受到各个民族、各个地区、各个国家、各个社会之间的相互依赖性。“地球村”这一形象的说法表明全球化已经使整个世界成为一个相互联系的共同体，传统的时空距离大大压缩，人们之间普遍的即时互动交往成为可能，社会的进程空前加速。在全球化的时代背景下，少数民族医药文化作为有关人、自然界和社会的传统知识与实践，是各少数民族在漫长历史长河中积累的经验和智慧，是人类传统医药文化的重要组成部分，是世界文化的宝贵财富，具有历史、文化、科学和经济等多方面的价值，对人类的可持续发展有着重要

① 王珍喜，云南中医学院思政部，副教授，哲学博士；张丽，云南中医学院思政部，教授。

的作用。

一、全球化的时代背景

在21世纪的今天，人们已经强烈地感受到地球之“网”的整体性越来越强，一体化趋势越来越明显，地球上一切国家和民族的活动都染上了世界性的色彩，过去各个民族各个地区闭关自守、自给自足、夜郎自大、自以为是、自娱自乐的状况变得越来越不可能了。全球化实际上指的就是“快速发展、不断密集的相互联系和互相依存的网络系统”①。

但在近代以前，人类不同族群之间的关系以及它们各自的历史，总体上来说，还不具有全球一体、紧密相连互动的现实性，许多国家、民族、地区以及所谓的文明之间，基本上仍处于自说自话、各自为政的状态。人类历史在近代以前总的说来只是一些各自孤立分散的国家史、民族史、地区史或文化史，真正的具有现实统一性的人类历史没有形成，现实的世界整体也没有真正形成。分属不同文化圈及地理区域的人们之间在这个时期尽管也有一些联系和交往，但还没有成为主要的历史内容，他们的相互依存度比较低，也没有明确的全球意识。

而近代以来，随着西方资本主义的产生、发展以及世界市场的不断拓展，世界一体化或全球化的趋势越来越明显，速度越来越快，程度越来越深，影响越来越大。我们知道，西方社会一方面在近代以来走出漫长、野蛮、愚昧、黑暗的中世纪以后，逐步开发出完备、发达的自然科学理论与现代民主政治制度，实现了工业化大生产，建立了（商品）市场经济体制，在世界上率先完成了社会形态从农业社会向工业社会的过渡与转变，西方由此获

① ［英］约翰·汤姆林森：《全球化与文化》，南京大学出版社，2002年。

得了巨大的物质性力量和压倒性的比较优势；另一方面，“在西方文化中，以个体为本位的权利型伦理与力图通过征服、改造外在客观对象（包括他人、社会与自然）来表征自己的本质性力量的基本价值取向的结合，使得其生命存在形态是外扩的、以努力满足自身的欲望为基本取向的。一方面，西方文化强调欲望的满足，把欲望看做是人之生命力量的原动力之所在。另一方面，西方文化又把人之欲望的满足外在化、对象化，强调只有向外扩张自我的生命，才能充分体现人之生命的本质性力量。正是在这样的伦理规范的主导下，对于满足人之欲望的正当性的充分肯定与对于‘他者’的征服和占有成为西方文化基本的人生行为规范，并成为与西方社会紧密相连的重要文化特征。”① 这决定了西方文化内在地具有扩张性与侵略性，向外征服是其基本精神。近代西方文明一方面“有力”，另一方面又自认为“有理”，二者结合起来，正如马克思、恩格斯在论述资产阶级的时候所指出的那样：“它迫使一切民族——如果他们不想灭亡的话——采用资产阶级的生产方式；它迫使他们在自己那里推行所谓的文明，即变成资产者。”② 资本主义生产方式在其所到之处消除着民族特性，破坏着传统的生活方式，把人类纳入一个相互联系的整体。

而20世纪以来，由于科学技术的进步以及生产力的发展，资本和市场的逻辑使人类生活和全球面貌发生了深刻变化，资本主义生产方式和市场经济成为全球化的动力机制和现实的扩张机制。资本主义生产方式主导的全球化成为当今社会历史发展的一个根本特点，深刻地改变着全球的社会面貌。

---

① 李翔海：《民族性与时代性——现代新儒学与后现代主义比较研究》，人民出版社，2005年，第49页。

② 马克思、恩格斯：《共产党宣言》，载《马克思恩格斯选集》第1卷，人民出版社，1995年，第276页。

二、全球化对人类文化多样性的影响

不必讳言，也毋庸置疑，全球化对地球上的人类来说，是一个不可抗拒的客观历史进程。并且，从人类总体上来说，全球化是人类历史上的空前发展和巨大进步，它使各种资源包括人类的精神财富在全球范围内实现了广泛交流和优化配置，创造了史无前例的物质财富，同时使不同地域、不同传统、不同文化背景下的各种“话语”被放置在同一个平台上，极大地促进了文化间的交流和对话。

但这一过程并不都是和风细雨、田园牧歌式的平和浪漫，而是伴随着刀光剑影、血雨腥风的残酷冲突。有些族群从世界上彻底消失了，有些文明的传承被中断了，许多少数民族文化永久消亡了，人类文化天然的多样性遭到了严重破坏，人类文化越来越呈现出单一化、扁平化、同质化，这一进程也就是所谓的现代化的过程。今天，随着这一进程的不断推进，人类的现代病和全球化问题不断地出现且日益严重，地球与人类的可持续发展压力越来越大，人口爆炸、能源短缺、资源枯竭、环境恶化、心理扭曲、文明冲突等严峻问题时时刺激着人们的神经。越来越多的人觉得人类社会的文化多样性也像自然界的生物多样性一样重要，因为自然界的物种越多，生物链越长越复杂，生态环境就越趋平衡和稳定，才可能实现可持续发展。人类的文化也是这样，任何一个民族的文化都是该民族在长期的生存发展过程中探索和创造出来的，都反映了这一民族处理人与自然、人与人、人与自身关系的独特之处。“尺有所短，寸有所长”，应当说，多保留住一种民族文化，就为今天的人们解决诸多问题多提供了一种视角、一种可能，甚至在关键时刻能够起到事半功倍、“四两拨千斤”的妙用。不同文化间的相互交流，正是人类文化不断发展的不可替代的主要途径，而这是必须以多种民族文化的现实存在为前提的，因为只有百花齐放才能春色满园。保护和发展人类文化的多样性，与保护自然界的生物多样性一样重要，并且没有人类文化的多样性，也很难保证生物多样性的保持，而没有生物多样性的存在，人类的生存与可持续发展又将遇到极大的考验。从系统论和生态学的原理来看，没有人类文化的多样性和丰富性，人们的视角单一，视野狭隘，各种可能性减少，人类社会的动态稳定将面临巨大的压力，人类的可持续发展将面临极大的风险。所以，今天，随着西方后现代主义思潮的兴起，对传统文化的重温、对少数民族文化的关注和保护、对现代性的批判，都成为一股潮流，建立一种和而不同、多元一体的人类文化生态系统似乎正逐渐成为世界有识之士的共识。

三、少数民族医药文化对人类可持续发展的重要作用

少数民族医药文化是人类多个传统医药文化体系的总称，是世界传统医药文化的重要组成部分，是人类文化的宝贵财富，是人类文化多样性的生动体现。在全球化不断推进的今天，少数民族医药文化具有历史、文化、科学和经济等方面的价值，其中有些还是面临濒危的文化形态，它对护卫人类健康有着重要的地位和作用，是人类实现可持续发展和科学发展的重要支撑，保护和发展少数民族医药具有十分重要的现实意义和价值。

人类要实现可持续发展，首先必须有健康的生理基础，人类如果没有健康的身体，则所谓的可持续发展也就是无本之木、无源之水，而少数民族医药文化最直接和明显的价值，就是对人类身体健康有着重要的作用。人类生存的这个地球有着多样的地理环境，有着复杂的气候状况，有着丰富的物种，也有着多种多样的天然药物资源，这构成了人类各少数民族医药文化形成的自然

前提。各少数民族为了生存和发展，在各自的生产、生活过程中，以各自不同的方式去认识自然、适应自然和改造自然，在漫长的历史进程，他们积累了丰富的防病治病的经验，形成了各具特色的医药文化，正是这些医药文化，长期以来护卫着本民族的身体健康，使本民族的生存和发展有了基本的保障。少数民族医药文化对人类心理健康也有着重要作用。在全球化和现代化不断推进的形势下，有些少数民族存在着文化认同、历史归属和社会适应的问题，出现了或多或少的心理不适，影响着他们的心理健康。对此，少数民族医药文化也能起到独特有效地作用，因为少数民族医药文化是少数民族的一种历史见证，充分体现了该民族的文化特色，它在一定程度上能满足本民族成员的心理需求，促进其文化认同，缓解其精神压力。而且，其他民族的人们在与该少数民族医药文化的互动交流中，也能从新的角度来理解和思考自身存在的问题，化解人们的精神压力，促进心理健康。

可见，如果没有少数民族医药文化，少数民族的生存和繁衍将面临极大的挑战，而今天地球上的族群，可能也就不会这样多。如果地球上只有一个或少数几个比较单一的族群，则人类的可持续发展将面临极大的压力，因为人类社会在很大程度上和自然界一样，多样性是抵御生态灾难的根本保证，多样性的动态的平衡和稳定是可持续发展的基本前提。在今天全球化的背景下，各种民族文化包括少数民族医药文化的交流更加频繁，相互整合，不断加速。少数民族医药文化中成功独到的方面经常被其他民族吸收，同时本民族也不断与时俱进，学习其他民族的先进文化。少数民族医药文化在全球化的进程中，不断成为全人类的共同财富，对全人类的身体健康起着重要的作用，对人类整体的可持续发展提供了基本的保障。

另外，我们也应该看到，少数民族医药文化本身也是一个多样性的有机系统，而不仅仅是防病治病的经验概括和方法总结。

在少数民族医药文化中，还包含有丰富的哲学、历史、人文、社会、道德、宗教、政治、艺术等内容，这些内容也是人类宝贵的思想文化资源，人类在面临一些可持续发展难题的时候，也可以经常从这些丰富的思想文化资源中得到一些启示和答案。很明显，在面对各种各样的全球性问题的时候，单靠一种民族文化的资源是难于应付的，所谓的“智者千虑必有一失”、“三个臭皮匠顶个诸葛亮”就是这个道理。人类在解决各种全球化问题时，也应该充分发挥各少数民族文化包括少数民族医药文化的长处，以全人类的智慧和经验来应对全球化过程中的各种问题。毫无疑问，除了护卫人类身体健康以外，少数民族医药文化也可以从别的许多方面为全球化时代人类的可持续发展作出贡献。

总之，少数民族医药文化既具有科学的一面，从而使其有实在的疗效和好处，又有其民族特色的一面，能开阔人类的视角和智慧；它既具有满足人们现实的健康需求功能，又具有满足人们精神需求的功能。传承、保护和发展少数民族医药文化，对提高人类健康水平，促进人类的可持续发展，具有重要的意义。在全球化的今天，这既是提升人类生存水平的需要，也是时代发展和社会进步的要求。

彰显中华龙凤文化寻根之旅 倾力打造神秘武陵大旅游圈

吴心源　龙兴昌[①]

武陵山区包括湘、鄂、黔、渝的广大地区（广义的武陵山区），是发源于以武陵山脉为源头的中国南方山地农耕稻作文明神秘之地（位于北纬30°附近），是中华文明文化基因的发源地和保存库，保存洪水天荒故事和傩神（龙凤）崇拜习俗最多的是苗族。《后汉书·南蛮西南夷列传》记为："其后滋蔓，号曰蛮夷。外痴内黠，安土重旧。"作为武陵山脉的最高峰，梵净山是苗族人民心目中的圣山，海拔2572米，峰峦重叠，巍峨雄奇，主峰高耸入云，为"众名岳之宗"，峰顶有九龙山、凤凰山。同时，梵净山也是地球大陆最先隆出海平面的地方，距今有5.7亿年，在湖南湘西有世界"金钉子"三处（花垣排碧金钉子点、保靖夯沙金钉子点、古丈红石林金钉子点），大自然造物的神奇力量，使梵净山富集了令人陶醉的自然风光，被联合国誉为"生物王国的基因库"。发源于梵净山的辰江（辰水），孕育着"中华农（龙）文化"，早在晋代，学者习凿齿就明确提出"神农生于黔中"。苗语"神"是"会"的意思，"农"是"吃"的意思，神

① 吴心源，湖南省湘西土家族苗族自治州州委办公室；龙兴昌，湖南省湘西土家族苗族自治州州委党校。

农就是指会耕田种地、会吃的人。农人自称侬，意思是大芈、鸟人，也有农夫、种田人之意；神农氏是有［足乔］氏吴姓（戎务、融吾、大戎、句吴、姬水氏，父系时期）与有龙氏（芈姓、戎高、大戎、山戎、犬戎，母系时期）的结合，所以，神农也写为神龙。发源于梵净山西水南源的清水江（花垣河）孕育着“中华凤文化”，花垣茶峒考古表明，10 万年前就有人类居住于此，人类在此定居至少在 1 万年以上。

一、打造神秘武陵大旅游圈的主要优势

（一）地理位置优势

“武陵山区”是以武陵山脉为中心的湘鄂黔渝边区，共有 8 个市（州）、80 多个区（县），总面积为 15 万多平方公里，总人口达 3000 多万人，土家族、苗族、侗族、白族和回族等 30 多个少数民族总计 1200 多万人，约占总人口的 40%。武陵山区是我国跨省交界人口最多的少数民族聚居区，自古就是中原文化与西南少数民族文化的交汇地，是承东启西、西进东出的重要缓冲地带，这是狭义上的武陵山区。张家界市的武陵源区是 20 世纪成立不久的行政区域管理区，不是广义或狭义上的武陵山区。本文讨论的是广义上的武陵山区。

2009 年 1 月 26 日，《国务院关于推进重庆市统筹城乡改革和发展的若干意见》（国发〔2009〕3 号）提出：“协调渝鄂湘黔四省市毗邻地区成立‘武陵山经济协作区’，组织编制区域发展规划，促进经济协作和功能互补，加快老少边穷地区经济社会发展。”这一文件的横空出世，标志着“武陵山经济协作区”从遐想和概念中走了出来，跃升至国家战略层面，成为指导“武陵山经济协作区”发展的纲领性文件。它是国家细化区域发展规划，

缩小地域之间的差别，以点带面，盘活全国经济版图的战略新机遇；它承载着国家对武陵山区加快发展、突破发展、率先发展的厚望，拉开了武陵山区大开发的序幕。2010 年 12 月，成立武陵山（湘西）国家级民族文化保护区。

（二）交通不断完善

武陵山区 51 个区市县相邻相连，地缘交通相关性强，各区县的公路、铁路等交通干道紧密相连，随着西部大开发的推进，以交通为主的基础设施建设将得到不断改善。318 国道、319 国道、209 国道改造升级已完成，渝怀铁路已通车并即将建复线，宜万铁路、沪蓉高速公路正在修建，渝湘高速、杭兰高速已进入前期阶段，铜仁大兴机场、恩施机场早已通航，芷江机场恢复民航，黔江舟白机场正在建设，黔张铁路、黔恩高速公路也正在协商规划之中，边区的断头路正在连通，等级也在提高，区域内立体交通枢纽正在形成。

（三）旅游文化资源丰富

辖区内有佛教五大圣地之一的梵净山，有百里乌江画廊，有世界著名的国家级森林公园张家界，有闻名全国的湘西凤凰古城以及古代南方长城，有保存完好的著名地震遗址黔江小南海，以及久负盛名的吕洞山等。武陵山区民族文化是世代生活在武陵山地区的多个民族共同创造的丰厚而独具特色的民族文化，是楚文化、蜀文化、陕晋文化、黔贵文化的“文化沉积带”，是民族经济与民族文化的聚合体，具有独特、古朴、神秘、优美等特点。

二、武陵山区文化旅游发展现状

（一）文化旅游发展迅速

改革开放以来，特别是进入新世纪以来，武陵山地区文化旅游业迅速发展，并已形成一定的产业规模。从表1可知，武陵山区域6个重点市、县2009年接待游客人数均在百万人次以上，其中张家界更是接近2000万人次大关，区域核心地位及辐射作用进一步凸显。在旅游收入上，6个重点市、县旅游收入中占GDP比重最高的凤凰县更是达到近九成比例，张家界也接近GDP一半的水平。

表1　2009年武陵山地区主要市、县旅游发展指标

	张家界	凤凰	恩施	黔江	铜仁	吉首
入境旅游人数（万人）	80.68		25.13		1.5728	
国内旅游人数（万人）	1847.74	430（含入境）	638.45	112.62（含入境）	683.11	239.1（含入境）
旅游总收入（亿元）	100.20	17	29	3.57	47.20	3.03
旅游收入占GDP比重	49.33	89.38	9.86	4.51	18.8	4.25

资料来源：各地州（市）的2009年统计公报。

张家界市文化旅游业收入从2002年的26.86亿元升至2009年100.2亿元，带动该市GDP总量从2002年的66.71亿元升至2009年的203.1亿元，以旅游业为主的第三产业对GDP的贡献率早在2006年就已超过50%。

（二）文化旅游发展的制约因素

1. 文化资源品牌缺乏

尽管全区的旅游资源众多，但品牌形象弱，尤其是文化旅游品牌塑造和促销不足。有些旅游资源在整体上还处在“潜在”资源状态，没有转化成现实的文化资源优势，特别是贯穿四省（市）的“武陵山风光带”这一共享资源，可以说是进行武陵山地区旅游业整体协调发展的最佳切入点，却没受到四省（市）应有的重视。事实上，“龙凤文化风光带”这一资源从山脉的自然条件来看，与欧洲的阿尔卑斯山脉相比差别不大，但是从山脉走向的山水背景、景观组合层次、服务设施、客源市场等方面来看，品牌形象还没有形成优势的品牌效应与相当规模的客源市场。

2. 从业人员发展观念陈旧

武陵山区四省（市）都希望自己具有较多的文化旅游资源以提高竞争力，于是在旅游资源开发中就发生了某些对一个地方有一定吸引力的旅游开发创意项目而各地争相模仿的现象，造成旅游产品重复雷同、旅游市场恶性竞争的局面。这是由于人们忽视了一个真理：文化即竞争力，而差异才是文化旅游的基础。在这个广阔的区域内，各具特色的城市对旅游者来说不是排他性的选择，而是组合型的选择。因此，旅游规划人员应突破在旅游项目开发上走雷同的重复建设的老路，而应在产品的组合上走合作、优势互补的发展之路。

武陵山区属典型的“老、少、边、山、贫”地区，2008 年人均 GDP 只有 6500 元左右，农民人均纯收入也只有 2450 元左右。为改变这种贫穷落后的面貌，只有依托优势联动发展旅游文化产业，共同发展旅游文化，发挥旅游文化的“乘数效应”，才能促进武陵山区经济的快速发展。

三、对策和建议

（一）建设互补性文化旅游产品群

按“整体规划、优势互补、资源共享、信息互通、客源互送、产品共推、功利互创”的原则，运用苗族生成哲学“一分为三”、“物质、结构、能量”论的原理，加速构建区域内文化旅游一体化；利用各自的客源优势，互为组团地、地接地，共同策划和推广区域精品旅游线路，制定区域总体形象宣传口号，指导和鼓励投资者独资或联合开发旅游资源。通过区域全面合作，实现市场共建、客源互动、协作共赢；通过建立广阔的武陵山文化旅游市场，整合文化旅游资源，串联经典产品于精品线路之中，全方位延展旅游触角，营建集神秘文化、神奇山水、原始生态、民族风情、游憩体验于一体的中国内陆黄金文化旅游区。

（二）营造武陵山文化旅游区的品牌效应

区域旅游市场开拓应本着相互吸引、相互补充的原则，尽可能使游客利用难得的机会游览更多的景点。因此，区域市场的整体促销更具吸引力和影响力，整体促销可以少花钱、多办事，提高游客的信任感。四省（市）应该按不同区域、不同线路、不同旅游者的需求层次，共同研究区域整体宣传和促销策略，研究各城市旅游产品的组合搭配，制订出四省（市）联合的促销计划，共同创立“武陵山文化旅游区”的优质品牌。通过走协同开发之路，形成一个“统一规划、统一管理、统一市场、统一营销、互相支持、互为依托、互相促进、互相提高、多边共赢”的文化旅游经济圈。

（三）打造武陵山区文化旅游精品

武陵山民族地区山同脉、水同源，文化同质，唇齿相依；区域内风光秀丽，历史悠久，民族风情浓郁，文化厚重。重点打造武陵山文化旅游精品，是发展武陵山旅游经济发展的好路子。

第一，打造张家界旅游区，将其作为武陵山区大旅游圈的首选地。张家界为中国湖南省的省辖地级市，位于湖南西北部、澧水中上游，属武陵山脉腹地，为中国最重要的旅游城市之一。1982 年 9 月，张家界成为中国第一个国家级森林公园；1988 年 8 月，武陵源被列入国家第二批 40 处重点风景名胜区之内；1992 年，由张家界国家级森林公园、索溪峪风景区、天子山风景区三大景区构成的武陵源自然风景区被联合国教科文组织列入《世界自然遗产名录》。张家界是众多境外游客和国内游客在武陵山游览的首选地，由于当地厚重的历史文化没有得到很好的保护和开发利用，成为制约旅游发展的一块短板；同时，也成为旅客游兴欲止的一种遗憾，游客往往兴致勃勃而来、匆匆忙忙而去。每年 4 月至 10 月为张家界的旅游旺季，10 月至次年 4 月为旅游淡季。

张家界历史文化积淀丰厚，有旧石器、新石器时代的遗存：古人堤、大庸蚩尤文化（龙文化、仙文化）、欢兜三苗文化、仙文化（大庸溪也叫仙人溪）。国务院总理朱镕基作诗称赞“张家界顶有神仙”，武打小说鼻祖金庸也题有“天门仙山”，所有这些都是对张家界风光的很好宣传，更有国外阿拉伯友人称张家界天门山是他们传说中的“神灯山”。为使张家界的历史文化得到更好的弘扬，张家界应恢复大庸市的原称，大庸是苗语“龙王”的意思，据说苗族祖先蚩尤最先在这里当九黎君，成为部族联盟长，拥有九九八十一兄弟。“大庸”不是“大大平庸”的意思，也不是取自于“大学”和“中庸”，这些只是人们望文生义的理解和附会；“大庸”是苗语“大戎”的异写，古时“戎”与

“庸”相通，是龙的意思。

第二，打造凤凰历史文化名城，使其成为武陵山大旅游圈的终极地。凤凰是凤凰文明的发源地，凤凰苗民有一种腔叫说濮黚，译成汉语就是西人腔。《山海经》称苗民有鸟民，人首鸟身。凤凰县地处以腊尔山为中心的“苗疆”腹地，苗族巫傩文化保存完好，是吸引广大游客寻根探访的目的地。《桃花源记》中，客至“便要还家，设酒杀鸡作食”的古朴之风，至今依然如昨。更有沈从文的作品名播海外，引无数宾客纷至沓来。每个月都有苗族传统节庆，供游客选择和娱乐，如苗年、春节、过尾巴年、二月二、三月三、四月五日清明歌会、四月八、五月初五、五月十五、大小端午节、六月六祭祖节或六月年、七月七歌会、八月十五吃鸭子、九月重阳歌会、十月调年跳香节、接龙、祭祖、还傩愿等民俗活动。

第三，打造梵净山旅游胜地。湖南沅陵是盘古故里，遗存有盘古古庙，人们年年祭祀盘古，香火绵延不断。梵净山作为佛教的诞生地和未来佛的道场（佛教由“苦修”变“乐修”），佛名远扬，如果梵净山成为佛教的寻根朝圣之地，会吸引大量游客，由此带来的效应不可估量。

第四，打造吉首成为武陵山区大旅游圈的中心集散地。吉首地处张家界、凤凰、梵净山“四线一点”的中心节点上，境内保存有丰富的龙凤文化、巫傩文化资源，有苗族圣山吕洞山、传说中的伏羲女娲（少昊）父亲墓（苗语岑仡爽、太昊墓）、乾州古城，吉茶高速公路矮寨特大桥即将建成通车。吉首境内，高速公路四通八达。由吉首往东有泸溪盘瓠辛女文化圈、屈原文化圈、沅陵盘古文化、秦楚二酉文化圈、佛文化圈（龙兴讲寺的历史比衡山大庙还早五年）；还有常德桃花源“善卷、陶渊明隐逸田园风光”文化圈和益阳、娄底益阳“大梅山蚩尤文化圈”、湘潭韶山和宁乡“伟人故乡”红色之旅文化圈以及长沙历史文化名城。

往南有麻阳“长寿之乡”和盘瓠文化圈、芷江纪念抗日战争胜利的“和平文化圈”，还有洪江高庙遗址公园、洪江古商城、佛教药王道（其实是神农道场）、会同炎帝连山氏故里文化圈，以及邵阳崀山自然遗产景区、桂林景区。从吉首往西南有“天下凤凰聚凤凰”的旅游终极地——凤凰历史文化名城、佛教圣地铜仁梵净山。从吉首往西北有花垣茶峒边城风景区和古苗河蚩尤文化园区、龙山里耶秦城文化区等酉水风文化园区，还有重庆黔江盐水女神文化中心、武隆盘瓠文化中心、秦始皇祭台文化中心等。从吉首往北有猛峒河芙蓉镇栖风湖酉水文化园区、张家界风景区，还有慈利五雷山道教文化圣地园区、澧县城头山稻作文化和中国最早古城遗址文化园区，以及宜昌葛洲坝、长江三峡风光带，远达湖北神农架、武当山风景区。

通过打造武陵山大旅游圈集散中心（周边 2 小时经济圈），龙文化、仙文化圈，凤凰文化圈，佛教发源地文化圈，巫傩文化圈，道教文化圈，神农（龙）文化、炎帝文化、佛教文化圈，从而打造神秘武陵大旅游圈，彰显中华龙凤文化寻根之旅。

人人都是小盘古，
天下凤凰聚凤凰；
人间仙境武陵游，
万物皆佛侬为先。

第六篇

族源神话与传说

苗族创世神话：洪水故事与兄妹结婚[①]

石朝江[②]

中国近代著名学者、国学大师柳诒徵曾说："历史之学，最重因果。人事不能有因而无果，亦不能有果而无因。治历史者，职在综合人类过去时代复杂之事实，推求其因果而为之解析，以诏示来兹，舍此无所谓史学也。人类之动作，有共同之轨辙，亦有特殊之蜕变。欲知其共同之轨辙，当合世界各国、各种族之历史，以观其通；欲知其特殊之蜕变，当专求一国家、一民族或多数民族组成一国之历史，以觇其异。"[③] 今之所述，只限于中国的一个民族——苗族，即一个历史悠久、文化厚重的民族，一个因为部族战争由强者沦为弱者的民族，以觇其特殊之蜕变。

马克思曾深刻指出："在野蛮期的初级阶段，人类的高级属性开始发展起来……在宗教领域中发生了自然崇拜和关于人格化的神灵以及关于大主宰的模糊概念……想象，这一作用于人类发展如此之大的功能，开始于此时产生神话传奇和传说等未记载的文学，而业已给予人类以强有力的影响。"[④] 这说明人类在原始社

---

① 本文是国家社会科学基金项目"中国史籍所载有关苗族史料及其整理研究"的阶段性成果之一。

② 石朝江，贵州省社会科学院，研究员。

③ 柳诒徵：《中国文化史》，东方出版中心。

④ 马克思：《摩尔根〈古代社会〉一书摘要》。

会的生活和斗争中发挥了想象的功能，从而产生了神话和传说；而神话和传说反过来又影响了人类的生活和斗争。

对中国史籍所载有关苗族史料的整理与研究，要叙述苗族悠久的历史渊源，认识从上古走来的苗族，就要从苗族创世神话《洪水故事与兄妹结婚》说起。在苗族传统社会，洪水故事与兄妹结婚的传说，几乎无人不知晓。它是苗族流行最广、最古老、最庄严的民族民间故事与传说。据许多专家考证，先秦文献记载的伏羲与女娲传说，就是根据苗族的洪水故事与兄妹结婚传说而记之为书的。

一、苗族历史记载与传说

据2000年第五次人口普查，全国苗族人口为894万多人，人数仅次于汉族、壮族、回族、满族4个民族，居全国56个民族的第5位。中国苗族人口中的一半（430万人）居住在贵州，在云南、四川、重庆、湖南、湖北、广西、陕西、海南、北京等省、自治区、直辖市都有人数不等的聚居区。另外，还有200万苗族散居在越南、老挝、泰国、缅甸、柬埔寨、美国、加拿大、法国、德国、澳大利亚、圭亚那等4大洲的10多个国家。苗族还是一个世界性的民族。由于数千年来，苗族不断地辗转迁徙，各部分彼此隔绝，以致形成许多方言和土语。据新中国成立后我国语言学家的调查研究，苗语分为3大方言（即西部方言、中部方言和东部方言）、7个次方言、18种土语。苗族服饰达300多种。

西部方言（又称川黔滇方言）：主要通行于贵州的中部、南部、西部、北部和川南、桂北以及云南全省。操这种方言的苗族人口最多，约360万人。这一方言又分为8种土语，即毕节、金沙、赤水、大方、叙永、古蔺、镇雄、文山、屏边、固旧土语；织金、水城、隆林、睦边、广南土语；纳雍、赫章土语；紫云、普定、彝良、大关、禄丰、曲靖、昆明土语；平凯土语（平坝、贵阳等地）；惠高土语（惠水贵定等地）；紫宗土语（紫云、长顺、罗甸等地）；龙洗土语（龙里、瓮安、福泉等地）。国外苗族主要操西部方言。如果加上国外苗族，操西部方言的人口超过500万人。

中部方言（又称黔东方言）：主要通行于贵州省黔东南苗族侗族自治州、广西融水苗族自治县、三江侗族自治县、贵州安顺地区和黔西南布依族苗族自治州的部分苗族中。操这种方言的人大约有320万人左右。这一方言分为5种土语，即凯里土语，三都、丹寨、都匀土语，从江、榕江、三江、融水土语，天柱、三穗、锦屏、靖县土语，荔波土语

东部方言（又称湘西方言）：主要通行于湘西土家族苗族自治州，黔东北的松桃苗族自治县，湖北的恩施、宣恩、来凤、咸丰和重庆的秀山、酉阳、彭水等县。操这一种方言的人大约有250万人。这一方言分为5种土语，即泸溪北部、吉首、古丈土语，龙山土语，花垣、保靖、宣恩土语，松桃、凤凰、麻阳、新晃、秀山、南丹、河池土语，泸溪县大章、小章土语。

苗族《洪水故事与兄妹结婚》，在苗族3大方言区广泛流传，是叙述洪水始末和作为洪水遗民的两兄妹如何结婚、创造人类、繁衍子孙的神话。有传说故事、叙事诗歌，情节基本相同。虽然各地区所流传的资料、名称和体裁等不同，它们的母题却是相同的，那就是：由某种斗争而引起洪水，由洪水劫难而引起洪水遗民的兄妹结婚，再造人类。

西部方言区，我们掌握的资料主要有：云南文山地区的《黄水潮天》、《伏羲姊妹造人烟》、《起祖歌》等3份，云南东北部地区的《洪水滔天》歌4份，传说故事《洪水的故事》5份，贵州西北部地区的《洪水滔天歌》5份，传说故事《人祖神话》、《苗族祖先的来历》等6份。我们选择流传在贵州西北部的一首叙事

诗歌《洪水滔天》辑录如下：

洪水滔天

万物茂茂的太初，物事悠宁的太古。天地无纷无攘，生息融融无忧无患。天开地辟万物蒸蒸，辟出世公与世婆。两人遂生二男一女，长男名叫愚皇，次男名叫智莱，幼女名叫易明，人神和爱物事泰宁，共戴日天万息赖依生。世公与世婆，命令愚皇与智莱，“你等两人往耕田，耕田耕地要勤劳”。愚皇、智莱奉命耕田去，万顷荒原即日成沃田。谁想更深夜静里，安乐世君遣使名仙明，命他手持谕旨与神杖，告诉愚皇与智莱：“世界洪水快泛滥，你等何必辛又苦?”愚皇、智莱仍忙碌，不曾遵奉安乐世君的谕旨；他们耕田碌朝朝，他们种地忙日日，却早触动安乐世君的大怒，更深夜静里复来，安乐世君命仙明，命他手捧谕旨与神仗，即将耕田地点弄复原，于是草卉丛莽又复生，愚皇、智莱二人怎甘心，深更半夜一同去伺守，捉了仙明——安乐世君的使者，愚皇说：“把他治死罪。”智莱说：“我们暂且审问他根由。”仙明促促点头道：“十三个时辰轮到的今朝，凄惨黯淡天将变色，那时洪水将要怒号：那时洪水将要显验，洪水将人世尽淹灭。”但是愚皇、智莱不相信。日天循循年月互互又今日，已是十三个时辰轮到的今朝，看哪！洪水要淹灭这茫茫人世，这时世人也可知道安乐世君的神威，愚皇怀心狠且毒，安乐世君赐他予铁舟，智莱怀心慈且善，安乐世君赐他予杉舟，铁舟央央沉重而没，杉舟荡荡轻而浮。世界只有智莱两兄妹，世界鸟兽也被淹没，智莱杉舟仅有蛟白卵，兄妹把卵孵在肘腋里，舟中孵了几个小雏鸡。浩浩汪洋人影早绝迹，鸡犬禽兽已杳无，万籁俱静无声又无息，仅有智莱兄妹伴语声，仅有卿卿鸡微鸣声，世界人类已绝迹，智莱无何乃请示，请于安乐世君使者——仙明："世人已尽灭，只剩我们两兄妹，我们兄妹将何以度生？""天下人类已尽灭，你们兄妹可成婚，你们将作世人的万代祖。""人伦哪有兄妹可成婚？安乐世君的命令我们难遵照。""你们如果不信的话，你们兄妹将磨分两扇，分由河东河西试滚下。"于是智莱匆匆回到舟里来，照命把磨滚下河边去，谁想双扇滚来结合了。照样滚了一番又一番。他们兄妹既已成了婚，智莱回首望着水岸边，见只野鸡立在石头上，他便拾起铁石击野鸡，谁想击在岩石微缝处，于是石缝发出火星来，火星引燃岩上的艾草，这时烟火迷漫吹上天空去，智莱兄妹便有火来饮饭羹。天下太平无纷无扰，物事悠宁又复太初。人神敬睦万物茂茂，洪水消尽世界转安泰，智莱兄妹恩爱爱互绵绵，驹光流水竟已生儿育女，长男名照荣，次男名照扬，幼男名照耀，世界人们都是他的万世孙。①

中部方言区，我们掌握的资料主要有：黔东南的《洪水滔天》、《兄妹结婚》等叙事古歌 8 份，《祖先的传说》、《姜央兄妹》、《奶奶的故事》、《奶奶的来历》等传说故事 10 余份；广西西北部的《洪水滔天》。

在中部方言区的资料中，《洪水滔天》和《兄妹结婚》这两首叙事诗歌是最精彩的。《洪水滔天》歌从人对雷公的斗争叙述到雷公发动洪水报仇。故事情节是这样的：雷公和姜央原是兄弟。雷公分得了天上，而且把所有的家禽家畜都带走，只留下一

---

① 杨汉先译，载大夏大学社会研究部主编的《社会研究》副刊第九期。

条狗给姜央。姜央无法耕种，过着饥饿的日子，为了惩罚凶恶贪婪的雷公，姜央以借牛耕地为名，把雷公的牛杀吃了。待雷公来要牛的时候，姜央又尽情地戏弄他。雷公恼羞成怒，要用雷火劈姜央。姜央用计将雷公捉住，关进谷仓，要雷公搓满一仓绳才释放他。姜央使用计谋，在仓底凿一个洞，雷公搓了一寸，姜央便拉出一寸，永远也搓不满。一日，姜央外出耕作，雷公哄骗小孩们给他酸汤喝，才发动雷火，劈开谷仓逃走。姜央早已料及雷公将发动洪水报仇，遂种下葫芦种子，3 日后得一大葫芦，挖空为船，收藏了天下的种子，洪水来时，便和妹妹一齐逃难。姜央随洪水到了天上，放出马蜂螫雷公，迫使雷公息了洪水，送他返回地上。

《兄妹结婚》内容是连接《洪水滔天》的。洪水消除后，姜央回到地上，和妹妹做了洪水遗民，大地上只有他们兄妹两人了。为了繁衍子孙、再造人类，姜央无可奈何地提出要与妹妹成婚。但兄妹结婚不合伦常，妹妹提出种种条件阻拦，如骑马相追、高坡滚磨相合等，但都没有难住姜央，于是兄妹结了婚。婚后，生一无手无足的怪胎，姜央把怪胎砍碎，撒满坡上。每块碎肉居然都变成了人，大地上又才有了人类。

让我们再看一个流传在雷公山地区的洪水故事与兄妹结婚的传说：

> 很古老的时候，有两位老人，养育两个儿子、一个姑娘。没过多久，两位老人先后去世，就留下三个孩子。两个儿子经常与天赌气，天气很冷下着大雨的时候，他们说太热了，就用扇子扇着上山；天气很热的时候，他们又要到河边去烧大火烤。后来天干了七年，草根吃完了。天冷了七年，牛马牲口都杀吃完了，接着洪水又淹没了整个大地。老大、老二就做了两个鼓，准备

在上面任其去飘。老大做的是只够一个人坐的铁鼓，老二做的是一个大木鼓，他喊妹妹与他坐在里面。

洪水越涨越高，老大的鼓没有多一阵子就不见了，老二和他妹妹坐的木鼓随着水位越升越高，一直升到天上顶着天，发出“咚咚”的响声，天老爷听到响声就派天兵天将察看，这时知道洪水已经漫到天上来了。于是命天兵天将放出龙猪到地上来拱，拱出许多大沟大凹大洞，让水漏走，老二和妹妹的木鼓也落下了地。地上的人全部都死光了，就剩下他们兄妹两人。在这种情况下，老二向妹妹说：“妹妹，地上的人都死光了，看来只有我们两个成亲了。”妹妹说：“成亲可以，怕天地不容。”老二说：“老天会答应的，天底下的人都没有了，还有什么办法。”妹妹说：“既然是这样，我们就用面前这盘磨来试试。你背着上边那片从对面山上滚下来。我背着下边那片从这边山上滚下来。如果磨心插在磨眼上就成亲。”哥哥背着上边那片从对面山上滚下来，妹妹背着下边这片从这面山上滚下来，结果磨心恰恰插在磨眼上。妹妹还是不放心，又对哥哥说：“我拿着一根针从这边扔下来，你拿着线从那边扔过来，如果线穿在针眼上就可以成亲了。”他们一个拿着针、一个拿着线，各从一边扔下来，一找，果然线也就穿在针眼上，他们就成亲做人家了。

兄妹俩成亲后，三年先后生了三个儿子，都不会说话，很想知道要如何办才好。有一天晚上，妹妹在睡梦中遇到一个天神，她把情况告诉了天神，天神告诉她，你们两个多拾一些柴烧一块大石头，要烧得烫烫的，你就把三个娃娃从大到小地抱来烫他的屁股，看是哪样原因。

第二天，妹妹把自己做的梦告诉了哥哥，两人就照着去做，把一块大石头烧烫后，首先把大的那个抱来烫，屁股一落在石头上就喊"哎哟呐"，兄妹听到喊声才知道这个是苗族；接着又抱第二个来烫，屁股一落在石头上就喊"哎哟咧"，兄妹听到喊声又知道这个是彝族；最后抱第三个来烫，喊"哎哟嫫"，兄妹才知道这个是汉族。第四年，他们又生了一个不像人的东西，没有脚也没有头，是个肉球，放在地上会来回滚动。有一天晚上，妹妹做梦又看见天神，再教他们方法。第二天一早，老二找来一把大刀在磨石上磨来磨去，大刀磨得很锋利，于是把那个大肉球剁成细细的一大盆，两人拿去撒到漫山遍野。落在桃树上的就姓（陶），落在李子树上的就姓（李），落在什么东西上的就姓什么，最后一点撒完了就姓（王），过了两天，凡是撒到的地方都有人家，到处都是房子，都在生火煮饭吃。从此，人数才慢慢地发展起来。

东部方言区，我们掌握的资料主要有：叙事诗歌《奶傩杩傩》1份，传说故事《德龙爸龙》、《雷公和高比比武》等4份。在苗族东部方言区的湘西、鄂西、渝东和贵州的松桃等地，洪水神话中的兄妹、人称奶傩、杩傩，又称傩母、傩公或傩娘、傩公，或圣母、圣公。有的地方称"东山老人、南山小妹"，有的地方则称"盘哥与瓠妹"，都泛指苗族洪水神话中的兄妹两人。传说果索、果本闹翻后，果索涨洪水淹没果贝，引起洪水泛滥，洪水淹没了人间，洪水淹没了众人，只剩下姐弟俩，躲进瓜里随水漂泊。洪水退后，世上再无他人。哥哥提出和妹妹结婚，妹妹说："除非你追我而对面相逢，竹子破而又合，磨子散开又相重。"于是三者应验，终于成亲，不久妹妹生下一个肉块，两人用刀剖割、抛撒。凡抛肉块的地方就有人烟，有人说吴、石、龙、麻、廖诸姓就是由此而来的，或者说苗、汉各族皆是如此产生的。这兄妹两人，就是后世苗人奉祀为神的傩公、傩母。清初陆次云在《峒溪纤志》中说："苗人腊祭曰报草。祭用巫，设女娲、伏羲位。"可见，苗人奉祀的傩公、傩母，就是伏羲与女娲。

《奶傩杩傩》的故事梗概是这样的：

在远古的时候，果索、果贝生活在吉吴水乡边的地方。果索是大浜天国的雷公，果贝是大兜地国的尊长。两人相交为亲密的朋友，像亲戚一样来往。后来果贝亡了伴偶，给他留下一女一儿；果贝跟果索借了谷粮，抬家去把亡妻安葬；借了没有稻谷来还，借后没有米粮来偿。因为债务问题，果索和果贝闹翻了。在经过一系列的斗争较量以后，果贝用铁锅捕捉了果索，把果索关入坚固的铁仓。一次果贝外出，让女儿和儿子看守铁仓。果索向姐弟二人乞求一口水喝，姐弟俩以为洗锅水是脏的，送了一碗洗碗水给果索喝。果索得水有了狠劲，一声惊雷劈开果贝的铁仓，果索乘云雾飞到天上。果索连响九年的惊雷，果索下了九年的暴雨，声声惊雷要劈死果贝。果索涨洪水淹没果贝。结果是洪水淹没了洼地平原，淹没了高山峻岭，淹没了人间，只剩下姐弟俩躲进瓜里随水漂泊。洪水消退后世上已没有人烟，只剩下果贝和一双儿女回到人们居住过的地方。果贝对一双儿女讲，现在世上已没有人烟，你俩要配成美满的一对，你俩要成为相好的夫妻。姐姐听了没有话说，可弟弟听了不愿意。果贝请来算命的"神仙"，"神仙"说姐弟俩是命中注定的夫妻。果贝请来开山大神，逗着两人有了笑意，两人响起了欢喜的笑声。姐弟成婚姐很高兴，弟姐同居弟红了脸皮。姐弟俩结成夫妻，姐弟俩成了世上的人家。姐弟俩生了一个娃崽，那娃婴没长鼻子，没长眼睛，没有手脚，没有脸嘴。弟要用刀把它割成颗颗，用斧把它砍成坨坨。一颗甩往一个地方，一坨抛往一个廊场。过了一些年月，在扔下肉坨坨的地方，到处冒起了世上的炊烟；在抛下肉颗颗的廊场，遍地燃起了人间的烟火。又过了一些岁月，人多起来，兄妹俩也老了。两老相商来当王，两老相议来称帝。弟称为圣公，姐称为圣母。圣公、圣母当了帝王，坐管苗人旱地平原的社会，坐守苗众水田之乡的人间。从此每年秋后，仡熊苗人的子孙，都兴"朝傩"祭拜圣母圣公；从此秋后的十冬腊月，仡熊苗人的后裔，兴还傩愿祭祀两位圣神。这就是苗人向始祖许愿的开头，这就是苗众"朝傩"还愿的原根。苗人称圣母为奶傩，苗众称圣公为杩傩；奶傩就是傩母，杩傩就是傩公；又叫做南山圣母，又称为东山圣公。①

从上述我们可以看到，苗族3大方言区都普遍流传着洪水故事与兄妹结婚的创世神话，这绝不是偶然的现象。说明在上古时期，苗族还居住在东部平原时，就已经产生了洪水故事与兄妹结婚的传说。因为在部落战争中遭受败绩，苗族从中国的东北部迁徙到西南部，同时也把洪水故事带到了南方。尽管3大方言区神话的名称不尽相同，酿成洪水的原因不同，兄妹及有关神话中人物的姓名以及繁衍人类的成分多寡也不同，但它们的母体却是相同的。这就是：由于神或人作斗争而引起洪水、毁灭世界，洪水中幸免于难的两兄妹成婚，再造人类，繁衍人烟。

① 由石宗仁搜集整理。传诵人：麻文顺、龙巴德、龙玉六等。流传地区：湖南省花垣县两河乡和贵州省松桃苗族自治县臭脑村、粑粑村等地。

二、文献记载与学人考证

中华民族“超百万年的文化根系，上万年的文明起步”[①]。远古时期的各部族人民，共同生活在中国这块土地上，有共同的文化来源并相互影响，尤其是催生国家的古代部落战争之后，各部族人民更是加快了融合步伐，产生了共同的神话和传说。这些神话和传说，有的从汉族传入少数民族，有的则从少数民族传入汉族，逐渐记之为书。经闻一多、马长寿、芮逸夫、侯哲安、吴泽霖、陈国钧等史学家研究考证（后叙），洪水神话或许就是由苗族传入汉族而记之为书的。

苗族洪水故事与兄妹结婚，先秦文献记之为书的是伏羲和女娲的传说。伏羲和女娲的故事，甲骨文金文没有记载。直到战国时期一些著作中才把这一传说记录下来。而有关东方“夷人”南下的后裔苗族、瑶族等则一直流传着他们的故事。这种传说不是完全没有根据的。

先秦文献中关于洪水神话传说的记载比较多，有记载伏羲时代的洪水神话，记载大禹时代的洪水故事，但时间、人物、故事都比较混乱。我们需要梳理的是伏羲时代的洪水神话。

《尚书·尧典》：“静言庸违，象恭滔天。”

《路史·后纪》：“太昊氏衰，共工作乱，振滔洪水，以祸天下……于是女皇氏役其神力，以与共工氏较，灭共工氏而迁之，然后四极正，冀州宁；地平天成，万物复生。”

《三皇本纪》：“当其（女娲）末年也，诸侯有共工

① 苏秉琦：《华人·龙的传人·中国人——考古寻根记》，辽宁大学出版社，1994年。

氏任智刑以强，霸而不王，以水乘木乃与祝融战，不胜而怒，乃触不周山崩，天柱折，地维缺；女娲乃炼五色石以补天，断鳌足以立四极，聚芦灰以止滔水，以济冀州，于是地平天成，不改改物。”

《淮南子·览冥》：“往古之时四极废，九州裂，天不兼覆，火爁炎而不灭，水浩漾（《太平御览》作浩瀁）而不消。猛兽食颛民（《太平御览》作精民，高谚云精善也），鸷鸟攫老弱，于是女娲炼五色石以补苍天，断鳌足以立四极，杀黑龙以济冀州，积芦灰以止淫水，苍天补，四极正，淫水涸，冀州平，狡虫死，颛民生。”

上述文献中，共工氏与女娲交恶，“振滔洪水”；“与祝融战，不胜而怒，乃触不周山崩”而起洪水，而女娲平水，万物复生。把共工怒触不周山作为洪水泛滥的起因，而又说共工与祝融交战，显然时间上是有差错的。

《祭典》：“共工氏之霸九州也。”郑玄注：“无禄而王谓之霸，在太昊炎帝之间。”高诱说：“共工伯于虑牺、神农之间。”

《楚辞》：“康回恁怒，坠何以东南倾。”王逸注，康回即共工。

从先秦大量史籍记载来看，共工氏是一个很早就存在的部落，从伏羲氏起直到夏禹之世，都有共工氏的记载。而上述文献记载之共工，是伏羲女娲时代与女娲作斗争的共工部落，而不是《史记律书》、《汲冢琐语》中说的颛顼所伐的共工，不是《周语》、《史记楚世家》、《淮南子原道》中说的帝喾时作乱的共工；不是《周书史记解》所说的尧时“自贤”的共工；不是《淮南子本经训》舜时被流于幽州的共工；也不是《荀子议兵篇·成相篇》、《大荒西经》中禹所逐伐之共工。而据闻一多先生考证，共工即雷公，即苗族洪水神话中之雷公。

据古文献记载，伏羲、女娲两人的关系，大致有三种说法：一是兄妹；二是夫妇；三是中国三皇五帝中的“二皇”。

《风俗通义》：“女娲伏羲之妹。”

《春秋世谱》：“华胥生男子为伏羲，女子为女娲。”

《路史》：“女皇娲、太昊氏之女弟。”

《广韵》：“女娲，伏羲之妹。”

《世本姓氏篇》：“女氏：天皇封弟娲于汝水之阳。”

上述史料中，伏羲、女娲为兄妹关系之说，与苗瑶等族所传绝大多数洪水故事基本一致，只有个别史料记为姐弟。

《淮南子》：“古未有天地之时……有二神混生。”案指伏羲、女娲。

《三坟书》：“（伏羲）后，女娲。”

《玉川子集》：“女娲本是伏羲妇。”

《唐书·乐志》：“合位娲后，同称伏羲。”

苗族、瑶族等的传说，都说是兄妹二人结婚，又考古发掘的伏羲、女娲画像，汉代长沙马王堆帛画，东汉武梁祠石室画像以及四川重庆盘溪后壁伏羲、女娲石刻，重庆沙坪石棺上伏羲、女娲石刻，合川东汉画像石墓伏羲浮雕等都说明，伏羲、女娲是夫妇关系。

《风俗通义·皇霸篇》引《春秋运斗枢》：“伏羲女娲神农为三皇。”

《世本姓氏》：“女娲：天皇封弟娲于汝水之阳，后为天子，因称女皇。”

《册府元龟》：“庖牺氏没，女娲氏立为女皇（一云女帝）。”

《列子》："庖牺、女娲，神农、夏后……"

《帝王世纪》："女娲氏亦风姓也，承庖牺制度亦蛇身人首，一号女希，是为女皇。"

《山海经》："女娲之肠化为神，处粟广之野。"郭璞注："女娲古神女而帝者。"

《通鉴外纪》中，以伏羲、神农、共工为"三皇"。

《遁甲开山图》："女娲氏没，大庭氏王有天下……凡十五代皆袭疱牺之号。"

《淮南子览冥训》："伏羲女娲不设法度而以至德遗于后世。"

《春秋元命苞》中，以伏羲、女娲、神农为"三皇"。

《汉书古今人表》首列帝宓羲氏，次女娲氏。

《三皇本纪》中，以伏羲、女娲、神农为"三皇"，又说："女娲亦木德王。"

上述诸多史料，从社会发展上看并不矛盾。伏羲、女娲原为兄妹，洪水之后结为夫妇，而伏羲、女娲在人类与自然的斗争中创造了许多奇迹，因而伏羲、女娲成为一个时期的首领或酋长。

根据苗瑶等民族的传说和先秦文献资料记载，史学家们进行了诸多的研究与考证。

历史学家对于伏羲、女娲作出最权威考证的是前辈学者闻一多，在其所著《伏羲考》中使用双重论证方法的同时，又引入了民俗学的研究方法，对伏羲神话作了深入而独到的研究。闻一多此文前半部分从传世文献中搜集了大量有关龙、蛇的记载，加上当时已发现的汉代画像砖石，证明伏羲为龙图腾；后半部采集了近50则西南少数民族关于伏羲、女娲在洪水过后兄妹婚配再造人类的故事和民俗资料，并加以语音训诂，证明伏羲是南方苗蛮各族的祖先神。闻一多经研究得出三个结论：第一，伏羲、女娲为人首蛇身，这是上古时代的图腾遗迹。他认为伏羲氏族是蛇部落或龙部落。他说：从伏羲、女娲人首蛇身（或龙身）外表形象的神话来看，“不但是褒之二龙以及散见于古籍中的蛟龙、腾蛇、两头蛇等传说的共同来源，同时它也是那人首蛇身的二黄——伏羲、女娲，和他们的化身——延维或委蛇的来源。神话本身又是怎样来的呢？我们确信，它是荒古时代的图腾主义的遗迹”。第二，伏羲、女娲是葫芦的化身。闻一多先生在引用了伏羲、女娲与葫芦关系的各种传说之后指出：“总观以上各例，使我们想到伏羲、女娲莫不就是葫芦的化身，或仿民间故事的术语说，是一对葫芦精。于是我注意到伏羲、女娲二名字的意义。我试探的结果，伏羲、女娲果然就是葫芦。”闻一多主要用民间传说与民俗实例证明他的观点，并加以概括说：“至于为什么以始祖为葫芦的化身，我想是因为瓜类多子，是子孙繁殖的最妙象征，故取以相比拟。”第三，伏羲、女娲是兄妹关系，在特殊情况下结为夫妻，使人类不断滋生繁衍。①

马长寿采用与闻一多相似的方法研究西南民族神话传说，他的《苗瑶之起源神话》一文，研究方法与闻一多如出一辙，运用考古学、史学、训诂学、神话学的多重互证与古今及相邻民族的综合比较，探讨与苗瑶神话起源有关的问题。他以“综合”之法和多重互证比较研究后认为，中原神话中的伏羲与女娲原为楚籍，系“楚中苗族创世之祖……自中原与楚苗交通后，汉苗文化交流，于是楚苗之古帝王及主神，不特通行于苗族，汉族亦从而假借之。时代匡远，于是中原人士不复知伏羲女娲为楚苗之始祖矣。盖汉族之假借苗族伏羲神农为古帝王，亦犹苗倮之祀孔子，与夫汉族之以瑶祖盘古为开辟之神，其例相同”。

---

① 闻一多：《伏羲考》，上海古籍出版社，2006 年。

芮逸夫和凌纯声一道，受命于蔡元培到湘西调查苗族，之后两人共同出版了《湘西苗族调查报告》。芮逸夫通过在湘西的实地调查，在“中央研究院”《人类学集刊》第1卷第1期撰文，题目为《苗族洪水故事与伏羲、女娲的传说》。他说：“现代的人类学者实地考察，才得到这是苗族传说。据此，苗族全出于伏羲与女娲。他们本为兄妹，遭遇洪水，人烟断绝，仅此二人存。他们配为夫妇，绵延人类。”

侯哲安在《中国南方古代传说人物考》中则考证说：苗族的远祖先人与伏羲、女娲有密切的关系，“伏羲女娲都是传说人物，甲骨文金文没有记载。直到战国时期著作中才把这一传说人物记录下来，而有关的少数民族如苗族瑶族则一直流传着他们的故事。这种传说不是没有根据的……江汉流域和西南地区少数民族流传的洪水故事，以苗族、瑶族为最普遍”。他将45个洪水故事列表如下：

流传地区	族别	洪水发生	人类遗留	结婚	造人
湖南凤凰东乡	苗族	雷公	兄妹	结婚	造人、肉块变人生人
湖南凤凰东乡	苗族	雷公	儿女	结婚	
湘西傩公傩母歌	苗族	玉皇上帝	兄妹（伏羲）	结婚	生十二童男童女
湖南乾城（傩神起源歌）	苗族	雷公	兄妹（伏羲）	结婚	怪胎、割切变人
	苗族		弟姊	结婚	鸡卵、割切变人
黑苗洪水歌	苗族	雷公	弟		生子无手足、割切变人
贵州八寨	苗族	雷公	兄妹	结婚	繁衍人类

续表

流传地区	族别	洪水发生	人类遗留	结婚	造 人
贵州炉山	苗族	雷公	小弟幼妹	结婚	生胎、切碎变人
洪水故事	苗族		弟姊		生子无手足、割碎变人
贵州	苗族	安乐世君	兄妹		生三子
贵州威宁	苗族		弟姊		生子无腿、无臂
贵州南部	苗族		兄妹		生二子无手足、割切变人
贵州	苗族		兄妹		生瓜、剖碎变人
贵州	苗族	雷公	兄妹	结婚	生子无四肢、切割变人
贵州	苗族	雷公	兄妹		生子无耳目、切割变人
贵州	苗族		兄妹	结婚	生子无手足、切割变人
贵州	苗族		兄妹	结婚	生瓜、切碎变人
贵州	苗族	雷公	兄妹	结婚	生南瓜、切碎变人
贵州	侗族		兄妹（伏羲）		
广西北部	苗族	雷公	兄妹	结婚	生肉球、割碎成人
广西西隆	苗族	洪水	兄妹（伏羲）	结婚	
广西融县罗城	瑶族	洪水	女儿（伏羲）	结婚	生肉球、割碎成人
		洪水	女儿（伏羲）		
广西武宣修仁之间	瑶族	洪水			
广西三江	瑶族	洪水	兄妹（伏羲）	结婚	生人
广西象县	瑶族	洪水	兄妹（伏羲）	结婚	

续表

流传地区	族别	洪水发生	人类遗留	结婚	造人
广西都安	瑶族	洪水	兄妹（伏羲）		生三十六姓
广西镇边	瑶族		兄（伏羲）		
广西灌阳	瑶族		女孩		
广西隆胜	瑶族	大雨	兄妹		传人种
广西上林	瑶族		伏羲		变猴再变人
广西田西	瑶族	大雨			生子无手足、切片变人
广西凌云	瑶族	久雨	兄妹（伏羲）		生肉团、切片变人
广西	瑶族	大雨	兄妹（伏羲）	结婚	生石、割碎变人
广西	瑶族	久雨	兄妹（伏羲）		生子无手足
广西都安	瑶族	雷雨	兄妹（伏羲）		生磨石、劈片变人
广西隆山	瑶族	雷王	伏羲		生子无耳目、切碎变人
广西都安	壮族				
	彝族	洪水	兄妹	结婚	
云南寻甸	彝族	洪水	三弟美女	结婚	生三子为乾或黑或汉人之祖
红河上游	彝族	洪水			葫芦中一男一女从天降
云南西南		洪水	兄妹	结婚	生子、割碎变人
云南	傈僳族	洪水	兄妹	结婚	生七子
大凉山	彝族	洪水		结婚	生三子
大凉山	彝族	洪水	兄妹	结婚	

侯哲安先生列表后接着说：“上面 45 个洪水故事，一致地反

映了洪水泛滥，灭绝人类，兄妹一同避水得救，结婚生子，割切变人。其中苗族占 20 个，瑶族 15 个，彝族 5 个，壮族、侗族、傈僳族各 1 个，大部分兄妹名号与伏羲或女娲发音相同。大多数故事说‘振滔洪水’的是雷公。闻一多认为雷公即共工，是可以这样比拟的。说明苗、瑶等族洪水故事，正是伏羲女娲传说在少数民族中流传的反映……应当说，苗族的远古先人与伏羲有密切的关系。”①

陈国钧先生则在《社会研究》撰文，题目为《生苗的人祖神话》。他列举了苗族的三则人祖神话后说：“不用说上面三则神话在表面上有很多差异，其实本是同一个神话，是经过后来的人增加了些次要的情节。此三则神话的共同点是：‘古时候曾经有一次洪水泛滥，世上人类全被淹死，只有两个兄妹躲过，后来洪水退却，这对兄妹不得已结成夫妻，他们生了一个瓜形儿子，气得把这瓜儿用刀砍成碎片，散在四处，这些碎块即变成各种人了。’像这样的神话，也不是生苗所特有，就笔者调查许多苗族，都发现类似上述的内容。可以说是苗族共同的人祖神话。”②

吴泽霖先生则在《贵阳革命日报·社会旬刊》第四、第五期撰文，题目是《苗族中祖先来历的传说》，他列举了花苗的传说、八寨黑苗中的传说、短裙黑苗中的传说后，在结论中指出：“苗族神话的兄妹结婚，妹都不愿。一再提出条件后，始勉强答应。这很可能证明在这些神话形成的时候，兄弟姊妹间的婚姻已不流

① 侯哲安：《中国南方古代传说人物考》，载贵州省民族研究所编：《民族研究参考资料》第 6 集。

② 吴泽霖、陈国钧等：《贵州苗夷社会研究》，民族出版社，2004 年。本书是一本由吴泽霖、陈国钧主编的研究贵州少数民族社会历史文化的论文集，1942 年 8 月作为“苗夷研究丛刊”之一种由贵阳文通书局印行，2004 年由“20 世纪中国民族学人类学经典著作丛书”编委会编辑再版。

行或已在严厉禁止之列。否则何必提出几种几乎无法履行的条件呢?”①

我们知道，“蒙”是苗语川黔滇方言这个族群的自称。王献唐先生根据《尚书·禹贡》、《诗经·鲁颂》和《左传，哀公十七年》等先秦文献记载，考证了蒙人的来源，他说：“蒙阴一带，初皆蒙族聚处之所……所居之地名蒙，所处之山亦名蒙”，“伏羲后裔，周有密须四国，为东蒙主……知东蒙一带，固伏羲子孙旧壤也。伏羲之后，有东蒙氏……东为方名，殆对宋国诸蒙在西者而言，又知蒙为伏羲族氏矣。族以蒙名，所居之地，故以名蒙。蒙在东方，故言东蒙，合地名氏名以证伏羲，知伏羲为蒙族”。②

综上所述，我们有理由相信，先秦文献记载的伏羲与女娲，源自苗族的洪水故事与兄妹结婚。苗族与上古时期的伏羲与女娲有密切的关系。正因为伏羲、女娲兄妹成婚，共同繁衍了人类，因此，他们是中华民族付诸文字记载最早和最具广泛代表性的始祖。当然也有人不同意上述的观点，但他们并没有提出令人信服的理由。在此，我们就不讨论了。

参考文献：

1. 柳诒徵：《中国文化史》，东方出版中心。

2. 杨汉先译，载大夏大学社会研究部主编：《社会研究》副刊第 9 期。

3. 石宗仁：《奶傩呙傩》。

4. 苏秉琦：《华人·龙的传人·中国人——考古寻根记》，辽宁大学出版社，1994 年。

5. 闻一多：《伏羲考》，上海古籍出版社，2006 年。

① 吴泽霖、陈国钧等：《贵州苗夷社会研究》，民族出版社，2004 年。

② 王献唐：《炎黄氏族文化考》，青岛出版社，2006 年，第 297—307 页。

6. 侯哲安：《中国南方古代传说人物考》，载贵州省民族研究所编：《民族研究参考资料》第6集。

7. 吴泽霖、陈国钧等：《贵州苗夷社会研究》，民族出版社，2004年。

8. 王献唐：《炎黄氏族文化考》，青岛出版社，2006年。

少数民族神话宇宙观初探

佟德富[1]

神话，作为人类童年的记忆，是民族先民对于大自然的恐惧与困惑、好奇与求知、欲望与追求、目的与价值、理想与信念、信仰与崇拜等的一种朴素、自发的表达；神话，作为“原始宗教与道德智慧上的实用特许证书”[2]，是宗教思想最基本的表达方式之一，它常常通过宗教仪式从细节上证明和展示宗教实践的价值与意义，象征性地赋予神灵以形象的特征，从而体现出神灵在先民心目中的存在与地位。在无文字的远古时代，神话作为民族先民思想的无形记录，是其宇宙人生思想的结晶，是民族社会的反映，是价值的源泉，是人类理性思维的曙光。从这个意义上我们可以说，神话就是民族先民的哲学。虽然我们在神话中无法探求民族社会的真理，但凭借神话去推导民族社会发展的真理，却是可能的，也是必要的。

中国起源神话宇宙观主要回答以下几个问题：一是宇宙的原初状态及天地的形成和万物的起源；二是人类的起源；三是宇宙的结构及时空观。从哲学的角度来看，这些问题是回答宇宙本原问题的，关于神话时空观已有成文发表，不再赘述。

---

① 佟德富，中央民族大学哲学与宗教学学院，教授。

② 马凌诺夫斯基著，李安宅译：《巫术、科学、宗教与神话》，中国民间文艺出版社，1986年，第86页。

一

天地之形成和宇宙万物的起源是一切宗教必须回答的理论问题，起源神话对原始宗教宇宙观无疑是一个最具权威性的诠释，是原始宗教的哲学基础。

氏族先民在“兽处群居，以力相征”①，“男女杂游，不媒不聘”②，心物同一、物我交感、人神杂糅的险恶环境里和极其低下的认知水平下，由于与生俱来的好奇心的驱动和渴望寻根溯源天性的冲动，总是喜欢探索天地之谜、万物之源、自身之由来等一些带有根本性的重大问题，从而产生了异彩纷呈的起源神话。这些神话是氏族先民“好奇心”与“低能”这对矛盾的自我调解，是因不知而求知的一种朴素、自发的猜测和表述。不管其答案如何荒诞和不可思议，但是在人类认知水平如此低下的时代，先民这种寻根溯源的追求和精神是十分可贵和富有启迪性的。起源神话的哲学价值，就在于它既具有宗教那种难以用经验证明的对宇宙万物起源和普遍本质的思考和解答，又有重视经验和直观感受的实证基础。

宇宙起源神话主要包括两大内容：

（一）宇宙的原初状态

在天地和宇宙万物还未形成之时，宇宙的原初状态是什么样的？对此，氏族先民给予了各种各样的想象、猜测和描述，归纳起来主要有以下四种：

---

① 《管子·君臣》。
② 《列子·汤问》。

1. 视宇宙原初状态为“上下未形”、“冥昭瞢闇”。

屈原在《天问》中用“冥昭瞢闇”来形容宇宙的原初状态，视其为混混沌沌、回旋浮动、无比黑暗；仡佬族视宇宙原初状态为“黑洞时代”[①]；苗族古歌视宇宙原初为“从前黑沉沉，古时云浑浑”[②]；彝族史诗《勒俄特衣》视宇宙原初为“上面没有天，下面没有地，中间无云过，四周未形成，地面不刮风，天的四方黑沉沉，地的四方阴森森”[③]；《五运历年记》视宇宙原初为“元气蒙鸿，萌芽兹始”；《淮南子·精神训》视宇宙原初为“唯象无形，窈窈冥冥”，等等。

2. 视宇宙原初为翻腾的云雾和大风。

蒙古族神话《冰天大战》视宇宙原初为“天地不分，世界一片混沌，似浮动的云雾，飘荡的脂膏，轻轻蠕动”[④]；土族起源神话《混沌周末》视宇宙原初为“周天一气生混沌，无天无地并无人”[⑤]；彝族史诗《梅葛》视宇宙原初为“没有风和雨，日月星辰都不见，白天黑夜分不清，东南西北无法辨”[⑥]。史诗《查姆》说：“远古的时候，天地连成一片”，“只有雾露一团团，只有雾露滚滚翻”[⑦]；纳西族史诗《创世纪》视宇宙原初为“天地混沌

---

① 朱桂元、吴肃民等编：《中国少数民族神话汇编》（开天辟地篇），中央民族学院少数民族古籍整理出版规划领导小组办公室，1984 年编印，第 323 页。

② 朱桂元、吴肃民等编：《中国少数民族神话汇编》（开天辟地篇），中央民族学院少数民族古籍整理出版规划领导小组办公室，1984 年编印，第 42 页。

③ 朱桂元、吴肃民等编：《中国少数民族神话汇编》（开天辟地篇），中央民族学院少数民族古籍整理出版规划领导小组办公室，1984 年编印，第 96 页。

④ 《蒙古文学史》，辽宁民族出版社，1994 年，第 52 页。

⑤ 马光星：《略论土族的神话史诗〈混沌周末〉》，载《中国少数民族神话学术研讨会》（下），中国少数民族文学学会，1984 年。

⑥ 《梅葛》，第一部《创世》，云南人民出版社，1978 年。

⑦ 朱桂元、吴肃民等编：《中国少数民族神话汇编》（开天辟地篇），中央民族学院少数民族古籍整理出版规划领导小组办公室，1984 年编印，第 86 页。

未分”，“石头在爆炸，树木在走动，混沌未分的天地，摇晃又震荡”[①]；布朗族神话视宇宙原初为“一团黑沉沉的，飘来飘去的云雾”[②]；傣族神话将宇宙原初形容为“那时没有天地和日月，整个宇宙没有下底和上盖，在这广大的空间里，滚动着气体，烟雾和狂风”[③]，等等。

3. 视宇宙原初为无际的大海。

哈尼族起源神话视宇宙原初为“世间只有一片混沌的雾，这片雾无声无息地翻腾了不知多少年代，才变成极目无际的汪洋大海”，翻腾的云雾“变成了无际的大海”[④]；土族起源神话说：“很久以前，天地相连，混沌不开，到处是一片白茫茫的汪洋大海”[⑤]；满族起源神话视宇宙原初为“天连着水，水连着天”[⑥]；傣族起源神话视宇宙原初为“烟雾和气体的下层，白茫茫的一片水”[⑦]；普米族起源神话视宇宙原初为“没有天地和万物，也没有生存和死亡，宇宙全是黑压压的洪水，没有白天和黑夜的迹象”[⑧]，等等。

4. 视宇宙原初为混沌中有一创世大神。

《三五历纪》云：“天地混沌如鸡子，盘古生其中。”拉祜族

---

① 《创世纪》，云南民族出版社，1960 年。

② 朱桂元、吴肃民等编：《中国少数民族神话汇编》（开天辟地篇），中央民族学院少数民族古籍整理出版规划领导小组办公室，1984 年编印，第 317 页。

③ 祜巴勐：《论傣族诗歌》，中国民间文艺出版社，1981 年，第 15—16 页。

④ 朱桂元、吴肃民等编：《中国少数民族神话汇编》（开天辟地篇），中央民族学院少数民族古籍整理出版规划领导小组办公室，1984 年编印，第 261 页。

⑤ 满都呼：《中国阿尔泰语系民族民间文学概论》，内蒙古教育出版社，2005 年，第 348 页。

⑥ 朱桂元、吴肃民等编：《中国少数民族神话汇编》（开天辟地篇），中央民族学院少数民族古籍整理出版规划领导小组办公室，1984 年编印，第 225 页。

⑦ 《巴塔麻嘎捧尚罗》，云南人民出版社，1989 年，第 2—3 页。

⑧ 《“直呆木喃”创世纪》，载《云南地方民族史论丛》，云南人民出版社，1986 年，第 286—291 页。

史诗《牡帕密帕》视宇宙原初为“宇宙好像蜘蛛网，厄莎坐在网中间”[①]；布里亚特蒙古族起源神话视宇宙原初为“世界混沌一片，在黑暗中，创造神飘拂在空中”[②]；维吾尔族起源神话视宇宙原初为“宇宙还没有日、月、星，也无大地，更无人类和家畜，在茫茫无际的宇宙里只有一个女神，平时她静静地睡觉，醒后舒展一下身体，就把整个宇宙盖住了”[③]；哈萨克族起源神话视宇宙原初为“世界混沌一片，无所谓天，无所谓地。那时候，只有创世主迦萨甘”[④]；哈尼族起源神话说：“远古年代，世间只有一片混沌的雾，这片雾无声无息地翻腾了不知多少年代，才变成极目无际的汪洋大海，从当中生出了一条看不清首尾的大鱼”[⑤]；土族起源神话视宇宙原初为“到处是汪洋一片”，“有一只金蛤蟆漂游在水面上”[⑥]；四川白马藏族人起源神话视宇宙原初为“到处是一片混沌。又白又胖的木日扎该（老母虫）在混沌中拱动，寻找光明的地方”[⑦]，等等。

从以上所述不难看出，先民试图通过对宇宙原初状态的猜测和想象，来回答宇宙本原问题。由于好奇心的驱使，寻根溯源的冲动以及极其险恶生存环境的刺激，极大地激发了民族先民的征服欲和想象力。但是，由于活动范围狭小，生产方式和生产工具

---

① 朱桂元、吴肃民等编：《中国少数民族神话汇编》（开天辟地篇），中央民族学院少数民族古籍整理出版规划领导小组办公室，1984年编印，第284页。

② 满都呼：《中国阿尔泰语系民族民间文学概论》，内蒙古教育出版社，2005年，第225页。

③ 阿布都拉、姚宝瑄：《维吾尔族女天神创世神话试析》，载《民间文学》1985年第9期。

④ 陶阳、钟秀：《中国神话》，上海文艺出版社，1990年，第22页。

⑤ 朱桂元、吴肃民等编：《中国少数民族神话汇编》（开天辟地篇），中央民族学院少数民族古籍整理出版规划领导小组办公室，1984年编印，第261页。

⑥ 陶阳、钟秀：《中国神话》，上海文艺出版社，1990年，第22页。

⑦ 《人神共舞》，湖北人民出版社，1994年，第101页。

简陋以及认识论水平低下，先民的想象力和认知能力还是十分有限的。因此，对于宇宙本原的想象和猜测，仍局限于渔猎经济基础上的感性认知和想象水平，将宇宙本原归结为“混沌”。而混沌又被解释为云雾、大风和水。与古罗马哲学将宇宙本原归结为某种或某几种具体物质的表述和观点相比，毫不逊色，且独具特色，孕育了中国古代哲学气本原说唯物论之宇宙观。同时，我们也看到有些神话已想象出神的概念，虽然这些神大多数是女性形象或生殖力极强的大鱼等，折射了母系社会的影子，和“混沌”概念一样，还算不上是高层次的抽象意识和类的概念，但在宇宙本原问题上，它毕竟孕育了唯心论的萌芽。

（二）天地之形成和宇宙万物的起源

在极为险恶的生存环境之下和认知能力极为低下的远古时代，氏族先民对于天地之形成和宇宙万物之起源的猜测、想象和描述，如同对于宇宙初状态的想象和猜测一样，极为丰富，异彩纷呈，归纳起来大致有以下 6 种猜测和想象。

1. 气本原说

在中国少数民族起源神话中，天地和宇宙万物是由气演变而来的猜测和想象，大体有以下三种情形：气本原说、雾露说和混沌说。

第一种：气本原说，即清浊二气、阴阳交感说。

清代马骕撰《绛史》卷一，引徐整的《五运历年记》云：“元气蒙鸿，萌芽兹始，遂分天地，肇立乾坤，启阴感阳，分布元气，乃孕中和，是为人也。”《淮南子·精神训》说：“古未有天地之时……有二神混生，经天营地……于是乃别为阴阳，离为八极；刚柔相成，万物乃形；烦气为虫，精气为人。”（据高诱注：二神混生，是阴阳二神俱生之意）彝族起源神话说：“很古的时候，没有天和地，混混沌沌的，产生清浊气，大风轻轻吹，清浊渐渐分，清气往上升，浊气往下沉。清气变为天，浊气变为地，清浊变阴阳，阴阳会相交，产生青红黄。”[①]“清浊是一对，二者又在变，它变成万物，变来天地间。”“天地相配合，二者生阴阳。阴阳配合后，才有万物生。”[②] 纳西族起源神话有“佳音、佳气”说，提出，“在上方出了佳音，在下方出了佳气”，“佳音佳气相结合变化”，产生了天地和万物[③]；布依族《古歌》说“清气浊气两分离，清气呼呼往上冒，浊气扑扑往下沉，清气上升变青天，浊气下沉变大地”[④]；壮族《布洛陀》说：在很古时，“天空茫茫一片”，不知过了多久，“吹来三股气，一股是白的，一股是黑的，一股是黄的”，是这些“气”渐渐生成万物。[⑤]

第二种：雾露、雾罩说。

中国还有许多民族的起源神话提出，天地之形成和宇宙万物的起源是由雾露、雾罩、烟雾和浮云等运动、变化而形成的。苗族《古歌》说：“云雾生最早，云雾生最老。”并具体描述说：“雾罩生白泥，白泥生成天；雾罩生黑泥，黑泥变成地”，“天地才又生万物”[⑥]；彝族起源神话说：“远古的时候，天象始初明，在宇宙中间，雾罩茫茫深。天生第一层。”“雾露里有地，雾露里有天；时昏时暗多变幻，时清时浊年复年。”“雾露变气育万物，

① 《民间文学资料》第68集，中国民间文学研究会贵州分册，1985年编印。

② 朱桂元、吴肃民等编：《中国少数民族神话汇编》（开天辟地篇），中央民族学院少数民族古籍整理出版规划领导小组办公室，1984年编印，第113、第115页。

③ 佟德富：《中国少数民族哲学概论》，中央民大学出版社，1997年，第38页。

④ 《布依族古歌叙事歌选》，贵州人民出版社，1982年，第18页。

⑤ 刘亚虎：《南方史诗论》，内蒙古大学出版社，1999年，第362页。

⑥ 佟德富：《中国少数民族哲学概论》，中央民大学出版社，1997年，第40—41页。

万物生长天地间"[①]；侗族起源神话认为宇宙的本原是"大雾"，后来"云开雾散，把天地分。天在高上，地在低层，天有日月星辰，地有万物生灵"[②]；瑶族《盘王歌》有"浮云生盘古"，"盘古生万物"的神话。哈尼族、傈僳族、拉祜族、布朗族、布依族等民族起源神话均有类似的想象和描述。

第三种：混沌说。

在天地的形成和宇宙万物之起源的探索中，混沌说也是一种很有特色的猜测。阿昌族起源神话说："混沌中闪出一道白光，有了白光，也就有了黑暗；有了黑暗，也就有了阴阳。阴阳相生诞生了天公遮帕麻和地母遮米麻"[③]；蒙古族起源神话说：从混沌中"生出了黑白和清浊，不久，清的和明亮的部分飘拂起来变成了天，浑浊的和阴暗的部分沉积下来变成了大地"[④]；彝族起源神话提出，宇宙本原是混沌，这种混沌状态经过反复演变，才形成天地万物："混沌演出水是一，混水满盈盈是二，水色变金黄是三，星光闪闪亮是四，亮中偶发声是五，发声后一段是六，停顿后又变是七，变化来势猛是八，下方全毁灭是九，万物全殒尽是十，此为天地变化史。"[⑤] 侗族、水族、景颇族、阿昌族、白族等民族的起源神话均有类似的思想。至于混沌指的是什么？上文"宇宙的原初状态"中所述四种状态即有所指，此不赘述。

---

① 朱桂元、吴肃民等编：《中国少数民族神话汇编》（开天辟地篇），中央民族学院少数民族古籍整理出版规划领导小组办公室，1984年编印，第102、第86、第89页。

② 《民间文学资料》第1集，黔东南苗族侗族自治州文学艺术研究室，1981年编印，第28页。

③ 陶阳、钟秀编：《中国神话》，上海文艺出版社，1990年，第39页。

④ 满都呼：《中国阿尔泰语系民族神话故事》，民族出版社，1997年，第145页。

⑤ 朱桂元、吴肃民等编：《中国少数民族神话汇编》（开天辟地篇），中央民族学院少数民族古籍整理出版规划领导小组办公室，1984年编印，第96页。

2. 自然形成说

由于神话思维结构之浑然无序的特征，决定了在起源神话中各种宇宙本原说是相互杂糅的。比如，气本原说中就包含有自生说、混沌说和卵生说等内容，在混沌说中亦包含有气本原说、卵生说和自生说，等等。因此，在本类型的分析中，为避免重复和冗长，不再将其他类型中有关的自生说的内容加以引述，而只选取一些凸显自生说内容的起源神话来进行分析。

所谓自生说，是指天地和宇宙万物是自然界原初物质经过长期运动、变化而自然形成的。比如，《淮南子·精神训》云："古未有天地之时……有二神混生，经天营地。孔乎莫知所终极，滔乎莫知其所止息。于是乃别为阴阳，离为八极，刚柔相成，万物乃形；烦气为虫，精气为人。"强调了"阴阳相生"，"刚柔相成，万物乃形"的自然形成过程；哈尼族起源神话说："远古时候，天和地刚刚分开，世界一片混乱，月亮出来了，才冲破黑暗。月亮孤零零的，太寂寞了，他就请来了星星，星星一出来，银光闪闪，这时大地上只有冷冰冰的泥土和石头，死气沉沉。月亮又去请太阳，太阳出来红彤彤，暖融融，草木长了出来，发芽伸枝，虫鱼鸟兽来到世上驰骋遨游，整个世界变得朝气蓬勃，一派生机"①；珞巴族起源神话说："天和地是原有的，天和地商量着结了婚，于是又生出了许多孩子：太阳和月亮、树木和花草、鸟兽和鱼虫"②；湘西苗族起源神话说："天生无极，无极生太极。太极将月亮变化成为三十个模样，又叫太阳晚上歇息白天明。从此昼夜分开，天地和匀……从此阴阳分晓，天地定型"，天地定型后，"无极立山立岭，开冲开坪"，"造化了飞禽走兽，育出昆虫

① 陶阳、钟秀：《中国创世神话》，上海出版社，1989年，第147—148页。

② 陶阳、钟秀：《中国创世神话》，上海出版社，1989年，第61页。

游鱼”[①]；纳西族起源神话说：“混沌未分的天地，摇晃又震荡”，“天地还未分开，先有了天和地的影子，日月星辰还未出现，先有了日月星辰的影子；山谷水渠还未形成，先有了山谷水渠的影子”，“三生九，九生万物，万物有真有假，万物有实有虚。真和实相配合，产生了光亮亮的太阳；虚和假相配合，出现了冷清清的月亮”[②]；德昂族起源神话说：“在很古很古的时候，大地一片浑浊”，“没有人的影子，只有雷、风呼”，“到处是茂盛的茶树，翡翠一样的茶叶，成双成对的把树干抱住。茶叶是茶树的生命，茶叶是茶树的阿祖”[③]，“茶叶是万物的阿祖”，是万物的本原。

3. 卵生说

卵生起源神话较为典型的当属三国吴人徐整的《三五历纪》：“天地混沌如鸡子，盘中生其中，万八千岁，天地开辟，阳清为天，阴浊为地。”此外，西南地区一些民族中类似的神话亦很有民族特色。比如：藏族典籍《黑头矮子的起源》说，宇宙原初是混沌状态的“本无空”，由本无空演变到“如镜之湖”，然后产生卵，卵中孵出二鸟，二鸟生出三卵，三卵演化为人类，天神和动物[④]；苗族起源神话提出，从枫树心孕育出蝴蝶，蝴蝶与水泡结合生十二个蛋，再从十二个蛋中产生出天地和万物。或由云雾产生出两巨鸟，再由巨鸟卵中孵出天和地[⑤]；壮族起源神话说：“先

① 石朝江、石莉：《中国苗族哲学社会思想史》，贵州人民出版社，2005 年，第 84—85 页。

② 朱桂元、吴肃民等编：《中国少数民族神话汇编》（开天辟地篇），中央民族学院少数民族古籍整理出版规划领导小组办公室，1984 年编印，第 365 页。

③ 陈志朋整理：《达古达楞莱标》，载《山茶》1981 年第 2 期。

④ 萧万源：《中国少数民族哲学史》，安徽人民出版社，1992 年，第 840—842 页。

⑤ 石朝江、石莉：《中国苗族哲学社会思想史》（三）“卵生假说”，第 69 页；朱桂元、吴肃民等编：《中国少数民族神话汇编》（开天辟地篇），中央民族学院少数民族古籍整理出版规划领导小组办公室，1984 年编印，第 6—7 页。

是宇宙间旋转着一团大气，那大气渐渐地越转越急，转着转着，转成一个大圆蛋，大圆蛋有三个蛋黄，后来大圆蛋爆炸开来，三个蛋黄分为三片，飞到上边的一片，成了天空；降到下面的一片成了海洋；落在中间的一片，成了大地”①；纳西族起源神话说："真与实相配合，产生太阳，太阳光变化产生白气，白气变化产生一善神，善神变出一个白蛋，白蛋孵出一只白鸡，白鸡生出九对白蛋，一对白蛋变成天神，一对白蛋变成地神，一对白蛋变成开天的九兄弟，一对白蛋变成辟地的九姊妹”②，等等。

至于卵的来历亦有各种说法，或如《三五历记》所说，生于混沌；或如藏族起源神话所说，生于“本无空”；或如苗族起源神话所说，生于枫树；或如壮族起源神话所说，生于大气；或如纳西族起源神话所说，生于“真与实相配合”等。

从上述可知，先民均用自然物为原初物质来解释天地之开辟和万物的起源，尽管有些神话也有神的参与，如纳西族神话中善神与恶神变出白蛋和黑蛋。但是，善、恶二神也是由黑气和白气变化而成的。而白、黑二气又是由太阳和月亮的运动、变化而形成的。最后，还是回归到用自然物的运动变化来解释天地和万物的形成。在宇宙本原问题上，卵生神话中以自然物为“原初物质”的概念和运动、变化的思想，孕育了早期朴素唯物论和辩证法的宇宙观。

4. “二宗”、“三坛”、“四素”、“五行”说

所谓“二宗”是指袄教和摩尼教的二元世界本原说。袄教是由琐罗亚斯德于公元前 6 世纪在波斯东部大厦（今阿富汗巴尔赫）创建的，所以，原名叫琐罗亚斯德教。中国史称“袄教”、

① 黄庆印：《壮族哲学思想史》，广西民族出版社，1996 年，第 27 页。

② 佟德富：《中国少数民族哲学概论》，中央民大学出版社，1997 年，第44—51 页。

“火袄教”、“拜火教”等，袄教奉《波斯古经》为经典，基本教义为善恶二元论，要求信众从善避恶，弃暗投明。常念“善思、善言、善性”道德箴言，并通过专门仪式礼拜“圣火”。袄教于4世纪传入我国新疆地区，直至伊斯兰教传入才逐渐消亡。摩尼教是伊朗古代的一种宗教，3世纪由波斯人摩尼创立。约8世纪下半叶由回鹘牟羽可汗从内地带回睿思等4名摩尼教僧侣，并立为国教，以《摩尼教残经》为经典，主张光明与黑暗是互为相邻的两个王国，二者是始终存在，谁也不创造谁，谁也不消灭谁，宇宙是由二者相互斗争合力创造的。直至15世纪伊斯兰教传入吐鲁番地区以后，摩尼教才在这里逐渐消亡。

所谓“三坛”，是蒙古族思想家萨囊彻辰在《蒙古源流》中提出的“风坛”、“水坛”、“土坛”，并用以解释宇宙万物的起源，是受藏传佛教影响的宇宙本原论；所谓“四素”，是指水、火、土、气四种元素，早在九姓乌古斯时代，在九姓维吾尔人中间就流传有宇宙万物是由这四种元素构成的思想；“五行说”主要指纳西族的木、火、铁、水、土“精威五行说”。上述关于宇宙本原的思想，虽然大都受到外来思想的影响，产生的时代也较晚，但亦不失有本民族的文化气息和民族特色。①

5. 动物和植物创世说

此类起源神话虽然不多，但也有其特色。关于动物（包括昆虫）创世神话，笔者所看到的有三种类型：第一类是善于织网捕食的“金蜘蛛”创世神话。比如，彝族起源神话《金蜘蛛撒经线》说，金蜘蛛“首先织天地”，“顶上织苍穹，中间织万物”；侗族起源神话视“金斑大蜘蛛”为创世大母神萨天巴，认为天地

① 佟德富：《中国少数民族哲学概论》，中央民大学出版社，1997年，第44—51页。

和万物是金斑大蜘蛛创造的。[①] 第二类是繁殖力极强的大鱼创世神话。比如，哈尼族起源神话中说：远古时，由混沌演成“极目无际的汪洋大海，从当中生出了一条看不清首尾的大鱼。那大鱼见世间上无天，下无地，空荡荡，冷清清，便把右鳍往上一甩，变成天；把左鳍往下一甩，变成地；把身子一甩，从脊背里送出来七对神和一对人”[②]；也有一些与图腾信仰有关的老虎、牦牛、青蛙等创世神话。第三类是善飞的螟蛉虫和会滚屎球的拱屎虫神话。比如，壮族起源神话就有“天由螟蛉虫（或螺蜂虫）来造，地由拱屎虫来开”的神话，并演义说，由于螟蛉子偷懒，拱屎虫勤快，因此天小地大了，最后由创世女神米洛甲把天与地巧妙地相合在一起。[③]

关于植物创世神话，只有德昂族“茶叶是万物的阿祖”、畲族树造万物的神话和傣族“荷花变大地”的神话[④]，以及一些植物图腾神话等。

6. 神创说

关于神创天地和宇宙万物的神话，在中国各民族起源神话中较为丰富，大体可以分为以下6种类型：

第一种：母神创世说

母神创世说可以分为以下两种：

一是母神胎生（或孕生）说。滇南哀牢山彝族地区流传的创

① 陶阳、钟秀：《中国创世神话》，上海出版社，1989年，第161页。

② 朱桂元、吴肃民等编：《中国少数民族神话汇编》（开天辟地篇），中央民族学院少数民族古籍整理出版规划领导小组办公室，1984年编印，第261页；陶阳、钟秀：《中国创世神话》，上海出版社，1989年，第161页。

③ 黄庆印：《壮族哲学思想史》，广西民族出版社，1996年，第29页；陶阳、钟秀：《中国创世神话》，上海出版社，1989年，第161页。

④ 佟德富：《中国少数民族哲学概论》，中央民大学出版社，1997年，第43—44页；陶阳、钟秀：《中国创世神话》，上海出版社，1989年，第162—163页。

世史诗说，阿赫氏族的万物之母希尼是一个全身生满乳头的、有一个巨大无比肚子的创世大母神，天地和宇宙万物就是她生下来的："希尼万物母，肚中有万物，绿红黄黑白，各色各种物，全部生下来。苍天和大地，日月和星星，白云和浓雾，还有那彩霞，还有风和光，所有这些物，样样生下来。"① 苗族创世神话说："天是逻迪生的，地是逻迪生的，两个是一胎生出来的，刚好一个盖住一个，来把大家遮住。"② 侗族创世神话说：远古时光，"只懂有个祖婆萨天巴，传说她是天地的亲娘。萨天巴生地取名叫'滴滴'（即嫡生之意），萨天巴生天取名叫'鸟闷'（即上界之意），地是摇篮为母体，又生诸神在上苍"③。

二是母神创生说。水族创世神话说天地和万物是由女神巨人牙巫创造的："初开天。混混沌沌。牙巫婆，真有本领。混沌气，她放风吹；风一吹，分开清浊，那浊气，下沉变土，那清气，上浮巴天，整个天，成为一色，青幽幽，一池蓝靛。"④ 维吾尔族创世神话说："远古宇宙混沌一片，只有一个硕大无比的女神，她伸开双臂就把宇宙遮住，闭上双眼，宇宙便昏暗无光。睁开眼睛，宇宙便光亮闪闪。睡觉打呼噜，雷声就响彻宇宙。她深吸一口气，便把宇宙间的空气和灰尘全部吸入肚里。她打个喷嚏，就吐出了太阳和月亮，唾沫星子变成了星星。"⑤ 蒙古族创世神话《麦德尔娘娘创世》以及壮族、鄂温克族、珞巴族、怒族、佤族、高山族等民族的创世神话均有类似的母神创世情节。

第二种：男神创世说

---

① 《阿赫希尼摩》，云南人民出版社，1990 年，第 7 页。

② 朱桂元、吴肃民等编：《中国少数民族神话汇编》（开天辟地篇），中央民族学院少数民族古籍整理出版规划领导小组办公室，1984 年编印，第 52 页。

③ 陶阳、钟秀：《中国创世神话》，上海出版社，1989 年，第 153—154 页。

④ 佟德富：《中国少数民族哲学概论》，中央民大学出版社，1997 年，第 56 页。

⑤ 陶阳、钟秀：《中国创世神话》，上海出版社，1989 年，第 156—157 页。

随着父系社会的出现，女神创世说慢慢让位于男神创世说。比如，布依族创世神话说：“翁戞生天地，翁戞生天亮，生出白天和晚上，生出月亮和太阳。”“翁戞造天地，翁戞造太阳，翁戞造风雨，翁戞造月亮。”① 傣族创世神话说：天地和宇宙是英叭神用自己身上的污垢造的②；拉祜族创世神话说天地和宇宙万物是厄莎天神用自己的手脚泥造的③；满族创世神话说：天神阿布卡恩都里用土造地，他造的地有九层，叫地上国。他造的天，有十七层，叫天上国等④；藏族的创世天神罗拉甲伍、布朗族的男神顾米亚、傈僳族的木布帕、哈萨克族的天神迦萨甘以及瑶族的盘古郎和白族的盘古、盘生两兄弟等均属此类创世男神。

第三种：偶神配生说

藏族创世神话说：“很早很早以前，世上没有天也没有地，到处都是一片混浊”，“只有又白又胖的木日扎该（老母虫）和红头黑身的木日兹哥（蜈蚣）看见了”，“罗拉甲伍在绷天，天绷好了，是圆拱形的，在上方。后来，杀拉甲伍又绷地，地是圆球形的，在底下”，“天绷小了，地绷大了，怎么也盖不严”，“只好使劲挤地，把地挤小点，这样，天和地终于扣严了。在挤的时候，地面上有的地方鼓了出来，有的地陷下去了。鼓起来的地方就形成了小坡、高地；凹下去的地方就形成了沟壑、海子”⑤；阿昌族创世神话说，天地万物是天公遮帕麻和地母遮米麻造的：“造天

① 朱桂元、吴肃民等编：《中国少数民族神话汇编》（开天辟地篇），中央民族学院少数民族古籍整理出版规划领导小组办公室，1984 年编印，第 283—290 页。

② 伍雄武、岩温：《傣族哲学思想史》，民族出版社 1997 年，第 21—24 页。

③ 朱桂元、吴肃民等编：《中国少数民族神话汇编》（开天辟地篇），中央民族学院少数民族古籍整理出版规划领导小组办公室，1984 年编印，第 1 页。

④ 陶阳、钟秀：《中国创世神话》，上海出版社，1989 年，第 158 页。

⑤ 朱桂元、吴肃民等编：《中国少数民族神话汇编》（开天辟地篇），中央民族学院少数民族古籍整理出版规划领导小组办公室，1984 年编印，第 283—290 页。

的是遮帕麻”，“用闪闪的银河造月亮，拿灿灿的金沙造太阳”，“左乳房变成了太阴山”，“右乳房变成了太阳山”，“迈步踩出了一条银河，跳跃留下一道彩虹，吐气变作大风、白雾，流汗化作暴雨、山洪”，“世界上有阴就有阳，世界上有天要有地。遮帕麻造天的时候，遮米麻就开始造地”，“她摘下喉头当梭子，她拔下脸毛织大地”。她拔左右腮毛留下的血，变成了无边无际的西海和东海。下颚和额头流下的血化成了南海和北海。“遮米麻织就了大地，用的是血肉的躯体。世界上有了依托啊，万物有了生机”①；纳西族创世神话说，天地和宇宙万物是东神和色神创造的，东神和色神是一对阴阳善神，东神是男神，名字叫米利东阿普。色神是女神，名字叫勒金色阿仔，是他们创造了天地、星辰和宇宙万物②；仫佬族创世神话说，天地和万物是布什格和布比密制的：“天，是布什格制的……地是布比密制的，布比密制的地，样样都有：肉也有，就是那遍地的泥巴；脑壳也有，就是那些高高低低的坡头；头发汗毛也有，就是那些漫山遍野的树木和草；眼睛也有，就是那些大大小小的消水坑；嘴也有，就是那些大大小小的山洞……”③ 佤族利吉神和路安神创世神、景颇族代表阴阳的男天鬼能汪拉和女王鬼能班木占创世神话均有类似的情节；特别值得提出的是。彝族创世神话还提出了万物在相分相配中繁衍发展的思想。《阿细的先基》说：“男神阿热，女神阿咪，想要造人嘛，山就要分雌雄，树就要分雌雄，石头就要分雌雄，草就要分雌雄。”在《梅葛》中说：“天有天的规，白云嫁黑云，

① 朱桂元、吴肃民等编：《中国少数民族神话汇编》（开天辟地篇），中央民族学院少数民族古籍整理出版规划领导小组办公室，1984 年编印，第 331—339 页。

② 朱桂元、吴肃民等编：《中国少数民族神话汇编》（开天辟地篇），中央民族学院少数民族古籍整理出版规划领导小组办公室，1984 年编印，第 305—314 页。

③ 朱桂元、吴肃民等编：《中国少数民族神话汇编》（开天辟地篇），中央民族学院少数民族古籍整理出版规划领导小组办公室，1984 年编印，第 325 页。

月亮嫁太阳，天嫁给地，男女相配，人间才成对。”①

第四种：众神创世说

在中国各民族的创世神话中还有一类极具拟人色彩的众神商议着如何创造天地和宇宙万物的神话。比如，彝族史诗《查姆》说：“涅侬倮佐颇，是所有神仙之王。他召集众神仙……众神聚一起，共同来商议；要求安排日月星辰，要铸就宇宙山川。”并按各自分工，创造了天地和宇宙万物。② 彝族另一则创世神话说：“造天者三人……蓝天造好后，日月晶闪闪，星星闪晶晶。造地者六人……天地造好后，青草青油油，草木绿油油，清水到处有。”③ 彝族还有一些创世神话亦有类似的情节。苗族创世神话说：“天地初形成时，天像个大撮箕，地像一张大晒席”，且“相叠在一起”，于是神“巨人剖帕用斧头把天地辟开”，把公、样公、把婆、廖婆。“把天拍三拍，把地捏三捏，天才这样大，地才这样宽”，“把公整山岭，秋婆修江河，绍公填平地，绍婆砌满坡，才有土开田，才有地做活，才有山种树，庄稼绿满坡”，“宝公和雄公，且公和当公”，“九岭当炉子，九冲当风箱，岩包当打捶，山头当钻磴，石头当木炭，栀子当硼砂，山梁当拉条，山坳当手把”，“炼金又炼银，造日又造月”④，“巨人养优造山，修纽造江河，火耐造火，姜央造狗、鸡、牛、田。又由宝公、雄公、且公、当公运金运银，打柱撑天，铸造日、月等”⑤。哈尼族创世神话说：“远古时世间没有天地，突然来了三个大神造天，来了

① 伍雄武、普同金：《彝族哲学思想史》，第41—43页。

② 朱桂元、吴肃民等编：《中国少数民族神话汇编》（开天辟地篇），中央民族学院少数民族古籍整理出版规划领导小组办公室，1984年编印，第85—94页。

③ 朱桂元、吴肃民等编：《中国少数民族神话汇编》（开天辟地篇），中央民族学院少数民族古籍整理出版规划领导小组办公室，1984年编印，第176页。

④ 刘亚虎：《南方史诗论》，内蒙古大学出版社，1999年，第116—117页。

⑤ 陶阳、钟秀：《中国创世神话》，上海出版社，1989年，第117页。

九个大神造地。天，造了九千九百九十九年，地，造了九千九百九十九年。"[①] 此外，还有布朗族神巨人顾米亚和他的十二个孩子开天辟地的神话，拉祜族厄莎天神和他的孩子们创世的神话，纳西族神的九兄弟开天、神的七姊妹辟地的神话等，均有众神共创天地和宇宙万物的动人故事。

第五种：神利用动植物化生说

许多民族的创世神话，大都有天神利用动植物化生天地万物的情节。比如，云南楚雄地区彝族创世神话说，格兹天神和他五个造天的儿子和四个造地的女儿造了天地之后，"公鱼捉来撑地角，母鱼捉来撑地边"；用猛虎的"四根大骨作撑天的柱子"，"肩膀作东西南北方向"，"虎头作天头"，"虎尾作地尾"，"虎鼻作天鼻"，"虎耳作天耳"，"左眼作太阳，右眼作月亮"，"虎须作阳光"，"虎牙作星星"，"虎油作云彩"，"虎气成雾气"，"虎心作天心地胆"，"虎肚作大海"，"虎血作海水"，"大肠变大江"，"小肠变成河"，"排骨作道路"，"虎皮作地皮"，"硬毛变树林"，"软毛作秧苗"等，甚至虎身上的"大虱子变成老水牛，小虱子变成黑猪黑羊，虱子蛋变成绵羊，头皮变成雀鸟等"[②]。哈尼族创世神话说，众神用牛的"眼光变成闪电，用它的皮变成响雷，用它的眼泪变成露珠，用它的鼻涕变成雨水，用它的血变成彩霞，用它的左眼变成太阳，用它的右眼变成月亮，用它的两颗尖牙变成启明星和北斗星，用其他的牙齿变成满天星斗，用它的四腿变成东南西北的顶天柱"[③]。布朗族创世神话说："神飞人顾

---

① 朱桂元、吴肃民等编：《中国少数民族神话汇编》（开天辟地篇），中央民族学院少数民族古籍整理出版规划领导小组办公室，1984 年编印，第 264—266 页。

② 朱桂元、吴肃民等编：《中国少数民族神话汇编》（开天辟地篇），中央民族学院少数民族古籍整理出版规划领导小组办公室，1984 年编印，第 70—84 页。

③ 朱桂元、吴肃民等编：《中国少数民族神话汇编》（开天辟地篇），中央民族学院少数民族古籍整理出版规划领导小组办公室，1984 年编印，第 262 页。

米亚和他的十二个孩子用犀牛的皮做成天，用美丽的云粉给天做衣裳，挖下它的两只眼睛做成星星……又把犀牛肉变成地，把犀牛的骨变成石头，把犀牛的血变成水，把犀牛毛变成各种花草树木，最后他们把犀牛的脑浆变成人，把犀牛的骨髓变成各种鸟、兽、虫、鱼”①。青海藏族有天神杀牛化生万物的神话、普米族有砍马鹿造天地的神话、怒族有天神杀蛤蟆造万物的神话等，亦有类似的情节。②

第六种：盘古创世说

盘古创世神话，在中国产生较早，流传广、影响大。特别是在我国西南少数民族地区，流传较广，影响深远，亦不乏具有自身的地域与民族特色。

汉文典籍以盘古为主神的创世神话主要有三则：第一则是《太平御览》卷二引三国吴人徐整《三五历记》宇宙卵生说："天地混沌如鸡子，盘古生其中，万八千岁，开天辟地，阳清为天，阴浊为地，盘古在其中，一日九变，神于天，圣于地……天数极高，地数极深，盘古极长；故天去地九万里"。第二则是清代马骕《绎史》引徐整《五运历年记》宇宙化生说：首生盘古，垂死化身，气成风云，声为雷霆，左眼为日，右眼为月，四肢五体为四极五岳，血液为江河，筋脉为地理，肌肉为田土，发髭为星辰，皮毛为草木，齿骨为金玉，精髓为珠石，汗流为雨泽，身之诸虫，因风所感，化为黎甿。第三则是六朝梁人任昉《述异记》宇宙化生说：昔盘古氏之死也，头为四岳，目为日月，脂膏为江海，毛发为草木。喜为晴，怒为阴。

西南地区的少数民族中亦有许多盘古创世神话。比如，白族

---

① 朱桂元、吴肃民等编：《中国少数民族神话汇编》（开天辟地篇），中央民族学院少数民族古籍整理出版规划领导小组办公室，1984年编印，第317页。

② 陶阳、钟秀：《中国创世神话》，上海出版社，1989年，第164—165页。

创世神话说，盘古、盘生两兄弟创造天地之后，又垂死化生万物：“左眼变成了太阳，右眼变成了月亮。张开眼睛是白天，闭上眼睛是黑夜。小牙齿变成了星星，大牙齿变成了石头，眼毛变成了竹，嘴巴子变成了村庄，汗毛变成了草，头发变成了树木；小肠变成了小河，大肠变成了大河，肺变成了大海，肝变成了湖泊，鼻子变成了笔架山；心变成了启明星，气变成了风，油变成了云彩，肉变成了土，骨头变成了大岩石，手指脚趾变成了屋顶上的瓦片”①。瑶族创世神话说：“大岭原来盘古骨，小岭原来盘古身，两腿变成日和月，牙齿变作金和银，头发化作草和木，才有鸟兽出山林，气化为风汗成雨，血成江河万年春。”② 壮族创世神话说：“自我盘古初出世，造化天盘及地盘。左眼化为日宫照，右眼化为月太阴。骨肉化为山石土，头脑化为黄金银，肚肠化为江河海，血流是水去无停。手指化为天斗星，毛发化为草木根，只是盘古有道德，开天立地定乾坤。”③ 侗族创世神话说：“又是盘古开天地，开天辟地生乾坤。生得乾坤生万物，生得万物人最灵”；苗族创世神话说：“盘古开天，南火立地；地上有土有岩，天上有日有月。”④ 毛南族《盘古兄妹和他们的神祖神孙》创造天地万物的神话，彝族盘古卵生万物的神话，瑶族盘古创造天地和万物的神话以及土族盘古从石卵生出之后开天辟地的神话等，都有相关类似的情节。

从上述盘古神话我们可以得到两点启示：

第一，氏族先民以其极为丰富的想象力和神话时代的最高智慧，就宇宙万物的起源问题，为我们提供了四种类型答案：或宇

① 陶阳、钟秀：《中国创世神话》，上海出版社，1989 年，第 4 页。

② 刘亚虎：《南方史诗论》，内蒙古大学出版社，1999 年，第 112 页。

③ 刘亚虎：《南方史诗论》，内蒙古大学出版社，1999 年，第 187—188 页。

④ 石朝江等：《中国苗族哲学社会思想史》，贵州人民出版社，2005 年，第 82—83 页。

宙卵生说，如《三五历记》所云；或宇宙化生说，如《五运历年记》及白族、瑶族等盘古神话所云，其特点是盘古多用自身的肢体器官化生万物；或阴阳配生说，如《述异记》等所云，其特点是多以夫妻、阴阳等相配而生万物；或创造说，如苗族、瑶族、侗族、土族等民族盘古神话所云，其特点是多用劳动工具创造万物，如土族盘古用天钻、地斧等，坚持了具体物质是宇宙本原的思想。

第二，由于神话思维结构独特的“心物合一”的模糊整体观和“虚实相生”的混沌观等特征，在氏族先民那里，“以己度物”和“以已知推测未知”等想象和类比就成为他们解释万物起源的最重要的逻辑和最有力的理论武器。比如以盘古的眼、血、毛、汗化生日、月、江河、雨泽等“只要形似，便可神合”的形态类比；比如以夫妻推及阴阳、黑白、善恶等早期较高层次的二元同构对立之拟人化属性类比；比如利用两个具体事物之间的同构对应关系所进行的“以类度类”推理；比如由人有思想感情推导出“万物有灵”，万物有形以及以人的生理、心理现象推导出诸自然现象——“泣为江河”、“喜为晴”、“怒为阴”等拟人化的“以己度物”的推理等，孕育着丰富的朴素唯物论哲学宇宙观之萌芽。

二

人类的起源问题，是一切宗教和神话必须回答的问题，也是哲学必须回答的问题。因为，它是解决意识的起源以及物质和意识的关系这一哲学基本问题的关键。氏族先民以其极为丰富的想象力和远古时代最高的认知能力，对于人类自身的起源作出了种种猜测、描述和解释，孕育了丰富的哲学宇宙观萌芽。

在我国各民族中关于人类起源的神话十分丰富，几乎每个民族都有自己特色鲜明的人类起源神话。归纳起来，大致有以下九种类型，现简要分析如下：

（一）天降地生说

1. 天降说

水族《造人歌》唱道："初造人，先是恩公"，"那恩公，从天上来，下人间，开土开田"①。彝族史诗《勒俄特依》说："远古的时候，天上掉下祖灵来，掉在恩接介列山，变成熊火在燃烧……为了起源人类燃，为了诞生祖先烧"，"天上掉下桐树来，霉烂三年后，起了三股雾，升到天空去，降下三场红雪来，降到地面上……结冰成骨头，下雪成肌肉，吹风来做气，下雨来做血，星星做眼珠，变成雪族的种类。雪族子孙十二种，有血的六种，无血的六种"。无血的为草木，有血的六种为蛙蛇鹰熊猴，"人为第六种"②。傣族一则神话说，天神见地上没有人烟，就放下一头母水牛和一只鹞子，水牛下了三个蛋，由鹞子孵出一个葫芦，从葫芦里走出一对人。③ 布朗族、佤族、独龙族、仡佬族等民族亦有类似的神话。④

2. 地出说

珞巴族神话说，两眼专门监视妖魔世界，曾和飞禽走兽成过婚，还娶过大风、魔鬼、木和太阳的女儿为妻，能通天入地无所

---

① 朱桂元、吴肃民等编：《中国少数民族神话汇编》（开天辟地篇），中央民族学院少数民族古籍整理出版规划领导小组办公室，1984 年编印，第 291 页。

② 陶立璠等：《中国少数民族神话汇编》（人类起源篇），中央民族学院少数民族古籍整理出版规划领导小组办公室，第 114—117 页。

③ 毛星主编：《中国少数民族文学》（下），湖南人民出版社，1983 年，第 271 页。

④ 陶阳、钟秀：《中国创世神话》，上海出版社，1989 年，第 212—213 页。

不能的大神——“阿巴达尼是大地生的儿子”①。土家族有巴人生于赤穴黑穴的神话和洞穴生殖崇拜遗俗②。哈尼族起源神话说，从前，“人和鬼、水、石头一起，住在地底下”，“刚开始时，人的胆子小，还不敢钻出来，后来，有几个胆大的人，变成水泡泡，浮到水面上来看”。后来又变成猴子和其它动物，到处奔跑，见没受到伤害，才慢慢变成现在人的样子。“后来，地底下的人陆陆续续都钻到地面上来，他们看到地上有山有树，白天有太阳晒得热乎乎的，晚上又有月亮照得亮堂堂的，肚子饿了可以摘树上的果子吃，这样的日子比地下好过多了，于是干脆就在地面上住了下来，再也不回地底下去了”③。纳西族天地生人的观念中，则有“男人从天门口生出，女人由地下生出”的记载。④ 佤族有一则著名的起源神话《西岗里》，在西盟地区“西岗”释为“山洞”，“里”释为“出来”，“西岗里”释为“人是从山洞里出来的”⑤。蒙古族、达斡尔族、鄂伦春族、朝鲜族等北方民族亦有人是从洞穴出来的神话情节。⑥ 这或者就是人类穴居时代记忆的折射。

（二）水生人

与宇宙万物源于水的起源神话一脉相承，人类起源于水的神话在许多民族中多有流传。比如，《哈尼族古歌》说：“远古的时

① 毛星主编：《中国少数民族文学》（上），湖南人民出版社，1983 年，第 534 页。

② 向柏松：《神话与民间信仰研究》，人民出版社，2010 年，第 166—169 页。

③ 陶阳、钟秀：《中国神话》，上海文艺出版社，1990 年，第 135—136 页。

④ 李国文：《象形文字东巴经中关于人类自然产生的朴素观》，载《东巴文化论集》，云南人民出版社，1985 年，第 179 页。

⑤ 毛星主编：《中国少数民族文学》（下），湖南人民出版社，1983 年，第 385 页。

⑥ 满都呼：《中国阿尔泰语系诸民族神话故事》，民族出版社，1997 年。

候，有一群无毛的水猴，像许多粉红的肉，那时大海无边无际，水猴在海里漂游，三千三百年后，天神发现了，就去告诉龙王，看来它们是人种。"[①] 哈尼族创世神话《烟本霍本》、《俄拔密拔》、《那突德取厄玛》等则说，"远古，世上只有大水一片"，"那时，天下的水分三股，一股甜水，就是山泉水，一股是咸的，这就是海水，一股是淡的，这就是江河水"。那时，世上只有一条不见首尾的"大金鱼娘"，祖先鱼尝过三股水，认为"海水味道最好"，于是就住进"有盐的大海里"，生出天地万物和人类。德昂族人类起源神话说，天王从天宫找来的食物种子分别播撒在地上各处。"种在海边的葫芦种，它的藤却长在海中，后来结出一个葫芦，浮在海面中央，它大得如山形，里面还有人在闹"，后被雷电劈开，"里面一共有一百零三人，有男有女，此外还有一些动物。这些人乘葫芦来到陆地后便各走东西，这就是汉、傣、回、傈僳、景颇、白等民族的祖先"。独龙族神话说："最先，水中显现出一男一女，两者自相交配，繁衍了人类。"基诺族神话说："远古时，宇宙是一片汪洋大海，阿嫫腰白第一个来到水上，她双手搓出一块污垢，用它们造成天地、日月、星辰、山川、河流、动物、植物和人。"彝族《六祖史诗》有"人祖来白水，我祖水中生"的记载等。[②]

（三）卵生说

卵生神话在我国各民族中几乎都有流传，最典型的当属"天命玄鸟，降而生商"的神话，殷商以鸟为图腾，以鸟为生殖偶像；《山海经·大荒南经》则有"卵民之国，其民皆生卵"的记

① 《哈尼族古歌》，云南民族出版社，1992年，第503页。

② 《中国各民族宗教与神话大词典》，学苑出版社，1990年，第12、第353、第94、第168—169页。

载。《三五历纪》云："天地混沌如鸡子，盘古生其中。"苗族神话《盘古开天辟地》说："神兽修狃，吐丝作窝，生一卵，孵育出盘古。"土族神话《混沌周末歌》说："从前无天无地的混沌中孕育了石卵，石卵八百年后生出盘古。"[①] 侗族神话《龟婆孵蛋》说："有四个龟婆先在寨脚孵了四个蛋。其中三个坏了，只剩下一个好蛋，孵出一个男孩叫松恩。那四个龟婆不死心，又去坡脚孵了四个蛋，其中三个又坏了，剩下一个好蛋，孵出一个姑娘叫松桑。从此世上有了人类。"[②] 傣族神话《变札贡帕》说："天地形成后，混散又用了一 年时间，造了三十个宝石蛋，从这些宝石里孵化出八个天神……他们中的四个天神变化成了四个女人，与四个男天神匹配为偶，生下儿女。从此，大地上才有了人类。"黎族人类起源神话说："雷摄一孵至山中，遂生一女。岁久，有交趾蛮过海采香者，与之相合，遂生子女，是为黎人之祖。"纳西族《崇搬图》说："天神生下了人类之蛋，由地神在大海中孵化出人类第一代始祖享矢享热。"水族神话《十三个仙蛋》说："风神与牙巫相配生了十二个仙蛋，孵化出人与雷龙虎蛇猴牛马猪及凤凰，最后人最先找到火神，凤凰化美女与之成婚。"藏族神话说："原始之初，由自然形成一只大蛋……其蛋又化出十八只蛋，其中的第二只蛋中生成了一位没有五官和肢体的混沌人，但他有思维的能力……他和一个水水滴的女人结合，生了四个儿子……是藏族人的始祖。"[③] 苗族古歌《蝶母诞生》以及《朝鲜史略》和《通考·四裔考》等亦载有苗族和朝鲜族卵生人类的相似情节。这种以"宇宙卵"或其他卵为超自然生殖力象征的神

① 《中国各民族宗教与神话大词典》，学苑出版社，1990 年，第 484、第 576 页。

② 陶阳、钟秀：《中国神话》，上海文艺出版社，1990 年，第 140 页。

③ 《中国各民族宗教与神话大词典》，学苑出版社，1990 年，第 82、第 379、第 509、第 555、第 745—746 页。

话，是氏族先民对于卵生动物鸡、鸟、龟、蛇等生殖方式的观察而来的类比思维的投射，朦胧中意识到卵生是生命之源。

（四）感生说

人类感生神话，在汉文典籍中多有记载，诸如《太平御览》卷87引《诗纬含神雾》就载有华胥感雷而生宓牺（伏羲）、握登感大虹而生舜、附宝感电而生轩（皇帝）、庆都感赤龙而生赤帝、女枢感月光而生颛顼等神话；《遁甲开山图》载有女狄感月精而生夏禹的神话；《史记·殷本纪》载有简狄吞玄鸟卵，“因孕生契”的神话；《华阳国志·南中志》载有哀牢国一女子，忽于水中触一沉木，遂而有娠的神话；《后汉书·南蛮西南夷列传》载有夜郎国一女子感竹而生夜郎侯，以竹为姓的神话；《异域志》载有一女子国，“女人遇南风裸形，感风而生”的神话；《河图著命》载有太任感长人梦而生文王的神话；《史记·补三皇本纪》载有女登感神龙而生炎帝的神话；《史记·周本纪》载有姜嫄履大人迹（熊迹）而生后稷的神话；《元史·太祖本纪》载有铁木真十世祖不忽合答吉，不合秃撒勒只，孛端察儿蒙合黑，是其母阿兰豁阿“感光而生”等。①

在各民族民间有很多关于人类起源的感生神话。比如，珞巴族神话说，天神的女儿麦冬海依在天河里洗澡受孕，生下一个男孩，儿子长大后，母亲要和儿子结婚，儿子不从，逃到大地上的森林里，母亲紧追不舍，儿子只好应允，繁殖人类；高山族神话说：“太古时代，茵嘎赫朗一巨石并列，一女子翩然而出。是时，无人类，女子仰卧山巅，任习习凉风吹入胯间，生一子，母子婚

① 向柏松：《神话与民间信仰研究》，第27—33页；王青：《中国神话研究》第十二章，中华书局，2010年。

配，繁育人类，是为泰雅人的始祖。”[①] 傣族有一则神话说：“一女子见一头雄狮妊娠而生勐笼傣族始祖”[②]；藏族有王妃梦与牛神交合而生一男孩的神话[③]；土家族亦有始祖卵玉吞桃而生人的神话；朝鲜族《朱蒙神话》载有人女受日光照耀受孕，在腋下生一肉蛋，再繁育人类的神话，等等。

（五）石生说

在我国许多民族中都流传有人类起源的石生神话。比如，鄂伦春族人类起源神话说，天神恩都力用五块巨石刻成五个石人，天神“摸过石人双眼，眼睛遂转动起来，捅过的鼻子，便生嗅觉，下颚、脖颈等处，也经摸过，因此，都能灵活转动”，人类从此诞生了。[④] 普米族人类起源神话说：“一织云锦的仙女不慎掉了天梭，落到地上变成纳可穆玛（昆仑山）。此山有灵性，白昼是座大山，夜晚变成一能说会唱的年轻女子。司雨神吉西尼爱上她，常在夜间私下天界同她相会”，天神知道后大怒，将司雨神吉西尼贬下天界，罚他变成一座大山，发落到远隔纳可穆玛千里远的花同塔去受苦，“长江黄河日夜奔流为纳可穆玛寻找吉西尼，长江奔流走了九千年；终于在花同塔找到了吉西尼”，“天神被长江的好心感动，连夜把纳可穆玛带到吉西尼身边。从此，纳可穆玛夜晚乘云船看望吉西尼，黎明又乘云船返回。纳可穆玛怀孕三千年后，一胎生下五个男孩和五个女孩”，从此有了人类。高山族泰雅人有许多人类起源的石生神话，比如，“西勒鸟将南湖大

---

① 《中国各民族宗教与神话大词典》，学苑出版社，1990 年，第 145、第 390 页。

② 《傣族社会历史调查》（西双版纳之八），云南民族出版社，1985 年，第 74—75 页。

③ 李有义译：《西藏的宗教》，1965 年印本，第 6—7 页。

④ 白水夫：《浅论鄂伦春人类起源探奇》，载《黑龙江民族丛刊》1986 年第 3 期。

山一巨石推入大海，石迸，生一男一女，为泰雅人始祖”，以及“巴那巴那扬石生阿美人以及部分卑南人始祖”、“石生卑南人始祖”等。哈尼族《天地人和万物的起源》说：“有一天，天上掉下一块巨石，从里面炸出一个顶天立地的汉子”，是他创造了天地万物和人类。[①] 另外，普米族、纳西族、藏族、傣族、苗族、壮族、侗族、布依族、羌族等诸民族都有各具特色的关于人类起源的石生神话。[②]

在人类漫长的进化过程中，石器既是远古人类重要的工具和武器，又是人类进化不可或缺的火神（燧石），所以在各民族中才会有如此丰富多彩的石生神话，视巨石有灵，视石头为开辟之神，再生之神是生命的本原。其中孕育了科学和哲学宇宙观的萌芽。

（六）动物创生说

在人类起源神话中，动物创生说（动物生人或变人等）在我国各民族中多有流传，内容十分丰富。比如，珞巴族一则猕猴变人神话说：“起初有两种猴子，一种是白毛长尾巴的。一种是红毛短尾巴的，有一天，红毛短尾巴的猴子们把身上的毛都拔了下来，放到一块大岩石上，用一块石头用劲地敲，敲击火来了，有了火，它们学会熟食，不再长毛，变成了人。”蒙古族有一则神话说，蒙古人起源于天仙女和猴子：“有一天，天仙女下凡，来到清澈的湖里沐浴。临走前，在湖岸的石头上蹲坐的时候，来了月经，滴了几滴血。一会儿，来了一个公猴在其经血上小解。此

① 《中国各民族宗教与神话大词典》，学苑出版社，1990 年，第 144—145、第 169、520 页。

② 章海荣：《西南石崇拜——生命本色的追思》，云南教育出版社，1995 年，第 44—50 页。

后，过九千九百九十九年以后，经血就变成了人。人由此而产生了。”[①] 在藏族、纳西族、鄂伦春族、傈僳族、彝族等民族中亦有十分生动又各具特色的“由猴变人”的神话。[②] 再如，怒族有从天上飞来的一群蜂变成的女人与蛇交配，生下了人类的女始祖“斗霍”的神话；白族有“远古时候，相传老鼠能变成人，还会飞”的人类起源神话；高山族《虫生布农人始祖》说，“太古时，有两条古古特拉芋虫（一说，人形软体物）匍匐于地，被蚁、蚊、蛆等所围奋然而立，遂成男女二人，二人从鸟交媾受到启示，结为夫妻，生儿育女，成为布农人始祖”；又一则人类起源神话说：“那勒哈勒虫团粪成丸，并推入敏兜昂两穴内，洞穴遂诞生男女二人，自相婚配，生子女四人，又相互婚配，生儿育女。布农人遂得以繁衍”；哈尼族有一条看不见首尾的大金鱼生人的神话；彝族银雀生人神话说，“从天边飞来一对银雀，叫哎和哺，哎和哺相配，产生了人类”，等等。[③]

（七）植物创生说

植物变人神话在许多民族中都有流传，同样表现出多样性的特点。

1. 树生人说

树生人或树变人的神话流传较广。比如，树生高山族泰雅人兄妹始祖神话说：“天地初开，大树生飞鸟走兽及人类兄妹始祖，兄妹成人后相婚，仅生一子。兄亡，为传宗接代，母鲸面自易共容，又与其子结为夫妻，繁衍泰雅人；一说，太古时，里基嘎布

① 《中国各民族宗教与神话大词典》，学苑出版社，1990 年，第 390、第 455 页。

② 佟德富、宝贵贞：《中国少数民族哲学专题研究》，中央民族大学出版社，2006 年，第 68—70 页。

③ 《中国各民族宗教与神话大词典》，学苑出版社，1990 年，第 20、第 144、第 168—169、第 515 页。

嘎布一大树，遮天盖地，状貌奇特，树干化为男子身躯，复生男女始祖互婚，繁衍泰雅人。”还有一则树生阿美人神话：“太古时代，阿里雅巴奈一参天大树，被惊雷劈开，从中生男女二人，二者婚配繁衍雅美人。”维吾尔族有“天光降于大树”，大树生下五个儿子或“维吾尔人的祖先是树瘿生”的神话。彝族有一则人类和动植物起源神话：“一棵梧桐树升起三股轻雾，凝成三股红雪。接着，雪化冰消，冰凝成骨头，雪凝成肌肉，风凝成呼吸，雨凝成血液，星星凝成眼珠，终于变成雪族十二支子孙……有血的六种是蛙、鹰、熊、猴、人等；无雪的六种是青蒿、白杨、杉、水筋草、毕子草、勒合腾（圆腾）等。”德昂族人类起源神话说：一天，突然吹起一阵狂风，刮来一百片树叶，天王不由自言自语地说，这一百片树叶要是都变成人，我就有伴了，话刚说完，这一百片树叶果然变成了一百个人，男女各半。独龙族人类起源神话说：“由一棵树变成了第一个男子，后来此男子到天界要与神女为妻，再生人类。”[①] 苗族人类起源神话说：“还有枫树干，还有枫树心，树干生妹榜，树心生妹留”，“枫树生榜留，有了老妈妈，才有你和我，应该歌唱她”。独龙族有一则人类起源神话说：“坛嘎朋是从树木桠巴中抱出来的人，神将他养大”，由他繁衍人类，等等。[②]

2. 葫芦生人说

葫芦生人的神话源于植物崇拜和生殖崇拜于一体的葫芦崇拜，这类神话在南方民族中流传较广。比如，前文所引德昂族《葫芦与人》的神话等。另外，陶阳、钟秀两位先生在《中国创

---

① 《中国各民族宗教与神话大词典》，学苑出版社，1990 年，第 94 – 95、第 122、第 145、第 620—621、第 680 页。

② 陶立璠等：《中国少数民族神话汇编》（人类起源篇），中央民族学院少数民族古籍整理出版规划领导小组办公室，第 29、第 251 页。

世神话》中对于葫芦生人一说有专论。

3. 竹生人说

竹生人神话早在《后汉书·夜郎传》中就有记载，主要在南方地区流传较广。如高山族雅美人有一则神话："一天，岩石忽然一声巨响，裂成两半，里头出现了一个神人。接着，又是一阵大海咆哮，波浪滔天，一个海浪打到鲁鲁塞克海岸的茂盛竹从里，一根大竹裂开，又走出一个神人。一天，两人并枕而卧，漆头相擦，不觉一神右膝生一男孩，另一神左膝生一女孩。男女两人后来繁殖，即为人类。"① 苗族一则竹生人神话说："古时候，在一片竹林里长出一棵竹笋，等长到有一人多高时就奇怪地向横里长，十个月后竹子破裂，里面有一个胖娃娃，时值一位妇女去竹林里取竹笋，忽然听到娃娃的哭声，取其回家抚养，取名'多同'，即为苗族祖先。"② 彝族一则神话说：相传，"一年发大洪水，淹死了一切生灵，唯有一个彝族姑娘抱着一根大竹子，随洪水漂流而幸存下来。洪水退去后，姑娘走到哪里，这根竹子就跟到哪里……在百鸟的帮助下，姑娘敲开了竹子，竹子里跳出五个儿子"，从此，繁衍了彝族的五个支系等。③

4. 花生人说

有些民族人类起源神话说，人是从花朵里生出来的，如蒙古族一则神话说："山顶长出一棵草，草开了花，从花蕊中出来了半片人，只长着一只胳膊，一条腿，一只眼睛，一只耳朵和半张嘴，这半片人爬呀爬呀，又遇到另一个半片人，两个半片人合成一个，就是世界上的第一个人。"④ 壮族一则神话说："天地分开

① 陶立璠等：《中国少数民族神话汇编》（人类起源篇），中央民族学院少数民族古籍整理出版规划领导小组办公室，第257页。

② 李廷贵等：《苗族历史与文化》，中央民族大学出版社，1996年，第177页。

③ 《中国各民族宗教与神话大词典》，学苑出版社，1990年，第681页。

④ 陶阳、钟秀：《中国创世神话》，上海出版社，1989年，第218页。

以后，大地荒漠一片。后来长了杂草，草上开花，花里长出一位赤身裸体披头散发的女人，这就是姆六甲”——宇宙万物和人类的始祖女神。另外，傣族有两个神人因吃果园里的芒果变成了凡人、繁衍人类的神话，高山族鲁凯人有女人吞食槟榔生人的神话，珞巴族有“吃果子的兄妹成了夫妻”繁衍人类的神话等。[①]

（八）神造说

人类神造说在我国各民族中都有各种不同类型的流传，归纳起来大致有以下四种类型：

1. 天神生人说

土家族一则神话说：“张古老和李古娘把天地制成后，看到地上人类未发，草也未生，就配成为婚。可惜多年没有生育，急的李古娘每天求神拜天，这事感动了上帝，派太白金星赐了他八颗仙丹，叫她分作八次吃完。李古娘求子心切，把八颗仙丹做一次吃了，一日三，三日九，身怀有孕，一胎生下八个崽子，七男一女”，这样，世上才有了人烟[②]；纳西族神话说：“天神阿巴都与天女咕咯咪婚配生下三个儿子是人类的祖先”；羌族神话说：“迪（老汉）住天上，朗（阿妈）住地上，他们两人想：如果世界上有了人，该多么好啊，于是迪吃了天上一种叫做‘洪泽甲’的东西，朗吃了地下一种叫做‘迟拉甲莫’的东西后，就怀孕了”，两人很高兴“共同设计了人形”，生了两胎都“不理想”，“决定再生一子，亦进一步对人的形体做了一番修改。数月后生下老三”，两人很满意，按照他们的规定，老三“头发像森林，眼睛像太阳，耳朵像树上的木耳，鼻子像山梁，眉毛如草丛……

① 《中国各民族宗教与神话大词典》，学苑出版社，1990年，第91、第144、第390、第784页。

② 胡炳章：《土家族文化精神》，民族出版社，1999年，第55页。

从此人类就诞生了”。景颇族神话说：“鼓干支伦（男）和木占威纯（女）生完了各种鬼的祖先后，生下了一个没有五官四肢，像冬瓜一样的圆球。万能神格莱格桑把它剖成两半：一半是德洛公（男性），一半是木干共盆（女性），然后动手把它雕刻成人形，并给他们灌了气呼吸，又在他们身上擦药，使之长大起来，他们成了人类的祖先。”①

2. 天神用泥土造人说

女娲抟土造人几乎是尽人皆知的人类起源神话，其实许多民族都有类似的神话。比如，布朗族神话说：“远古时，有两个动物创造人类，是用泥巴造出一男一女，他俩从两只鸟的交配行为中得到启发，结为夫妻，生下八男八女，他们又有结为夫妻，这便是布朗族和各族人民的祖先”；独龙族神话说：天神明更“娶神母的两个女儿——‘念坚’（一只眼睛的姑娘）及‘念勒姆’（两只眼睛的姑娘）为妻。念坚嫁给明更后不久便怀了孕，但她生下的却是雁子。雁子出生后便飞往各地。后来，这些雁子又变成了人。”达斡尔族神话说：“相传，天地开辟时，天神将泥土捏造成人。所以，人出汗时往身上一搓，泥垢便掉下来……泥人捏完后，天阴欲雨，天神慌忙用耙子把泥人耙在一起，不慎将有的泥人的腿弄断，有的泥人的眼睛弄坏。所以人间出现了瘸子和瞎子。”蒙古族神话说：“天神捏泥土造了一男一女，为使他们获得生命，需寻求生命甘露。天神担心他走后魔鬼来吃掉泥人，特令狗和猫来守护。天神走后魔鬼来了，他诱骗狗和猫趁机向泥人身上撒了尿跑了。天神发现后雷霆大发，令狗猫舔干他们身上的尿水，狗舌没有舔到的地方留下了今天的头发和腋毛，所以人身其他地方是没有毛的。天神又把猫舔刮下来的脏毛披盖在狗头上。

① 《中国各民族宗教与神话大词典》，学苑出版社，1990 年，第 362、第 509、第 529 页。

天神虽给泥人喝了永生的甘露，却因为中了魔鬼的邪气，人的生命从长生不老缩短了许多年。”塔吉克族神话说：“真主向天使们下命令：你们用泥造出一些人形来。天使们依真主之命来到湖边。他们向湖面望去，湖面上立即现出人的形状。他们就照这个形状马上用泥造出了人。造好后给真主看，真主用自己的光赋予人呼吸，用天堂之火赋予人体温，用土壤赋予人肉体。”维吾尔族神话说：“天女神用泥土捏了一个男人，但泥人没有灵魂，不会讲话，她便祈求真主赋给泥人以灵魂。真主……向泥人吹了口气，于是泥人变成了亚当。女天神又用亚当的一根肋骨造了一个女人，起名夏娃，让她作亚当的妻子。从此地球上有了人类。”①彝族神话说：“阿热和阿咪，称八钱白泥，称九钱黄泥；白泥做女人，黄泥做男人”，经过一天一天地变化，“泥人嘴里有气了”，“泥人会说话了”，“泥人会走路了”，“蚂蚁瞎子这代人（最早的人），就这样造出来了”。哈萨克族神话说：创世主迦萨甘用黄泥捏了一对空心小泥人。小泥人晒干后，萨迦甘在他们的肚子上剜了肚脐窝。然后取来灵魂，从小泥人的嘴巴里吹进去，一对小泥人便悠然站立，欢腾雀跃。这就是人类的祖先，“人类之父”和“人类之母”。仡佬族有“人皇用泥巴捏四曹人”的神话，鄂温克族有天神保鲁恨巴格西用泥土造人的神话，独龙族有“嘎美嘎莎用双手在岩石上搓出了泥土”造人的神话等。②

3. 天神用动物变人说

鄂伦春族一则神话说：天神恩都力创造了天地和万物后，“才用飞禽的骨头和肉，做成了人世间的男女，由于飞禽的骨头

① 《中国各民族宗教与神话大词典》，学苑出版社，1990 年，第 72、第 121、第 455、第 568、第 620、第 931 页。

② 陶立璠等：《中国少数民族神话汇编》（人类起源篇），中央民族学院少数民族古籍整理出版规划领导小组办公室，第 88—89、第 180、第 233、第 248、第 250 页。

和肉不够用，才又用泥土来造人”；布朗族有天神顾米亚用犀牛化生宇宙万物，“最后把犀牛的脑浆变成人”的神话；独龙族有天神生雁子，“这些雁子又变成人”的神话；傈僳族有“天神木布帕用泥土捏了一对猴子，从此大地上有了人”的神话；门巴族有天神命其“侍臣神猴江求深巴和侍女扎深木降临大地，并授旨使其结为夫妻，扎深木所生许多儿女，均是猴子模样”，最后这些猴子在天神的指点下变成了人的神话；彝族有天神母兹莫和地神迷兹莫派猴子去变成人的神话；藏族有神猴与山崖妖女结合，繁衍人类的神话；瑶族有密洛陀叫来九兄弟用蜂蜡造人的神话[①]；彝族有“天神生下了大蚂蚱，大蚂蚱变成‘直眼睛人’”的神话等。[②]

4. 天神用植物变人说

土家族有一则神话说：“天神墨特巴对衣罗娘娘说：‘娘娘，你做个人吧。’娘娘做了三天三夜，用葫芦做脑袋，脑袋上捅了七个眼，耳、鼻、口、眼都有了，用竹子做骨架，用荷叶做肝肺，用豇豆做肠子，做了屙屎屙尿的，用手捅了一个肚脐眼，衣罗娘娘吹了一口气，睡着有气了，站着能走了，衣罗娘娘做人做成了。”鄂伦春族神话说：“天神恩都力见地上只有野兽，并无人烟，便用老桦树皮扎成一帮人，令执木棒、石头，打击野兽……”布依族神话说：“第一个神拔来很多树木造人，人的四肢和头做好……朝人吹了一口仙气，这第一个人就活了。神看见自己造的人成功了，高兴得跳了起来。他举起斧头，不停地砍，接连造出了成千上万的人。为什么现在的人有高有矮？这就是神当

① 《中国各民族宗教与神话大词典》，学苑出版社，1990年，第31、第121、第131、第386、第420、第651、第680、第744页。

② 陶立璠等：《中国少数民族神话汇编》（人类起源篇），中央民族学院少数民族古籍整理出版规划领导小组办公室，第60—63页。

初造人用的树木有长有短，所以才这样。”哈萨克族神话说：“迦萨甘在大地的中心栽了一棵‘生命树’。生命树长大了，结出了茂密的‘灵魂’。灵魂的形状像鸟儿，有翅可以飞。”此外，彝族有梧桐树变成人和动植物的神话；布朗族有用木头造人的神话；傈僳族、壮族均有神用木头做人的神话等。①

还有一些其他类型的人类起源神话。比如，苗族有一则神话说：“天神生老叫仙女敖玉仙男敖古下凡成亲造人烟……他俩的影子投在哪里，哪里就有了男人和女人，这是世间的第一代人。”生老派仙女博苕和山洞里的小伙子蒙西成亲，博苕带蒙西上山采桃花抛撒，桃花撒到哪里，哪里就有了男人和女人。这是世间的第二代人。“生老见因火山爆发造成火灾，世间只剩下母子后，让母子成亲繁育人类，儿子不从，他就跑，母亲就追，边追边喊，山里处处起回音，处处就有了男人和女人，这是世间的第三代人。”洪水后生老让从葫芦里出来的兄妹成亲，繁育了第四代人。布依族传说，人猿“布灵”把汗毛全部拔光丢到地上，根根汗毛冒出青烟后变成一个一个的人，从此地上有了人，等等。②

（九）洪水神话与人类再生说

此类神话主要是说，或因人类有违天伦、天规等而遭天谴，或因雷公复仇，或因天神征战，如共工与颛顼之战，或因天塌地陷、“水火大战”等自然灾害而引发洪水灾害，使大地上人类灭绝，只剩下了“人种”，由人种重新繁衍人类。人类再生神话大致有以下几种类型：

1. 兄妹婚

① 《中国各民族宗教与神话大词典》，学苑出版社，1990年，第31、第131、第157、第180、第587、第680页。

② 《中国各民族宗教与神话大词典》，学苑出版社，1990年，第44、第485页。

兄妹婚主要有两种类型，即兄妹婚和姐弟婚。因兄妹婚违天轨、乱天伦，所以一般都有天神或灵物劝婚和滚磨石、丢竹片、合烟等卜决以及问捕鱼鹰、罗汉竹示天意等情节。因此，洪水神话借洪水灭绝人类为话题，通过上述神意与占卜等情节，合理而巧妙地掩饰了人类曾经历过的血缘婚事实，使之既符合人类延续后代的要求，又符合后世的人伦观念，同时也是人类认识自身繁衍规律的曲折反映。

兄妹婚根据其繁衍人类之复杂情节和曲折过程，又分为四种类型：

一是妹妹怀孕生子。比如，独龙族神话说："他们后来生下九男九女，结为九对夫妻，分别到九条江边去住，遂成为今日的汉族、独龙族、怒族、藏族等多个民族"；基诺族神话说："女天神阿嫫腰白决定发洪水毁灭世上的万物时，将玛黑玛妞兄妹留作人种，置于木鼓之中保存了性命"。兄妹俩用女神给的葫芦籽种出葫芦繁育万物后，"兄妹结婚，生了七个儿女，老大被峰吃了，老二到老七，六个子女中有三个儿子三个姑娘，又互相婚配繁衍了基诺族"；傈僳族神话说，洪水后兄妹成婚生了五个孩子（另一说生了六男六女），各自谋生，这便是汉族、傈僳族、彝族、独龙族、怒族等；仡佬族神话说，兄妹成婚后生了九个孩子，但不会说，不会吃喝，在天神的指点下，将竹"锯一节，烧一节；烧一节，爆一节；爆一节就有一个儿子会说话"，九个孩子变成九种夷苗；毛南族、黎族、仡佬族、怒族等民族均有类似情节的神话。

二是妹妹生怪胎，在神的启示下，将其变成正常人。比如，侗族神话说，姜良姜美顺天意结婚三年后，姜美"生了一个有口无眼，有气无力，无脚无手，圆溜溜，肥胖胖像冬瓜一样的怪肉坨"，兄妹"怀疑鬼怪在捣乱"，为免除后患，把怪胎"剁成肉末，丢进大深山，撒去冲头和冲脚，把那肉团全分散"（另有一说，乌龟示意兄妹这样做）。没过多久，“撒在山中的碎肉都变成人，从此人种传世上”；毛南族神话说，洪水后，“金龟做媒，兄妹结为夫妻，生下磨石仔，砍成三百六十片，乌鸦衔去撒向四面八方，变成世间各族人”（一说太白金星做媒，盘古兄妹生下包衣胎，破开成四对男女，繁衍人类；另一说在金龟指点下，兄妹生下一团肉胎，太白金星把肉胎剁成肉块，鹞鹰衔去荒坡撒下，变成人类）；布依族神话说，洪水后，在太白星君的指点下，赛胡细妹兄妹成婚，“生下个肉墩子，无头无脚无手无眼无耳，不像人”。细妹很伤心，“认为是妖孽”，“砍了一百零八块”，“变成一百个寨子百家姓”；拉祜族、仡佬族、土家族、瑶族、彝族、苗族、黎族、仫佬族等均有情节类似的神话。

三是姐弟婚。高山族一则神话说，洪水后“仅沙崩嘎基与瓦那盖基姐弟幸免”，“结为夫妻生二子，为繁育后代，将子杀死，切成碎块，吹以气息，即化生为人”①；羌族神话说，姐姐生下个“肉坨坨”，弟弟将其切成“许多小块”，“分别挂在梨树、桃树、核桃树、白杨树、李树上面，每种树上都挂满了”，“现在有百家人了，人烟繁衍起来了”；景颇族神话说：“洪水后，神鸟乎昆收养了他们，乎昆为繁衍人类想出了一个办法，在姐弟俩睡觉时，往火塘里放进会炸出火星的盐酸树，姐弟俩互相拍打身上的火星，从此相爱成婚，又繁衍了人类”；土家族神话说，姐弟俩在白发婆婆的指点下成婚生了个“肉坨坨”、“血块块”，婆婆说：“这是人种哩”，并指点弟弟剁成“九九八十一块，撒上了七七四十九条坡上，变成了各族人”②；藏族有一则神话说，洪水后姐弟

① 《中国各民族宗教与神话大词典》，学苑出版社，1990 年，第 44、第 117、第 122、第 144、第 154、第 353、第 386、第 417 页。

② 《中国各民族宗教与神话大词典》，学苑出版社，1990 年，第 362、第 529、第 587 页。

成婚，“生下一根又粗又长的麻绳”，弟弟“怒将麻绳砍成节节，四面八方到处乱甩上，想不到麻绳全部变成了人”；藏族有一则神话说，“姐姐怀了孕，生下了一堆肠子，天皇帝把肠子切成渣渣，吹口气，撒到东方、北方、南方、西方”，繁衍了人类。[①]

四是兄妹用土造人。毛南族有一则神话说，洪水后“盘和古兄妹结婚三年，还没有生娃仔，就用泥捏成人形，叫乌鸦衔去丢，用白泥、黄泥和各样泥土捏成的人仔，就成了三百六十五个各种各样的人，一代一代传到现在”。

2. 人神或人兽相配繁衍人类

这类神话大多是说洪水后，只剩下兄弟或只剩下姑娘，或兄妹成婚后只生女孩，为繁衍人类，在神的指点下，或与仙女结婚，或与兽相配繁衍人类。比如人神相配繁衍人类的神话，有拉祜族的神话说：“兄弟从蜂蛹中出来，大地一无所有，又按照青猴的告诫做了秋桩，打秋千时引来了仙女，同仙女结婚后生下了一个葫芦，葫芦里又孕育了各民族祖先”；又一则神话说，“哥哥发现了一个母猴，与之结婚繁衍了人类”。普米族神话说，洪水后，三兄弟中只有老三在乌鸦的帮助下幸存，在青蛙的帮助下与仙女结婚繁衍了人类；另一则神话说，老三在野猪帮助下与仙女结婚，生下三个娃子，分别成为普米族、汉族、彝族祖先。[②] 彝族神话说，天神阿格叶库根据三兄弟对他的不同态度，决定在洪水中只让老三武吾存活，武吾在被他救起来的蛇、青蛙的帮助下，与天神女儿兹俄尼拖结婚，生了三个哑巴儿子，又在天神的机密示意下，使三个哑巴儿子说出了三种语言，“分别成为藏、

① 陶立璠等：《中国少数民族神话汇编》（洪水篇），中央民族学院少数民族古籍整理出版规划领导小组办公室，第2—3页。

② 《中国各民族宗教与神话大词典》，学苑出版社，1990年，第357、第417、第520、第678页。

彝、汉三个民族的祖先”；另一则神话说，天女撒赛歇与直眼人结婚后，生下了一个皮口袋，口袋里传出了咿咿呀呀的声音，在天神的帮助下用刀把口袋剪成三节，“袋里跳出一群大蚂蚱，上节四十个，中节四十个，下节四十个，蚂蚱跳三跳，变成一百二十个胖娃子”；彝族还有一则神话传说，洪水中，“唯有一个姑娘抱着一根大竹子存活下来。后来这根竹子一直跟着姑娘走，一天在百鸟的帮助下，姑娘敲开了竹子，竹子里跳出了五个儿子”。苗族神话说，洪水后只剩下吕亚一个人，在神的帮助下与天神自格鸟的小女儿成婚繁衍了人类。[①] 德昂族神话说，洪水后，从葫芦里出来的都是男人，无法繁衍人类，正发愁时从天上下来了一个天女，与男人繁衍了人类，等等。

关于人兽相配繁衍人类的神话，如白族勒墨人的神话说：洪水后兄妹成婚，生了五个女儿，偏偏一个儿子也没有。后来大女儿跟熊变的小伙子结了婚，四女儿跟老鼠变的小伙子结了婚，二女儿跟虎变的小伙子结了婚，三女儿跟蛇变的小伙子结了婚，五女儿跟毛虫变的小伙子结了婚，从此就有了这五个民族；彝族一则神话说，洪水后，兄妹结婚，生了七个姑娘，“七个姑娘都长得像山中的马樱花一样好看”。姑娘们长大后，有一只老虎来求婚，六个姑娘都嫌老虎长得丑不愿意嫁，只有七妹满口答应：“虎哥，为了传人烟，我愿意嫁给你！”于是老虎便领着七妹回了家，老虎变成人跟七妹成了亲，后来他俩就生下九个儿子、四个姑娘。[②]

3. 洪水后，葫芦生人

---

① 陶立璠等：《中国少数民族神话汇编》（洪水篇），中央民族学院少数民族古籍整理出版规划领导小组办公室，第15—22页。

② 《中国各民族宗教与神话大词典》，学苑出版社，1990年，第19—20、第68、第95页。

这类神话，主要是说洪水中神示意人类躲进葫芦里逃过一劫，或洪水后兄妹成婚生个大葫芦，从葫芦里生出了人类，或者兄妹从种的葫芦里繁育了人类等。比如，傣族神话说："洪水泛滥时，从远方飘来了一个大葫芦，葫芦里走出八个人，一个仙女将其中的四个变成了女人，让他们成为夫妇，于是这世上便有了人类"；德昂族神话说，洪水泛滥时，"只有少数人和动物被天神卜帕法救在葫芦里，留下了人种和动物种"①；彝族神话说，洪水后，兄妹结婚，生下个"怪葫芦"，天神用"金锥，银锥"开了葫芦，从中出来了汉、傣、彝、傈僳、苗、白、回等九个种族②；傈僳族神话说，洪水后兄妹结婚，年岁大了仍无子，他们种的瓜长得像房子一样大，打开后，从里面生出了怒族、独龙族、傈僳族、纳西族、白族、彝族等③；基诺族神话说，洪水后，在白发智者的指点下，玛黑玛妞兄妹结婚，在他们结婚那天，种下的葫芦也成熟了，"有一座房子那么大"，从中育出了各民族的祖先，等等。④

4. 洪水后姑侄或母子繁衍人类

瑶族一则神话说，洪水后只有沙房三和盘十六姑侄二人躲进葫芦里免于一死，世上无人，他俩婚配。但沙房三婚前与一男子偷情有孕，生下肉块，盘十六年少无知，刀剁肉块欲食之，沙房三将肉粒抛撒，过三天，肉粒都变成"人"；普米族神话说，洪水后，只剩母子二人，为了"繁衍后代"，母亲用牛粪做了一个

① 《中国各民族宗教与神话大词典》，学苑出版社，1990年，第82、第95页。

② 陶立璠等：《中国少数民族神话汇编》（人类起源篇），中央民族学院少数民族古籍整理出版规划领导小组办公室，第109—113页。

③ 《中国各民族宗教与神话大词典》，学苑出版社，1990年，第386页。

④ 陶立璠等：《中国少数民族神话汇编》（洪水篇），中央民族学院少数民族古籍整理出版规划领导小组办公室，第341—344页。

姑娘，给儿子做妻子，繁育了人类，等等。①

从上述可知：第一，在宇宙本原的探索中，氏族先民总是力图用自己熟悉的、与自己生活和生产密切相关的某一种或某几种自然物来解释自己的由来和发展。这种猜测和想象虽然幼稚和粗浅，甚至十分荒唐，且现实与想象不清，正确与错误相混，有神和无神相杂，唯物和唯心混生。但是，早期朴素的唯物和唯心的宇宙本原说，正是在此基础上发展而来的。第二，洪水神话给予我们诸多启示，从婚姻形式的发展来看，折射出由血缘婚向族外婚过渡的进步以及过渡时期出现的一些混乱现象和认识；从道德层面来看，反映了个人对血缘婚的耻辱感和负罪感以及社会对这一现象的谴责和抵制；从心理层面来看，反映了对血缘婚的耻辱和恐惧；从经验层面来看，反映了血缘婚对人类自身繁衍所带来的危害以及用“天谴”这把神斧对这种危害自身繁衍行为的制止；从认识层面来看，反映了氏族先民对于男女婚配生儿育女已有所认识，但还不够深刻的混乱状态。总之，洪水神话既深刻地反映了人类自身繁衍过程中所经历的一些难以启齿的血缘婚及其给人类自身繁衍所带来的灾难和恐惧，又以洪水灭绝人类为背景，以延续人类后代为最高准则，淡化了对这一行为的“天谴”，也巧妙地避免了后世人伦观念的谴责；同时也反映了人类对于自身繁衍规律认识的曲折表现。

三

宇宙结构是神话思维和哲学必须回答的一个重要问题，因为，它直接关系到人在宇宙中的地位，价值和意义。神话思维结

① 《中国各民族宗教与神话大词典》，学苑出版社，1990 年，第 520、第 655 页。

构，浑然无序之混沌性特征，决定了其功能结构的纷杂和多头绪，从而使神话在本质上必然是一种综合的原始意义和特定历史阶段的复合型文化积淀。正如上文所述的起源神话中，往往在一个起源神话中，包含有宇宙万物之形成和人类起源等内容，有些甚至还含有洪水后人类再生或再传的内容，等等。只是为了叙述方便而取其一项，比如宇宙的初始状态，或天地之开辟，或宇宙万物之起源等内容来引述，将其余暂略而已。正是基于起源神话的这一特征，我们对氏族先民关于宇宙结构的思想，从上文所引述的各民族关于起源神话可窥其端倪：初，宇宙混沌，无光，无形，无神，只有气，云雾或水；后开天辟地，开辟之初，或天地很小，如蒙古族的神话描述的；或天地“相叠”，如苗族神话说，“天地刚生下，相叠在一起，筷子戳不进，耗子住不下，虫虫压里头，水也不能流”；或“天很低”，如黎族神话所形容的，“天地相距只有几丈远”，人们随便搭两三级楼梯就可以到天上玩（仡佬族神话）等，给人们生活带来了极大的不便。但是人可以通过天梯与天神来往，人神关系和睦融洽；最后，天、地形成。从此天神绝地通天，高居天上，统摄一切，产生天父地母，形成天界（神之居所）、地界（人与动物之居所）和冥界（死人与鬼之居所）。

在这漫长的天地之开辟和宇宙万物之形成过程中，反映出两种神话结构宇宙观。

1. 天圆地方说

氏族先民在观察和认识天地结构时，往往以自我为中心，以直观感知为基础来认识、想象和构拟宇宙之结构。天圆地方说就是这种认识的直接结果。比如，藏族神话说：天“是拱形的，在上方”，“地是圆球形的，在底下”；苗族神话说：“天像个大撮箕，地像张大晒席”；彝族神话说，“天像一顶篾帽，地像一扇簸箕”；畲族神话说，“天像一面蓝宝石的大圆镜”；拉祜族神话说，

“天像个罩子，地像一块木板”①；阿昌族神话说，“天像一个大锅盖，地像一个大托盘”② 等。其中最具农业民族特色的天圆地方说当属《晋书·天文志》所云，“天圆如张盖，地方如棋局”；最有游牧氏族特色的天圆地方说当属用鲜卑语传唱的《敕勒歌》：“天似穹庐，笼盖四野。”这些想象、猜测和描述孕育和包含了中国哲学史上著名的“盖天说”思想，具有以下三个显著的特点：

第一，这些神话和“盖天说”一样表明天有多重，并且是由固体性的物质构成的。由于地域之不同，对天穹的观察和解释各异，必然导致丰富多彩的多重天穹观。比如，楚辞《天问》天有“九重”说，彝族有“十重天”说，布依族有“十二层天”说，西伯利亚图瓦人有“三十三层天”说，朝鲜族有“三十五天”说，藏族有“九十九重天”说，蒙古族有“九十九天神”说等；亦有诸如五层、七层、九层说等。至于天体是用什么质料创造的？回答是由具体物质创造的。这些物质或是自然界的原初物质；或是盘古等神用自身化生的；或天神用动物如虎、牛等的骨骼、四肢、内脏等创造的；或使用植物如树木、葫芦等创造的；或由卵演化而来等。在人类早期认识中，试图用与自己关系密切的具体事物来想象和解释天地星辰的形成，似乎是一个必然的选择，随着抽象思维能力的提升，这些可感知的具体物质慢慢地由高度抽象的神或“类”的概念所代替，朴素唯物的哲学宇宙本原说就是由这些思维模式萌芽和孕育的。

第二，从天地的结构来看，具有天圆地方、四级撑柱之特点。从宇宙天体表现的状态和形式来看，如果具有多重性和物质

① 朱桂元、吴肃民等编：《中国少数民族神话汇编》（开天辟地篇），中央民族学院少数民族古籍整理出版规划领导小组办公室，1984 年编印，第 1、第 4、第 184、第 270、第 285 页。

② 陶立璠等：《中国少数民族神话汇编》（人类起源篇），中央民族学院少数民族古籍整理出版规划领导小组办公室，第 237 页。

性的特点，那么从其结构来看，则具有天圆地方、四极撑柱之特点。正如前文所述“女娲断鳌足以立四极”，或如鄂温克族神鬼用四足“当支柱撑起苍天”，或如纳西族神话所说“四方设四柱，中央设撑天大铁柱”；或如彝族天神用“虎脊梁骨撑天”、四个腿骨支天的四边，或如哈尼族天神用“龙牛腿骨做撑天柱”，或如傣族神话神用“大象和柱子把天地撑开”，或如达斡尔族神话“仙鹤用一只脚撑天”，或如壮族天神用双手双脚撑天与地等。所有这些神话不仅说明“四极撑柱”，还说明穹隆状的天并不是直接扣在大地上，而是悬浮在呈方形的大地上。用绳子或铁链等缚住其枢纽，使地维不绝，天地四周是用四柱或八柱撑拒和固定的，显示了内陆型民族宇宙结构观的特点。

第三，从地形结构上来看，具有天倾西北、地不满东南之特征。女娲补天和共工怒触不周山等神话是这一地形特征的最好反映。《天问》说：“八柱何当？东南何亏？”《淮南子·览冥训》说“天柱折，地维绝”。总之，天倾西北、地不满东南，就是对这一地形特征最典型的描述。上文提到藏、彝、苗、壮等民族均有反映相似内容的神话。比如，布依族神话说，“溪水往东流，流去不回头”；白族神话说，“天在西南方不圆满，地在东北方还有缺陷”等，都包含了地形西高东低这一地形结构特征。众所周知，我国位于亚欧大陆东部，是一个负陆面海的“大陆—海岸型”国度。自西向东形成落差显著的梯状地形结构，犹如一把巨大无比的天造躺椅，背靠亚欧大陆，面向大海，形成中华大地东西跨越60经度以上，以距大海远近而形成的不同湿度递变的梯状地形结构特征。在创世神话中，远古先民竟能做出“天倾西北，地不满东南”的地形结构判断，不能不对先民的智慧表示惊讶和赞叹！

2. 天地混沌如鸡子说

盘古神话说“天地混沌如鸡子”，张衡《浑天仪注》说“天如鸡子，地如鸡子中黄”，虞耸《穹天论》说“天似穹隆如鸡子”，以及上文所述各民族卵生神话等均包含和孕育了中国哲学史上著名的浑天说。在这一宇宙结构说中，氏族先民把天想象成是包着大地的圆球，天在外、地在内，天地都是载水而浮。如《浑天仪注》所说：“天表里有水，天地各乘气而立，载水而行。”或如《天穹论》所说：“周接四海之表，浮于元气之上。譬如覆奁以抑水，而不没者，气充其中故也。”这种对地形结构的想象亦有三个显著的特点：

第一，天地形成之初，宇宙间充满着云、雾露和水，天地形成之后就存在于这种固态或液态的物质世界之中。

上文宇宙本原说中彝族神话说，“雾露里有天，雾露里有地”，“混沌演出水是一”；满族神话说的“天连着水，水连着天”；水族神话所说“天涯水边，紧紧相连”；土族神话说的“没有陆地，到处是汪洋一片”；哈尼族神话说的“极目无际的汪洋大海”，以及《晋书·天文志》所说的“天在地外，水在天外”，“水浮天而载地者也”；《水经注序》所说的“天下之多者水也……承天载地，其下无所不至，万物无不润”等，均说明宇宙源于云、气和水，而水则是浑天说产生之基础。

第二，天浮于气、地载于水是浑天说的显著特征。

在《晋书》卷11《天文志》中葛洪引《黄帝书》说：“水浮天而载地”；张衡《浑天仪注》说：“天表里有水，天地各乘气而立，载水而行”；虞耸《穹天论》说：“天形穹隆如鸡子，幕其际，周接四海之表，浮于元气之上”；以及白族神话所说“在天地中间，夹着一个无边无际的大海”，“冲天撞地的浪涛冲得天摇地摆，撞得地晃晃荡荡”；布朗族神话说：“天高悬在空中没有东西支撑着，地虚悬在下面，没有东西托着”；纳西族神话说：“混沌未分的天地，摇晃又震荡”；傈僳族神话说：“天地就像一块浮动的云彩，晃晃遥遥，像江里被冲击着的木槽船一摇一晃的颠簸着”，等等。这些想象和描述说明，在先民的思维里，原初，“四海之外，皆复有海”，大水环绕着天地，大水负载着天地，天地则“载水而浮”，“载水而行”。天浮于气，地载于水。从中不难看出，这组神话具有明显的濒海民族宇宙结构观之特征。

第三，顶天柱和负地神兽，是稳天固地之最天才的想象。

布朗族神话说：“天高悬在空中，没有东西支撑着，倒下来怎么办？地虚悬在下面，没有东西托着，翻过来怎么办呢？”怎样解决天塌地陷、天地漂浮不定的问题？如何解决既要能够使天地分开，又要避免天塌下来，同时还要解决用什么东西驮负大地，避免其陷入大海的问题？对于这一极为困难的宇宙难题，氐族先民用“顶天柱”和“负地神兽”这一极高的智慧和最天才的想象给予了令人信服的解决。女娲“断鳌足以立四极”，白族“四座大山以做顶天柱”，“四个鳌鱼做立地柱”的神话；鄂温克族“神龟用四只脚当支柱撑起苍天”的神话；壮族“金蛤蟆驮负大地”的神话；彝族“公鱼驮地角，母鱼驮地边”的神话；拉祜族“顶天柱立在鱼背上”的神话，以及一些用老虎、龙、牛、仙鹤等脊梁骨和腿骨撑天或用树木、铁木、玉石等撑天的神话等，巧妙地解决了稳天固地这一宇宙难题。这说明氐族先民既具有极高的智慧和天才的想象力，包含十分丰富的朴素宇宙观之萌芽，同时也说明了氐族先民的认知能力还处于一个极为低级的阶段，还处于用他们日常生活中极为熟悉和极为密切的具体实物来类比和说明十分抽象的问题，还未具备和形成较高的抽象能力和“类”的概念。这一事实再一次雄辩地说明，神话是氐族先民在认识和改造世界过程中，因不知通过类比和想象而求知的一种自我调节和精神慰藉。这也正是人类早期文化在十分险恶的生存环境下和认识能力极为低下的层次上依然熠熠生辉的实质所在。

四

从上述神话宇宙观的简要分析，我们可以从中得到四点启示：

第一，如上文所述，神话思维结构犹如一个浑然无序的混沌体，其功能结构自然也头绪庞杂纷繁，往往在一个简短的神话中就包含了诸多内容。如上引《淮南子·精神训》中关于“有二神混生，经天营地”。这一没有情节，甚至没有首尾的短短记载中，将宇宙之原初状态、天地之开辟、宇宙万物的形成以及人类的起源等均已包含其中。再以盘古神话为例，盘古虽不是最高的创世大神，亦以其无所不能的神威成为宇宙万物之本原大神：既能膨胀为天地，分裂为万物，如《三五历纪》之记载；又能化生万物，如《五运历年纪》所云；甚至其心理情感的变化，也能造物，如《述异记》所载“泣为江河，喜为晴，怒为阴”等。我们在分析起源问题时，只是为了方便叙述而只是抽取其某一方面，而将其他部分暂略不论。这种功能上的混沌性，就使神话本质上成为一种综合的原始意识形态和这一特定历史阶段的复合型文化形态，并表现在各个方面。在实践中，自然与社会、生活与生产、人与外物界限不清；在认识上，肉体与灵魂、正确与错误、物质与精神、有神与无神交织在一起。正是这种“浑然一体的”特征导致了阶级社会初期文史哲不分、巫医相伴、自然神学一体化的局面。早期哲学“知识总汇”的特征，理所当然的也是这种“浑然一体”的哲学萌芽的必然产物。

第二，创世神话的哲学价值就在于它既有对于宇宙本原的哲学探索，又有以观察、体验、想象和类比来作为认识世界的有效方法。在心物同一、物我交感、人神杂糅的混沌世界里，在与生俱来的好奇心驱使下，先民总是以自我为中心，试图从总体上有机地把握世界，虽然认识很粗浅，答案也荒唐，但其思路却极具有启迪性，且内容丰富。如本文所涉及的诸多宇宙起源说，不仅想象合理、类比恰当，猜测也比较贴切，包含和孕育了哲学宇宙观的萌芽，因而导致了早期哲学宇宙观朴素唯物之特征。

第三，神话是氏族先民在认识和改造世界过程中，因不知而求知等矛盾的一种自我调节的精神慰藉。在一系列的矛盾的探索和求解过程中，充满了丰富的朴素辩证法思想的萌芽。如水族关于“匹配成对”、“各配阴阳”的思想，彝族关于“万物在动中生的思想”，纳西族关于“佳音佳气结合变化产生万物”的思想，阿昌族关于“阴阳相生，明暗相间”的思想等，生动地说明了原始意识的群体性、直观性和随意性。这些正是千变万化的大自然现象在先民头脑中的反映，是朴素唯物论和朴素辩证法思想萌芽的天然结合。因而，导致了早期哲学宇宙观朴素唯物论和朴素辩证法结合的特征。

第四，20世纪二三十年代，日本和西方的学者认为中国神话“贫乏”，并将造成这种“特殊现象”的原因归为“因人种的特质，实际生活的抑制与想象力的缺乏”和“因儒教实用为教，不尚荒唐玄想之说”①。早期研究中国神话的学者如鲁迅等大体都采用西方的神话理论与观点，也认为中国神话“贫乏”。尤其是胡适在其《白话文学史》中说：“古代的中国民族是一种朴实而不富想象力的民族”，“不能像热带民族那样懒洋洋地睡在棕榈树下白日见鬼，白昼做梦。”所以，“中国古代民族没有叙事诗，仅有简单的祀神歌与风谣而已”。茅盾对此提出批评，指出：“时时要对天然奋斗”的北方民族也可以创造丰富的神话，例如北欧民

① 黄华沛：《论中国的神话》，载马昌义编：《中国神话学文论选萃》（上），中国广播电视出版社，1994年，第327页。

族，而“西非洲的布西曼族”，“他们很可以懒洋洋地睡在榈树下白日见鬼，白昼做梦，然而他们也只有简陋的神话”。[①] 还有一些学者对于中国神话“贫乏”论提出质疑。比如，钟敬文早在20世纪30年代与德裔美国学者艾伯哈特的通信中就指出：“这种见解的正确性，我觉得是颇可怀疑的。中国比较古老的文献上所保存的神话和传说，有着过于缺略或破碎之嫌，这是不容否认的事实，但因此断定中华民族的文化史上，必不会产生比较有体系的或情节完整的神话或传说，那光就理论上讲，也不是很通顺的吧。何况在事实上更有着足以摇撼这‘见解’的证据呢?”1992年他又就此指出：“而当年一部分外国学者对中国神话的误解和偏见，从另一个角度来看，却成了对我们那一代学者的一种鞭策，一种激励，一种促进。”[②] 对于中国神话之所以会产生这些“误解和偏见”，是由于他们大都忽略了一个大前提，即中国是多民族的文明古国，中华民族的历史与文化是在中国境内生活的各个民族共同缔造的（包括那些已经消亡的民族）。因此，讨论中国的任何一个学科门类的历史（包括自然科学史），如果不包括或忽略了少数民族的历史贡献，都将是不完整的、不系统的。以神话为例，由于种种原因，中国汉文古籍收录的神话“贫乏”，却系事实，但是汉文古籍收录的神话绝不等于中国神话的全部或大部分，而且也不全是中原汉族的神话。其中有北方民族神话，如《淮南子》收录的共工怒触不周山和女娲炼石补天神话等，连战胜蚩尤的黄帝也是北方民族与人同形同性之大神；亦有南方民族的开辟神话，如《太平御览》收录之盘古神话等。所以，既不能以中原汉族神话不发达为由就断言中国神话“贫乏”，更不能

① 茅盾：《中国神话研究初探》，江苏文艺出版社，2009年，第4—6页。

② 马昌义编：《中国神话学文论选萃》（上），中国广播电视出版社，1994年，第1—2页。

以汉文古籍为依据说中国神话零星。自20世纪50年代在全国开展少数民族历史与文化调查以来，特别是改革开放以来，在神话领域取得的巨大成果充分证明，中国有丰富的神话和史诗。20世纪80年代河南大学孙振犁教授等在河南地区进行了广泛、深入的调查和研究，其所取得的丰硕成果足以说明中原汉族地区有丰富的神话。[①] 中国少数民族地区神话更为丰富多彩，仅以中央民族学院少数民族古籍整理出版规划领导小组于1984年编印的《中国少数民族神话汇编》为例，全书共收录44个民族的韵文体和散文体神话300余万字，共分9册：一、开天辟地篇；二、人类起源篇；三、洪水篇；四、万物篇；五、日月篇；六、创造发明篇；七、英雄篇；八、族源篇；九、迁徙篇等。大量在各民族地区保存的铅印、刻印和私藏的汉文和各民族文字的文本以及在民间口耳相传的未记述神话，还有待于收集、整理、抢救、翻译、出版；这些年各民族地区都有神话集出版。我想这些各具特色、丰富多彩的神话，正应了钟敬文先生所说"足以摇撼"中国神话"贫乏"的见解。

以史诗为例，不能因为中原地区没有流传下来史诗就断言中国没有史诗。在中国少数民族地区流传有大量史诗，其中既有早期史诗又有晚期史诗；既有短篇和中篇史诗，又有长篇史诗。其中藏族的《格萨尔》、蒙古族的《江格尔》和柯尔克孜族的《玛纳斯》三大史诗，可与希腊的《伊利亚特》和《奥德赛》、印度的《罗摩衍那》和《摩诃婆罗多》相媲美。尤其是藏族英雄史诗《格萨尔》，长达120余部，1000多万字，堪称世界上最长的史诗。中国虽然缺乏早期用文字记录的史诗文本，但千百年来，由民间艺人以演唱形式流传下来的史诗十分丰富。20世纪50年代

---

① 马昌义编：《中国神话学文论选萃》（下），中国广播电视出版社，1994年，第350—364页。

以来记录、整理、翻译、出版了一大批民间流传的史诗。仅以蒙古族史诗为例，除长篇英雄史诗《江格尔》以外，流传在国内外的中篇史诗就有 300 余篇，其中既有远古史诗，又有中古史诗。这些史诗无疑是蒙古族也是中华民族的一笔巨大而丰富的文化遗产。南方民族史诗亦十分丰富且各具民族特色。刘亚虎于 1999 年在内蒙古大学出版社出版的《南方史诗论》对于南方民族的史诗就有较详细的研究和介绍。

在中国哲学史界，有些学者认为古希腊经历过神话时代，"古希腊哲学家偏于关怀世界终极原因"，所以，自然哲学较为发达；而中国，"中原地区的诸夏各族"在其"童年"时代，"似乎并未产生希腊那样丰富的神话"，"甚至找不到像样的神话"，"孔子则偏于关怀人生终极价值"，儒学以实用为教，主张"不与天争职"，"从而建立起旨趣与希腊早期自然哲学完全不同的哲学体系"①。这种观点之所以有失偏颇，同样是因为忽略了中国少数民族神话和哲学。可见，中国有极为丰富的神话和史诗，其中北方以有萨满神话和英雄史诗而著称，中原虽未发现史诗，但有十分丰富的神话和仙话，南方则以起源神话和史诗著称。文中关于宇宙之原初状态、天地之开辟和宇宙万物之起源以及宇宙结构等的论述及引证的大量神话和史诗足以证明，中国没有自然哲学或中国缺少自然哲学的观点是难以成立的。中国不仅有以中原汉族为主体关于人的哲学体系，在广大少数民族地区亦有极为丰富的自然哲学思想萌芽。

---

① 马振铎：《试论楚蛮夷神话和巫术对汉代儒学的影响》，载《儒学与中国少数民族思想文化》，当代中国出版社，1996 年，第 284—293 页。

后　记

2011年，在中国少数民族哲学及社会思想史学会成立30周年之际，学会决定由中央民族大学哲学与宗教学学院承办“中国少数民族哲学及社会思想史学会成立30年纪念暨2011年年会”，接到任务，我们觉得非常荣幸同时深感责任重大。中央民族大学哲学与宗教学学院是集体会员单位，参与了中国少数民族哲学及社会思想史学会成立、发展的全过程，在学会成长的历程中举足轻重。在学院领导精心组织和各位同事的共同努力下，我们认真筹办本次会议，从会议地点、主题选择、会后考察等方面都做了充分准备，确保会议圆满成功。

云南是多元民族文化荟萃之地，腾冲是著名马克思主义哲学家艾思奇的故乡，非常切合本次会议的主题——多元文化视野下的少数民族哲学。作为会议协办单位，云南省腾冲市相关部门、尤其是腾冲市民族宗教事务管理局积极参与、大力支持了本次会议。2011年8月8日至11日，年会在美丽的腾冲如期举行，来自中国社会科学院、中央民族大学以及云南、贵州、内蒙古、新疆、广西、福建、辽宁等地的60多位专家学者出席了本次会议，顺利地完成了会议各项议程。

在会议论文集出版之际，感谢为本次会议付出心血的学院院长宫玉宽老师、副院长刘成有老师、书记包永全老师，以及谢爱华老师、田世珠老师、萨敏娜老师、常宏老师、康云宝老师、周海亮博士。在此一并深表谢忱！

宝贵贞

2012年12月于北京